Die Mängelhaftung im neuen Schuldrecht

Europäische Hochschulschriften
Publications Universitaires Européennes
European University Studies

Reihe II
Rechtswissenschaft

Série II Series II
Droit
Law

Bd./Vol. 3975

PETER LANG
Frankfurt am Main · Berlin · Bern · Bruxelles · New York · Oxford · Wien

Frank Wältermann

Die Mängelhaftung im neuen Schuldrecht

Rechtsfolge, Tatbestand und Verjährung des Anspruchs auf Schadensersatz für den Mangelschaden und den Mangelfolgeschaden

PETER LANG
Europäischer Verlag der Wissenschaften

Bibliografische Information Der Deutschen Bibliothek
Die Deutsche Bibliothek verzeichnet diese Publikation in der Deutschen Nationalbibliografie; detaillierte bibliografische Daten sind im Internet über <http://dnb.ddb.de> abrufbar.

Zugl.: Münster (Westfalen), Univ., Diss., 2003

D 6
ISSN 0531-7312
ISBN 3-631-52815-9

www.peterlang.de

Meinen Eltern

Vorwort

Die vorliegende Arbeit wurde im Wintersemester 2003/2004 von der Rechtswissenschaftlichen Fakultät der Westfälischen Wilhelms-Universität Münster als Dissertation angenommen. Rechtsprechung und Literatur konnten bis Januar 2004 berücksichtigt und eingearbeitet werden.

Mein besonderer Dank gilt meinem Doktorvater, Prof. Dr. Johann Kindl, für die stets engagierte und hilfreiche Betreuung sowie die zeitnahe Begutachtung der Arbeit. Ferner schulde ich Prof. Dr. Tomas Hoeren Dank für die äußerst zügige Erstellung des Zweitgutachtens.

Für die wertvolle Unterstützung, den Beistand und das entgegengebrachte Verständnis während der Erstellung der Arbeit danke ich besonders den Herren Christian Buchsot, Sebastian Juli, Tino Nitsch, Randolph Petrowitz, Matthias Scharf und Ansgar Seidel sowie meiner Freundin Daniela Dammann. Nicht nur in der Promotionsphase, sondern während der gesamten universitären Ausbildung standen Sie mir stets als geschätzte Diskussionspartner, bereitwillige Helfer und abwechslungsreiche Zeitgenossen zur Seite.

Besonders herzlicher Dank gebührt meinen Eltern, denen ich diese Arbeit widme. Ihre uneingeschränkte Förderung meiner Ausbildung und ihre liebevolle Unterstützung hat die Anfertigung des Werkes erst ermöglicht.

Münster, Düsseldorf, im März 2004

Frank Wältermann

Inhaltsverzeichnis

Abkürzungsverzeichnis

A. A.; a. A.	anderer Ansicht
ABl.	Amtsblatt
Abs.	Absatz
AcP	Archiv für die civilistische Praxis
a. F.	alter Fassung
AG	Amtsgericht
AGBG	Gesetz zur Regelung des Rechts der Allgemeinen Geschäftsbedingungen
AgrarR	Zeitschrift für das Recht der Landwirtschaft, der Agrarmärkte und des ländlichen Raumes
AK	Anwaltskommentar
Anh	Anhang
Anm.	Anmerkung
Art.	Artikel
AT	Allgemeiner Teil
Aufl.	Auflage
BAG	Bundesarbeitsgericht, auch Entscheidungen in Zivilsachen
BauR	Baurecht
BB	Betriebsberater
Bd.	Band
Beil.	Beilage
ber.	berichtigt
BGB	Bürgerliches Gesetzbuch
BGH	Bundesgerichtshof, auch Entscheidungen in Zivilsachen
BR	Bürgerliches Recht
Bsp.	Beispiel
BT	Besonderer Teil/ Bundestag
BT-Drs.	Bundestag-Drucksachen
bzgl.	bezüglich
bzw.	beziehungsweise
c. i. c.	culpa in contrahendo
CISG	Convention of Contracts for the international Sale of Goods
CR	Computer und Recht
DAR	Deutsches Autorecht
DB	Der Betrieb
DE	Diskussionsentwurf

ders.	derselbe
d. h.	das heißt
dies.	dieselbe
diesbzgl.	diesbezüglich
Diss.	Dissertation
DJT	Deutscher Juristentag
DNotZ	Deutsche Notar-Zeitung
DR	Deutsches Recht
DStR	Deutsches Steuerrecht
EG	Europäische Gemeinschaft
EGV	Vertrag zur Gründung der Europäischen Gemeinschaft
EKG	Einheitliches Kaufgesetz
FernabsG	Fernabsatzgesetz
f.; ff.	folgende
FG	Festgabe
Fn.	Fußnote
FS	Festschrift
gem.	gemäß
GG	Grundgesetz
GO	Geschäftsordnung
GRUR	Gewerblicher Rechtsschutz und Urheberrecht
H.	Heft
Habil.	Habilitation
Hb.	Handbuch
HGB	Handelsgesetzbuch
h. L.	herrschende Lehre
h. M.	herrschende Meinung
hrsg.	herausgegeben
Hrsg.	Herausgeber
HS	Halbsatz
HWiG	Haustür-Widerrufs-Gesetz
i. E.	im Ergebnis
i. e. S.	im engeren Sinn
i. S. d.	im Sinne des/der
i. V. m.	in Verbindung mit
JA	Juristische Ausbildung
Jahrb.	Jahrbuch
JherJb.	Jherings Jahrbücher für die Dogmatik des heutigen Römischen Rechts und Deutschen Privatrechts
JJZiRW	Jahrbuch Junger Zivilrechtswissenschaftler

JR	Juristische Rundschau
JuS	Juristische Schulung
JW	Juristische Wochenschrift
JZ	Juristen-Zeitung
KE	Kommissionsentwurf
KF	konsolidierte Fassung
KK	Kompaktkommentar, Das neue Schuldrecht, Hrsg.: Kohte/Micklitz/Rott/Tonner/Willingmann
Krit.; krit	kritisch
MDR	Monatsschrift für Deutsches Recht
MK	Münchener Kommentar
m. w. N.	mit weiteren Nachweisen
NJW	Neue Juristische Wochenschrift
NJW-RR	Neue Juristische Wochenschrift - Rechtsprechungsreport
Nr.	Nummer
NVwZ	Neue Zeitschrift für Verwaltungsrecht
NZBau	Neue Zeitschrift für Baurecht
NZG	Neue Zeitschrift für Gesellschaftsrecht
OLG	Oberlandesgericht, auch Entscheidungen in Zivilsachen
PECL	Principles of European Contract Law
pFV	positive Forderungsverletzung
ProdHaftG	Produkthaftungsgesetz
pVV	positive Vertragsverletzung
RE	Regierungsentwurf
RG	Reichsgericht, auch Entscheidungen des Reichsgerichts
RGRK	Reichsgerichtsräte-Kommentar
RIW	Recht der internationalen Wirtschaft
RL	Richtlinie
Rn.	Randnummer
RNotZ	Rheinische Notar-Zeitung
Rspr.	Rechtsprechung
S.	Seite / Satz
SchR	Schuldrecht
sog.	so genannten
TzWrG	Teilzeit-Wohnrechtegesetz
u. a.	und andere
UN	United Nations (Vereinte Nationen)
u. U.	unter Umständen
UWG	Gesetz gegen den unlauteren Wettbewerb

V.; v.	von
VerbrGK-RiL	Verbrauchsgüterkauf-Richtlinie
VerbrKrG	Gesetz über Verbraucherkredite
VersR	Versicherungsrecht
Vgl.; vgl.	vergleiche
Vor; Vor.; Vorb; Vorbem	Vorbemerkungen
VuR	Verbraucher und Recht
Warn	Warneyer, Die Rechtsprechung des Reichsgerichts
WM	Wertpapier-Mitteilungen
Z. B.; z. B.	zum Beispiel
ZEuP	Zeitschrift für Europäisches Privatrecht
ZfBR	Zeitschrift für deutsches und internationales Baurecht
ZGR	Zeitschrift für Unternehmens- und Gesellschaftsrecht
ZGS	Zeitschrift für das gesamte Schuldrecht
ZHR	Zeitschrift für das gesamte Handels- und Wirtschaftsrecht
ZIP	Zeitschrift für Wirtschaftsrecht
zit.	zitiert
ZPO	Zivilprozessordnung
ZRP	Zeitschrift für Rechtspolitik

1. Kapitel: Einleitung und Zielsetzung

Das Deutsche Schuldrecht ist nach über 100 Jahren erstmals grundlegend reformiert worden. Nach dem Willen des Gesetzgebers sollte es seit dem 1. Januar 2002 ein zeitgemäßes Gesicht zeigen, indem es in fundamentalen Punkten umgestaltet wurde. Die Tragweite der vorgenommenen Modernisierungsmaßnahme im Herzen des BGB kann selbst von Experten nur erahnt werden und wird vermutlich noch jahrelang für Auseinandersetzungen in Wissenschaft und Rechtsprechung sorgen. Denn das Neue ist selten wirklich modern und eine Reform birgt stets die Gefahr in sich, übertrieben und selbst reformbedürftig zu werden. Aus diesem Grund nimmt sich die Arbeit der Schuldrechtsreform an.

Aus dem reichhaltigen Fundus ungelöster Rechtsprobleme, die die Schuldrechtsreform mit sich gebracht hat, ist der Schadensersatz für einen Mangel Gegenstand der Untersuchung. Ziel der Arbeit ist es, einen Gesamtüberblick über die Neuerungen des mangelbedingten Schadensersatzes im reformierten Kauf- und Werkvertrag zu geben und den Sinn für zahlreiche Problemfelder zu sensibilisieren. Es ist nicht Anliegen der Arbeit, jedes Einzelproblem des Kauf- und Werkvertragsrecht en detail darzustellen, sondern eine gezielte Auswahl einiger Rechtsfragen vertieft zu analysieren und auf andere nur am Rande hinzuweisen. Das Ergebnis soll eine Gesamtbetrachtung des Schadensersatzes für einen Mangel sein, die der aktuellen Rechtslage Rechnung trägt. Kern der Untersuchung ist die Frage nach dem Schicksal von Mangel- und Mangelfolgeschaden.

Der Gesetzgeber hatte sich die Beseitigung der klassischen Abgrenzungsfrage auf die Fahnen geschrieben, so dass im Zuge des Reformprozesses frühzeitig und mit Erleichterung der Standpunkt vertreten wurde, die kniffelige und lästige Differenzierung zwischen Mangel- und Mangelfolgeschaden sei endgültig obsolet[1]. Schnell setzte jedoch die Erkenntnis ein, dass es wohl ein „Reservat"[2] für die Problematik gebe, die nicht wie gewünscht in der Bedeutungslosigkeit verschwunden ist.

---

1 Etwa *Mayerhöfer*, MDR 2002, 549 (553 f.); *Schellhammer*, Jura 2002, 241 (241), der die „Gleichbehandlung von Mangel- und Mangelfolgeschaden" anführt; *ders.*, MDR 2002, 301 (304); *v.Westphalen*, DB 2001, 799 (802); *Wolf/Kaiser*, DB 2002, 411 (413) meint, die „Unterscheidung erübrigt sich deshalb in Zukunft"; zuletzt nur noch *Medicus*, JuS 2003, 521 (529).

2 *Roth*, JZ 2001, 543 (548); vgl. auch *Dauner-Lieb* in Ernst/Zimmermann, S. 305 (310 ff.).

Ist die ungeliebte Problematik weiterhin existent, stellt sich die Frage, in welchem Umfang hat die Abgrenzung zwischen Mangel- und Mangelfolgeschaden nach geltendem Recht Bedeutung? Können die alten Standpunkte auf das neue Recht eins zu eins übertragen werden oder gestaltet sich die Problematik neu, indem sie in Inhalt, Art und Umfang Änderungen erfahren hat? In welcher Weise wirken sich Modifikationen im allgemeinen Teil aus, die das gesamte Schadensersatzsystem auf neue Beine gestellt haben?

Die Beantwortung dieser offenen Fragen gibt den Gang der Untersuchung vor: In einem einführenden Teil werden die Reformziele des Gesetzgebers dargestellt, um die Beweggründe für die Neugestaltungen des Schuldrechts aufzuzeigen. Vor dem Hintergrund der gesetzgeberischen Motivation wird der Zugang zu den Neuregelungen des Schuldrechts verdeutlicht und eine erste Auslegungshilfe an die Hand gegeben. Anschließend wird der Schadensersatz für einen Mangel in drei Abschnitten beleuchtet: Zunächst wird die Rechtsfolgenseite dargestellt, die der Schlüssel für jeden Schadensersatzanspruch ist, um ihn in seinem Anwendungsbereich scharf abgrenzen zu können. Im zweiten Teil schließt sich die Analyse der Tatbestandsseite an, die für die jeweiligen Schadensersatzansprüche eigenständig erfolgt. Insofern wird auf die einzelnen tatbestandlichen Knackpunkte des Schadensersatzes einzugehen und der Mangelbegriff zu erörtern sein. Zum Abschluss widmet sich die Arbeit der Verjährung des Schadensersatzes für einen Mangel.

Im Zuge dieser Untersuchung des Schadensersatzes für einen Mangel wird immer wieder an den entscheidenden Stellen auf die Differenzierung zwischen Mangel- und Mangelfolgeschaden zurückgekommen. Hierzu werden die Überlegungen zur alten Rechtslage herangezogen und einer Überprüfung nach geltendem Recht unterzogen, um eine aktuelle Lösung anzubieten. Indem der Schadensersatz für einen Mangel somit insgesamt unter dem Blickwinkel der Abgrenzungsproblematik zwischen Mangel- und Mangelfolgeschaden untersucht wird, soll seine gegenwärtige Relevanz in allen Teilbereichen transparent werden.

2. Kapitel: Die Schuldrechtsreform

A. Der Entstehungsprozess der Schuldrechtsreform

Am 01.01.2002 ist die Schuldrechtsreform in Kraft getreten und somit für jeden Juristen eine zu beachtende Realität geworden. Viele mag diese einschneidende Reformierung überrascht haben, in Wirklichkeit deutete sie sich nicht nur seit Jahren an, sondern hatte durch kontrovers geführte Diskussionen bereits im Vorfeld absehbare Formen angenommen. Es lohnt sich, einen Blick auf die Entstehungsgeschichte der Schuldrechtsreform zu werfen, um das Vorurteil auszuräumen, die Schuldrechtsreform sei im Gegensatz zur Entwicklung des BGB, das durch die Verdienste der 1. und 2. Kommission langwierige und tief greifende Vorarbeiten vorzuweisen hat[3], in einer Nacht-und-Nebel-Aktion aus der Taufe gehoben worden. Durch den historischen Kontext erklärt sich zudem die finale Ausgestaltung und gesetzgeberische Intention einzelner Normen besser, so dass auf diese Weise der Zugang zu den ungelösten Problemen des neuen Rechts erleichtert wird.

I. Die Geburtsstunde der Schuldrechtsreform

Im Zuge der Vorbereitungen zum AGB-Gesetz wurde auf Anregung des bayerischen Staatsministers der Justiz Hillermeier eine Kommission zur Überarbeitung des gesamten Vertragsrechts von der Mehrheit der Bundesländer vorgeschlagen[4]. Anlass für eine etwaige Reform bot die schleichende Zersplitterung des BGB als grundlegende zivilrechtliche Kodifikation durch zahlreiche Sondergesetze. Eine Renaissance[5] erlebte auch die Kritik, dass dem Schuldrecht ein sozialer Einschlag fehle und die privatrechtlichen Befugnisse pandektistisch schrankenlos gewährt werden[6]. Der neue Einfluss des Verbraucherschutzes sollte darüber hinaus ebenso überprüft werden[7], wie die aus der Sicht des Positivismus und der Rechtssicherheit nachlassende Transparenz und Verständlichkeit des Rechts für den Laien aus dem Gesetzeswortlaut heraus[8].

---

[3] Vgl. etwa nur zum Schuldrecht Motive II; Protokolle II.

[4] *Hillermeier*, BB 1976, 725; (727); vgl. Abschlußbericht, S. 14; zur politischen Diskussion siehe BT-Drs. 8/ 5374 und 8/5390; *Schmude* NJW 1982, 2017 (2017 ff.).

[5] Bereits *Gierke*, Der Entwurf eines Bürgerlichen Gesetzbuches und das Deutsche Recht, 1888/1889, der das Fehlen des berühmten „Tropfens sozialistischen Öles“ beklagte.

[6] *Hillermeier*, BB 1976, 725 (725); *Schmude*, NJW 1982, 2017 (2020).

[7] *Westermann*, FS Gernhuber, S. 529 (530).

[8] *Schmude*, NJW 1982, 2017 (2020); *Schwark*, JZ 1980, 741 (745); *Westermann*, ZRP 1983, 249 (254 f.).

Als erste Diskussionsgrundlage wurden in den Jahren 1981 und 1983 drei Bände „Gutachten und Vorschläge zur Überarbeitung des Schuldrechts" herausgegeben, die insgesamt 24 Einzelgutachten beinhalteten. Diese boten und bieten eine rechtsdogmatische Fundgrube für das Verständnis des neuen Schuldrechts[9]. Allerdings riefen die erschienenen Gutachten nicht nur Begeisterung hervor, sondern ebenfalls ihre Kritiker auf den Plan, die fundamentale Bedenken gegen die Notwendigkeit einer Schuldrechtsreform und Eingriffe in den Kernbereich des bürgerlichen Rechts äußerten[10] oder die Befugnis des Gesetzgebers zur umfassenden Regelung rechtstechnischer Fragen bestritten[11].

II. Der Reformentwurf und der Abschlussbericht der Kommission

Im Jahre 1984 rief das Bundesjustizministerium eine fünfzehnköpfige Schuldrechtskommission ins Leben, die sich aus Rechtswissenschaftlern, Richtern und Ministerialbeamten zusammensetzte. Ziel der Kommission war es, Vorschläge zu erarbeiten, durch die das allgemeine Leistungsstörungsrecht, das Gewährleistungsrecht des Kauf- und Werkvertrages sowie das Verjährungsrecht übersichtlicher und zeitgemäßer gestaltet werden[12]. Zugleich sollten Ergebnisse der Rechtsprechung und Praxis in einen Gesetzesvorschlag mit Begründung eingearbeitet werden. Abgeschlossen wurden die Arbeiten der Schuldrechtskommission Ende des Jahres 1991 durch die Vorlage eines Abschlussberichtes, der einen begründeten Reformentwurf enthielt[13]. Dieser Abschlussbericht löste eine lebhafte wissenschaftliche Diskussion aus[14] und war Gegenstand des 60. Deutschen Juristentages 1994 in Münster, auf dem der Kommissionsentwurf mit

---

9 *Peters/Zimmermann*, Gutachten, Bd. I, S. 77 (Verjährung); *U. Huber*, Gutachten, Bd. I, S. 647 (Leistungsstörungsrecht); *ders.*, Gutachten, Bd. I, S. 911 (Kaufrecht); *Westermann*, Gutachten, Bd. III, S. 1 (Verbraucherschutz).

10 *Lieb*, AcP 183 (1983), S. 327 (348 ff.); *E. Wolf*, ZRP 1982, 1 (2 ff.); *ders.*, ZRP 1983, 241 (241 ff.).

11 *Jakobs*, Wissenschaft und Gesetzgebung, S. 45 ff., 145 f.; dem widersprechend Abschlußbericht, S. 41; *Medicus*, AcP 186 (1986), S. 268 (271 ff.); *Rolland*, NJW 1992, 2377 (2378).

12 Abschlußbericht, S. 15.

13 Der Kommissionsentwurf ist abgedruckt in Abschlußbericht, S. 283 ff.

14 Etwa *Ahrens*, ZRP 1995, 417 (419 ff.) (Leistungsstörungen); *Ernst*, ZIP 1993, 481 ff. (Gefahrtragung beim Kauf); *ders.*, JZ 1994, 801 ff.; *ders.*, NJW 1994, 2177 ff.; *Haas*, NJW 1992, 2389 ff. (Mängelhaftung); *Heinrichs*, Karlsruher Forum 1991, 3 ff.; *Kohler*, WM 1993, 45 ff. (Rücktrittsrecht); *Kriechbaum*, JZ 1993, 642 ff.; *Küpper*, Der Werkvertrag in der Schuldrechtsreform; *Medicus*, NJW 1992, 2384 ff. (Leistungsstörungsrecht); *Präve*, VersR 1993, 265 (266 ff.) (Versicherungsrecht); *Rabe*, NJW 1992, 2395 ff. (Verjährungs-recht); *Ramrath*, MDR 1995, 973 ff. (Arbeitsrecht); *Rolland*, NJW 1992, 2377 ff. (Allgemeiner Teil); *Schapp*, JZ 1993, 637 ff. (Leistungsstörungsrecht); *Schlechtriem*, ZEuP 1993, 217 ff. (europarechtlicher Einfluss); *Westermann*, FS Gernhuber, S. 529 ff. (Verzug).

klaren Mehrheiten bestätigt wurde. Trotzdem geriet die Einleitung eines Gesetzgebungsverfahrens in Anbetracht der ungewissen europarechtlichen Entwicklungen Mitte der Neunziger ins Stocken. Ausführlich und kontrovers wurden die Vorschläge der Schuldrechtskommission wiederum in vier wissenschaftlichen Symposien in Halle, Regensburg, Münster und Berlin diskutiert[15].

III. Der Diskussionsentwurf und die konsolidierte Fassung

Zusätzliche Dynamik gewann die Modernisierung des Schuldrechts durch verschiedene Richtlinien der Europäischen Gemeinschaft: Für das Jahr 2002 hatte der Bund die Verbrauchsgüterkaufrichtlinie (RL 1999/44/EG)[16] vom 25.05.1999 zu diversen Aspekten des Verbrauchsgüterkaufs und der Garantien für Verbrauchsgüter, die Zahlungsverzugsrichtlinie (RL 2000/35/EG)[17] vom 29.06.2000 zur Bekämpfung von Zahlungsverzug im Geschäftsverkehr und die E-Commerce-Richtlinie (RL 2000/31/EG)[18] vom 08.06.2000 zur Regelung der Dienste der Informationsgesellschaft, insbesondere des elektronischen Geschäftsverkehrs, umzusetzen. In der Verbrauchsgüterkaufrichtlinie fand sich ein beträchtlicher Teil der Vorstellungen des Abschlussberichts der Schuldrechtskommission aus dem Jahre 1991 wieder, so dass der enge Zusammenhang der Umsetzungspflicht zu vielen, ohnehin reformbedürftigen Stellen des BGB eine willkommene Möglichkeit bot, das BGB in wesentlichen Teilen zu modernisieren[19]. Bis zum 07.08.2002 war außerdem die Zahlungsverzugsrichtlinie umzusetzen; für die E-Commerce-Richtlinie galt eine Frist bis zum 17.01.2002. Da die Verbrauchsgüterkaufrichtlinie schon zum 01.01.2002 umgesetzt werden musste, bestimmte sie den Endtermin für jegliche Reformbemühungen, die eine integrierte Modernisierung des BGB vorsahen und sorgte für einen oftmals beklagten Zeitdruck.

Im August 2000 legte das Bundesjustizministerium einen Diskussionsentwurf[20] vor, der auf der Grundlage der Vorarbeiten der Schuldrechtskommission aus dem Jahr 1991 stand und zum 01.01.2002 Gesetzeskraft erlangen sollte. Die zwischenzeitlich in Vergessenheit geratenen Reformbestrebungen lösten heftige Kritik aus, die das Bundesjustizministerium dazu veranlassten, am 17.01.2001 der „Kommission Leistungsstörungsrecht“ die Überarbeitung des Diskussions-

15 Zusammenfassungen der Symposien finden sich bei Ernst/Zimmermann (Regensburg) und Schulze/Schulte-Nölke (Münster).
16 ABl. EG Nr. L 171 vom 07/07/1999, S. 12.
17 ABl. EG Nr. L 200 vom 08/08/2000, S. 35.
18 ABl. EG Nr. L 178 vom 17/07/2000, S. 1.
19 BT-Drs. 14/6040, S. 79.
20 Abgedruckt in *Canaris*, Schuldrechtsmodernisierung 2002, S. 3 inklusive Begründung desselben ab S. 66.

entwurfs aufzutragen. Nach sechs Wochen präsentierte diese am 06.03.2001 eine konsolidierte Fassung, die am 22.03.2001 um den Teilbereich Verjährung ergänzt wurde. Vehemente Verfechter[21] einer kleinen Lösung, die lediglich die europarechtlich umzusetzenden Bereiche, im Stile früherer Gesetzgebungspraxis reformiert wissen wollten, übten harsche Kritik am geplanten Vorhaben[22] und hielten die zur Verfügung stehende Zeit für zu kurz bemessen, um ein abgestimmtes Gesamtkonzept auf den Weg zu bringen[23]. Außerdem seien die Erkenntnisse der Schuldrechtskommission von 1991 überholt und ließen die europaweite Rechtsentwicklung in den neunziger Jahren unberücksichtigt[24].

IV. Der Regierungsentwurf und das Gesetzgebungsverfahren

Die Bundesregierung ließ sich von dem Widerstand zahlreicher Stimmen nicht beirren und beschloss am 09.05.2001 durch das Bundeskabinett einen Regierungsentwurf[25]. Das Gesetzgebungsverfahren nach Art. 76 II 1 GG begann, indem der Entwurf am 11.05.2001 an den Präsidenten des Bundesrates übersendet wurde. Zugleich brachte die Regierungsfraktion einen identischen Gesetzesentwurf am 14.05.2001 in den Deutschen Bundestag ein, wodurch ein zweites Gesetzgebungsverfahren eingeleitet wurde. Inhaltlich übernahm der Regierungsentwurf größtenteils die konsolidierte Fassung, ebenso wie die Regierungsbegründung auf den Ausführungen der Mitglieder der „Kommission Leistungsstörungsrecht" unter Federführung von Canaris[26] fußte. Die erste Beratung fand am 18.05.2001 gem. § 79 GO BT im Bundestag statt, der das Gesetz an den Rechtsausschuss des Bundestages übersendete. Parallel dazu beantragte der Bundesrat, der nach Art. 76 II 2 GG innerhalb von sechs Wochen zum vorgelegten Gesetzesentwurf Stellung nehmen konnte, in seiner Sitzung vom 01.06.2001 eine Fristverlängerung gem. Art. 76 II 3 GG auf neun Wochen.

---

21 Siehe die „Gemeinsame Erklärung zum Vorhaben des Erlasses eines Schuldrechtsmodernisierungsgesetzes im Jahre 2001", der von 256 Zivilrechtswissenschaftlern zugestimmt wurde, abgedruckt auf der Lehrstuhlseite von Prof. Altmeppen unter http://www.jura.uni-passau.de/fakultaet/lehrstuehle/Altmeppen/1024x768/Schuldrechtsreform/Schuldrechtsreform.htm oder die Gegenvorschläge von *Kirchner/Richter* – ebenfalls verfügbar auf obiger Internetseite – und *Ernst/Gsell*, ZIP 2000, 1410 (1413 ff.).

22 *Altmeppen*, DB 2001, 1131 ff.; *ders.*, DB 2001, 1399 ff.; *ders.*, DB 2001, 1821 ff; *Hammen*, „Zerschlagt die Gesetzestafeln nicht!", WM 2001, 1357 ff.; *Wilhelm*, JZ 2001, 861 ff.; *ders./Deeg*, JZ 2001, 223 ff.

23 *Ernst*, ZRP 2001, 1 (11); vgl. auch *Dauner-Lieb*, DStR 2001, 1572 (1574).

24 *Dauner-Lieb*, JZ 2001, 8 (15) mit Hinweis auf das Niederländische Bürgerliche Gesetzbuch, die Arbeiten der Lando-Kommission sowie die Werke von Huber zum Leistungsstörungsrecht.

25 BT-Drs. 14/6040.

26 Siehe *Canaris*, JZ 2001, 499 ff. (Leistungsstörungsrecht); *Haas*, BB 2001, 1313 ff. (Kauf- und Werkvertrag); *Heinrichs*, BB 2001, 1417 ff. (Verjährung); *Westermann*, JZ 2001, 530 ff. (Kaufrecht); *Ernst*, ZRP 2001, 1 ff.; *ders.*, WM 2001, 728 ff.

In einer ausführlichen Erklärung nahm er am 13.07.2001 Stellung zu dem geplanten Gesetzesvorhaben. Auf diese folgte die Gegenäußerung der Bundesregierung am 31.08.2001, die zusammen mit der Stellungnahme des Bundesrates an den Präsidenten des Bundestages weitergeleitet wurde[27]. Der Rechtsausschuss übernahm die Vorschläge, bei denen Bundestag und Bundesrat konform gingen, und folgte im Übrigen größtenteils den Anregungen der Bundesregierung. Daraus resultierte eine mit Hilfe der „Kommission Leistungsstörungsrecht" ergänzte und überarbeitete Beschlussempfehlung des Rechtsausschusses[28], die am 11.10.2001 erneut im Bundestag beraten und schließlich mit den Stimmen der Regierungsfraktionen angenommen wurde, wobei die ursprüngliche Fassung des Regierungsentwurfes für gegenstandslos erklärt wurde. Diesem Gesetzesvorschlag stimmte der Bundesrat am 09.11.2001 zu. Endlich wurde das Gesetz am 26.11.2001 im Bundesgesetzblatt verkündet[29] und trat am 01.01.2002 in Kraft.

V. Zusammenfassung

Die Wurzeln der Schuldrechtsreform lassen sich bis in die siebziger Jahre zurückverfolgen und weisen eine durch viele Modifikationen gekennzeichnete Diskussion auf. Der gegenteilige Eindruck eines überstürzten Gesetzesvorschlags kann einzig vom zwischenzeitlichen Ruhen der lebhaften Auseinandersetzung um die Modernisierung des Schuldrechts herrühren. Denn schon frühzeitig wurde der Reformbedarf erkannt, weshalb sich die jetzt gefundenen Lösungen über eine lange Geschichte bis zu den Gutachten Anfang der 80ziger Jahre zurückverfolgen lassen. Diesen historischen Werdegang sollte man bei der Auslegung des neuen Rechts stets im Blick behalten.

B. Der Reformbedarf und die gesetzgeberischen Reformziele

Der Gesetzgeber wollte, wie es selbstverständliches Anliegen jeder Reform sein sollte, das Recht an veränderte Umstände anpassen und im Laufe der Zeit offenkundig gewordene Schwachstellen ausmerzen. Dazu sollte das BGB hinsichtlich des Verjährungsrechts, des allgemeinen Leistungsstörungsrechts und der Grundzüge des Kauf- und Werkvertragsrechts modernisiert werden. Welche Veranlassung der Gesetzgeber für eine solche Reform hatte und welche konkreten Ziele er mit der Schuldrechtsreform verfolgte, soll zunächst dargestellt werden, um einen ersten Einblick in das Reformvorhaben zu erhalten und die grundlegenden Ziele der Modernisierung nicht aus den Augen zu verlieren. Anschließend wird das angestrebte Konzept im Hinblick auf Mangel-

---

27 BT-Drs. 14/6857.

28 BT-Drs. 14/7052.

29 BGBl. I, 2001, 3138.

und Mangelfolgeschaden näher beleuchtet, um im nächsten Schritt den Gesetzgeber an seiner selbst gewählten Meßlatte beurteilen zu können.

I. Die europarechtlichen Vorgaben

Richtlinien sind Rechtsakte der europäischen Gemeinschaft, deren Umsetzung für die Mitgliedstaaten nach Art. 249 Abs. 3 des Vertrages zur Gründung der Europäischen Gemeinschaft (EGV) hinsichtlich des zu erreichenden Zieles verpflichtend ist und den staatlichen Stellen lediglich die Wahl von Form und Mitteln freistellt. Durch den mit den Richtlinien zum Zahlungsverzug (RL 2000/35/EG)[30], zum elektronischen Geschäftsverkehr im Binnenmarkt (RL 2000/31/EG)[31] und vor allem zum Verbrauchsgüterkauf und den Garantien für Verbrauchsgüter (RL 1999/44/EG)[32] verbundenen Umsetzungszwang waren daher bereits gravierende gesetzgeberische Maßnahmen vorgezeichnet.

Bestreben der Verbrauchsgüterkaufrichtlinie war es, den Sachmangelbegriff, Gewährleistungsrechte ohne Schadensersatz, Formularanforderungen an vertragsbegleitende Garantien sowie den Rückgriff des Unternehmers in der Lieferkette auf Europaebene für den Kauf eines Verbrauchers zu harmonisieren[33]. Aus Art. 1 Abs. 4 VerbrGK-RiL folgte des Weiteren eine erforderliche Angleichung des Werkvertragsrechts an diese kaufrechtlichen Änderungen. Diese Harmonisierung hat nach ihrer Umsetzung durch den nationalen Gesetzgeber hinsichtlich ungebrauchter Güter insgesamt zwingenden Charakter und schränkt insofern die Privatautonomie der Parteien ein[34]. Im Vordergrund der Änderungen durch die Richtlinie steht die Manifestierung des subjektiven Fehlerbegriffs (Art. 2 Abs. 1 VerbrGK-RiL), die generelle Einführung eines Rechtes auf Ersatzlieferung und Nachbesserung (Art. 3 Abs. 3 VerbrGK-RiL) sowie die Regelung einer Gewährleistungsfrist von mindestens zwei Jahren (Art. 5 Abs. 1 S. 2 VerbrGK-RiL). Nach Art. 5 Abs. 3 VerbrGK-RiL kommt dem Verbraucher für die ersten sechs Monate eine Beweislastumkehr zugute, dass der Mangel bereits bei Lieferung der Sache vorgelegen habe. Zudem trifft die Vertragsstaaten nach Art. 4 VerbrGK-RiL die Pflicht, einen Rückgriff des Händlers für den Fall einer Ausübung von Gewähr-

30 ABl. EG Nr. L 200 vom 08/08/2000, S. 35
31 ABl. EG Nr. L 178 vom 17/07/2000, S. 1, insbesondere Art. 10, 11 und 18 der E-Commerce-Richtlinie.
32 ABl. EG Nr. L 171 vom 07/07/1999, S. 12.
33 BT-Drs. 14/6040, S. 80 f.; ob auch der Rechtsmängelbegriff in den Anwendungsbereich der Richtlinie nach Art. 1 VerbrGK-RiL fällt, ist streitig: dafür *Schmidt-Räntsch*, ZIP 2000, 1639 (1642); dagegen *Brüggemeier*, JZ 2000, 529 (530); *Ernst/Gsell*, ZIP 2000, 1410 (1411).
34 BT-Drs. 14/6040, S. 80.

leistungsrechten durch den Verbraucher zu statuieren und den Verbraucher bei der Einräumung von Garantien im Sinne des Art. 6 VerbrGK-RiL zu schützen.

Aufgrund des auf das Verhältnis zwischen Unternehmern beschränkten Anwendungsbereiches der Zahlungsverzugsrichtlinie sowie der bestehenden deutschen Verzugsregeln war der Umsetzungsbedarf insofern vergleichsweise gering[35]. Bereits durch das Gesetz zur Beschleunigung fälliger Zahlungen vom 30. März 2000[36] war der Kern der Richtlinie, der gem. Art. 3 Abs. 1 lit. b in der Verpflichtung zur Zahlung von Verzugszinsen nach erfolglosem Ablauf von 30 Tagen nach Zugang einer Rechnung oder gleichwertigen Zahlungsaufforderung bestand, umgesetzt worden. Neben marginalen Anpassungen des deutschen Verzugsrechts war daher nur eine Änderung der Verzugszinsen, auf das durch Art. 3 Abs. 1 lit. d vorgeschriebene Niveau von sieben Prozentpunkten über dem Zinssatz für Hauptrefinazierungsgeschäfte der Europäischen Zentralbank zwingend vorzunehmen.

Die Vorgaben der Richtlinie über den elektronischen Geschäftsverkehr waren vollständig in das deutsche Recht aufzunehmen[37]. Nach Art. 10 treffen den Unternehmer, der sich zum Absatz seiner Waren und Dienstleistungen eines Dienstes der Informationsgesellschaft bedient, festgelegte Informationspflichten, die in Inhalt und Anwendungsbereich über die schon im Fernabsatzgesetz[38] geregelten Pflichten hinausgehen. Von Art. 11 der Richtlinie werden Rahmenbedingungen für das Umfeld eines Vertragsschlusses aufgestellt und Art. 18 Abs. 2 bot den Anlass, die Möglichkeiten für eine Unterlassungsklage nach deutschem Recht zu erweitern.

Der Grund für eine umfassende Modernisierung des Schuldrechts, die sich entgegen einer „kleinen" Lösung nicht nur auf die Umsetzung dieser europarechtlichen Vorgaben beschränkte, lag in den reformbedürftigen Schwächen des alten Schuldrechts inhaltlicher und darstellender Natur sowie den veränderten Bedürfnissen der Rechtswirklichkeit. Das neue BGB sollte sich insgesamt durch einen Gewinn an Übersichtlichkeit, Rechtssicherheit und Europafähigkeit auszeichnen[39]. Über Ausmaß und Tiefe der europarechtlich vorgegebenen Bestimmungen hinaus sollten im Zuge einer „großen" Lösung wesentliche Veränderungen am geltenden Recht nicht durch ein sonst zur Richtlinienumsetzung übliches Sondergesetz, sondern mittels einer Integration, insbeson-

---

[35] BT-Drs. 14/6040, S. 81 ff.
[36] BGBl. I, 2000, S. 330.
[37] BT-Drs. 14/6040, S. 83.
[38] Vgl. das Gesetz über Fernabsatzverträge und andere Fragen des Verbraucherrechts sowie zur Umstellung von Vorschriften auf Euro in BGBl. I, 2000, S. 897, ber. 1139.
[39] Vgl. *Dauner-Lieb*, JZ 2001, 8 (9 f.).

dere des Verbraucherkaufrechts, in das allgemeine Kaufrecht geschehen. Die verwobene Struktur zwischen den durch die Richtlinien vorgegebenen Änderungen und den bestehenden Regeln für das Schuld- und Verjährungsrecht machte ein solches Vorgehen schon nach Ansicht der Schuldrechtskommission empfehlenswert[40].

II. Die Integration von Richterrecht und Sondergesetzen

Im Laufe der letzten 100 Jahre hat die Rechtsprechung mehrere Rechtsinstitute entwickelt, die inzwischen gewohnheitsrechtlich anerkannt, aber nicht im BGB kodifiziert sind. Bereits kurz nach Inkrafttreten des BGB wurde das Rechtsinstitut der positiven Vertragsverletzung herangezogen[41], um eine (vermeintliche) Lücke des geschriebenen Gewährleistungsrechts zu schließen. So sind Tatbestand und Rechtsfolgen der pVV nach langjähriger Arbeit von Wissenschaft und Rechtsrechung größtenteils umrissen, aber nicht aus dem Gesetz abzulesen[42]. Weniger das Rechtsinstitut als solches, sondern das Konkurrenzverhältnis zwischen Richterrecht und geschriebenem Recht sowie die Verjährung bereiteten infolgedessen immer wieder Probleme. Das Fehlen einer Regel über die positive Vertragsverletzung wurde deshalb und angesichts ihrer enormen praktischen Bedeutung als „Kardinalfehler"[43] des historischen Gesetzgebers bezeichnet. Ähnlich verhält es sich mit der culpa in contrahendo, die zur Ergänzung der Vorschriften über die Anfechtung entwickelt wurde und der besonderen Situation des vorvertraglichen Bereichs Rechnung trägt. Die Lehre vom Wegfall der Geschäftsgrundlage sowie ein außerordentliches Kündigungsrecht bei Dauerschuldverhältnissen abseits der ausdrücklich geregelten Fälle der §§ 554a, 626, 723 BGB sind im Wege der Rechtsfortbildung ebenso selbstverständlich für Rechtspraxis wie Rechtslehre geworden[44]. Aus dieser Aufzählung der elementarsten Ausprägungen von entstandenem Richterrecht ergibt sich, dass nur der Kundige dem BGB den tatsächlichen Rechtszustand entnehmen kann. Insbesondere unter dem Blickwinkel des

---

40 Abschlußbericht, S. 14; bestritten von *Ernst*, ZRP 2001, 1 (2) mit Hinweis auf die Richtlinienumsetzungen in Österreich und Frankreich.

41 Grundlegend *Staub*, Vertragsverletzungen, S. 16 ff.; später auch pFV genannt, da sich ein Schadensersatz nicht nur bei Verträgen, sondern auch bei Pflichtverletzungen hinsichtlich gesetzlicher Schuldverhältnisse ergeben konnte. *Medicus*, BR, 18. Aufl., Rn. 307 bevorzugte den Begriff Schlechtleistung, da die Voraussetzungen der pVV nicht nur durch ein positives Tun erfüllt werden konnten, sondern ebenfalls ein Unterlassen in Betracht kam. Der Begriff pVV ist somit in zweifacher Hinsicht missverständlich, soll allerdings hier angesichts seiner vorwiegenden Verwendung und rechtsgeschichtlichen Tradition beibehalten werden.

42 Vgl. schon Abschussbericht, S. 17 f.

43 *U. Huber*, Gutachten, Bd. I, S. 669, 759.

44 Abschlußbericht, S. 17 f.; BT-Drs. 14/6040, S. 84.

Rechtspositivismus besteht daher für den Laien oder ausländischen Betrachter ein Problem erschwerter Transparenz des deutschen Zivilrechts und ein unvollkommen kodifiziertes System für die tägliche Rechtsanwendung[45]. Diese sich öffnende Schere zwischen Richter- und Gesetzesrecht sollte im Zuge einer „großen" Lösung geschlossen werden, indem die entwickelten Rechtsinstitute in Tatbestand und Rechtsfolgen in ein gesetzliches Bett gegossen werden[46]. Trotzdem galt es, den Spielraum, den die ursprüngliche Fassung des BGB dem gestalterischen Rechtsdenken eröffnet hatte, zu erhalten[47].

In Fortsetzung der Reformen des Eherechts 1998[48] und des Mietrechts 2001[49] wollte der Gesetzgeber einige Sondergesetze in das BGB integrieren und damit die Stellung des BGB als zentrales und vollständiges Gesetzbuch des Zivilrechts stärken[50]. Gleichzeitig sollte dadurch die Übersichtlichkeit des Schuldrechts verbessert werden[51].

Der Verbrauchervertrag, also ein Vertragsschluss zwischen einem Unternehmer i. S. d. § 14 BGB und einem Verbraucher i. S. d. § 13 BGB, ist in der Praxis die übliche Erscheinungsform. Das BGB zollte dieser Veränderung der Lebensumstände schon vor der Schuldrechtsreform Tribut und enthielt in einigen Vorschriften(§§ 138, 123, 242, 241a, 361a, b) – teils offensichtlich, teils mittelbar – die Idee des Verbraucherschutzes, die sich auch in der Ausgestaltung der für die c.i.c. entwickelten Informationspflichten wieder fand. Das in viele Sondergesetze aufgesplittete Verbraucherrecht stellte nie Sonderprivatrecht dar, sondern war stets Teil des allgemeinen Privatrechts, weil jeder Bürger zugleich Verbraucher und jeder Verbraucher zugleich Bürger ist[52]. Folgerichtig sollte es im BGB verortet werden[53]. Eine solche Eingliederung entspricht auch der Bedeutung einzelner Sondergesetze, die das BGB in vielen Teilen der täglichen

---

45 *Kötz* hingegen wertet es als reine Romantik, „wenn man vom BGB wünschte, was man vom Code civil behauptet hat, nämlich dass das Gesetzbuch im Bücherregal der Bauersfrau gleich der Bibel aufgestellt steht und von ihr in allen Lebenslagen zu Rate gezogen wird"; *Kötz*-60. DJT, 1994, Bd. II/1, K 13.

46 BT-Drs. 14/6040, S. 84 f.

47 *Medicus* in Ernst/Zimmermann, S. 607 (609).

48 Gesetz zur Neuordnung des Eheschließungsrechts vom, BGBl. I, 1998, 833.

49 Gesetz zur Neugliederung, Vereinfachung und Reform des Mietrechts, BGBl. I, 2001, 1149.

50 Der Abschlußbericht der Schuldrechtskommission hatte diesen Punkt noch ausgeklammert; dazu *Rolland*, NJW 1992, 2377 (2379).

51 BT-Drs. 14/6040, S. 79; *Medicus* in Ernst/Zimmermann, S. 607 (609); Grundmann/Medicus/Rolland, S. 219, wo von der „Erosion des Bürgerlichen Gesetzbuches" die Rede ist.

52 Palandt-*Heinrichs*, 63. Aufl., Einleitung Rn. 1; *Larenz/Wolf*, § 1 Rn. 61 ff. m. w. N.

53 BT-Drs. 14/6040, S. 91; Palandt-*Heinrichs*, 61. Aufl., Einleitung, Rn. 1.

Rechtspraxis überlagern. Es eröffnet außerdem die Möglichkeit, die divergierenden Verbraucherschutzgesetze[54] auf allgemeine Schutzgedanken zurückzuführen und den Verbraucherschutz zwecks Verbesserung der Transparenz und Ordnung zu generalisieren[55]. Eingeleitet wurde diese Entwicklung bereits vor der Schuldrechtsreform durch das Fernabsatzgesetz vom 27. 6. 2000 und die damit verbundene Aufnahme der §§ 13, 14, 361a, 361b BGB a. F. in das BGB[56].

III. Der Reformbedarf im Verjährungsrecht

Das Verjährungsrecht sah sich starker Kritik in vielerlei Hinsicht ausgesetzt[57]: Die regelmäßige Verjährungsfrist von dreißig Jahren wurde überwiegend als zu lang empfunden, was den Gesetzgeber dazu veranlasste, in den §§ 196, 197 BGB a. F. mannigfaltige Ausnahmen von der Regelverjährung zu machen. Das Regel-Ausnahme-Verhältnis wurde auf den Kopf gestellt und die Regelverjährung in der Praxis zu einem seltenen Ausnahmetatbestand[58]. Dies trug zur Zerstückelung des Verjährungsrechts bei und ließ den Drang nach einem in sich geschlossenen System der Verjährung aufkommen[59], das dem Gläubiger eine faire Chance gibt, seine Ansprüche in angemessener Zeit geltend zu machen. Darüber hinaus zeichnete sich das Verjährungsrecht durch einen Wildwuchs unterschiedlicher Fristlängen und Anknüpfungspunkte für den Fristbeginn im BGB selbst sowie in Sondegesetzen aus[60]. Das warf zum einen Probleme bei der Zuordnung der Fristen für die durch Richterrecht entstandenen Rechtsinstitute der pVV und c.i.c. auf und ließ zum anderen der Einordnung eines Sachverhaltes zu einem bestimmten Vertragtypus richtungweisende Bedeutung zukommen. Weitere Schwierigkeiten ergaben sich aus dem Konkurrenzverhältnis der zahlreichen Verjährungsvorschriften[61], insbesondere aus der weiten Spanne zwischen dreißigjähriger Regelverjährung und den kurzen Ver-

---

54 AGBG, VerbrKrG, HWiG, FernabsG, TzWrG.

55 Vorbild ist insofern das niederländische Zivilgesetzbuch „Burgerlijk Wetboek" und die „Principles of European Contract Law".

56 Vgl. BGBl. I, 2000, 897, ber. 1139.

57 Schon Abschlußbericht, S. 26 ff.; 42 ff.

58 Abschlußbericht, S. 43.

59 BT-Drs. 14/6040, S. 89 f.

60 In über 80 Gesetzen konnte man mehr als 130 unsystematisch nebeneinander stehende Verjährungsvorschriften finden, BT-Drs. 14/6040, S. 91.

61 Vgl. BGH 98, 174 (181) m. w. N., nach dem die für „regelmäßig wiederkehrende Leistungen" geltende Frist des § 197 BGB a. F. auch für einen Rückabwicklungsanspruch aus ungerechtfertigter Bereicherung maßgeblich sein soll, wenn die auf Grund eines sittenwidrigen Vertrages gezahlten Zinsen zurückverlangt werden; BGH 68, 307 (310) für Ersatzansprüche wegen Vorenthaltung der Mietsache; vgl. KK-*Willingmann*, Vor §§ 194 ff. Rn. 6 f.

jährungsfristen des besonderen Schuldrechts in §§ 477, 638 BGB a. F.[62]. Eine solche Regelung war nicht nur der Rechtssicherheit abträglich, sondern öffnete einem etwaigen Missbrauch Tür und Tor[63].

Die seit der Entstehung des BGB veränderten Lebensbedingungen wurden besonders deutlich, wenn man die in § 196 I Nr. 3, 9, 10 BGB a. F. aufgeführten Berufsgruppen unter die Lupe nahm. Dort waren die heutzutage nicht mehr relevanten Lohnkutscher, Tagelöhner und Lehrmeister zu finden, die ebenso bedeutungslos waren wie die Regelungen des § 196 I Nr. 10, 12, 13 BGB a. F. für berufliche Leistungen. § 196 BGB a. F. verdeutlichte deshalb auch angesichts seines in Nr. 8 und 9 unklaren Wortlauts und der insgesamt lückenhaften Regelung den dringenden Reformbedarf des Verjährungsrechts[64].

Neu überdacht werden sollte schließlich die Anordnung von Unterbrechung und Hemmung der Verjährung[65]. Eine Unterbrechung der Verjährung erschien nur in wenigen Fällen sachlich gerechtfertigt, wohingegen das System der Hemmung ergänzt und auf eine allgemeine Grundlage gestellt werden sollte[66].

IV. Schwächen des allgemeinen Leistungsstörungsrechts

Am Leistungsstörungsrecht des BGB wurde ebenfalls vernichtende Kritik geübt: Es sei von Anfang an „unsystematisch, lückenhaft, inkonsequent und unausgewogen"[67] und „in rechtstechnischer Hinsicht" missglückt[68]. Der Gesetzgeber gelangte zu der Feststellung, dass „nach allgemeiner Ansicht" die Regeln über das Leistungsstörungsrecht in wichtigen Teilen nicht gelungen seien[69]. Dies beunruhigte umso mehr, weil das allgemeine Leistungsstörungsrecht weitreichenden Einfluss auf viele Teile des besonderen Schuldrechts ausübt und somit Schaltzentrale für das gesamte Schuldrecht ist. Die Rechtsprechung vermochte kein überzeugendes Modell zur Lösung der auftretenden Probleme aufzuzeigen[70]. Vielmehr besaß die Kategorie der Unmöglichkeit eine im Vergleich zu ihrer praktischen Bedeutung überschätzte Stellung. Deshalb war Dreh- und Angelpunkt des Leistungsstörungsrechts eine in der täglichen

---

62 Zur Verteidigung der kurzen Verjährung des § 477 BGB a. F. siehe aber *Leenen*, Verjährung oder Risikoverlagerung, S. 16 ff.
63 BT-Drs. 14/6040, S. 90.
64 BT-Drs. 14/6040, S. 90.
65 BT-Drs. 14/6040, S. 91.
66 So enthielten die §§ 477 III, 639 II, 651g II 3, 852 II BGB a. F. einen verallgemeinerungsfähigen Rechtsgedanken.
67 *U. Huber*, Gutachten, Bd. I, S. 770.
68 *U. Huber*, Gutachten, Bd. I S. 669, 757.
69 BT-Drs. 14/6040, S. 83.
70 BT-Drs. 14/6040, S. 84.

Rechtsanwendung seltene Sonderkonstellation, die nur bei bestimmten Schuldverhältnissen überhaupt denkbar ist. Dennoch wurde eine fein verästelte Differenzierung der verschiedenen Arten der Unmöglichkeit[71] durch die Existenz und Rechtsfolge des § 306 BGB a. F. notwendig, der die Nichtigkeit solcher Verträge anordnete, die auf eine objektiv anfänglich unmögliche Leistung gerichtet waren. Diese Vorschrift wurde infolgedessen von vielen als missglückt beurteilt, da sie zu ungewollten und teils unbilligen Ergebnissen führen konnte[72].

Einen weiteren Ansatzpunkt für eine Veränderung des Schuldrechts boten die Vorschriften über den gesetzlichen Rücktritt vom Vertrag, die nach der Auffassung des Gesetzgebers zu den schwächeren Ausschnitten des BGB gehörten[73]. Vor der Schuldrechtsreform war es nicht möglich, nach erklärtem Rücktritt zusätzlich Schadensersatz zu verlangen. Gleichwohl konnten im Wege des großen Schadensersatzes de facto die Rücktrittsfolgen als Teil des Schadensersatzes herbeigeführt werden. Diese Ungereimtheit hat die Rechtsprechung zu korrigieren versucht, indem sie die Rücktrittserklärung als Androhung eines Schadensersatzverlangens auslegte[74]. Unbefriedigend war auch der in den §§ 325, 326 BGB a. F. zu findende Grundsatz, dass der Schuldner nur vom Vertrag zurücktreten konnte, wenn er die Nichterfüllung nicht zu vertreten hatte. Zwar war für Schadensersatzansprüche der Grundsatz, dass ohne Verschulden keine Haftung möglich sei, verständlich, vom Festhalten am Vertrag sollte dies jedoch unabhängig sein. Etabliert war inzwischen auch die Korrektur der Haftung nach § 347 S. 1 BGB a. F. für denjenigen, der von einem gesetzlichen Rücktritts- oder Wandlungsrecht Gebrauch machte, sofern er die Voraussetzungen des Rückabwicklungsgrundes nicht kannte. Erst nach Erlangung einer entsprechenden Kenntnis des Rücktrittsberechtigten schien die strenge Haftung des § 347 S. 1 BGB a. F. angemessen[75].

---

71 Die Differenzierungskriterien waren: anfänglich oder nachträglich, objektiv oder subjektiv, bei einseitigen Leistungspflichten oder zweiseitigen, mit Vertretenmüssen oder ohne.

72 Schon *Rabel*, Warenkauf I, S. 121 ff.; insbesondere *Arp*, Anfängliche Unmöglichkeit, S. 37 ff. mit weiteren, zahlreichen Nachweisen.

73 BT-Drs. 14/6040, S. 85 f.; vgl. *U. Huber*, Gutachten, Bd. I, S. 669 f., 763.

74 BGH, NJW 1982, 1279 (1280); BGH MDR 1964, 138 (138); OLG Hamm, NJW 1987, 2089 (2090). Diese Auslegung sollte selbst dann gelten, wenn der Rücktritt von einem Rechtsanwalt erklärt wurde.

75 BGH, 53, 144 (148); Soergel-*Hadding*, 12. Aufl., § 347 Rn. 10 m. w. N.; a. A. RG 145, 79 (82); *U. Huber*, JZ 1987, 649 (654 ff.); *Weitnauer*, NJW 1967, 2314 (2314 f.). Diese Wertung scheint auch im neuen Recht ihre Gültigkeit im Rahmen der § 346 III 1 Nr. 3 BGB und § 346 IV BGB zu behalten; vgl. *Canaris*, Schuldrechtsmodernisierung 2002, Ein-führung, S. XLVII; *Arnold*, Jura 2002, 154 (158); *Kohler*, JZ 2002, 1127 (1134); *Perkams*, Jura 2003, 150 (152); a. A. Palandt-*Heinrichs*,

Ein weiteres Bestreben des Gesetzgebers bestand in der Angleichung des allgemeinen Leistungsstörungsrechts an internationale Regeln, insbesondere an das UN-Kaufrecht[76]. Seit dem 01.01.1991 gilt das UN-Kaufrecht für den internationalen Kauf. Im UN-Kaufrecht gibt es keine besonderen Regeln für die das Schuldrecht dominierende Fallgruppe der Unmöglichkeit. Alle Fälle der Unmöglichkeit, auch der Fall der objektiv anfänglichen Unmöglichkeit, werden nach Art. 45 ff., 61 ff. UN-Kaufrecht gleichermaßen als Unterfall der Nichterfüllung verstanden. Außerdem ist der Vorrang der Erfüllung ein den Art. 47 Abs. 1, 49 Abs. 1 UN-Kaufrecht entnehmbares, allgemeines Prinzip, das durch eine grundsätzlich erforderliche Pflicht zur Fristsetzung hinsichtlich der Erfüllung der Vertragspflichten gesichert wird. Rücktritt und Schadensersatz können problemlos miteinander kombiniert werden, und das Entstehen eines Rücktrittsrechts ist gem. Art. 45 Abs. 2, 49 Abs. 1, 79 Abs. 1, 80 UN-Kaufrecht unabhängig vom Verschulden. Das UN-Kaufrecht erreichte zwar zumeist die gleichen Ergebnisse wie die deutsche Rechtsprechung, hielt hierfür aber das klarere System bereit und diente dem Gesetzgeber deshalb als Vorbild für seine Reformbestrebungen[77].

V. Schwächen des Kauf- und Werkvertragsrechts

Schwächen wiesen sowohl Kauf- als auch Werkvertragsrecht in erster Linie im Bereich der Gewährleistungsrechte auf. Das Sachmängelhaftungsrecht wurde schon früh von Huber[78] als die schwächste Stelle im gesamten herkömmlichen Recht ausgemacht.

1. Das Verhältnis von allgemeinem und besonderem Schuldrecht

Als besonders problematisch stellte sich das Verhältnis von allgemeinem zu besonderem Schuldrecht dar. Die Systematik des BGB a. F. ließ sich zurückführen auf das römische Recht, das dem Gewährleistungsrecht einen Sonderstatus einräumte. Das klassische römische Recht sah für die sachliche Beschaffenheit der Kaufsache eine Verkäuferhaftung als actio empti des Käufers für arglistiges Verhalten (dicta) oder eine Garantieübernahme (promissa) vor[79]. Daneben bestanden die ädilizischen Rechtsbehelfe beim Vieh- oder Sklavenkauf in Form der actio redhibitoria (Rückabwicklung) und der actio quanti minoris

63. Aufl., § 346 Rn. 13; *Kamanabrou*, NJW 2003, 30 (30 f.); *Reinking*, DAR, 2002, 15 (20); *Reischl*, JuS 2003, 667 (672).

76 BT-Drs. 14/6040, S. 86, 89, 209.

77 BT-Drs. 14/6040, S. 86; Abschlußbericht, S. 19 f., 26.

78 *U. Huber*, Gutachten, Bd. I, S. 670, 763 ff.

79 *Flume*, Eigenschaftsirrtum und Kauf, S. 57 ff.; *Kaser* I, § 131 II 4, S. 560.

(Minderung), welche auf den Edikten der Ädilen beruhten[80]. Diese polizeilichen Vorschriften basierten auf objektiv festgelegten Fehlerarten, die grundsätzlich unabhängig von subjektiven Beschaffenheitsvereinbarungen waren[81]. Der polizeiliche Charakter des römischen Rechts mit seinen eigenen Rechtsbehelfen, der im deutschen gemeinen Recht erhalten geblieben und später Einzug in das BGB gefunden hatte, war die historische Erklärung für die Sonderstellung des kaufrechtlichen Gewährleistungsrechts.

Nur vor diesem Hintergrund konnte erklärt werden, warum die Regeln über die Sachmängelhaftung entgegen denen über die Haftung für Rechtsmängel als Enklave im BGB behandelt wurden. Eine Verzahnung von allgemeinem und besonderem Teil fehlte für die Sachmängelhaftung vollends; das Gewährleistungsrecht der §§ 459 ff. BGB a. F. wurde stattdessen als lex specialis mit Sperrwirkung gegenüber dem allgemeinen Teil der §§ 320 ff. BGB a. F. verstanden. Gewährleistungsrecht war daher isoliertes Spezialrecht ohne systematische Einbindung in das allgemeine Schuldrecht[82]. Dieses Nebeneinander zweier unterschiedlicher Abschnitte hat zu zahllosen Problemen und noch zahlloseren Lösungsversuchen geführt, die selbst nach jahrelanger Diskussion zu keiner einheitlichen, befriedigenden Lösung geführt haben. Dies hat sogar den BGH mehrmals nach einem richtungweisenden Eingreifen des Gesetzgebers rufen lassen[83]. Ungeklärt ist bis heute auch das Verhältnis von aliud und peius[84], worin der Gesetzgeber einen „Systemfehler" erblickte[85]. Vergleichbare Streitfragen warf die Abgrenzung zwischen Sach- und Rechtsmangel auf. Da letzterer an die allgemeinen Vorschriften anknüpfte, hatte die Abgrenzung entscheidende Bedeutung. Insbesondere bei öffentlich rechtlichen Beschränkungen gelang die Einordnung nicht überzeugend und die von der Rechtsprechung gefunden Ergebnisse blieben oftmals nebulös[86]. Denn wegen des Status des Gewährleistungsrechts als abschließende Sonderregelung erfolgte die Auslegung der Fehlereigenschaft häufig auffällig ergebnisorientiert[87].

---

80 *Kaser* I, § 131 II 4, S. 559.

81 Ausnahmen wurden im römischen Recht für Extremfälle gemacht, die das „Wesen" der Kaufsache selbst betrafen. Dies sollte die Nichtigkeit des Vertrages zur Folge haben. Entpuppte sich die als Wein verkaufte Ware als Essig, war der Vertrag nichtig; *Ulpian*, Digesten, 18.1.9. § 2.

82 BT-Drs. 14/6040, S. 209; vgl. *Brambring*, DNotZ 1992, 691 (693 f.).

83 BGH 77, 215 (223) in Bezug auf § 477 BGB a. F.

84 Siehe etwa die Klassiker: RG, JW 1917, 710 (710) „Ziegenfell"; BGH, NJW 1968, 640 (640) „Winterweizen"; BGH, NJW 1969, 787 (788) „Inlandsschrott"; BGH, NJW 1989, 218 (219) „Glykol".

85 BT-Drs. 14/6040, S. 87.

86 Vgl. BGH, NJW 1979, 2200 (2201); NJW 1983, 275 (275).

87 BT-Drs. 14/6040, S. 209; beispielsweise der Umsatz eines Unternehmens wurde von der Rechtsprechung nicht als Fehler betracht wegen der kurzen kaufrechtlichen Verjährung;

2. Die Haftung des Schuldners

In Anbetracht der veränderten Produktionstechniken, Vertriebsformen und Absatzmodalitäten musste die Haftung des Verkäufers von Grund auf überdacht werden[88]. Die Väter des BGB schufen mit der Vorstellung von Einzelfertigungen ein System, das von der Stückschuld als Grundtyp ausging und für die Gattungsschuld nur ergänzende Regelungen enthielt[89]. Praktischer Regelfall ist indes der Gattungskauf geworden, woraus sich ein Bedürfnis des Verkäufers nach einer Möglichkeit zu einer „zweiten Andienung" in Form einer Ersatzlieferung und/oder Nachbesserung ergibt[90]. Geprägt durch die ädilizischen Rechtsbehelfe übernahm der historische Gesetzgeber die Vorstellung der Römer, der Verkäufer vertreibe eine fremde Leistung und sei demzufolge zu einer Nacherfüllung nicht in der Lage[91]. Ein solches Recht existierte daher nur in zwei Ausnahmefällen: Nach § 480 I BGB a. F. hatte der Käufer einen Anspruch auf Nachlieferung, wenn er zuvor eine mangelhafte Gattungssache erhalten hatte, und nach § 633 II 1 BGB a. F. bestand ein Nachbesserungsanspruch des Bestellers für ein mangelhaftes Werk. Die sofortige Berechtigung des Käufers zur Wandlung des Vertrages in den übrigen Fällen war indes weder volkswirtschaftlich sinnvoll, noch bei einer möglichen Nachbesserung oder Nachlieferung durch den Verkäufer verständlich. Um Unbilligkeiten zu vermeiden, korrigierte die Rechtsprechung das fehlende Recht des Verkäufers zur „zweiten Andienung" unter Berücksichtigung von Treu und Glauben[92]. Auch dem Käufer ging es entgegen dem Leitbild der römischen Sklaven- und Viehhändler nicht primär um die Rückgängigmachung des Vertrages oder Herabsetzung des Kaufpreises, sondern um den Erhalt einer mangelfreien Sache[93]. Daher wurde es in der Vertragspraxis üblich, der Wandlung oder Minderung im Rahmen des § 11 Nr. 10 b) AGBG ein Recht des Verkäufers zur Ersatzlieferung oder Nachbesserung voranzustellen. Dass der Verkäufer die dafür notwendigen Aufwendungen nicht auf den Käufer abwälzen konnte, stellten die § 476a BGB a. F. und § 11 Nr. 10 c) AGBG sicher.

Ferner wurde eine Annäherung vom kaufvertraglichen und werkvertraglichen System begrüßt, um die Einordnung zu einem bestimmten Vertragstyp und die Schnittstelle zwischen Kauf-, Werk-, und Werklieferungsvertrag zu ent-

---

BGH, NJW 1970, 653 (655); BGH, NJW 1990, 1659 (1660); NJW-RR 1989, 306 (308) m. w. N.

88 BT-Drs. 14/6040, S. 86.

89 Vgl. krit. *U. Huber*, Gutachten, Bd. I, S. 670, 763 ff.

90 *U. Huber*, Gutachten, Bd. I, S. 670, 915 f.

91 Dazu ausführlich Soergel-*Huber*, 12. Aufl., Vor § 459 Rn. 8 ff.

92 BGH, WM 1971, 1382 (1383).

93 BT-Drs. 14/6040, S. 89.

schärfen[94]. Die Gewährleistungsrechte für Kauf-, Werk- und Mietvertrag divergierten nämlich so extrem und inkonsistent, dass die Einordnung des Vertrages entscheidend das Ergebnis bestimmte, wobei andererseits die Tendenz zu erkennen war, Grauzonen zwischen den Vertragstypen zu schaffen (z. B. Leasing, Verkauf schlüsselfertiger Häuser). Anlass für eine Modernisierung des Werkvertragsrechts bot mithin Art. 1 Abs. 4 VerbrGK-RiL, der im Anwendungsbereich auch Verträge über die Lieferung herzustellender oder zu erzeugender Sachen als Verbrauchsgüter erfasste.

3. Der Reformbedarf bezüglich Mangel- und Mangelfolgeschaden

Ein in vielerlei Hinsicht reformbedürftiges klassisches Problem hielt das Spannungsfeld um die Einordnung zwischen Mangel- und Mangelfolgeschaden bereit, das der Gesetzgeber durch die Schuldrechtsreform endgültig aus der Welt schaffen wollte[95]. Durch Rechtsprechung und Rechtslehre wurden komplexe widerstreitende Lösungsmethoden angeboten, die in einigen Punkten stark voneinander abwichen. Es bestand Uneinigkeit in der Frage der Definitionen von Mangel- und Mangelfolgeschaden, der richtigen Anspruchsgrundlage, der maßgeblichen Verjährung und der Konkurrenzsituation[96]. Außerdem war für die einzelnen Problemfelder zusätzlich zwischen den unterschiedlichen Vertragstypen (Kauf-, Werk-, Mietertrag) zu differenzieren, da je nach Vertragstyp verschiedene Lösungen vorgeschlagen wurden. Dies führte zu einer unverständlichen und kaum vermittelbaren, undurchsichtigen Kasuistik, in die die Reform Licht bringen sollte, da die Abgrenzung von Mangel- und Mangelfolgeschaden nach Meinung des Gesetzgebers[97], der Rechtsprechung[98] sowie weiter Teile der Literatur[99] bisher nicht überzeugend gelungen war.

---

94 BT-Drs. 14/6040, S. 95; *Westermann*, JZ 2001, 530 (530).

95 BT-Drs. 14/6040, S. 87 f., 209, 263; so schon die Ausführungen der Schuldrechtskommission im Abschlußbericht, S. 22 ff., 221; vgl. *Dauner-Lieb* in Ernst/Zimmermann, S. 305 (310 ff.); *Zimmer* in Ernst/Zimmermann, S. 191 (201, 203).

96 Abschlußbericht, S. 22 ff.; *Brambring*, DNotZ 1992, 691 (692 f.); *Rolland*, NJW 1992, 2377 (2382); ausführlich zu Anspruchsgrundlage und Haftungsumfang im alten Recht: 3. Kapitel, B., II.-IV., S. 71 ff.; zur Verjährung: 5. Kapitel, C., III., 1., S. 257 ff.; 5. Kapitel, D., IV., 1., S. 281 ff.

97 BT-Drs. 14/6040, S. 87 f., 209; vgl. auch Abschlußbericht, S. 22 ff.

98 BGH 67, 1 (8). Sogar der Vorsitzende des für Werkvertragsrecht zuständigen BGH Senats hat einst gesagt „dies soll verstehen, wer will"; Lang, Karlsruher Forum 1991, 19.

99 *U. Huber* beurteilte sie, als „praktisch schwer zu treffen", „logisch nicht nachzuvollziehen und rechtspolitisch verfehlt", *U. Huber*, Gutachten, Bd. I, S. 761, 768; *Medicus*, SchR I, 12. Aufl., Rn. 415, sah „eine der leidvollsten Fragen des Schuldrechts"; *Ackmann*, JZ 1992, 670 (670) nannte es „Malaise ohne Ende"; *Michalski*, NJW 1988, 793 (793) sprach vom „Sorgenkind des Zivilrechts"; Soergel-*Teichmann*, 12. Aufl., § 635 Rn.14 meinte, es sei „ein Notbehelf, dessen Ende nur gewünscht werden kann"; vgl. auch *Baumann*, AcP 187 (1987), 511 (533 ff.); *Rolland*, NJW 1992, 2377 (2382).

VI. Zusammenfassung

Es ist deutlich geworden, dass der Gesetzgeber die große Lösung zur Überarbeitung vieler Reformfelder nutzen und dem BGB eine neues Gesicht geben wollte. Sein Anliegen lag nicht in einer völligen Abkehr von gesicherten Erkenntnissen und dem Einleuten einer neuen juristischen Epoche. Vielmehr waren die Einarbeitung juristischen Allgemeingutes und die Behebung offensichtlicher Schwächen und Probleme auf der Grundlage des bisherigen BGB beabsichtigt. Ein als wichtig eingestuftes Ziel war die umfassende Behebung der Probleme, die der Ersatz von Mangel- und Mangelfolgeschäden mit sich brachte. In diesem Bereich sollten nicht einzelne Detailschwierigkeiten erleichtert werden, sondern ein klarer Schnitt sollte von allen Sorgen befreien.

3. Kapitel: Die Rechtsfolgen des Schadensersatzes wegen eines Mangels

Von den zahlreichen Reformbemühungen der Schuldrechtsreform wird der Schadensersatz wegen eines Mangels in den folgenden Abschnitten genauer unter die Lupe genommen. Besondere Beachtung wird dabei der klassischen Problematik des alten Rechts um den Mangel- und Mangelfolgeschaden geschenkt. Grundlegende Bedeutung für die sich anschließenden tatbestandlichen und verjährungsrechtlichen Fragen hat die Rechtsfolgenseite des mangelbedingten Schadensersatzes, denn schon die alten Abgrenzungsschwierigkeiten drehten sich im Schwerpunkt um die haftungsausfüllende Seite des Schadensersatzes. Ob durch die Schuldrechtsmodernisierung das gesetzgeberische Vorhaben, die alten Spannungsfelder zu entschärfen, in überzeugender Weise gelungen ist, kann erst beurteilt werden, nachdem die entsprechende gesetzgeberische Lösung vorgestellt ist.

A. Die gesetzgeberische Lösung der Problematik um den Mangelfolgeschaden

Der Gesetzgeber war angetreten, das Verhältnis von Gewährleistung[100] und allgemeinem Schuldrecht, das eine „unerschöpfliche Quelle von Streitigkeiten“ beinhaltete, und das „vollends verworren“ erscheinende „Bild der Schadensersatzhaftung des Verkäufers und Werkunternehmers“ eindeutig zu klären[101]. Ohne die Problemkreise des alten Rechts an dieser Stelle explizit darzulegen, soll zunächst die grundsätzliche Kritik des Gesetzgebers an der praktizierten Rechtsprechung und im Weiteren die neu angebotene Lösung aufgeführt werden. Die Behandlung von Mangelfolgeschäden wirft je nach Vertragstyp unterschiedliche Fragestellungen auf. Zuerst soll daher die kaufrechtliche und sodann die werkvertragliche Situation dargestellt werden. Für beide Vertragstypen wird in einem ersten Schritt die gesetzgeberische Bewertung der alten Rechtslage der Darstellung der angestrebten modernisierten Gesetzeslösung vorangestellt.

---

[100] Gewährleistung ist ein sehr mit alter Dogmatik belasteter Begriff, der vorliegend in bewusster Abhebung zur alten Rechtslage durch Mängelhaftung ersetzt werden soll; vgl. *Bartsch*, NJW 2002, 1526 (1528); *Reinking*, DAR 2002, 15 (15, Fn. 1).

[101] BT-Drs. 14/6040, S. 87.

I. Die kaufrechtliche Situation

1. Die Beurteilung der alten Rechtslage durch den Gesetzgeber

Die von der Rechtsprechung im alten Kaufrecht angebotene Lösung empfand der Gesetzgeber als höchst verwirrend und nicht befriedigend[102]. Im Wesentlichen bestand diese darin, dass der Verkäufer – neben der Haftung aus § 463 BGB a. F. für den Stückkauf und § 480 II BGB a. F. für den Gattungskauf – aus pVV nur diejenigen Schäden ersetzt verlangen konnte, die nicht schon in der Sache selbst lagen (Mangelschaden), sondern vielmehr als Mangelfolgeschaden zu qualifizieren waren[103]. Der Mangelschaden konnte seinerseits nur unter den Voraussetzungen des § 463 BGB a. F. bzw. § 480 II BGB a. F. verlangt werden. Dass diese unterschiedlichen Schadenspositionen einem divergierenden Haftungsregime unterworfen wurden, war für den Gesetzgeber aus einer unterschiedlichen Interessenlage heraus nur schwerlich plausibel begründbar[104] und die Differenzierung zwischen Mangel- und Mangelfolgeschaden erfolgte nach seiner Ansicht derart spitzfindig, dass die Rechtssicherheit unerträglich belastet wurde[105]. Außerdem war ständig zweifelhaft, inwiefern man Ansprüche aus positiver Forderungsverletzung in ihren Voraussetzungen, ihrem Umfang des zu ersetzenden Schadens und nach den für sie geltenden Verjährungsfristen „modifizieren" musste, um Wertungswidersprüche zu den gewährleistungsrechtlichen Ansprüchen zu vermeiden[106].

Rechtssystematisch erschien es äußerst bedenklich, dass ein Verkäufer gemäß § 463 BGB a. F. auf Schadensersatz nur dann haftete, wenn der verkauften Ware eine zugesicherte Eigenschaft fehlte oder er den Käufer über die Beschaffenheit der Ware arglistig täuschte. Aus einer positiven Forderungsverletzung demgegenüber ließen sich Schadensersatzansprüche des Käufers schon dann herleiten, wenn der Fehler der Ware auf bloßer Fahrlässigkeit des Verkäufers beruhte. Diesbezüglich sah der Gesetzgeber „gute Gründe", „dass neben den Schadensersatzansprüchen aus § 463 BGB a. F. kein Platz für Ansprüche aus

---

[102] BT-Drs. 14/6040, S. 87; vgl. Abschlußbericht, S. 22 ff.

[103] BGH, NJW 1965, 532 (533); BGH 77, 215 (217); genauer zu den einzelnen Voraussetzungen und Problemen der Haftung des Verkäufers nach alter Rechtslage, siehe 3. Kapitel, B., III.-IV., S. 72 ff.

[104] BT-Drs. 14/6040, S. 87; *Medicus*, FS Kern, 1968, 313 (317 ff.); zur Ehrenrettung des § 463 BGB a. F. siehe *Hofer*, AcP 201 (2001), 275 ff. mit Fokus auf die historische Auffassung des Gesetzgebers und die politische Grundsatzentscheidung zur freien Selbstbestimmung.

[105] BT-Drs. 14/6040, S. 224.

[106] BT-Drs. 14/6040, S. 85.

positiver Forderungsverletzung bleibt“[107]. Die tägliche Rechtspraxis entschied jedoch seit geraumer Zeit entgegengesetzt.

Eine weitere Schwierigkeit ergab sich in Anbetracht der angewendeten Verjährung. Obwohl die pVV als ungeschriebener Anspruch grundsätzlich der regelmäßigen Verjährungsfrist des § 195 BGB a. F. unterlag, wurde die kurze Verjährungsfrist des § 477 BGB a. F. auf Ansprüche ausgedehnt, die mit den gesetzlichen Gewährleistungsansprüchen funktionsverwandt waren. Bei Ansprüchen aus pVV sollte dies der Fall sein, wenn sich die Pflichtverletzung des Verkäufers auf eine Eigenschaft der Sache bezog[108]. Die Abgrenzung zu Ansprüchen, die auf der Verletzung einer Nebenleistungspflicht unabhängig von den Eigenschaften der Sache beruhten, erschien jedoch nicht stringent[109]: Hatte nämlich der Verkäufer eine Betonbereitungsanlage geliefert, deren Mischdüse fehlerhaft war, so haftete er, wenn er diesen Mangel bei der gebotenen Ablieferungsinspektion schuldhaft nicht entdeckt hatte, auf Ersatz des dem Käufer dadurch entstehenden „Mangelfolgeschadens“, falls nicht die entsprechend anwendbare Verjährungsfrist des § 477 BGB a. F. abgelaufen war und der Verkäufer sich auf Verjährung berief. Unterließ der Verkäufer es hingegen schuldhaft, in seiner Betriebsanleitung einen Hinweis auf die richtige Wartung der Mischdüse zu geben, so konnte der Käufer nicht nur den gesamten, ihm dadurch entstandenen Schaden ersetzt verlangen, sondern mit der Geltendmachung dieses Anspruchs auch noch dreißig Jahre warten, weil statt der kurzen Verjährung des § 477 BGB a. F. in diesem Falle die dreißigjährige Regelverjährung des § 195 BGB a. F. anzuwenden war[110]. „Eine innere Rechtfertigung für diesen Unterschied“ war nach Auffassung des Gesetzgebers nicht ersichtlich[111]. Hatte der Verkäufer eine besondere Beratung des Käufers übernommen, eine Aufklärungspflicht verletzt oder eine fahrlässig falsche Angabe über die Eigenschaften der Sache gemacht, kam zusätzlich eine Haftung nach den Regeln der culpa in contrahendo in Betracht[112]. Erschwerend trat hinzu, dass die sechsmonatige Gewährleistungsfrist des § 477 BGB a. F. insofern als zu kurz bemessen angesehen wurde, da der Käufer oftmals erst nach Ablauf dieser Frist Kenntnis vom Mangel erlangen konnte und somit keine faire Chance zur Geltendmachung seiner Gewährleistungsrechte hatte[113]. Die Kürze der Gewährleistungs-

---

[107] BT-Drs. 14/6040, S. 85; ebenso schon Abschlußbericht, S. 18.

[108] Vgl. *U. Huber*, Gutachten, S. 768 f.; ausführlich 5. Kapitel, C., III., 1., S. 257 ff.

[109] BT-Drs. 14/6040, S. 87 f., 85.

[110] BT-Drs. 14/6040, S. 85; ebenso schon Abschlußbericht, S. 18.

[111] BT-Drs. 14/6040, S. 85; ebenso schon Abschlußbericht, S. 18.

[112] BT-Drs. 14/6040, S. 224; vgl. BGH, NJW 1962, 1196 (1197 f.).

[113] BT-Drs. 14/6040, S. 88, 91, 228; der Gesetzgeber verdeutlicht die Problematik mit einem Skifahrer, der im Sommer preisgünstig Skier erwirbt, aber Mängel an der Sicherheitsbindung plötzlich im Winter beim erstmaligen Gebrauch feststellt, und mit in einer Turnhalle verlegten Spannplatten, deren Biege und Querzugsfähigkeit erst nach

frist des § 477 BGB a. F. veranlasste die Rechtsprechung infolgedessen zu konkludenten Verjährungsvereinbarungen, engen Sachmangeldefinitionen, parallelen deliktischen Ansprüchen und weiteren Ausweichkonstruktionen, die nur ein Ziel verfolgten, nämlich die Verjährungsfrist zu verlängern[114].

2. Die vorgeschlagene neue Lösung des Gesetzgebers

Ansatzpunkt einer befriedigenden Lösung ist für den Gesetzgeber, dem Gewährleistungsrecht die Selbständigkeit zu nehmen und für eine Verknüpfung mit dem allgemeinen Schuldrecht zu sorgen[115]. Die Ansprüche und Rechte des Käufers sollen sich mithin aus den allgemeinen Vorschriften der §§ 280 ff. BGB ergeben, die lediglich um die kaufrechtlichen Sondervorschriften der §§ 439-441 BGB abgeändert und ergänzt sind[116]. Da der zentrale Haftungstatbestand des § 280 I BGB eine Pflichtverletzung voraussetzt, muss für eine schadensersatzrechtliche Anbindung der Mängelhaftung an das allgemeine Leistungsstörungsrecht die Mängelfreiheit in den Umfang der aus dem Kaufvertrag resultierenden Leistungspflichten einbezogen werden[117]. Den Grundstein hierfür hat der Gesetzgeber gelegt, indem er der „nicht wie geschuldet“ erbrachten Leistung, sprich der Schlechtleistung, einen Platz im allgemeinen Schuldrecht eingeräumt hat.

a) Die Leistungspflicht des Verkäufers

Durch den neu eingefügten § 433 I 2 BGB hat der Verkäufer ausdrücklich die Pflicht, die Sache frei von Sach- und Rechtsmängeln zu verschaffen. Dadurch hat der Gesetzgeber den jahrelangen Streit zwischen Gewährleistungs- und Nichterfüllungstheorie aus der Welt geschafft und der Vorstellung der Nichterfüllungstheorie Gesetzeskraft verliehen[118]. Diese nahm schon vor der Schuld-

---

monatelangem Gebrauch zu offenkundigen Schäden des Hallenbodens führt; vgl. BGH 77, 215 (215 f.).

[114] BT-Drs. 14/6040, S. 88 f., 228.

[115] BT-Drs. 14/6040, S. 208 f.; dies hat der Gesetzgeber für die Lösung vom Vertrag mittels einer Ersetzung des gewährleistungsspezifischen Instituts der Wandelung durch die allgemeinen Vorschriften über den Rücktritt erreicht (§ 437 Nr. 2 BGB); dazu BT-Drs. 14/6040, S. 220 f.

[116] BT-Drs. 14/6040, S. 219 f.

[117] BT-Drs. 14/6040, S. 208.

[118] Die Vertreter der Nichterfüllungstheorie, Soergel-*Huber*, 12. Aufl., Vor § 459 Rn. 169; *U. Huber*, AcP 177 (1977), 281 (293 f.); *Lobinger*, JuS 1993, 453 (454 f.)); *Rust*, Das kaufrechtliche Gewährleistungsrecht, S. 41 ff. m. w. N.; wohl auch BGH WM 1983, 363 (364), folgerten aus dem Umstand, dass die Beschaffenheit der Kaufsache Inhalt des Vertrages ist, eine Leistungspflicht des Verkäufers zur mangelfreien Lieferung. Trotzdem bestand kein Anspruch des Käufers einer Stückschuld auf eine mangelfreie Sache, so dass

rechtsreform eine Pflicht des Verkäufers (einer Stückschuld) zur sachmangelfreien Eigentums- und Besitzverschaffung an, wohingegen die Vertreter der Gewährleistungstheorie eine solche Leistungspflicht lediglich für den Verkäufer einer Gattungsschuld und im Hinblick auf Rechtsmängel bejahten. Die Regelung des § 433 I 2 BGB legt den Umfang der Leistungspflichten fortan ohne Unterscheidung zwischen Stück- und Gattungsschuld ausdrücklich auf eine sach- und rechtsmangelfreie Eigentums- und Besitzverschaffung fest[119]. Die Mangelhaftigkeit der Sache bestimmt sich gem. § 434 I 1 BGB in erster Linie aus den subjektiven Parteivereinbarungen heraus. Diese sind gleichermaßen das entscheidende Kriterium für die Bestimmung der Leistungspflichten. Daher ist es nur konsequent, unter Zugrundelegung des subjektiven Fehlerbegriffs die Mangelfreiheit als Teil der kaufvertraglichen Leistungspflicht und eine mangelhafte Lieferung somit als Nichterfüllung der Verkäuferpflichten zu verstehen[120]. Die Leistungspflicht aus § 433 I 2 BGB beinhaltet allerdings keine Verpflichtung zur Herstellung einer mangelfreien Sache, weil sie ihrem ausdrücklichen Wortlaut nach lediglich auf die Verschaffung beschränkt ist, so dass Pflichtverletzungen des Herstellers dem Verkäufer insofern nicht zuzurechnen sind[121].

b) Die Mängelrechte des Käufers

Verletzt der Verkäufer seine Leistungspflicht aus § 433 I 2 BGB, stehen dem Käufer Mängelrechte zu, die § 437 BGB auflistet. Nach § 437 Nr. 1 BGB kann der Käufer im Falle einer mangelhaften Lieferung Nacherfüllung verlangen, nach Nr. 2 kann er mindern oder zurücktreten und nach Nr. 3 Schadensersatz oder Ersatz für vergebliche Aufwendungen verlangen.

aa) Der Anspruch auf Nacherfüllung

Aus der Festlegung der Leistungspflicht des Verkäufers folgt im Falle einer mangelhaften Lieferung logisch zwingend ein verschuldensunabhängiger Anspruch des Käufers auf Nacherfüllung[122]. Da der Käufer aus dem Kaufvertrag einen die Mangelfreiheit beinhaltenden Erfüllungsanspruch hat, ist der Anspruch

---

es sich um eine unentwickelte Leistungspflicht handeln sollte; Rust, Das kaufrechtliche Gewährleistungsrecht, S. 46. Demgegenüber sahen die Vertreter der Gewährleistungstheorie (*Esser/Weyers* SchR BT/1, § 5 I 1 a), S. 30 f.; *Larenz*, SchR BT/1, § 41 II e), S. 66 ff.; *Süß*, S. 48 f.; *Honsell*, Jura 1979, 184 (187)) die Mangelfreiheit der Kaufsache unter Hinweis auf die §§ 306, 480 I BGB a. F. und den fehlenden Erfüllungsanspruch für die Stückschuld als nicht geschuldet an.

119 Das Gewährleistungsrecht wir durch die Statuierung der Nichterfüllungstheorie in § 433 I 2 BGB somit an das alte System der Rechtsmängelhaftung angepasst.

120 BT-Drs. 14/6040, S. 210 f.; vgl. *Zimmer* in Ernst/Zimmermann, 191 (196 f.).

121 BT-Drs. 14/6040, S. 210.

122 Dazu BT-Drs. 14/6040, S. 220.

auf Nacherfüllung aus §§ 437 Nr. 1, 439 BGB die Verlängerung des ursprünglichen Erfüllungsanspruchs. Die Besonderheit gegenüber einer vollständigen Nichtleistung besteht bei einer mangelhaften Leistung allerdings darin, dass der Verkäufer in diesem Fall bereits einen Erfüllungsversuch unternommen[123] und der Käufer infolgedessen die mangelhafte Sache in Besitz hat. Dieser Unterschied macht eine Differenzierung zwischen ursprünglichem Erfüllungsanspruch und Nacherfüllungsanspruch notwendig. Der Anspruch auf Nacherfüllung unterliegt deshalb den Besonderheiten des § 439 BGB, ist im Falle der §§ 442, 445 BGB ausgeschlossen und verjährt gem. § 438 I Nr. 3 regelmäßig in zwei Jahren ab Ablieferung. Der Anspruch auf Nacherfüllung ist somit ein modifizierter Erfüllungsanspruch[124], der die Folge einer auf die Mangelfreiheit gerichteten Leistungspflicht ist.

Die Nacherfüllung ist gem. § 439 I BGB auf Nachbesserung oder Nachlieferung nach Wahl des Käufers gerichtet. Allerdings sind nicht immer beide Arten der Nacherfüllung möglich. Soweit die Nacherfüllung unmöglich ist, geht der Anspruch gem. § 275 BGB unter. Sind beide Arten der Nacherfüllung vollständig unmöglich, erlischt der Anspruch auf Nacherfüllung, ansonsten bleibt er hinsichtlich des möglichen Umfangs und der möglichen Art der Nacherfüllung bestehen. Für den ursprünglichen Erfüllungsanspruch aus § 433 I 1 BGB bedeutet aber selbst eine vollständige Unmöglichkeit der Nacherfüllung nur eine Teilunmöglichkeit, da zwar Eigentum, aber nie mangelfreies verschafft werden kann.

Die Erheblichkeit des Mangels stellt keine Mindestanforderung für den Anspruch auf Nacherfüllung dar. Der Gesetzgeber hat sich bewusst gegen eine solche Erheblichkeitsschwelle entschieden, da kein Grund ersichtlich sei, „warum der Käufer einen auch nur unerheblichen Mangel hinnehmen soll, wenn der Verkäufer ihn beseitigen kann“[125]. Vor einer schikanösen Ausübung des Käufer-

---

[123] BT-Drs. 14/6040, S. 221.

[124] Ebenso die einhellige Literatur: *Canaris*, Schuldrechtsmodernisierung 2002, Einführung, S. XXV; *Büdenbender* in Dauner-Lieb/Heidel/Lepa/Ring, § 8, Rn. 7; *Oechsler*, § 2, Rn. 75; *Haas*, BB 2001, 1313 (1315); *P. Huber*, NJW 2002, 1004 (1005); *Petersen*, Jura 2002, 461 (461). Die Überlegungen entsprechen denjenigen zu § 480 I BGB a. F., der ebenfalls als modifizierter Erfüllungsanspruch bezeichnet und behandelt wurde. Dies verwundert nicht, wenn man bedenkt, dass für den Verkäufer einer Gattungsschuld nach einhelliger Ansicht die Pflicht zur sach- und rechtsmängelfreien Eigentums- und Besitzverschaffung bestand; vgl. *Reinicke/Tiedtke*, 6. Aufl., Rn. 520 m. w. N.

[125] BT-Drs. 14/6040, S. 231. Andererseits unterliegt der Rücktritt vom Vertrag gem. § 323 V 2 BGB einer solchen Erheblichkeitsschwelle. Früher musste für die Eröffnung der Gewährleistungsrechte nach § 459 I 2 BGB a. F. ein erheblicher Sachmangel gegeben sein, wohingegen beim Fehlen einer zugesicherten Eigenschaft gem. § 459 II BGB a. F. eine solche Einschränkung nicht bestand.

wahlrechts kann sich der Verkäufer durch die Einrede der Unverhältnismäßigkeit gem. § 439 III 1 BGB schützen[126], was zur Folge haben soll, dass der Käufer auf die andere Art der Nacherfüllung beschränkt ist (vgl. § 439 III 3 BGB)[127]. Diese Einrede der Unverhältnismäßigkeit kommt neben § 275 BGB, insbesondere Abs. 2, zur Anwendung und stellt niedrigere Anforderungen an die Unverhältnismäßigkeit[128].

bb) Die Vorrangigkeit der Nacherfüllung

Neben dem Anspruch auf Nacherfüllung stehen dem Käufer die Mängelrechte aus § 437 Nr. 2 BGB zu, die auf Rücktritt oder Minderung gerichtet sind. Schadens- und Aufwendungsersatz können nach § 437 Nr. 3 BGB verlangt werden. Vor der Schuldrechtsreform war dem Käufer die Reihenfolge der Gewährleistungsrechte nicht vorgegeben, er konnte das ius variandi nach seinem Belieben ausüben[129]. Er hatte die Wahl, sich sofort vom Vertrag durch Wandelung zu lösen oder sofort Schadensersatz oder Minderung zu verlangen[130]. Selbst der Käufer einer Gattungsschuld musste nicht zuerst die Nachlieferung einer mangelfreien Sache nach § 480 I BGB fordern, um anschließend Wandelung, Minderung oder Schadensersatz verlangen zu können, weil auch der Anspruch auf Nachlieferung parallel neben den anderen Gewährleistungsrechten stand. Somit gab es im Kaufrecht sowohl beim Spezies- als auch beim Gattungskauf weder eine vorrangige Nacherfüllungspflicht noch ein vorrangiges

---

126 Problematisch ist insofern die genaue Grenze der Unverhältnismäßigkeit und woran sich diese wertmäßig orientieren soll; dazu *Bitter/Meidt*, ZIP 2001, 2114 (2120 ff.), die den Nacherfüllungsaufwand durch 150 % des mangelfreien Wertes und 200 % des Mangelunwertes begrenzen; *Ackermann*, JZ 2002, 378 (382 ff.), orientiert sich am gezahlten Kaufpreis; *P. Huber*, NJW 2002, 1004 (1008), 130 % des Wertes der Sache; der Gesetzgeber gibt keine genaue Grenze an, rückt aber den Wert der Sache in mangelfreiem Zustand in den Mittelpunkt, BT-Drs. 14/6040, S. 232.

127 Unklar ist, ob der Käufer erneut eine Frist zur Nacherfüllung setzen muss oder sofort zurücktreten, mindern oder Schadensersatz verlangen kann. Nach der Vorstellung des Gesetzgebers, die durch § 439 III 3 BGB und § 440 S. 1 BGB, der die Verweigerung beider Arten der Nacherfüllung verlangt, unterstützt wird, ist eine weitere Fristsetzung notwendig; BT-Drs. 14/6040, 234; ebenso *P. Huber*, NJW 2002, 1004 (1006); wohl auch *Gsell*, JZ 2001, 65 (68 f.); unklar *Jorden/Lehmann*, JZ 2001, 952 (958 ff.); *Westermann*, NJW 2002, 241 (249).

128 BT-Drs. 14/6040, S. 232.

129 Hatte der Käufer allerdings sein Wahlrecht ausgeübt, musste er sich an dieser Ausübung festhalten lassen. Außerdem konnte er nach einer Rücktrittserklärung keinen Schadensersatz mehr verlangen, da das ursprüngliche Schuldverhältnis dadurch zu einem Rückgewährschuldverhältnis geworden war.

130 BT-Drs. 14/6040, S. 220.

Nacherfüllungsrecht[131]. Angesichts des dispositiven Charakters der Gewährleistungsrechte konnte indes eine individualvertragliche oder formularmäßige Vereinbarung über eine Nacherfüllung getroffen werden. Aus diesem Grund war es in der Tat Geschäftspraxis, von der Gestaltungsmöglichkeit in Allgemeinen Geschäftsbedingungen unter Beachtung der Grenzen der § 476a BGB a. F., § 11 Nr. 10 AGBG Gebrauch zu machen. Ohne eine solche zusätzliche Abrede über eine vorrangige Nacherfüllung anerkannte die höchstrichterliche Rechtsprechung die sofortige Lösungsmöglichkeit vom Vertrag per Wandelung zwar grundsätzlich, räumte aber mit Hinweis auf das Schikaneverbot aus § 226 BGB und Treu und Glauben mit Rücksicht auf die Verkehrssitte gem. § 242 BGB Ausnahmen ein[132]. Der Verkäufer sollte vor einer Wandelung oder Minderung zur Nachbesserung berechtigt sein, wenn er sich zur Nachbesserung ohne weiteres bereit erklärte, die Ursache des Mangels und seine Behebung leicht erkennbar waren und der Käufer dadurch nicht oder nur unerheblich beeinträchtigt wurde[133].

Nach der neuen Rechtslage besteht ein Stufenverhältnis zwischen dem Anspruch auf Nacherfüllung aus §§ 437 Nr. 1, 439 BGB und den übrigen Mängelrechten des § 437 Nr. 2 - Nr. 3 BGB[134]. Die Nacherfüllung ist der primäre Rechtsbehelf des Käufers, um dem Verkäufer eine Möglichkeit zur zweiten Andienung einzuräumen. Die Vorrangigkeit der Nacherfüllung als Mängelrecht ergibt sich nicht ausdrücklich aus dem Gesetz, ist aber zwingende Konsequenz folgender Überlegungen: Eindeutiger systematischer Beleg für den Vorrang der Nacherfüllung ist, dass in den Regelfällen von Rücktritt nach § 323 BGB, Minderung nach § 441 BGB und Schadensersatz nach § 281 BGB zuvor eine Frist zur Nacherfüllung gesetzt werden muss und somit die Nacherfüllung bzw. deren Begehren den anderen Mängelrechten vorgeschaltet ist[135]. In diesem Sinne war

---

131 Zu den abweichenden Literaturmeinungen mit überzeugenden, ablehnenden Stellungnahmen siehe *Rust*, Das kaufrechtliche Gewährleistungsrecht, S. 104 ff.; anders gestaltete sich die Lage im Werkvertragsrecht, da gem. §§ 633 II, 634 I 1 BGB a. F. eine vorrangige Nachbesserung des Werkunternehmers angeordnet war.

132 RG, JW 1907, 300 (300); RG 61, 92 (94); 91, 110 (112 f.); BGH WM 1971, 1382 (1383).

133 RG, JW 1914, 145 (146); zustimmend die h.L. MK-*Westermann*, 3. Aufl., § 462, Rn. 8 f.; Soergel-*Huber*, 12. Aufl., § 462 Rn. 73; *Esser/Weyers*, SchR BT/1, § 5 III, S. 51.

134 BT-Drs. 14/6040, S. 230 f.; vgl. AG Daun, NJW-RR 2003, 1465 (1465).

135 Vorbild für eine Fristsetzung zur Nacherfüllung waren die Bestimmungen der §§ 283, 326, 543 III, 634, 635 BGB a. F. sowie der Kommissionsentwurf mit einem Anspruch auf Nacherfüllung in § 438 KE, der an das Gutachten von *U. Huber* anknüpfte. In dessen Entwurf wurden in § 462 die Rechte des Käufers zentral unter die Voraussetzung einer erfolglos abgelaufenen Nachfrist gesetzt und es war eine Mangelbeseitigung in § 461a vorgesehen; *U. Huber*, Gutachten, Bd. I, S. 683. Man scheint sich in Anbetracht der vielen Anleihen an das alte Werkvertragsrecht an *Jakobs*, JuS 1974, 341 (341) erinnert zu haben, der bemerkte: „Das Ergebnis, wie es in §§ 633-639 Gesetz geworden ist, kann denn auch

es erklärtes Ziel des Gesetzgebers, eine interessengerechte Lösung zu erzielen, indem dem Verkäufer ein Recht zur zweiten Andienung verschafft werden sollte[136]. Die sofortige Loslösung vom Kaufvertrag entspricht auch nicht mehr der zeitgemäßen Erwartungshaltung des Käufers, der gerade bei technischen Geräten von einer Reparatur oder Neulieferung der Kaufsache ausgeht, da seine Käuferinteressen insofern ausreichend berücksichtigt werden[137]. Lediglich wenn die Nacherfüllung sowohl in der Form der Nachlieferung als auch der Nachbesserung unmöglich ist, bedarf es keiner dann sinnlosen Fristsetzung, wie die §§ 326 V, 283, 311a BGB belegen. Die Position des Anspruchs auf Nacherfüllung als erstgenanntes Mängelrecht in § 437 Nr. 1 BGB deutet schließlich schon durch die exponierte systematische Stellung auf dessen Vorrangigkeit hin. Außerdem wird § 437 Nr. 1 BGB durch ein Komma beendet, wohingegen Nr. 2 und Nr. 3 durch ein „und" verbunden sind[138]. Dies soll verdeutlichen, dass Schadensersatz und Rücktritt jetzt im Zuge des § 325 BGB kumulativ verlangt werden können[139].

cc) Der Anspruch auf Schadensersatz

Da die kaufrechtlichen Schadensersatzansprüche an das allgemeine Schuldrecht anknüpfen, ist eine Pflichtverletzung die grundlegende Voraussetzung für einen solchen Anspruch. In Anbetracht von § 433 I 2 BGB ist für den Gesetzgeber die für § 437 Nr. 3 BGB maßgebliche Pflichtverletzung die Lieferung einer mangelhaften Sache[140]. Diese Pflichtverletzung muss der Verkäufer zu vertreten haben, was gem. § 280 I 2 BGB grundsätzlich vermutet wird, aber durch einen Entlastungsbeweis widerlegt werden kann[141].

Eine verschuldensunabhängige Haftung für bestimmte Eigenschaften soll für die alten Fälle einer zugesicherten Eigenschaft weiterhin möglich sein. In § 276 I 1 BGB, der die Verantwortlichkeit des Schuldners regelt, ist daher die Garantie

---

für sich in Anspruch nehmen, dass es in mancher Hinsicht den allgemeinen Regeln überlegen ist und der Dogmatik selbst des allgemeinen Schuldrechts zum Vorbild dienen kann".

136 BT-Drs. 14/6040, S. 220.

137 BT-Drs. 14/6040, S. 220, 230.

138 Vgl. *Westermann*, NJW 2002, 241 (248), der hieraus die Vorrangigkeit der Nacherfüllung ableitet. Allerdings kann dann nur schwerlich erklärt werden, warum im Werkvertragsrecht hinter § 634 Nr. 2 BGB, der das Recht zur Selbstvornahme betrifft, ein Komma steht, wenn dieses Recht doch auch nur nach einer vorherigen erfolglosen Fristsetzung zur Nacherfüllung ausgeübt werden kann

139 BT-Drs. 14/6040, S. 226;.

140 Zu der exakten Bestimmung der Pflichtverletzung im Rahmen der jeweiligen Schadensersatztatbestände, siehe umfassend das 4. Kapitel, S. 151 ff.

141 BT-Drs. 14/6040, S. 209 f., 136.

aufgenommen worden. Hinter diesem Begriff der Garantie steckt inhaltlich dasselbe wie eine Zusicherung[142]. Ist eine solche Garantie übernommen worden, haftet der Schuldner ohne weiteres Verschulden für die garantierten Eigenschaften. Außerdem kann sich eine verschuldensunabhängige Haftung nach § 276 I 1 BGB aus dem sonstigen Inhalt des Schuldverhältnisses[143] oder aus der Übernahme eines Beschaffungsrisikos[144] heraus ergeben.

Aus der Anknüpfung der kaufrechtlichen Mängelhaftung an das allgemeine Leistungsstörungsrecht folgt, dass fortan im Einklang mit § 280 I BGB auch im Kaufrecht der allgemeine Grundsatz einer Schadensersatzpflicht im Falle einer schuldhaften Pflichtverletzung gilt. Besondere Voraussetzungen wie eine Zusicherung oder Arglist sind für eine Schadensersatzhaftung des Verkäufers nicht mehr erforderlich und eine dementsprechende Privilegierung des Schuldners existiert künftig nicht mehr[145]. Im Gegensatz zur alten Rechtslage[146] soll bereits bei Fahrlässigkeit Ersatz nicht nur des Mangelfolgeschadens, sondern auch des Mangelschadens verlangt werden können. Diese Änderung hält der Gesetzgeber für „sachgerecht“ und beabsichtigt so, „eine bislang vorhandene Lücke, die aus der Eigenart der Dogmatik des bisherigen Gewährleistungsrechts resultiert“, zu schließen[147]. Eine Entlastung des Verkäufers für diese Haftungserweiterung bestehe in der grundsätzlich erforderlichen Fristsetzung nach § 281 BGB[148]. In der Einführung einer Schadensersatzhaftung des Verkäufers – wie es vor der Schuldrechtsreform für die Rechtsmängelhaftung bereits Gesetz war[149] – auch für den „eigentlichen Mangelschaden“ bei einem fahrlässigen Verhalten sieht der Gesetzgeber die

---

[142] BT-Drs. 14/6040, S. 226, 132; der Begriff der Zusicherung wurde durch den der Garantie in §§ 276, 442, 444 BGB ersetzt. Die Bezeichnung „Garantie“ in §§ 443, 477 BGB entspricht hingegen dem alten Verständnis einer (unselbständigen) Garantie; vgl. *Dauner-Lieb/Thiessen*, ZIP 2002, 108 (110 ff.); *Hammen*, NJW 2003, 2588 (2588 ff.).

[143] Denkbar z. B. für den Rechtskauf; vgl. *Meier*, Jura 2002, 187 (188) m. w. N.

[144] Denkbar insbesondere für eine Gattungsschuld; vgl. hierzu mit divergierenden Lösungsvorschlägen *Canaris*, DB 2001, 1815 (1815 f.); *Dauner-Lieb/Dötsch*, DB 2001, 2535 (2536); *v.Westphalen*, ZGS 2002, 154 (157 f.).

[145] Vgl. BT-Drs. 14/6040, S. 224.

[146] Vor der Schuldrechtsreform konnte Ersatz für den Mangelfolgeschaden nur verlangt werden, wenn der Verkäufers arglistig agierte oder eine ihrem Schutzzweck nach den Mangelfolgeschaden abdeckende Zusicherung abgegeben hatte; vgl. 3. Kapitel, B., III.-IV., S. 72 ff.

[147] BT-Drs. 14/6040, S. 210.

[148] Siehe auch *Stoll*, JZ 2001, 589 (596 f.), der eine erhebliche Verschärfung der Verkäuferhaftung feststellt.

[149] BT-Drs. 14/6040, S. 226 mit Hinweis auf die alte Rechtsmängelhaftung nach den §§ 440, 326 BGB a. F.

„entscheidende Änderung gegenüber dem geltenden Recht“[150]. Dies habe zur Folge, dass der Verkäufer einer mangelhaften Sache jetzt auch für reine Vermögensschäden, die in einem unmittelbaren Zusammenhang mit der Kaufsache stehen wie etwa Nutzungsausfall und entgangener Gewinn, schon bei einfacher Fahrlässigkeit haften soll[151].

Geht man davon aus, dass der Gläubiger Schadensersatz für eine mangelhafte Lieferung über den Verweis in § 437 Nr. 3 BGB aus den allgemeinen Vorschriften des Leistungsstörungsrechts verlangen kann, ist die konkrete Anspruchsgrundlage indes noch nicht gefunden. § 437 Nr. 3 BGB verweist nämlich auf die „§§ 440, 280, 281, 283 und 311a“ BGB. Der zuerst genannte § 440 BGB beinhaltet in S. 1 eine Ausnahme vom Fristsetzungserfordernis des § 281 BGB für drei Fälle. Wenn sich der Verkäufer auf die Unverhältnismäßigkeit der Nacherfüllung gem. § 439 III BGB beruft, die Nacherfüllung fehlgeschlagen oder unzumutbar ist, ist keine vorherige Fristsetzung erforderlich. § 440 S. 2 BGB bestimmt außerdem, dass die Nachbesserung nach dem zweiten erfolglosen Versuch als fehlgeschlagen gilt, wenn sich nicht aus der Art der Sache oder den sonstigen Umständen etwas anderes ergibt. Als Anspruchsgrundlage kommt § 440 BGB deshalb nicht in Frage. Da die §§ 280, 283 und 311a BGB nie eine vorherige Fristsetzung verlangen, ist die kaufrechtliche Sondervorschrift des § 440 BGB auch insofern bedeutungslos und findet für Schadensersatzansprüche nur im Rahmen des § 281 BGB als Ausnahme vom Fristsetzungserfordernis Anwendung.

Offen bleibt aber, in welchem Verhältnis die sonstigen in § 437 Nr. 3 BGB aufgeführten Normen zueinander stehen sollen. Schadensersatz statt der Leistung kann nach der neuen Struktur des allgemeinen Leistungsstörungsrechts grundsätzlich nur[152] aufbauend auf § 280 I, III BGB aus den §§ 281-283 BGB unter zusätzlichen Voraussetzungen verlangt werden, wohingegen der Verzögerungsschaden nur aus § 286 BGB i. V. m. § 280 I, II BGB beansprucht werden kann. § 280 I BGB als alleinige Anspruchsgrundlage soll den Schadensersatz neben der Leistung ersetzen[153]. Diese exklusive Anordnung des § 280 BGB für

---

[150] BT-Drs. 14/6040, S. 224; daraus könnte man schließen, für den Mangelfolgeschaden sollte anscheinend alles beim Alten bleiben.

[151] BT-Drs. 14/6040, S. 226.

[152] Zusätzlicher Sonderfall ist § 311a II 1 BGB, der ebenfalls auf den Schadensersatz statt der Leistung gerichtet ist.

[153] BT-Drs. 14/6040, S. 135, 137 f., wobei der Begriff Schadensersatz neben der Leistung irreführend und unschön ist, da auch der Verzögerungsschaden aus §§ 280 II, 286 BGB neben der Leistung verlangt werden kann. Treffender sollte man von Schadensersatz abseits der Leistung sprechen, da es sich primär um Schadensersatz für die Verletzung von Schutzpflichten handelt. *Münch*, Jura 2002, 361 (370) schlägt „Schadensersatz wegen des Verstoßes“ vor.

die jeweiligen Schadensarten gibt auch für das Kaufrecht vor, dass die Schadensersatztatbestände von der Rechtsfolgenseite abzugrenzen sind und sich die jeweilige Anspruchsgrundlage primär aus der Art des zu ersetzenden Schadens ergibt.

Der Begriff des Schadensersatzes statt der Leistung soll inhaltsgleich den Schadensersatz wegen Nichterfüllung ablösen[154]. Schadensersatz wegen Nichterfüllung sei missverständlich, da durch die Begleichung des Schadensersatzanspruchs erfüllt werde, so dass gerade Erfüllung und keine Nichterfüllung vorliege[155]. Dies erklärt unter anderem, warum gem. § 281 IV BGB durch das Verlangen nach Schadensersatz statt der Leistung der Anspruch auf Erfüllung erlischt. Denn der Schuldner soll nicht zwei verschiedenen Arten der Erfüllung gleichzeitig ausgesetzt sein.

Dadurch, dass der Käufer eine mangelhafte Sache geliefert bekommt, entsteht ihm sicher ein Schaden; denn die Sache hat nicht den Wert, den sie ohne Mangel hätte. Diesen Schaden bezeichnet die Regierungsbegründung als „eigentlichen Mangelschaden“[156]. Darüber hinaus können dem Käufer weitere Schäden entstehen wie z. B. im Falle der Lieferung einer mangelhaften Maschine wegen Verletzung an einem schadhaften Maschinenteil, wegen eines Produktionsausfalls oder wegen eines ungünstigeren Weiterverkaufs[157]. Da nach der Vorstellung des Gesetzgebers der Schadensersatz statt der Leistung den alten Begriff des Schadensersatzes wegen Nichterfüllung ersetzen soll, folgt hieraus seines Erachtens wegen der vorrangigen Verweisung für derartige Schäden nach § 280 III BGB, dass der Schadensersatz nach § 280 I BGB nicht den Schaden erfasse, der im Mangel der Sache selbst liege[158]. Dieser eigentliche Mangelschaden, der im Minderwert der Sache liege, könne nur unter den zusätzlichen Erfordernissen des § 281 BGB ersetzt verlangt werden, so dass zunächst der fruchtlose Ablauf einer Frist zur Nacherfüllung nötig sei[159]. Erst nach erfolglosem Ablauf der Frist solle der Käufer zwischen kleinem Schadensersatz (§ 281 I 1 BGB) und großem Schadensersatz (§ 281 I 3 BGB) wählen können, wobei der

154 BT-Drs. 14/6040, S. 136 f.; 225, 263; wobei die Existenz des alten Begriffs in §§ 523, 524, 651 f BGB irritiert.

155 Dies gilt umso mehr, wenn man die Rechtsfolge des Schadensersatzes wegen Nichterfüllung nicht nur auf Geldersatz, sondern auch auf Naturalrestitution gerichtet sieht; hierzu *Gebauer*, Naturalrestitution beim Schadensersatz wegen Nichterfüllung, 2002; vgl. zur entsprechenden Problematik im neuen Recht 3. Kapitel, D., XII., S. 142 ff.

156 BT-Drs. 14/6040, S. 224.

157 Beispiel nach BT-Drs. 14/6040, S. 224.

158 BT-Drs. 14/6040, S. 225.

159 BT-Drs. 14/6040, S. 225.

große Schadensersatz zusätzlich eine erhebliche Pflichtverletzung voraussetze[160].

§ 280 I BGB alleine ersetze hingegen ohne Fristsetzung die Nachteile des Käufers, die über sein bloßes „Erfüllungsinteresse“ hinausgehen[161]. Das seien solche Schäden, die nach altem Recht unter dem Gesichtspunkt der positiven Forderungsverletzung als ersatzfähig angesehen wurden, die „also durch die Mangelhaftigkeit der Kaufsache an anderen Rechtsgütern als der Kaufsache selbst eingetreten“ seien wie z. B. Körperschäden und Vermögensschäden[162].

Auch für die Verzögerung des Verkäufers mit der Nacherfüllung möchte der Gesetzgeber eine Sanktion anordnen. Da § 437 Nr. 3 BGB auch auf § 280 II BGB verweise, könne der Käufer unter der Voraussetzung des Verzugs mit der Nacherfüllung den Verzögerungsschaden ersetzt verlangen. Im Gegensatz zur unmittelbaren Haftung nach § 280 I BGB komme es nicht auf die Lieferung einer mangelhaften Sache, sondern lediglich auf die Verzögerung der Nacherfüllung an. Liefere der Verkäufer also beispielhaft mit Verschulden eine mangelhafte Maschine und verzögere sich deswegen deren Inbetriebnahme, so sei der Betriebsausfallschaden[163] „unmittelbar nach § 280 I“ BGB und nicht unter den weiteren Voraussetzungen des Verzugs nach § 286 BGB zu ersetzen[164]. Nur der weitergehende Schaden durch die Verzögerung der Nacherfüllung sei unter den zusätzlichen Voraussetzungen des § 286 BGB über § 280 II BGB ersatzfähig. Solche Schäden seien beispielsweise Rechtsverfolgungskosten, die ausschließlich durch die Verzögerung mit der Nacherfüllung entstehen[165].

Die Berechtigung des Verweises auf die §§ 283, 311a BGB soll sich nach dem gesetzgeberischen Willen für die Fälle ergeben, in denen die Erfüllung des Anspruchs auf Nacherfüllung unmöglich ist[166]. Da die Unmöglichkeit der Nacherfüllung einer teilweisen Unmöglichkeit des ursprünglichen Erfüllungsanspruchs entspricht, sind die §§ 283, 311a BGB die maßgeblichen Schadensersatznormen. Wegen der Unmöglichkeit der Nacherfüllung ist keine vorherige Fristsetzung erforderlich und für den großen Schadensersatz wie im Rahmen des § 281 I 3 BGB ein erheblicher Mangel notwendig. Dabei ist § 311a BGB

---

160 Darin liegt eine Parallele zu § 323 V 2 BGB, da der große Schadensersatz im Ergebnis häufig einem kleinen Schadensersatz kombiniert mit einem Rücktritt entspricht.

161 BT-Drs. 14/6040, S. 225.

162 BT-Drs. 14/6040, S. 225.

163 Im seinen folgenden Ausführungen verwendet der Gesetzgeber auch den Begriff des „Nutzungsausfallschadens“.

164 BT-Drs. 14/6040, S. 225.

165 BT-Drs. 14/6040, S. 225.

166 BT-Drs. 14/6040, S. 225.

einschlägig, wenn der Mangel schon vor oder bei Vertragsschluss durch eine Nacherfüllung nicht behebbar war, wohingegen § 283 BGB für einen nach Vertragsschluss unbehebbaren Mangel eingreift.

Alternativ zum Schadensersatz statt der Leistung kann der Käufer Ersatz seiner vergeblichen Aufwendungen aus § 437 Nr. 3 i. V. m. § 284 BGB verlangen. Darunter sollen insbesondere die aus § 467 S. 2 BGB a. F. bekannten Vertragskosten fallen[167]. Eine Änderung besteht darin, dass der vormals verschuldensunabhängige Ersatz der Vertragskosten künftig von einem (vermuteten) Verschulden des Verkäufers abhängt. Die Sonderregel des § 467 S. 2 BGB a. F., die einen „Fremdkörper“ im alten Recht darstellte, da sie verschuldensunabhängig ein Interesse befriedigte, das grundsätzlich Teil eines Schadensersatzanspruches ist, sollte so sachgerecht abgeschafft und an die allgemeinen Grundsätze des Leistungsstörungsrechts angepasst werden[168].

c) Die Verjährung der Mängelansprüche des Käufers

Das Kaufrecht hält in § 438 I BGB drei unterschiedliche Verjährungsfristen bereit, die für die in § 437 BGB geregelten Ansprüche auf Nacherfüllung, Schadensersatz und Ersatz vergeblicher Aufwendungen gelten sollen[169].

Eine besondere dreißigjährige Verjährungsfrist ist in § 438 I Nr. 1 BGB angeordnet, wenn der Mangel in einem Recht eines Dritten, auf Grund dessen Herausgabe der Kaufsache verlangt werden kann, oder in einem sonstigen Recht, das im Grundbuch eingetragen ist, besteht. Insofern soll ein verjährungsrechtlicher Gleichlauf zwischen den Ansprüchen des Käufers gegen den Verkäufer wegen eines Rechtsmangels und den Ansprüchen des Rechteinhabers gegen den Käufer hergestellt werden. Ohne diesen Sonderfall der dreißigjährigen Verjährung entstünde für den Käufer aufgrund der Regelung des § 197 I Nr. 1 BGB eine Haftungsfalle, da er einerseits seine Ansprüche gegen

[167] BT-Drs. 14/6040, S. 225.

[168] BT-Drs. 14/6040, S. 225.

[169] Entgegen der alten Rechtslage, nach der Wandelung und Minderung in Anbetracht des § 465 BGB a. F. nicht als Gestaltungsrechte ausgeformt waren, sind die diese Rechtsinstitute ersetzenden Rechte zum Rücktritt und zur Minderung Gestaltungsrechte. Da nach anerkannter Dogmatik Gestaltungsrechte keine Ansprüche sind, unterliegen sie gem. § 194 I BGB nicht der Verjährung. Infolgedessen bedurfte es der Regelung des § 218 BGB, der die Unwirksamkeit von Rücktritt und Minderung an die Verjährung des Anspruchs auf Erfüllung oder Nacherfüllung koppelt. Da es sich bei dem Rücktritt um ein allgemeines Rechtsinstitut handelt, hat der Unwirksamkeitsgrund des § 218 BGB seinen Platz im Allgemeinen Teil des Verjährungsrechts gefunden; BT-Drs. 14/6040, S. 226, 124 f.

den Verkäufer wegen eines Rechtsmangels[170] spätestens[171] in der regelmäßigen Verjährung (§§ 195, 199 BGB) geltend machen müsste, was gem. § 199 III 1 Nr. 1 BGB die Verjährung nach 10 Jahren ab Entstehung des Anspruchs ohne Kenntnis des Käufers vom Rechtsmangel zur Folge hätte; seinerseits aber wäre der Käufer dreißig Jahre lang Ansprüchen des Rechteinhabers ausgesetzt. Mit § 438 I Nr. 1 BGB wollte der Gesetzgeber auf diese Weise in der Eviktionssituation Abhilfe schaffen[172].

Die Vorschrift des § 438 I Nr. 2 BGB sorgt für einen Gleichlauf mit § 634a I Nr. 1 BGB, der ebenfalls eine fünfjährige Verjährungsfrist vorsieht. Zum einen entschärft die Harmonisierung die im Einzelfall bisweilen schwierige Auslegung eines Vertrages als Werkvertrag oder Kaufvertrag. Die Rechtsprechung neigte nämlich früher oftmals zu einer werkvertraglichen Auslegung[173], da die Vorschriften der §§ 633 ff. BGB im Hinblick auf die Verjährung besser geeignet schienen. Nun ist einer solchen verjährungsorientierten Auslegung durch die gleiche Fristenlänge der Sinn genommen worden. Zum anderen sollte der Regress von Bauhandwerkern gegenüber den Lieferanten einer mangelhaften Sache gesichert werden[174], denn nach altem Recht haftete der ausführende Bauhandwerker noch nach fünf Jahren (§ 638 BGB a. F.), wohingegen er nur sechs Monate Zeit zum kaufrechtlichen Regress gegen seinen Lieferanten hatte (§ 477 BGB a. F.). Nach neuem Recht trägt aufgrund der gleichen Verjährungs-

---

[170] Der alte Streit, ob das fehlende Eigentum des Verkäufers bzw. das Eigentum eines Dritten ein Rechtsmangel an der Kaufsache darstellt oder ob die Pflicht zur Verschaffung von Eigentum an der Kaufsache ausschließlich aus § 433 BGB folgt, ist zugunsten der früheren h. M. entschieden worden, ausführlich *Meier*, JR 2003, 353 (354 ff.). Dies ergibt sich aus der Überlegung, dass § 438 I Nr. 1 BGB ausdrücklich eingeführt wurde, um den Käufer nicht gegenüber dem Inhaber eines dinglichen Rechts in die Haftungsfalle geraten zu lassen. Diese Gefahr besteht insbesondere gegenüber dem Eigentümer, der wegen § 197 I Nr. 1 BGB dreißig Jahre seine Ansprüche geltend machen kann. Deshalb muss die Regelung des § 438 I Nr. 1 BGB auch für diesen Fall zum Tragen kommen, was die Einordnung des Eigentums eines Dritten an der Sache als Rechtsmangel voraussetzt; Erman-*Grunewald*, 10. Aufl., § 434 Rn. 1; Jauernig-*Vollkommer*, 9. Aufl., § 434 Rn. 4; *Larenz*, SchR BT/1, § 40 II b), S. 28; *Esser/Weyers*, SchR BT/1, § 4 III 4, S. 21; *Giesen*, Jura 1993, 354 (354); a. A.: Palandt-*Putzo*, 61. Aufl., § 434 Rn. 4; *Knöpfle*, NJW 1998, 534 f.; *ders.*, NJW 1991, 889 (889 f.). Andernfalls stünde der Käufer bei fehlendem Eigentum des Verkäufers unberechtigt schlechter. Eine entsprechende Haftungsfalle kann aber fortan angesichts der neuen dreijährigen Regelverjährung für andere Verträge wie beispielsweise den Schenkungsvertrag bestehen.

[171] Vor allem für den Fall eines arglistigen Verkäufers, für den die regelmäßige Verjährung gem. § 438 III BGB Anwendung findet.

[172] BT-Drs. 14/6040, S. 227.

[173] Vgl. BGH 60, 362 (364); 68, 372 (373 ff.) m. w. N. für den Verkauf schlüsselfertiger Häuser, worauf auch die Regierungsbegründung in BT-Drs. 14/6040, S. 229 verweist.

[174] BT-Drs. 14/6040, S. 227.

länge in den §§ 438 I Nr. 2, 634a I Nr. 2 BGB der Bauhandwerker nur noch das Verjährungsrisiko für die Dauer der eigenen Zwischenlagerung, was ein Risiko aus seinem Verantwortungsbereich und für ihn überschaubar ist[175]. Zur Bestimmung der üblichen Verwendungsweise im Rahmen des § 438 I Nr. 2 BGB soll nicht die konkrete Verwendung im Einzelfall, sondern eine objektive Betrachtung ausschlaggebend sein. Ob es sich um Sachen handelt, die nach ihrer üblichen Verwendungsweise für ein Bauwerk verwendet werden sollen, ist nach Auffassung des Gesetzgebers nach denselben Maßstäben wie nach altem Recht (§ 638 I 1 BGB a. F.) zu beurteilen. Danach waren solche Arbeiten erfasst, die von wesentlicher Bedeutung für das Bauwerk sind[176]. Schließlich muss der Mangel der Sache auch ursächlich für die Mangelhaftigkeit des Bauwerks sein, andernfalls genüge die zweijährige Verjährung des § 438 I Nr. 3 BGB[177].

Im Übrigen gilt gem. § 438 I Nr. 3 BGB die zweijährige Verjährung, die angesichts der Sonderfälle der §§ 438 I Nr. 1, 2 BGB die regelmäßige Frist der Mängelrechte des Käufers ist. Die allgemein als zu kurz empfundene Frist des § 477 BGB a. F. wollte der Gesetzgeber angemessen verlängern, um dem Käufer eine faire Chance zu geben, seine Mängelrechte geltend zu machen[178]. Dies war nach Ansicht des Gesetzgebers und des BGH zur alten Rechtslage bei verborgenen Mängeln nicht durch eine Verlagerung des Fristbeginns auf den Zeitpunkt der Kenntnis gem. § 852 BGB a. F. analog möglich[179]. Die neue zweijährige Regelverjährung beinhalte zwar eine Belastung für den Verkäufer, diese müsse aber hingenommen werden und sei maßvoll einschneidend, weil die meisten Mängel bei Massengütern innerhalb von 6 Monaten auftreten[180]. Außerdem ist mindestens eine zweijährige Verjährungsfrist durch Art. 5 I der VerbrGK-RiL für den Nacherfüllungsanspruch, die Minderung und das Rücktrittsrecht beim Verbrauchsgüterkauf vorgeschrieben. Um einer verjährungsrechtlichen Zersplitterung der Mängelrechte vorzubeugen, hat der Gesetzgeber diese Verjährung auch auf die Schadensersatzansprüche und den Anspruch auf Aufwendungsersatz erstreckt. Überdies gilt die zweijährige Verjährungsfrist nicht nur – wie durch die Richtlinie vorgegeben – für den Verbrauchsgüterkauf, sondern betrifft jeden Kaufvertrag und löst so die ungeliebte sechsmonatige Gewährleistungsfrist des § 477 BGB a. F. ab, die in der Praxis ohnehin häufig per Individual- oder Formularvertrag verlängert wurde[181]. Bei einer entsprechenden

---

175 BT-Drs. 14/6040, S. 227.

176 Vgl. Palandt-*Sprau*, 61. Aufl., § 638 Rn. 9 ff.

177 Ansonsten kann nämlich kein Konflikt zu § 634a I Nr. 2 BGB entstehen.

178 BT-Drs. 14/6040, S. 228.

179 BT-Drs. 14/6040, S. 228; BGH 77, 215 (221 f.).

180 Diese vermeintliche Entlastung sagt indes nichts darüber aus, ob der Käufer tatsächlich umgehend Nacherfüllung oder andere Mängelrechte verlangt.

181 BT-Drs. 14/6040, S. 229.

Verlängerung der Verjährungsfrist sollten aber die schutzwürdigen Interessen des Verkäufers und Unternehmers, das Risiko künftiger Mängelansprüche abzuschätzen, evtl. versichern zu lassen und wirksame Verteidigungsmöglichkeiten zu haben, ebenfalls beachtet werden[182]. Deshalb kann sogar beim Verbrauchsgüterkauf die Verjährungsfrist für gebrauchten Sachen gem. § 475 II BGB auf ein Jahr verkürzt werden. In Allgemeinen Geschäftsbedingungen ist eine Verkürzung auf ein Jahr im Rahmen des § 309 Nr. 8 b) ff) BGB gleichfalls möglich.

Der Beginn der Verjährungsfrist knüpft wie § 477 BGB a. F. grundsätzlich an die Ablieferung der Sache[183], bei Grundstücken an die Übergabe an. Da die Verjährungsvorschrift des § 438 BGB für alle Mängelrechte gilt, soll die Verjährung von Ansprüchen wegen Rechtsmängeln neuerdings ebenfalls mit der Ablieferung der Kaufsache beginnen[184]. Ausnahmen von der kaufrechtlichen Verjährung des § 438 I Nr. 3 BGB sind nach Abs. 3 für denjenigen vorgesehen, der den Mangel arglistig verschwiegen hat[185]. In diesem Fall ist gem. § 438 III 1 BGB die regelmäßige Verjährung der §§ 195, 199 BGB maßgeblich, wobei gem. § 438 III 2 BGB eine Einschränkung für die fünfjährige Verjährung des § 438 I Nr. 2 BGB besteht, um den Arglistigen nicht zu privilegieren. Die Mängelrüge ist in § 438 IV BGB erhalten geblieben[186], obgleich das Erfordernis der Mängelanzeige ersatzlos gestrichen wurde, da es in der Praxis unwahrscheinlich ist, dass der Verkäufer mehr als zwei Jahre auf die Beitreibung des Kaufpreises verzichtet und daher spätestens bei seinem ersten Zahlungsverlangen vom Käufer auf die Mangelhaftigkeit hingewiesen werden wird[187].

---

182 BT-Drs. 14/6040, S. 91.

183 Der Beginn der Verjährung mit Lieferung der Sache war für den Verbrauchsgüterkauf durch Art. 5 Abs. 1 S. 1 VerbrGK-RiL bindend vorgegeben.

184 BT-Drs. 14/6040, S. 229.

185 Trotz des Wortlauts „verschwiegen hat“ dürften wie im Rahmen des § 463 S. 2 BGB a. F. die Fälle einer aktiven Täuschung aufgrund der gleichen Interessenlage ebenfalls unter § 438 III BGB zu subsumieren sein.

186 Auch vor Eintritt der Verjährung dürfte die Mängelrüge anwendbar sein, obwohl der Wortlaut „trotz einer Unwirksamkeit des Rücktritts“ dagegen spricht. Im Gegensatz zur alten Rechtslage, die mit der Wendung „auch nach der Vollendung der Verjährung“ einen gesetzlichen Anknüpfungspunkt für eine solche Interpretation lieferte, kann nach neuem Recht nur mit der Widersinnigkeit eines anderen Ergebnisses argumentiert werden. Die Alternative bestünde nämlich darin, den Käufer auf seinen noch möglichen Rücktritt zu verweisen, solange noch keine Verjährung eingetreten ist.

187 BT-Drs. 14/6040, S. 230.

II. Die werkvertragliche Situation

1. Die Beurteilung der alten Rechtslage durch den Gesetzgeber

Als ebenfalls unbefriedigend beurteilte der Gesetzgeber die Situation des auf Schadensersatz haftenden Werkunternehmers[188]. Die Freiheit des Werkes von Sachmängeln gehörte schon vor der Schuldrechtsreform zur Leistungspflicht des Unternehmers, weshalb folgerichtig in § 633 II BGB a. F. ein Nachbesserungsanspruch des Bestellers zu finden war[189]. Zudem konnte der Besteller erst die Wandelung oder Schadensersatz fordern, wenn er dem Unternehmer zuvor eine Frist zur Nachbesserung gesetzt hatte (§ 634 BGB a. F.). Nach § 635 BGB a. F. hatte der Besteller allerdings nur die Möglichkeit des Schadensersatzes anstatt der Wandlung oder Minderung, so dass nach deren Vollzug kein Schadensersatz wegen Nichterfüllung begehrt werden konnte. Dieses Alternativverhältnis von § 635 BGB auf der einen und Minderung oder Wandelung auf der anderen Seite war Gegenstand berechtigter Kritik[190]. Neben der Haftung aus § 635 BGB war wie im Kaufrecht eine solche aus pVV möglich. Zwar waren beide Ansprüche an ein Verschulden des Werkunternehmers gebunden und richteten sich insofern nach den gleichen Voraussetzungen, gleichwohl zog die Rechtsprechung die mit vielen Unsicherheiten belastete Grenzlinie zwischen der Haftung des Werkunternehmers aus §§ 635, 638 BGB einerseits und aus positiver Forderungsverletzung andererseits anders als im Kaufrecht[191]. So wurde die für das Kaufrecht entwickelte Differenzierung zwischen Mangel- und Mangelfolgeschaden noch vertieft: Ein Mangelfolgeschaden, der eng mit dem Mangel zusammenhing, war neben dem Mangelschaden bereits über § 635 BGB ersatzfähig. Indes sollte die pVV nur für „entfernte Mangelfolgeschäden" Anwendung finden, wobei die Verjährung der Ansprüche aus pVV entgegen der kaufrechtlichen Praxis stets § 195 BGB folgte[192]. Diese unterschiedliche Dauer der Verjährung und die Abgrenzung zwischen nahen und entfernten Mangelfolgeschäden bildeten ein „Dauerthema der Rechtsprechung, zu dem Ströme wissenschaftlicher Tinte geflossen sind, ohne dass eine klare, plausible und vor allem

[188] BT-Drs. 14/6040, S. 88; vgl. Abschlußbericht, S. 23 f.

[189] Dieses Nachbesserungsrecht konnte im Einzelfall zu einem völligen Ersatz des mangelhaften Werkes führen, wenn anderweitig der mit der Nachbesserung verfolgte Zweck verfehlt würde; BGH 96, 111 (118); Palandt-*Sprau*, 61. Aufl., Vorb v § 633 Rn. 3. Daneben bestand nach h. M. bis zur Abnahme ein Anspruch auf Neuherstellung aus § 631 BGB; vgl. zum Streitstand MK-*Soergel*, 3. Aufl., § 633 Rn. 107 ff. m. w. N.

[190] BT-Drs. 14/6040, S. 263; vgl. MK-*Soergel*, 3. Aufl., § 635 Rn. 3; Soergel-*Teichmann*, 12. Aufl., § 635 Rn. 1 f. m. w. N.

[191] BT-Drs. 14/6040, S. 85; ausführlich 3. Kapitel, B., III., S. 72 ff. zum Kaufrecht; 3. Kapitel, B., VI., S. 78 ff. zum Werkvertragsrecht.

[192] BT-Drs. 14/6040, S. 263.

praktikable Lösung in Sicht" war[193]. „Die kasuistische Rechtsprechung" vermochte nach Ansicht des Gesetzgebers, jedenfalls keine überzeugenden klaren Abgrenzungsmerkmale herauszuarbeiten[194].

2. Die vorgeschlagene neue Lösung des Gesetzgebers

Mit der Anbindung von allgemeinem und besonderem Schuldrecht sollte ebenfalls eine Verringerung der Unterschiede zwischen Kauf- und Werkvertrag einhergehen[195]. Der Umfang der „notwendigen sachlichen Änderungen" im Werkvertragsrecht wurde jedoch wesentlich überschaubarer als im Kaufrecht eingeschätzt[196]. Trotzdem sah sich der Gesetzgeber veranlasst, zahlreiche Änderungen im Werkvertragsrecht vorzunehmen, um die §§ 633 ff. BGB an die neue Systematik und Terminologie der Mängelhaftung des Verkäufers anzupassen.

a) Die Mängelrechte des Bestellers

Ausgangspunkt ist die Pflicht des Unternehmers gem. § 633 I BGB, dem Besteller das Werk frei von Sach- und Rechtsmängeln zu verschaffen. Dadurch wird § 633 BGB a. F. abgelöst, der schon im alten Recht eine Pflicht des Unternehmers statuierte, das Werk frei von Fehlern und mit den zugesicherten Eigenschaften herzustellen. Erweitert wird diese Pflicht des Unternehmers nun auf eine rechtsmangelfreie Herstellung des Werkes. Obwohl die alten Regelungen des Werkvertrags keine besonderen Vorschriften für die Rechtsmängelhaftung bereithielten[197], ist diese nach Auffassung des Gesetzgebers gerade im Hinblick auf Urheberrechte und den gewerblichen Rechtsschutz regelungsbedürftig[198]. Durch die Aufnahme des Rechtsmangels in § 633 III BGB und die Gleichstellung mit einem Sachmangel nach § 633 II BGB – entsprechend dem kaufrechtlichen Modell in §§ 434, 435 BGB – wurde dies bewerkstelligt. Im Gegensatz zur kaufrechtlichen Erweiterung des Sachmangels in § 434 I 3 BGB hat der Gesetzgeber auf eine entsprechende Einbeziehung öffentlicher Äußerungen des Unternehmers, Herstellers oder eines Gehilfen in den werkvertraglichen Sachmangelbegriff verzichtet[199].

---

[193] BT-Drs. 14/6040, S. 88.

[194] BT-Drs. 14/6040, S. 263.

[195] BT-Drs. 14/6040, S. 209; vgl. 2. Kapitel, B., V., 2., S. 37.

[196] BT-Drs. 14/6040, S. 260.

[197] Früher wurden die §§ 434 ff. BGB analog angewendet.

[198] BT-Drs. 14/6040, S. 261.

[199] Da die Erweiterung des § 434 I 3 BGB auf Massengüter zugeschnitten sei, sei eine Aufnahme für die verbleibenden Fälle des Werkvertragsrechts nicht geboten; BT-Drs. 14/6040, S. 261. Insbesondere gebe es keinen vom Unternehmer personenverschiedenen Hersteller, da die Herstellung selbst Vertragsgegenstand des Werkvertrages sei. Aufgrund der Regelung des § 651 S. 1 BGB sei ohnehin bei der Herstellung beweglicher Sachen in weitem Umfang Kaufrecht anwendbar. Ein besonderer Typus des Werk-

Alle Mängelrechte des Bestellers sind katalogisiert in § 634 BGB zu finden. Danach steht dem Besteller aufgrund der Pflicht des Unternehmers zur mangelfreien Herstellung des Werkes vorrangig ein Anspruch auf Nacherfüllung gem. §§ 634 Nr. 1, 635 BGB im Falle einer mangelhaften Herstellung zu. Der Nacherfüllungsanspruch der §§ 634 Nr. 1, 635 BGB ist somit wie im Kaufrecht der ursprüngliche Erfüllungsanspruch im neuen Kleid der Absätze I - IV des § 635 BGB und der Verjährung des § 634a BGB[200]. Insbesondere soll dem Unternehmer angesichts seiner größeren Sachkunde das Wahlrecht hinsichtlich der Art der Nacherfüllung zustehen, da im Unterschied zum kaufrechtlichen Leistungsaustausch das Werk noch hergestellt werden muss und der Unternehmer viel enger mit dem Herstellungsprozess vertraut ist als der Verkäufer. Das Erfüllungsinteresse des Bestellers wird unabhängig von der Art der Nacherfüllung befriedigt und aus dem Grundsatz von Treu und Glauben soll der Besteller im Einzelfall eine unzumutbare Nacherfüllung ablehnen können[201]. Entgegen der alten Rechtslage verzichtet der Gesetzgeber bewusst auf die Festschreibung einer Ablehnungsandrohung, um die Mängelrechte des Bestellers nicht unnötig zu erschweren[202] und lässt mit der Bezugnahme auf §§ 323, 281 BGB vor Geltendmachung weiterer Mängelrechte eine Fristsetzung zur Nacherfüllung genügen. Nach erfolglosem Ablauf der Frist zur Nacherfüllung, die bei Unmöglichkeit der Nacherfüllung und neben den gesetzlichen Ausnahmen der §§ 281 II, 323 II BGB in den von § 636 BGB genannten Varianten der Verweigerung der Nacherfüllung wegen Unverhältnismäßigkeit, Fehlschlagens der Nacherfüllung oder Unzumutbarkeit entbehrlich ist, kann der Besteller außerdem nach § 634 Nr.2 - 4 BGB Rücktritt, Minderung, Schadens- oder Aufwendungsersatz geltend machen. Minderung und Rücktritt entsprechen insofern weitgehend dem kaufrechtlichen Muster[203]. Eine Besonderheit über die bereits aus dem Kaufrecht bekannten Mängelrechte hinaus ist allerdings der Anspruch des Bestellers aus §§ 634 Nr. 2, 637 BGB. Dieser räumt dem Besteller die Möglichkeit ein, den Mangel am Werk (nach erfolglosem Fristablauf) selbst zu beseitigen und Ersatz der erforderlichen Aufwendungen sowie einen entsprechenden Vorschuss zu

---

lieferungsvertrages soll allerdings nach Ansicht des Gesetzgebers aufgrund der Angleichung von Kauf- und Werkvertrag entbehrlich sein; BT-Drs. 14/6040, S. 267 f. Lediglich bei unbeweglichen Sachen oder bei unvertretbaren beweglichen Sachen gem. § 651 S. 3 BGB finden werkvertragliche Vorschriften Anwendung.

200 Zum Nacherfüllungsanspruch vgl. 3. Kapitel, A., I., 2., b), aa), S. 45 f.; 3. Kapitel, C., IV., S. 97 f.

201 BT-Drs. 14/6040, S. 265.

202 BT-Drs. 14/6040, S. 262.

203 Aus dem Gesetzesvorhaben gestrichen wurde die Berechnung der Minderung in Abhängigkeit vom Kaufpreis bzw. Werklohn gem. §§ 441 III, 638 III RE; BT-Drs. 14/7052, S. 197; vgl. noch BT-Drs. 14/6040, S. 235, 267. Daher ist mit der in den §§ 441 III, 638 III BGB festgelegten relativen Minderungsmethode keine Änderung zur alten Rechtslage und ein Gleichlauf zwischen Kauf- und Werkvertrag erzielt worden.

verlangen[204]. Ebenso wie der Anspruch auf Nacherfüllung, dessen Kehrseite das Recht zur Ersatzvornahme durch den Besteller darstellt, ist der Anspruch aus §§ 634 Nr. 2, 637 BGB verschuldensunabhängig[205].

Der ehemalige Anspruch auf „Schadensersatz wegen Nichterfüllung" soll nach der Vorstellung des Gesetzgebers bei einem mangelhaften Werk durch § 634 Nr. 4 BGB geregelt werden, der „eine alle Schadensersatzansprüche umfassende Verweisung auf die allgemeinen Vorschriften" darstellt[206]. Dabei soll durch die Verweisung auf § 280 BGB verdeutlicht werden, dass es gleichgültig sei, „ob der Schaden durch den Mangel entstanden ist, nicht mit dem Mangel zusammenhängt oder zwar mit dem Mangel zusammenhängt, aber dessen entfernte Folge ist"[207]. Deshalb sei auch die Unterscheidung zwischen Mangel- und Mangelfolgeschaden sowie sonstigen Schäden im Werkvertragsrecht entbehrlich und eine einheitliche Verjährungsfrist mit § 634a BGB für alle Schadensersatzansprüche geschaffen[208]. Die Verweisung auf § 281 BGB habe lediglich die Funktion, auf die in diesem Fall erforderliche Fristsetzung hinzuweisen[209]. Diese Schadensersatzansprüche sollen angesichts des § 325 BGB wie im Kaufrecht neben Rücktritt oder Minderung geltend gemacht werden können.

b) Die Verjährung der Mängelansprüche des Bestellers

Alle Mängelansprüche des Bestellers auf Nacherfüllung, Aufwendungsersatz und Schadensersatz sollen sich nach den Verjährungsfristen in § 634a BGB richten[210]. Das Werkvertragsrecht hält insgesamt drei verschiedene Verjährungsfristen bereit: Nach § 634a I Nr. 1 BGB beträgt die Verjährungsfrist zwei Jahre, wenn der Erfolg in der Herstellung, Wartung oder Veränderung einer Sache oder in der Erbringung von Planungs- oder Überwachungsleistungen für die Sache

---

204 BT-Drs. 14/6040, S. 266.

205 Entgegen der alten Rechtslage hielt der Gesetzgeber eine Abhängigkeit dieses Anspruchs vom Verzug und somit von einem Verschulden des Unternehmers für nicht sachgerecht, vgl. § 633 III BGB a. F., da der Besteller das Verschulden des Unternehmers in der Regel nicht beurteilen können werde; BT-Drs. 14/6040, S. 262, 266. Vielmehr habe der Besteller aufgrund der Unzuverlässigkeit des Unternehmers und des dadurch erschütterten Vertrauens ein berechtigtes Interesse, den Mangel selbst zu beseitigen. Der früher von der h. M. BGH 47, 272 (274); 68, 373 (378) m. w. N. aus § 669 BGB analog hergeleitete Anspruch auf Zahlung eines Vorschusses ist nun ausdrücklich in § 637 III BGB zu finden.

206 BT-Drs. 14/6040, S. 263.

207 BT-Drs. 14/6040, S. 263.

208 BT-Drs. 14/6040, S. 263.

209 BT-Drs. 14/6040, S. 263.

210 Die Unwirksamkeit der Gestaltungsrechte von Rücktritt und Minderung ist über §§ 218, 634a IV 1, V BGB an die Verjährung des Anspruchs auf Nacherfüllung gekoppelt.

besteht. Damit unterliegen körperliche Werke inklusive entsprechender Planungs- und Überwachungsleistungen einer kurzen zweijährigen Verjährung, weil nach Auffassung des Gesetzgebers bei ihnen typischerweise ein Mangel einfacher festgestellt werden könne. Demgegenüber komme die Herstellung von Geisteswerken dem Dienstvertrag nahe, bei dem ein Mangel eines immateriellen Arbeitsergebnisses schwieriger bestimmt werden kann[211]. Ansprüche wegen eines Mangels an einem Bauwerk bzw. entsprechender Planungs- oder Überwachungsleistungen verjähren hingegen gem. § 634a I Nr. 2 BGB in fünf Jahren. Diese beiden besonderen werkvertraglichen Verjährungsfristen beginnen mit der Abnahme des Werkes, § 634a II BGB. Auffangfrist für alle anderen Mängelansprüche im Werkvertragsrecht, insbesondere bei Geisteswerken, ist die regelmäßige Verjährung der allgemeinen Vorschriften gem. § 634a Nr. 3 BGB, womit die Verjährungsfrist gem. §§ 195, 199 BGB drei Jahre ab Kenntnis bzw. grob fahrlässiger Unkenntnis von den Umständen, die den Anspruch ausmachen, mit Beginn zum Ende des jeweiligen Jahres beträgt. Die regelmäßige Verjährung ist jedenfalls anwendbar, wenn der Unternehmer i. S. d. § 634a III BGB den Mangel arglistig verschwiegen hat. Außerdem erhält das Werkvertragsrecht in § 634a IV 2 BGB eine eigene Mängelrüge, für die die gleichen Grundsätze wie im Kaufrecht gelten.

III. Zusammenfassung

Das gesetzgeberische Angebot zur Bewältigung des Schadensersatzes für Mängel, insbesondere zur Lösung der Mangelfolgeschadenproblematik steht zusammenfassend auf folgenden wesenlichten Eckpfeilern:

Die Abgrenzung zwischen Mangel- und Mangelfolgeschaden soll als ein wichtiges Anliegen nicht mehr erforderlich sein.

Der in den Augen des Gesetzgebers treffendere Begriff Schadensersatz statt der Leistung soll die alte Bezeichnung Schadensersatzes wegen Nichterfüllung inhaltsgleich ablösen.

Zugleich soll der Mangelschaden nur im Rahmen des Schadensersatzes statt der Leistung und der Mangelfolgeschaden nur als Teil des einfachen Schadensersatzes ersetzt werden. Dies hat für den Mangelschaden die §§ 281 ff. BGB bzw. § 311a II BGB als Anspruchsgrundlage zur Folge, wohingegen für Mangelfolgeschäden unmittelbar über § 280 I BGB gehaftet werden soll. Daraus folgt, dass nach der Vorstellung des Gesetzgebers, die Abgrenzung zwischen Mangel-

---

211 Die Aufteilung in körperliche und unkörperliche Werke ist dem § 631 II BGB a. F. entnommen; BT-Drs. 14/6040, S. 264.

und Mangelfolgeschaden zumindest bei der Suche nach der richtigen Anspruchsgrundlage relevant wird. Diese Trennungslinie zwischen Mangel- und Mangelfolgeschaden im Kaufrecht wird verallgemeinert auf das allgemeine Schuldrecht und soll die Grenze zwischen § 280 I BGB und § 280 III BGB ausmachen. Abgrenzungskriterium sollen aber auch Erfüllungs- und Integritätsinteresse sein.

Betriebsausfallschäden sollen nach § 280 I BGB ersatzfähig sein, wohingegen Schäden, die durch die Verzögerung der Nacherfüllung verursacht wurden, nach §§ 280, 286 BGB ersetzt werden sollen.

Die im Werkvertragsrecht getroffene Unterscheidung zwischen nahen und entfernten Mangelfolgeschäden soll vollständig entfallen.

Alle Mängelrechte des Käufers sollen unabhängig davon, ob der Ersatz eines Mangel- oder eines Mangelfolgeschadens begehrt wird, einheitlich nach den speziellen Fristen der §§ 438, 634a BGB verjähren. Im Werkvertragsrecht soll es sogar gleichgültig sein, ob der Schaden mit dem Mangel zusammenhängt.

Es fällt schnell auf, dass der Gesetzgeber in seinem Bestreben, die Mangelfolgeschadenproblematik zu beheben, einiges miteinander großzügig vermengt, grobschlächtige Maßstäbe zugrunde gelegt und alte Interessenabwägungen der Vereinheitlichung wegen negiert hat. Seine Gedankenführung ist im Kontext betrachtet widersprüchlich. Daher soll die Problematik um den Mangelfolgeschaden im Folgenden einer vertieften Analyse unterzogen werden, um die Unzulänglichkeiten in der gesetzgeberischen Konzeption aufzudecken und eine stimmige Lösung anzubieten. Den Gesetzesmaterialien alleine kann keine bindende Autorität zugewiesen werden[212]. Gerade in Anbetracht der Zügigkeit des Gesetzgebungsverfahrens stellen diese nur ein zu berücksichtigendes Auslegungskriterium dar, das sich mit grammatikalischen, systematischen und teleologischen Erwägungen vereinbaren lassen muss.

B. Der Schadensersatz wegen Nichterfüllung nach altem Recht

Der Gesetzgeber möchte den Schadensersatz statt der Leistung inhaltsgleich an die Stelle des Schadensersatzes wegen Nichterfüllung treten lassen[213]. Um zu wissen, was der Schadensersatz statt der Leistung nunmehr sein soll, ist zunächst eine Untersuchung des Schadensersatzes wegen Nichterfüllung nach altem Verständnis notwendig. Erst danach kann die Reichweite der Gleich-

---

212 Larenz/Canaris, Methodenlehre, 3. Aufl., S. 149 ff.

213 Siehe 3. Kapitel, A., I., 2., b), cc), S. 52.

stellung zwischen Schadensersatz statt der Leistung und Schadensersatz wegen Nichterfüllung im gesetzgeberischen Lösungsmodell für Mangel- und Mangelfolgeschaden einer kritischen Würdigung unterzogen werden.

Die Frage nach dem Umfang und dem Haftungsgrund des Schadensersatzes wegen Nichterfüllung ist streng von der Frage zu trennen, ob neben dem Gewährleistungsrecht parallel Ansprüche aus dem allgemeinen Schuldrecht anwendbar waren. Außerdem sollen einzelne Normen nicht isoliert betrachtet werden, um Wertungswidersprüche zu vermeiden und ein stringentes Konzept für den Umfang des Schadensersatzes wegen Nichterfüllung anbieten zu können[214]. Unter diesen Gesichtspunkten erfolgt im Weiteren eine Darstellung des Diskussionsstandes von Rechtsprechung und Lehre bezogen auf die relevantesten Normen des BGB im Überblick[215].

Zumeist wurde auf die Frage nach dem Inhalt des Schadensersatzes wegen Nichterfüllung die auf den ersten Blick klare Antwort gegeben, dass der Gläubiger so zu stellen sei, wie er im Falle der (ordnungsgemäßen) Erfüllung stünde[216]. Der Schadensersatz wegen Nichterfüllung sollte mit seinem Inhalt an die Stelle des Erfüllungsanspruchs treten[217]. Insoweit herrschte verdächtige Einigkeit innerhalb der Jurisprudenz. Weitaus mehr Schwierigkeiten bereitete indes das richtige Verständnis der einhellig gegebenen Definition[218]. Wie weit die Situation, dass der Gläubiger so zu stellen sei wie bei ordnungsgemäßer Erfüllung, gesponnen und wie weit ein Folgeschaden umfasst werden sollte, klärten die meisten nicht oder nur für den jeweiligen Einzelfall. Der Schwerpunkt der Betrachtung lag stattdessen auf der Abgrenzung zwischen Differenz-

214 *Rengier*, Interesse, S. 17; vgl. *Medicus*, FS Kern, 313 (319); *ders.*, JuS 1965, 209 (216).

215 Es würde den Rahmen dieser Arbeit sprengen, alle Ansätze zur Interpretation des Schadensersatzes wegen Nichterfüllung im alten Recht detailliert zu untersuchen. Deshalb beschränken sich die folgenden Ausführungen auf die wesentlichen Positionen und Normen. Die §§ 179 I, 340 II, 523 II 1, 651 f BGB; 375 II 1, 376 I 1 HGB müssen an anderer Stelle vertieft untersucht werden. Hingewiesen sei auf die Arbeiten von *Hensche*, Der Schadensersatzanspruch wegen Nichterfüllung im alten Recht der Sachmängelhaftung; *Neuwald*, Der zivilrechtliche Schadensbegriff und seine Weiterentwicklung in der Rechtsprechung; *Schwenger*, Der Ersatz von Mangelschäden und Mangelfolgeschäden bei lästigen Verträgen; *Winter*, Die Distinktion von Mangel- und Mangelfolgeschäden im Werkvertragsrecht.

216 Statt aller RG 91, 30 (33); BGH 2, 310 (313 f.); 87, 156 (158); Staudinger-*Otto*, 14. Aufl., § 325 Rn. 38 m. w. N.; *Kress*, SchR AT, S. 286 ff.; *Lange*, Hb. SchR, Schadensersatz, § 2 IV, S. 65; *Larenz*, SchR AT, § 27 II b), 430 f.; *Pieper*, JuS 1962, 409 (410).

217 Vgl. ausführlich *Jakobs*, Unmöglichkeit und Nichterfüllung, 163 ff.

218 Das hat schon *Keuk*, Vermögensschaden und Interesse, S. 109 ff. moniert, die ihren Fokus auf die richtige Berechnung des Schadensersatzes wegen Nichterfüllung richtet.

und Austauschtheorie[219], also der Art der Schadensberechnung, ohne vorher genau geklärt zu haben, wie weit der ersatzfähige Schaden überhaupt reichen soll. Wahlweise berief man sich diesbezüglich auf das positive Interesse[220], das Erfüllungsinteresse[221] oder verwendete überwiegend beide Begriffe synonym[222].

I. Dogmatische Vorüberlegungen

Ausgangspunkt und Grund für eine Schadensersatzpflicht ist eine Interessenverletzung. Das Interesse eines Rechtssubjekts, einen Schaden zu vermeiden, kann in diversen Gestalten verletzt sein.

Interesse und Schaden sind nicht kongruent[223]. Der Schadensersatz basiert lediglich auf einem verletzten Interesse, das einen konkreten Zustand betrifft und im Gegensatz zum Schaden unabhängig von einem haftungsauslösenden Ereignis besteht[224]. Insbesondere haben Vertragsparteien bereits mit Abschluss des Vertrages ein Interesse an der Einhaltung der vertraglichen Pflichten, nicht erst nach Eintritt eines Schadens. Für den Fall einer Pflichtverletzung bezieht sich das Interesse einer Vertragspartei auf einen hypothetischen Zustand, der nach pflichtgemäßem Verhalten oder ohne pflichtwidriges Verhalten bestünde.

---

219 Die h. M. hatte sich inzwischen auf die vermittelnde Differenztheorie verständigt, wonach die Differenztheorie gilt, solange der Gläubiger noch nicht geleistet hat. Hat der Gläubiger bereits vorgeleistet, ist er nicht zur Rückforderung des Geleisteten berechtigt. Sein Schaden wird in diesem Fall anhand der Austauschtheorie bemessen; vgl. grundlegend RG 50, 255 (263); BGH 20, 338 (343); *Larenz*, SchR AT, § 22 II b), S. 340 ff. Sehr zweifelhaft ist aber, ob diese Ansicht angesichts der Einführung des § 325 BGB Bestand haben kann. Da keine Alternativität zwischen Schadensersatz und Rücktritt besteht, kann der Gläubiger fortan mittels Rücktritt das Vorgeleistete zurückfordern und zusätzlich nach Berechnung der Differenztheorie Schadensersatz verlangen. Beachtet werden muss allerdings, dass der Gläubiger nicht gleichzeitig das positive und das negative Interesse geltend macht; vgl. *Derleder*, NJW 2003, 998 (999 ff.).

220 BGH, NJW 1983, 442 (443); MK-*Emmerich*, 4. Aufl., Bd. 2, § 280 Rn. 10; *ders.*, 4. Aufl., Bd. 2, § 325 Rn. 52; Palandt-*Heinrichs*, 61. Aufl., § 280 Rn. 5.

221 Staudinger-*Otto*, 14. Aufl., § 325 Rn. 38; *Enneccerus/Lehmann*, SchR, § 128 III 2, S. 517 f.; *Müller*, Aufwendungen, S. 92 ff.; vgl. Motive II, S. 229, die das „(positive) Erfüllungsinteresse" heranziehen.

222 Erman-*Battes*, 10. Aufl., § 280 Rn. 4; *Brox/Walker*, SchR AT, 8. Kapitel, Rn. 57; *Larenz* SchR AT § 27 II b) 4, S. 430 f.; *U. Huber*, Hb. SchR, Leistungsstörungen, Bd. II, § 39 IV, S. 298; *ders.*, AcP 177 (1977), 281 (300); *Wendel*, Sachmängelgewährleistung, S. 109; *Brox/Elsing*, JuS 1976, 1 (7); *Pieper*, JuS 1962, 409 (410).

223 Vgl. überzeugend *Keuk*, Vermögensschaden und Interesse, S. 52 ff., nach der „dem Interesse" „mit dem Schaden nichts gemein" ist, aber „Schadensersatzleistung ist Leistung des Interesses"; a. A. *v. Caemmerer*, Überholende Kausalität, S. 5; Pieper, JuS 1962, 409 (409).

224 *Keuk*, Vermögensschaden und Interesse, S. 54.

1. Das positive Interesse und das negative Interesse

Das positive Interesse[225] beinhaltet jedes Interesse an der Wirksamkeit eines Vertrages und der Einhaltung der den Vertrag begleitenden Pflichten. Der Anspruch auf das positive Interesse setzt also einen gültigen Vertrag voraus und soll den Gläubiger dafür entschädigen, dass der Schuldner sich ihm gegenüber nicht pflichtgemäß verhalten hat. Insofern ist also das ausgebliebene ordnungsgemäße Verhalten des Ersatzpflichtigen der entscheidende Bezugspunkt, weil der Schuldner einzig zu diesem Verhalten aus Vertrag oder Gesetz verpflichtet ist[226]. Ihm kann nur vorgeworfen werden, dass er sich nicht entsprechend seiner Pflicht verhalten hat, denn nur ein solches pflichtgemäßes Verhalten kann der Geschädigte beanspruchen[227].

Dem steht das negative Interesse gegenüber, welches jedes Interesse umfasst, sich auf einen bestimmten Vertrag nicht einzulassen und so die vertragliche Pflichtverletzung nicht erfahren zu müssen[228]. Der Ersatz des negativen Interesses dient dem Ausgleich der Nachteile, die der Gläubiger durch den Abschluss des Vertrages und die geschehene Pflichtverletzung erlitten hat[229].

Folglich sind positives und negatives Interesse auf die vertragliche Güterbewegung und Gütererhaltung gerichtet und beinhalten insofern zwei konträre Szenarien. Dabei bezieht sich das positive Interesse auf die vollständige Durchführung eines Vertrages, das negative Interesse auf das vollständige Ausbleiben.

Mangelfolgeschäden sind in beiden Bereichen enthalten[230]: Hätte der Schuldner den Vertrag pflichtgemäß durchgeführt, hätte er eine mangelfreie Leistung

225 Der Begriff positives Interesse wird über die Situation eines Vertrages hinaus auch für einseitige Willenserklärungen wie z. B. eine Garantie und die Einhaltung der daraus resultierenden Pflichten verwendet; vgl. *Dietborn*, Produzentenhaftung, S. 6.

226 Vgl. zur Schwäche allein des Wegdenken des pflichtwidrigen Verhaltens *Keuk*, Vermögensschaden und Interesse, S. 59 ff.

227 *Keuk*, Vermögensschaden und Interesse, S. 69.

228 *Lange*, Hb. SchR, Schadensersatz, § 2 IV, S. 65 f.; *Müller*, Aufwendungen, S. 66; *Rengier*, Interesse, S. 15; die Handhabung der Rechtsprechung (RG 134, 83 (90); BGH 29, 148 (151)), den Kaufpreis als Mindestschaden zu ersetzen, ist in Wirklichkeit eine Vermengung von positiven und negativen Interesse. Verlangt der Gläubiger seinen Kaufpreis zurück, wird de facto das negative Interesse erstattet, denn in jedem Fall eines wirksamen Vertrages hätte der Käufer den Kaufpreis an den Verkäufer zahlen müssen, zutreffend *Keuk*, Vermögensschaden und Interesse, S. 120, Fn. 32.

229 Schon *v. Jhering*, JherJb. 4, 1 (16 f.).

230 Neuerdings *Faust* in Huber/Faust, Kapitel 3, Rn. 181; *Gebauer*, Naturalrestitution, S. 199; auch *Gsell*, JZ 2002, 1089 (1090), die etwas verklausuliert formuliert: „Das Integritätsinteresse würde damit gleichsam denjenigen Teil des positiven Interesses an mangelfreier Erfüllung bilden, der zugleich negatives Interesse in dem Sinne ist, dass er auch als Schaden verbleibt, wenn man die Schadensberechnung nicht am hypothetischen

erbracht. Dann wäre auch kein Mangelfolgeschaden entstanden (positives Interesse)[231]. Ohne irgendeinen Vertragsschluss hingegen hätte der Gläubiger nie eine mangelhafte Leistung erhalten und somit ebenfalls keinen Mangelfolgeschaden erlitten (negatives Interesse). Der Ersatz für Mangelfolgeschäden ist daher Befriedigung sowohl des positiven als auch des negativen Interesses. Weil Mangelfolgeschäden in der Schnittmenge des positiven und negativen Interesses liegen, kann diese Differenzierung nicht zur Lösung von Problemen um den Mangelfolgeschaden beitragen[232].

2. Das Erfüllungsinteresse und das Erhaltungsinteresse

Erfüllungsinteresse[233] und Erhaltungsinteresse sind ein verwandtes Begriffspaar, das das Haftungsinteresse der Vertragsparteien aus einem anderen Blickwinkel beleuchtet. Das Erfüllungsinteresse[234] als Interesse des Gläubigers an (einer subjektiv der eigenen Leistung gleichwertigen) pflichtgemäßen Erfüllung grenzt sich ab vom Erhaltungsinteresse, das das Interesse am unversehrten Fortbestand der unabhängig von der Leistung vorhandenen Güter betrifft[235]. Positives und negatives Interesse hängen – wie schon definitorisch leicht erkennbar – primär vom Bestehen/Nichtbestehen eines Vertrages ab, wohingegen sich Erfüllungs- und Erhaltungsinteresse durch die von der Leistung beeinflussten Güter und den davon unabhängigen Gütern unterscheiden. Gemeinsam ist positivem Interesse

---

Kausalverlauf korrekter Erfüllung, sondern am hypothetischen Ausblieben des Vertragsschlusses orientiert."; *Todt*, Schadensersatzansprüche, S. 141; *Honsell*, Jura 1979, 184 (190).

231 Dieser Konsequenz kann man sich auch nicht entziehen, wenn man darauf abstellt, der Mangelfolgeschaden sei nur durch eine Schutzpflichtverletzung in Zusammenhang mit dem Mangel entstanden; dazu 4. Kapitel, A., III., 4., S. 194 ff. Wenn nämlich ordnungsgemäß – das heißt mangelfrei – erfüllt worden wäre, hätte es auch keiner Aufklärung über entsprechende Mängel bedurft. Eine Nichtaufklärung über die Mangelhaftigkeit der Leistung käme als Schutzpflichtverletzung somit nicht in Frage.

232 Die Unterscheidung zwischen negativen und positiven Interesse wird bedeutsam, wenn es beispielsweise um die Erfüllung selbst, den entgangenen Gewinn oder Vertrauensschäden geht; vgl. *Lorenz/Riehm*, Rn. 227.

233 Der Begriff Erfüllungsinteresse sollte dem ebenfalls verwendeten Begriff Äquivalenzinteresse vorgezogen werden, da bei Verträgen, die keine synallagmatischen Verpflichtungen beinhalten, schlecht von einem Äquivalenzverhältnis gesprochen werden kann.

234 Ähnlich ist die Definition von *Larenz*, SchR BT/1, § 41 II c), S. 60, nach der der Käufer sein in Geld berechnetes Interesse an der Erfüllung verlangen kann. *Keuk*, Vermögensschaden und Interesse, S. 110, definiert das Erfüllungsinteresse als Ersatz für das Interesse des Gläubigers an dem vertragsgemäßen Verhalten des Schuldners, indem ihm die Vermögensvorteile vergütet werden, welche für ihn von der Leistung des Schuldners abhängig sind, und damit in pekuniärer Hinsicht ein Zustand herbeigeführt wird, wie er bei der Erfüllung der Pflicht bestünde.

235 *Rengier*, Interesse, S. 53.

und Erfüllungsinteresse, dass ihr Interesse ohne ein wirksames vertragliches Leistungsversprechen nicht entstehen kann, während negatives Interesse und Erhaltungsinteresse unabhängig von einem wirksamen Vertrag sind.

Diese Ähnlichkeit fördert die Verwechslungsgefahr. Das gesamte positive Interesse und das Erfüllungsinteresse sind jedoch genauso wenig wie das gesamte negative Interesse und das Erhaltungsinteresse deckungsgleiche Begriffe, was aufgrund der häufig synonymen Verwendung angenommen werden könnte[236]. Denn alle Vermögensdispositionen, die jemand in Erwartung eines Rechtsgeschäfts getroffen oder unterlassen hat, gehören zum negativen Interesse, nicht aber zum Erhaltungsinteresse. Die Erbringung der Gegenleistung beispielsweise in Form eines Kaufpreises ist somit zwar Teil des negativen Interesses, nicht aber des Erhaltungsinteresses. In gleicher Weise ist der entgangene Vorteil eines lukrativen Geschäfts, das im Vertrauen auf ein Rechtsgeschäft unterlassen wurde, lediglich eine Verletzung des negativen Interesses, nicht des Erhaltungsinteresses[237].

Da das Erfüllungsinteresse nur im Rahmen eines wirksamen Schuldverhältnisses ein aussagekräftiger Maßstab des Schadensersatzes sein kann[238], ist es regelmäßig Teil des positiven Interesses. Der Umkehrschluss ist hingegen nicht zulässig. Das positive Interesse deckt auch solche Folgen vertraglicher Pflichtverletzungen ab, die unabhängig von einem wirksamen Leistungsversprechen entstehen, insbesondere Folgeschäden. Das Erfüllungsinteresse ist ausschließlich das verletzte Interesse im Hinblick auf das Erfüllungsgebot[239]. Auf den Fall einer mangelhaften Leistung übertragen bedeutet dies: Alles was durch eine hypothetische (Nach)Erfüllung eine logische Sekunde nach der mangelhaften Leistung und dem daraus resultierenden Schadenseintritt noch an Schäden verhindert werden kann bzw. potenziell davon betroffen ist, ist Teil des Erfüllungsinteresses. Dadurch knüpft das Erfüllungsinteresse an den Zustand bei pflichtgemäßer Erfüllung an. Die Begriffe hypothetisch und potenziell sollen verdeutlichen, dass es weder auf die tatsächliche Möglichkeit oder Durch-

---

236 Auf den Unterschied zwischen Integritätsinteresse und negativem Interesse hat schon frühzeitig *Rengier*, Interesse, S. 53 ff. hingewiesen; ebenso *Lange*, Hb. SchR, Schadensersatz, § 2 V, S. 72; andeutend auch *Keuk*, Vermögensschaden und Interesse, S. 162 f.; neuerdings *Ehmann/Sutschet*, § 4, V., S. 105; *Gsell*, JZ 2002, 1089 (1090), die zutreffend erkennen, dass das Begriffspaar negatives und positives Interesse für die Verletzung nichtleistungsbezogener Schutzpflichten ohne Vertrag wenig Sinn ergibt; vgl. grundlegend *Canaris*, Vertrauenshaftung, S. 5 f.; *Müller*, Aufwendungen, S. 89 ff.

237 Vgl. *Canaris*, JZ 2001, 499 (507, 517).

238 *Thiele*, JZ 1967, 649 (650).

239 Anders wohl *U. Huber*, AcP 177 (1977), 281 (297), da er das „Ausgleichsinteresse“, welches das Interesse für den Ersatz von Folgeschäden sein soll, als ein Teil des allgemeinen Erfüllungsinteresses versteht.

führung der (Nach)Erfüllung, noch auf die tatsächliche Behebbarkeit des Schadens im Einzelfall ankommt[240]. Gedanklich kann man auf eine Nacherfüllung im Zeitpunkt der Fälligkeit abstellen, wobei die eingetretenen Schäden allesamt eingetreten sind[241]. Denn Interesse und Schaden sind grundsätzlich zu trennen[242].

Der Schaden muss nicht zwangsläufig am Leistungsgegenstand selbst eintreten, um das Erfüllungsinteresse des Bestellers zu beeinträchtigen und kann in Teilen über den Anspruch auf die Leistung selbst hinausgehen[243]. Abhängig ist das Erfüllungsinteresse aber von den im Einzelfall geschuldeten Erfolg, der präzise ermittelt werden muss, um das damit zusammenhängende, verletzte Interesse ermitteln zu können. Eine Differenzierung zwischen dem hier näher untersuchten Kauf- und Werkvertrag ist hingegen nicht nötig, da das Erfüllungsinteresse hinsichtlich einer mangelfreien Leistung generell für beide Verträge dasselbe ist[244]. Obwohl die vertraglichen Leistungspflichten je nach Vertragstyp variieren, ist für Kauf- und Werkvertrag die Pflicht zur mangelfreien Leistung eine Leistungspflicht, die selbst für den Stückverkäufer nun in § 433 I 2 BGB festgeschrieben ist.

Das Erhaltungsinteresse ist demgegenüber das verletzte Interesse im Hinblick auf das Nichtschädigungsgebot. Solche Schäden, die unabhängig von einem wirksamen Leistungsversprechen und unabhängig vom Leistungsgegenstand entstehen, betreffen das Erhaltungsinteresse. Es ist das natürliche Interesse eines jeden Rechtssubjekts in einer rechtsschützenden Gesellschaft an der weiteren Nutzung und Unversehrtheit des eigenen Eigentums sowie sonstiger Rechte. Dieses Interesse besteht fortwährend auch ohne einen Vertrag und ist deshalb zwangsläufig stets Teil des negativen Interesses. Formelhaft kann das verletzte Erhaltungsinteresse bestimmt werden, indem die Vermögenslage betrachtet wird, die entstanden wäre, hätte der Schuldner trotz mangelhafter Leistung zuvor auf den Mangel aufmerksam gemacht und dadurch entsprechende Folgeschäden am sonstigen Vermögen des Gläubigers verhindert[245].

---

240 Ähnlich *Wolff* in Hoeren/Martinek, § 437 Rn. 54.

241 Hier besteht ein wesentlicher Unterschied zu der Meinung von MK-*Ernst*, 4. Aufl., Bd. 2a, § 280 Rn. 67, der im Ausgangspunkt auch auf das Erfüllungsinteresse rekurriert; vgl. 3. Kapitel, C., IV., S. 101 f.

242 Siehe 3. Kapitel, B. I., S. 65.

243 Sehr weitgehend BGH 80, 284 (288); BGH, NJW 1975, 1278 (1279); *Hehemann*, NJW 1988, 801 (804 f.); jedenfalls für Ausfallschäden, siehe 3. Kapitel, D., IV, S. 107 ff.

244 Vgl. *Todt*, Schadensersatzansprüche, S. 150 f. Auch beim Verkauf von immateriellen Gütern oder der Herstellung eines immateriellen Werkes sind über das Erfüllungsinteresse hinausgehende Folgeschäden denkbar, so dass auch unter diesem Gesichtspunkt keine Unterscheidung erforderlich ist.

245 Ähnlich *Thiele*, JZ 1967, 649 (656 f.); *Gebauer*, Naturalrestitution, S. 200. Schäden am Erhaltungsinteresse zu definieren als solche, die bei Nichterfüllung nicht entstanden

Um Erfüllungs- und Erhaltungsinteresse voneinander trennen zu können, muss also im Wege einer ceteris-paribus-Methode gefragt werden, welche Schäden erhalten blieben, wenn nur die Erfüllung ausgeblieben wäre bzw. anderseits trotz eingetretenen Schadens noch erfüllt würde. Erfüllungs- und Erhaltungsinteresse haben im Gegensatz zu positivem und negativem Interesse[246] keine Überschneidungen und ergeben deswegen als zwei trennscharfe Teile ein Ganzes. Diese klare Trennlinie macht sie für die Abgrenzung von der Rechtsfolgenseite her unentbehrlich. Da Mangelfolgeschäden immer Schäden an vom Vertrag unabhängigen Gütern sind und durch eine nachträgliche Erfüllung nicht mehr beseitigt werden können, beruht ihre Entstehung immer auf einer Verletzung des Erhaltungsinteresses.

Der Unterschied zwischen den verschiedenen Formen des Interesses des Gläubigers sei an einem abschließenden Beispiel verdeutlicht: K kauft von V telefonisch einen neuen schwarzen Golf IV mit serienmäßiger Ausstattung. Nachdem der PKW geliefert wurde, bemerkt K schnell, dass sich ein hässlicher großer Kratzer auf der Motorhaube befindet. Er benachrichtigt umgehend V und fordert diesen auf, ihm ein einwandfreies Auto zu liefern. V liefert sofort einen neuen, wie gewünscht mangelfreien Golf IV, lässt aber den mangelhaften, zuerst gelieferten Wagen bei K stehen. Das Erfüllungsinteresse des K im Hinblick auf den Erhalt einer ordnungsgemäßen Leistung ist inzwischen durch die Nacherfüllung seitens des V vollständig gedeckt. Betrachtet man allerdings das positive Interesse, das heißt den Zustand, als ob ordnungsgemäß erfüllt worden wäre, stünde der erstgelieferte Wagen nicht mehr bei K. Die Abholung des erstgelieferten Wagens durch V ist also Teil des positiven Interesses. Ohne Abschluss eines Vertrages stünde der erstgelieferte Wagen allerdings auch nicht bei K, so dass dieser Aspekt ebenfalls Teil des negativen Interesses ist. Verletzt ist schließlich durch die Behinderung seines sonstigen Eigentums das Erhaltungsinteresse des K, insbesondere wenn er auf eigene Kosten für den Abtransport des Wagens sorgen muss. Der aufgeführte Fall zeigt anschaulich, dass sich positives Interesse und Erfüllungsinteresse sehr wohl unterscheiden, Erfüllungsinteresse und Erhaltungsinteresse keine Überschneidungen haben und ein Schadensposten sowohl dem negativen als auch dem positiven Interesse zugeordnet werden kann.

---

wären, ist ungenau, da auch bei Nichterfüllung Folgeschäden denkbar sind, insbesondere wenn die Erfüllung zur Abwehr von Folgeschäden diente. Als Beispiel kann die Lieferung eines mangelhaften Feuerlöschers dienen, der infolge seines Versagens zu Folgeschäden führt. Außerdem könnte dann auch der Minderwert einer mangelhaften Sache als Begleitschaden verstanden werden, da ein solcher Schaden bei Nichterfüllung nicht entstanden wäre.

[246] Dass das positive und das negative Interesse eine Schnittmenge haben, wird vielerorts als selbstverständlich vorausgesetzt; vgl. nur *Altmeppen*, DB 2001, 1399 (1403).

Vor dem Hintergrund des vielerorts verschwommenen Verständnisses der verschiedenen betroffenen Interessen verwundert es allerdings nicht mehr, dass nach altem Recht die Ausfüllung des einheitlichen Begriffes Schadensersatz wegen Nichterfüllung von Norm zu Norm erheblich differierte.

II. Die Haftung des Schuldners nach §§ 280, 283, 325, 326 BGB a. F.

Zur Haftung des Schuldners nach den §§ 280, 283, 325, 326 BGB a. F. bestand zunächst größtenteils Einigkeit[247] dahingehend, dass sich der Erfüllungsanspruch unter Wahrung seiner Identität lediglich in den Sekundäranspruch wandelt. An die Stelle der primären Leistungspflicht sollte nach der Identitätslehre somit inhaltsgleich der Schadensersatz wegen Nichterfüllung treten[248]. Diese Auffassung basierte auf dem gemeinen Recht[249] und hatte den Vorteil, dass sie den Übergang von Sicherungsrechten sowie die Übereinstimmung der Ansprüche in Fälligkeit, Erfüllungsort und Verjährungsfrist problemlos begründen konnte. Der Anspruch auf Schadensersatz wegen Nichterfüllung habe also nicht einen von Gesetz vorgegebenen Inhalt, sondern werde durch den Inhalt des Vertrages bestimmt[250].

Die Ansicht stand jedoch im Widerspruch zur herrschenden Differenzlehre, nach der unter Abrechnung des gesamten Vertrages der Schadensersatzanspruch an die Stelle der synallagmatischen Verpflichtungen treten sollte. Auf diese Weise wurde nicht nur der Anspruch des Gläubigers auf die Leistung, sondern ebenfalls der Anspruch des Schuldners auf die Gegenleistung in die Berechnung des Schadensersatzes einbezogen. Nur schwer konnte auch der Anspruch auf das stellvertretende commodum als Folge des Schadensersatzes erklärt werden, da der ursprüngliche Primäranspruch in keiner Weise eine solche Leistung beinhaltete[251]. Bei konsequenter Anwendung hätte die Identitätslehre zur Folge, dass der vertragliche Primäranspruch vollumfänglich stets dem Sekundäranspruch entspricht. Dieses Ergebnis vermochte offensichtlich nicht zu überzeugen. Die Unterschiedlichkeit zeigte sich nicht nur in weiterreichenden Rechtsfolgen und

---

247 RGRK-*Nastelski*, 12. Aufl., § 275 Anm. 30; *Enneccerus-Lehmann*, SchR, § 48 I, S. 208 m. w. N.

248 Vgl. MK-*Emmerich*, 4. Aufl., Bd. 2, § 280 Rn. 8; Staudinger-*Löwisch*, 14. Aufl., § 280 Rn. 10.

249 *Windscheid-Kipp*, Bd. 2, S. 94, Anm. 7; *Jakobs*, Unmöglichkeit und Nichterfüllung, S. 173 ff., 230 ff.; *Keuk*, Vermögensschaden und Interesse, S. 112, 149 ff. meint, der Gläubiger erhält somit in anderer Form lediglich das, was er ohnehin zu bekommen habe.

250 *Keuk*, Vermögensschaden und Interesse, S. 149; a. A. RG 61, 348 (353 f.). Das Reichsgericht unterlag noch der wenig überzeugenden Vorstellung, der Schadensersatzanspruch löse das Vertragsverhältnis auf. Daraus wurde gefolgert, der Schadensersatzanspruch werde vom Vertrag nicht beeinflusst.

251 *Meinke*, AcP 171 (1971), S. 19 (28).

anderweitigen Voraussetzungen eines Sekundärrechts[252], sondern auch im unterschiedlichen Verjährungsbeginn[253]. Die Metamorphose der Leistungspflicht in eine Schadensersatzpflicht stieß vollends an ihre Grenzen, wenn von vorneherein so wie bei der anfänglichen Unmöglichkeit keine Leistungspflichten bestanden, so dass allenfalls mit hypothetischen Leistungspflichten argumentiert werden konnte. Deshalb haben sich die schon in den Motiven geäußerten Bedenken des Gesetzgebers[254] zu einer fundamentalen Kritik weiterentwickelt, die die Schadensersatzansprüche als selbständig bewertete[255]. Trotzdem hielten einige für das allgemeine Leistungsstörungsrecht daran fest, dass der Schadensersatzanspruch mit dem ursprünglichen Erfüllungsanspruch identisch sei und der Schadensersatz wegen Nichterfüllung im allgemeinen Teil des Schuldrechts vor allem auf den Ersatz solcher Nachteile abziele, die auf das Ausbleiben der Leistung selbst zurückzuführen seien, nicht jedoch auf Folgeschäden[256]. Die h. M.[257] wollte demgegenüber das gesamte positive Interesse im Rahmen der §§ 280, 286 II, 325, 326 BGB liquidieren.

III. Die Haftung des Verkäufers für das Fehlen einer zugesicherten Eigenschaft

In den Beratungen für den ersten Entwurf des Bürgerlichen Gesetzbuches wurde vorgeschlagen, den Verkäufer bei Arglist oder Zusicherung „auf vollen Schadensersatz“[258] haften zu lassen. Diese Haftung des Verkäufers wurde schließlich als „Schadensersatz wegen Nichterfüllung“ bezeichnet[259], ohne dass damit inhaltliche Änderungen beabsichtigt wurden. Daraus schlossen schon die Gründungsväter des BGB, dass mit einer zugesicherten Eigenschaft verbunden sei, „für alle Folgen einstehen zu wollen, wenn die Eigenschaft fehlte“[260].

[252] So sah § 325 BGB a. F. vier verschieden Möglichkeiten als Rechtsfolge des Schadensersatzes vor.

[253] Für Schadensersatzansprüche wegen Unmöglichkeit soll die Verjährung erst mit Eintritt der Unmöglichkeit beginnen; Palandt-*Heinrichs*, 61. Aufl., § 280 Rn. 5; Staudinger-*Löwisch*, 14. Aufl., § 280 Rn. 17.

[254] Motive II, S. 50.

[255] RG 50, 255 (263 ff.); *Meinke*, AcP 171 (1971), S. 19 (27 ff.) m. w. N.; a. A. Palandt-*Heinrichs*, 61. Aufl., § 280 Rn. 1.

[256] *Schmitz*, NJW 1973, 2081 (2082); wohl Palandt-*Heinrichs*, 61. Aufl., § 280 Rn. 1. Divergierend beurteilt wurde die Lage für die Rechtsmängelhaftung, die über § 440 BGB ohne wesentliche Besonderheiten an die allgemeinen Regeln anknüpfte; vgl. Keuk, Vermögensschaden und Interesse, S. 134 m. w. N.

[257] MK-*Emmerich*, 4. Aufl., Bd. 2, § 325 Rn. 54; *U. Huber*, Hb. SchR, Leistungsstörungen, Bd. II, § 39 IV, S. 298; *Schwenger*, Mangelschäden und Mangelfolgeschäden bei lästigen Verträgen, S. 83 m. w. N.

[258] *Jakobs/Schubert*, Vor §§ 462-480, S. 137, 151 m. w. N.

[259] *Jakobs/Schubert*, § 463, S. 164.

[260] Motive II, S. 228.

Folgeschäden und die Problematik einer entsprechenden Haftung des Verkäufers waren also frühzeitig bekannt. Dies wird ebenfalls deutlich, wenn man den letztendlich nicht aufgenommenen Antrag betrachtet, nach dem eine vom Vorliegen der Zusicherung unabhängige Haftung des gewerblichen Verkäufers für diejenigen Mängel bestehen sollte, die von der jeweiligen gewerbeüblichen besonderen Sachkunde erfasst werden. Darunter sollten die Schäden fallen, welche der Mangel „bei bestimmungsgemäßem Gebrauche“ der Sache verursacht[261]. Die zweite Kommission hatte also Folgeschäden an sonstigen Gütern bzw. Mangelfolgeschäden im Blick, wenn sie auf den bestimmungsgemäßen Gebrauch abstellte[262]. Nichtsdestotrotz sind im Laufe der Zeit zur Weite der Mängelhaftung des Verkäufers nach § 463 S. 1 BGB a. F. bzw. § 480 II BGB a. F. verschiedenste Auffassungen entwickelt worden, wobei drei Meinungen zu unterscheiden sind:

1. Die Beschränkung der Verkäuferhaftung auf den Mangelschaden

Nach einem älterem Teil der Literatur[263] und einigen früheren oberlandesgerichtlichen Entscheidungen[264] sollte der Umfang des Schadensersatzanspruchs auf den Mangelschaden bzw. Nichterfüllungsschaden i. e. S. beschränkt sein. Demgegenüber seien Mangelfolgeschäden nicht gem. § 463 S. 1 BGB a. F. oder § 480 II BGB a. F. ersatzfähig[265]. Gerne rekurrierte man auf die Bongossiholz-Entscheidung des Reichsgerichts[266], das für die Ersatzfähigkeit von Mangelfolgeschäden die Grundsätze der pVV heranzog, einen Ersatz des Mangelschadens über die pVV aber ablehnte. Keine Stellung bezog das Reichsgericht indes zu der Frage, ob Mangelfolgeschäden auch im Rahmen des § 463 S. 1 BGB a. F. zu ersetzen sind[267]. Dogmatischer Ausgangspunkt der einschränkenden Lösung war die Erkenntnis, dass der Schadensersatzanspruch wegen

---

261 Protokolle I, S. 689.

262 Darauf verweisen schon *Medicus*, FS Kern, S. 313 (318 f.); *Honsell*, JR 1976, 361 (366, Fn. 47).

263 *Fikentscher*, SchR, 7. Aufl., § 70 III 2 d, S. 444 f.; *Pieper*, JuS 1962, 459 (462); leicht abweichend *Todt*, BB 1971, S. 680 (681), der ausnahmsweise eine Haftungserweiterung für besondere Zusicherungen oder anderweitige Parteivereinbarungen für möglich hält. Im Falle des § 463 S. 1 BGB wird dann die Erfüllungspflicht des Verkäufers durch eine Zusicherung nach Auslegung im Einzelfall erweitert. Das Integritätsinteresse im Bereich der Zusicherung wird zur Erfüllungspflicht; wohl auch *Peters*, NJW 1978, 665 (670).

264 OLG Köln, VersR 1964, 541 (542); OLG Karlsruhe, OLG 1966, 274 (276 f.); im Rahmen eines obiter dictum auch BGH, NJW 1958, 866 (Leimfall); BGH, NJW 1962, 908 (909); krit. dazu Staudinger-*Honsell*, 13. Aufl., § 463 Rn. 52 m. w. N.

265 Ansprüche hinsichtlich des Mangelfolgeschadens (Begleitschadens/Folgeschadens) konnten sich aber aus pVV ergeben.

266 RG, DR 1941, 637 (638).

267 Vielerorts spricht man deshalb von einer verfehlten Interpretation der Bongossiholz-Entscheidung; vgl. *Diederichsen*, AcP 165 (1965), 150 (157 f.).

Nichterfüllung an die Stelle des überhaupt nicht oder unzureichend befriedigten Erfüllungsanspruchs trete, also von dessen Umfang abhänge. Deshalb musste nach dieser Ansicht zur Bestimmung des Umfangs des Schadensersatzes zunächst der Inhalt der Leistungspflicht für jeden Vertragstyp nach den Besonderheiten des Einzelfalls bestimmt werden, um daraus den Umfang des Schadensersatzes wegen Nichterfüllung i. e. S. ableiten zu können[268].

2. Der Ersatz aller adäquat kausalen Schäden

Ein anderer Teil der Literatur[269] sah den gesamten durch das Fehlen der zugesicherten Eigenschaft entstandenen Schaden erfasst. Zur Begründung wurde § 249 S. 1 BGB a. F. herangezogen, wonach der Zustand herzustellen ist, der bei ordnungsgemäßer Erfüllung bestünde. Im Einklang mit allgemeinen schadensersatzrechtlichen Erwägungen und der Differenztheorie bedeute Schadensersatz wegen Nichterfüllung, dass das gesamte positive Interesse zu ersetzen sei[270]. Der Käufer sei also so zu stellen, wie er bei mangelfreier Erfüllung stünde. Da bei diesem Zustand auch alle Mangelfolgeschäden ausgeblieben wären, seien diese nach § 463 S. 1 BGB a. F. genauso wie der Mangelschaden zu ersetzen. Der Wortlaut halte keinen Ansatzpunkt für eine entsprechende Eingrenzung der durch das allgemeine Schadensersatzrecht vorgegebenen Rechtsfolge bereit und die schwierige Abgrenzung zwischen Mangel- und Mangelfolgeschaden werde vermieden[271]. Für die Anwendung der pVV sei die erforderliche Regelungslücke nicht gegeben[272]. Schließlich sei nicht zu erklären, dass der Verkäufer unter leichteren Voraussetzungen für einen Mangelfolgeschaden hafte als für den Mangelschaden[273].

3. Die Einschränkung nach dem Schutzzweck der Zusicherung

Die überwiegende Meinung[274], die auf den Erkenntnissen von Diederichsen[275] fußte, stimmte der vorhergehenden Ansicht zu, indem grundsätzlich der gesamte

---

268 *Todt*, BB 1971, 680 (681).

269 *Enneccerus/Lehmann*, SchR, § 108 III 2, S. 437 f.; *U. Huber*, AcP 177 (1977), 280 (291); *Medicus*, FS Kern, 313 (319, 323); *Brox/Elsing*, JuS 1976, 1 (7); *Honsell*, JR 1976, 361 (363); *Schlechtriem*, VersR 1973, 581 (587); ebenso *Schwenger*, Mangelschäden und Mangelfolgeschäden bei lästigen Verträgen, S. 206 ff., der den Anwendungsbereich des § 463 S. 1 BGB aber auf anfängliche Mängel beschränken will.

270 *Medicus*, FS Kern, S. 313 (319).

271 *Brox/Elsing*, JuS 1976, 1 (7).

272 *Honsell*, Jura 1979, 184 (188 ff.).

273 *Brox/Elsing*, JuS 1976, 1 (6).

274 RG 66, 289 (Rizinuskörner); RG, DR 1941, 637 (638) („Bongossiholz-Fall"); BGH 50, 200 (204); 57, 292 (296); 59, 158 (160 f.); NJW 1973, 843 (845); 65, 107 (112); MK-*Westermann*, 3. Aufl., § 463 Rn. 29 f.; Soergel-*Huber*, 12. Aufl., § 463 Rn. 61 f.;

adäquat kausal entstandene Schaden zu ersetzen sei. Der Käufer sei so zu stellen, als ob die Sache fehlerfrei gewesen wäre. Die Funktion der Zusicherung liege gerade darin, Schäden an sonstigen Rechtsgütern des Käufers abzudecken, also vor Mangelfolgeschäden zu schützen[276]. Der Ersatz für Mangelfolgeschäden habe in vielen Konstellationen eine größere Dimension und Bedeutung als der Mangelschaden und sei für den Käufer daher von großer Bedeutung[277]. Eine für das Ergebnis entscheidende Einschränkung machte diese Ansicht allerdings nach dem Schutzzweck der Zusicherung, der durch Auslegung zu ermitteln sei und den Haftungsumfang begrenzte[278]. Die Haftung des Verkäufers basiere nämlich genau genommen auf der Erfüllung des in der Zusicherung liegenden Garantieversprechens. Lediglich für Mangelfolgeschäden, die ausnahmsweise in den Schutzzweck der Zusicherung einbezogen waren, hafte der Verkäufer daher nach § 463 S. 1 BGB a. F. bzw. § 480 II BGB a. F.

IV. Die Haftung des Verkäufers für arglistiges Verhalten

Auch in Bezug auf den Umfang der Schadensersatzhaftung wegen Nichterfüllung nach § 463 S. 2 BGB a. F. waren die Meinungen geteilt. Für die Haftung des Verkäufers nach § 463 S. 2 BGB a. F. stellte die h. M.[279] das arglistige Vorspiegeln einer nicht vorhandenen Eigenschaft dem arglistigen Verschweigen eines Fehlers durch eine entsprechende Anwendung gleich. Über den Umfang der Haftung bestand größtenteils Einigkeit in dem Sinne, dass der Verkäufer im Falle der Arglist für jeden durch den Mangel adäquat kausal verursachten Schaden hafte[280]. Vereinzelt vertreten wurde auch die Auffassung, dass der Schadensersatzanspruch wegen Nichterfüllung nur auf den Nichterfüllungsschaden i. e. S. beschränkt sei[281]. Die unterschiedliche Behandlung der Sätze 1

Staudinger-*Honsell*, 13. Aufl., § 463 Rn. 47; *Larenz*, SchR BT/1, § 41 II c), S. 62; *Gebauer*, Naturalrestitution, S. 199, Fn. 561; *Herberger*, Sachmängelhaftung, S. 135 f.; *Höffe*, Verbrauchsgüterkaufrichtlinie, S. 103; *Busl*, JuS 1985, 952 (953); *Hattenhauer*, JuS 1998, 684 (686 f.); *Medicus*, JuS 1998, 289 (291); *Schmidt-Salzer*, BB 1972, 18 (19 f.); *Thiele*, JZ 1967, 649 (655); *v.Westphalen*, BB 1972, 1070 (1071); *Wertheimer/Eschbach*, JuS 1997, 605 (607 f.); vgl. auch schon *Heck*, SchR, § 87, Nr. 11 d, S. 274.

275 *Diederichsen*, AcP 165 (1965), 150 (155 ff.).

276 *Diederichsen*, AcP 165 (1965), 150 (158 f.).

277 *Diederichsen*, AcP 165 (1965), 150 (153); schon *Heck*, SchR, § 87, Nr. 11 d, S. 274 f.

278 *Diederichsen*, AcP 165 (1965), 150 (158 ff.); *Rengier*, Interesse, S. 58 ff. m. w. N.

279 RG 132, 76 (78); BGH, NJW 1993, 1643 (1645); *Medicus*, JuS 1998, 289 (290) m. w. N.

280 Soergel-*Huber*, 12. Aufl., § 463 Rn. 65 f.; Staudinger-*Honsell*, 12. Aufl., § 463 Rn. 55; *Wendel*, Sachmängelgewährleistung, S. 110; *Honsell*, Jura 1979, 184 (190).

281 *Gebauer*, Naturalrestitution, S. 199; *Thiele*, JZ 1967, 649 (655); modifizierend *Todt*, BB 1971, 680 (681), der im Fall des arglistigen Vorspiegelns einer nicht vorhandenen Eigenschaft den gesamten adäquat verursachten Schaden ersetzen will, während er sich beim arglistigen Verschweigen eines Fehlers für eine Beschränkung des § 463 S. 2 BGB auf den Nichterfüllungsschaden i. e. S. ausspricht. Nach *Diederichsen*, AcP 165 (1965),

und 2 und daraus resultierende Widersprüche im Rahmen des § 463 BGB a. F. erklärten insbesondere die Vertreter der h. M. mit einer anderen Grundlage der Haftung für arglistiges Verhalten, die nicht wie in § 463 S. 1 BGB a. F. in einer Äquivalenzstörung bestehe. Mit der höchstrichterlichen Rechtsprechung war § 463 S. 2 BGB a. F. vielmehr als spezielle Ausprägung des Grundsatzes über die culpa in contrahendo zu qualifizieren[282]. Die Fehlerhaftigkeit war nicht Rechtsgrund, sondern Rechtsbedingung der Haftung (vgl. § 524 BGB a. F.)[283]. Schon von den Gesetzesredaktoren wurde die auf Schadensersatz wegen Nichterfüllung gerichtete Rechtsfolge des § 463 S. 2 BGB a. F. ausdrücklich unter Inkaufnahme dogmatischer Unstimmigkeiten mit dem Bedürfnis begründet, „den unredlichen Veräußerer in dem in Frage stehenden Falle ... im Interesse thunlichster Sicherung des Verkehrs mit empfindlichen Nachtheilen zu bedrohen“[284].

Berechnet man den Schaden nämlich über die Vorschrift des § 249 BGB nach allgemeinen Grundsätzen, müsste man den Zustand herstellen, der bestünde, wenn der zum Schadensersatz verpflichtende Umstand nicht eingetreten wäre. Ohne das arglistige Verhalten des Verkäufers wäre der Vertrag aber gar nicht oder nur zu einem niedrigeren Preis zustande gekommen. Folge des § 249 BGB wäre also der Ersatz des negativen Interesses[285]. Dass trotzdem das gesamte positive Interesse gewährt wurde, ließ sich nur aus der Straffunktion des § 463 S. 2 BGB heraus erklären[286]. Obwohl der Pönalsierungsgedanke dem Zivilrecht fremd sein sollte, war dieser die einzig stimmige Erklärung für die Rechtsfolge des § 463 S. 2 BGB, was schon den Vätern des BGB zwar konstruktiv schwer begründbar, aber im Ergebnis billig erschien.

150 (161) ist der Umfang durch den Schutzzweck der Norm begrenzt, so dass Folgeschäden nur erfasst sind, wenn man sie vorhersehen konnte und musste.

282 BGH 60, 319 (321).

283 *Baumann*, AcP 187 (1987), 511 (524).

284 *Mugdan*, Bd. II, 126.

285 *Haymann*, RG-Festgabe, 1929, S. 317 (332) bezeichnet diesen Zustand deshalb auch als Verstoß gegen alle Regeln der Logik des Kausalzusammenhangs.

286 *Baumann*, AcP 187 (1987), 511 (524 f.).

V. Die Haftung des Vermieters nach § 538 I 1. Fall BGB a. F.[287]

Zur Haftung des Vermieters nach § 538 I 1. Fall BGB a. F. war die überwiegende Auffassung[288], dass jeder durch den Mangel des Mietobjekts adäquat kausal verursachte Schaden erfasst sei, wenn der Mangel bereits bei Abschluss des Mietvertrages vorhanden war. Die gesetzliche Systematik ließe erkennen, dass der Vermieter mit Abschluss des Mietvertrages eine Garantie dafür übernehme, dass die Mietsache zu diesem Zeitpunkt einen vertragsgemäßen (§ 536 BGB a. F.) und die Verwendbarkeit nicht beeinträchtigenden mangelfreien (§ 537 I BGB a. F.) Zustand aufweise[289]. Konsequenz dieser strengen Garantiehaftung war eine entsprechende Weite der Schadensersatzhaftung, die bei einer Beschränkung auf Mangelschäden ihre praktische Relevanz verloren hätte. Die Wendung „unbeschadet der in § 537 bestimmten Rechte" in § 538 BGB a. F. deute zusätzlich auf eine weitgehende Haftung hin, da andernfalls neben der gesetzlichen Minderung des § 537 BGB kaum eine eigenständige Bedeutung der Schadensersatzhaftung des Vermieters festzustellen sei. Nur so sei im Ergebnis ein umfassender Mieterschutz zu bewerkstelligen, der der besonders engen Beziehung zwischen dem Mieter und der fremden Mietsache gerecht werde.

Nach einer Mindermeinung[290] sollte die Garantiehaftung des § 538 I 1. Fall BGB a. F. auf den Nichterfüllungsschaden i. e. S. beschränkt werden. Hierfür wurde angeführt, die Garantiehaftung könne sich nicht auf alle Folgeschäden beziehen[291] und eine strengere Haftung des Vermieters für anfängliche als für

[287] § 538 BGB a. F. ist im Zuge des Mietrechtsreformgesetzes vom 01.09.2001 durch § 536a BGB ersetzt worden. Da sich der Bärenanteil der wissenschaftlichen Diskussion aber auf den Haftungsumfang des alten § 538 I 1 BGB a. F. erstreckte, soll der Streit im Folgenden auch auf die alte Norm bezogen werden. Die Ausführungen können aber entsprechend auf den neuen § 536a BGB übertragen werden, vgl. BT-Drs. 14/6857, S. 66 f.; Palandt-*Weidenkaff*, 63. Aufl., § 536a Rn. 14; Staudinger-*Emmerich*, 14. Auflage § 536a Rn. 19.

[288] RG 81, 200 (203); BGH, NJW 1962, 908 (909); BGH 43, 88 (90); BGH, NJW 1972, 944 (945); BGH, NJW 1975, 645 (646); BGH, NJW-RR 1991, 970 (970); Staudinger-*Emmerich*, 13. Aufl., § 538 Rn. 35 f.; *Emmerich*, 9. Aufl., SchR BT, § 7 VIII 2, Rn. 46 ff.; *Esser/Weyers*, SchR BT/1, § 15 I 6 c), S. 141; *Brox/Elsing*, JuS 1976, 1 (7); *Köhler*, JuS 1979, 647 (649); *Littbarski*, JZ 1979, 552 (555); *Honsell*, Jura 1979, 184 (196); *Otto*, JuS 1985, 848 (850); *Peters*, NJW 1978, 665 (670).

[289] Motive II, S. 376 f.

[290] MK-*Volskow*, 3. Aufl., § 538 Rn. 15; *Ennecerus/Lehmann*, SchR, § 128 III 2, S. 517 f.; *Roquette*, S. 268 f.; *Weimar*, MDR 1960, 555 (556 f.); *Pieper*, JuS 1962, 459 (463); *Todt*, BB 1971, 680 (681f.); neuerdings wieder *Gebauer*, Naturalrestitution, S. 201 mit der allerdings unzutreffenden Prämisse, Leistungspflichten können nur das Erfüllungsinteresse und Schutzpflichten nur das Erhaltungsinteresse betreffen.

[291] *Weimar*, MDR 1960, 555 (556).

nachträgliche Mängel sei nicht zu erklären[292]. Zudem wurde moniert, dass Widersprüche zu dem Verständnis des Begriffs des Schadensersatzes wegen Nichterfüllung im Rahmen des §§ 463, 635 BGB bestünden und Folgeschäden nicht auf der Verletzung einer Hauptpflicht beruhen.

Vermittelnd war die Ansicht[293], dass abweichend von erstgenannter h. M. keine Haftung des Vermieters bestehe, wenn dieser auch bei Anwendung der äußersten Sorgfalt den Mangel nicht erkennen könne. Diese Auffassung musste sich jedoch entgegenhalten lassen, dass keine dogmatische Begründung für diese dem Gesetzeswortlaut in keiner Weise zu entnehmende Einschränkung besteht[294]. Vielmehr erhielt der § 538 I 1. Fall BGB durch das Kriterium der Vorhersehbarkeit ein Verschuldenselement, dass der Gesetzgeber durch die Statuierung der Garantiehaftung bewusst vermieden hat[295].

VI. Die Haftung des Werkunternehmers nach § 635 BGB a. F.

Die gravierendsten Meinungsverschiedenheiten existierten zur Haftung des Werkunternehmers nach § 635 BGB a. F., der im Gegensatz zu §§ 463, 538 BGB a. F. im Einklang mit den sonstigen Tatbeständen der Leistungsstörung ein Verschulden voraussetzte[296]. Die Unüberschaubarkeit der Problematik kann nur vor dem Hintergrund erklärt werden, dass eine Einschränkung des Anwendungsbereichs des § 635 BGB Freiräume für Ansprüche aus pVV schaffte. Die pVV unterlag dagegen leichteren Voraussetzungen und einer nicht unbestrittenen dreißigjährigen Verjährung[297]. Gerade eingedenk dieses eklatanten Unterschiedes in der Verjährungsfrist hing das Ergebnis vielfach entscheidend von einem Ausgleich der Interessen von Besteller und Unternehmer ab und blieb dogmatisch vordergründig. Bei der gerechten Verteilung des Verjährungsrisikos entpuppte sich die sechsmonatige Frist des § 638 BGB a. F. als zu kurz, die dreißigjährige Frist des § 195 BGB a. F. als zu lang. Kehrseite stringenter Lösungen war hingegen ihre mangelnde Praktikabilität sowie ihre teils inakzeptablen Ergebnisse.

---

[292] *Ennecerus/Lehmann*, SchR, § 128 III 2, S. 518.

[293] *Larenz*, SchR BT/1, § 48 III b) 3, S. 236 ff.; *Diederichsen*, AcP 165 (1965), 150 (166 f.); *Fikentscher*, SchR, 7. Aufl., § 74 II 6 a, S. 504 f.; *Hassold*, JuS 1975, 550 (551); vgl. schon *Heck*, SchR, § 98, Nr. 5, S. 306 f.

[294] *Todt*, Schadensersatzansprüche, S. 165.

[295] Vgl. *Mugdan*, Bd. II, S. 813.

[296] Im Unterschied zum Verkäufer hat der Werkunternehmer zum selbst hergestellten Werk eine nähere Beziehung, so dass es billig erscheint, ihn für jede schuldhaft mangelhafte Leistung haften zu lassen.

[297] Für § 635 BGB a. F. galten die kurze Verjährung des § 638 BGB a. F. und die Voraussetzungen des § 634 BGB a. F.; siehe ausführlich zur Verjährung im alten Werkvertragsrecht 5. Kapitel, D, IV., 1., 281 ff.

Es ließen sich Stimmen[298] finden, die in Anlehnung an die reichsgerichtliche Rechtsprechung[299] lediglich den Mangelschaden bzw. den Nichterfüllungsschaden i. e. S. nach § 635 BGB a. F. ersetzen wollten. Dabei wurde die Alternativität zwischen Schadensersatz auf der einen und Wandlung oder Minderung auf der anderen Seite rekurriert[300] oder auf das dem Schadensersatz vorgeschaltete Nachbesserungsrecht verwiesen[301]. Sowohl Nachbesserung als auch Wandlung und Minderung beträfen nur Schäden am Werk selbst, folglich könne sich der Schadensersatz aus § 635 BGB a. F. auch nur auf solche Schäden beziehen.

Zugleich gab es auch jene[302], die ohne Einschränkung eine Haftung des Werkunternehmers nach § 635 BGB a. F. für alle adäquat kausal verursachten Schäden befürworteten. Der Vorzug der Klarheit und allgemeine haftungsrechtliche Überlegungen standen für diese Ansicht Pate. Um allerdings unbillige Ergebnisse zu vermeiden, schlugen einige dieser Vertreter[303] im Gegenzug eine Korrektur der Verjährung nach § 638 BGB a. F. vor. Zwar konnte diese Meinung ein hohes Maß an Rechtssicherheit für sich beanspruchen, verlagerte das Mängelrisiko aber sehr auf die Schultern des Bestellers. Die pVV war nach dieser Ansicht wegen der abschließenden Regelung des § 635 BGB insofern überflüssig.

Die Rechtsprechung[304] und ein beträchtlicher Teil der Literatur[305] wollten die Haftung des Werkunternehmers nach § 635 BGB a. F. von der Art des Schadens

---

298 BGH 35, 130 (132); *Larenz*, SchR BT/1, § 53 II b), S. 357; *Diederichsen*, AcP 165 (1965), 150 (164); *Winter*, S. 146 ff. mit der Unterscheidung nach Schadensobjekten insbesondere materiellen und immateriellen Werken (151 ff.); *Grimm*, NJW 1968, 14 (17 f.); *Todt*, BB 1971, 680 (682); *Gebauer*, Naturalrestitution, S. 197 f., 201; ähnlich *Schlechtriem*, VersR 1973, 581 (590 ff.).

299 Vgl. RG 64, 41 (43), wobei das Reichsgericht annimmt, ein nach § 635 BGB a. F. ersatzfähiger Schaden müsse dem Werk unmittelbar anhaften.

300 *Larenz*, SchR BT/1, § 53 II b), S. 355; vgl. dagegen *Jakobs*, JuS 1974, 341 (343 ff.); *ders.*, JuS 1975, 76 (79 f.).

301 *Grimm*, NJW 1968, 14 (16).

302 *E. Wolf*, SchR BT, S. 169; *Ballerstedt*, FS Larenz, S. 717 (738); *Medicus*, FS Kern, S. 313 (323); *Stoll*, AcP 136 (1932), 257 (310 f., 314 f.); *Brox/Elsing*, JuS 1976, 1 (7); *Honsell*, Jura 1979, 184 (198); *Jakobs*, JuS 1974, 341 (342); *ders.*, JuS 1975, 76 (81); *Laufs/Schwenger*, NJW 1970, 1817 (1821 f.); *Michalski*, NJW 1988, 793 (798).

303 *Medicus*, BR, 18. Aufl., Rn. 357; *Ballerstedt*, FS Larenz, S. 717 (730, 738); zur Verjährung siehe 5. Kapitel, D, IV., 1., 281 ff.

304 RG, JW 1911, 444 (444); RG 71, 173 (175); 93, 158 (160 f.); 95, 2 (4); 115, 122 (125); BGH 37, 341 (343 f.); 46, 238 (239); 48, 257 (261); 54, 352 (358); 58, 85 (87 ff.); 58, 225(228); 58, 305 (308); 67, 1 (8); 72, 257 (259); 87, 239 (241 f.); 98, 45 (46 f.); BGH, NJW 2000, 2812 (2814); BGH, NZBau 2003, 667 (667 f.).

305 Staudinger-*Peters*, 14. Aufl., § 638 Rn. 16 f.; MK-*Soergel*, 3. Aufl., § 638 Rn. 9; *Büdenbender*, JuS 2001, 625 (634 f.); ähnlich *Peters*, NJW 1978, 665, (669), der nur

auf den Mangelschaden sowie nahe Mangelfolgeschäden begrenzen. Entfernte Schäden sollten allenfalls über die pVV ersetzt werden. Die Gegenauffassung, §§ 635, 638 BGB a. F. gälten für sämtliche mangelbedingte Schäden, verwarf der BGH trotz ihres Vorteils einer klaren und einfachen Grenzziehung[306], da sie „gewöhnlich zur Verjährung der vertraglichen Ersatzansprüche noch vor Entstehung des sie begründenden Schadens führen."[307]. Dieses Ergebnis könne aber nicht hingenommen werden, denn der Gesetzgeber sei von der Erkennbarkeit des Mangels innerhalb der Frist des § 638 BGB a. F. ausgegangen. Unklar blieb bis zur Schuldrechtsmodernisierung allerdings, inwiefern nahe und entfernte Mangelfolgeschäden voneinander abzugrenzen sein sollten[308]. Gerade die obergerichtliche Rechtsprechung, die zur gerechten Ergebnisfindung auf schwammige Kriterien wie Unmittelbarkeit[309], Typizität[310], Zwangsläufigkeit[311] des Schadens oder die besondere Selbständigkeit des Ereignisses[312] zurückgriff, ließ eine klare Linie vermissen und war von Einzelfallerwägungen geprägt[313]. Sie wollte sogar explizit nicht formelhaft und schematisch vorgehen, sondern die Eigenarten des jeweiligen Sachverhalts berücksichtigen. Andernfalls, führt der BGH[314] aus, könnte man „ohne nähere Begründung daraus nach Belieben die eine oder die gegenteilige andere Folgerung" ziehen. „Vielmehr bedarf es jeweils einer näheren Begründung und Wertung aus der Eigenart des Schadens, worin im gegebenen Fall der enge Zusammenhang zu sehen ist". So wurden die Urteile der Rechtsprechung größtenteils als gerecht im Ergebnis, aber unklar ob ihrer dogmatischen Herleitung beurteilt[315].

Huber[316] vergrößerte die Abgrenzungsschwierigkeiten, indem er eine von der Rechtsprechung abweichende Dreiteilung der Schäden in eigentlichen Mangel-

---

einen Schaden mit einem Bezug zum vertraglichen Synallagma und einer Rechtfertigung durch den Werklohn ersetzen will.

306 BGH 58, 85 (88).

307 BGH 67, 1 (6).

308 Die Grundsatzurteile aus der reichhaltigen Rechtsprechung sind BGH 58, 85 (87 ff.); 67, 1 (5 ff.).

309 RG 93, 158 (160 f.); RG, JW 1938, 1646 (1646); BGH 58, 85 (89); 67, 1 (8); 87, 239 (242 f.) m. w. N. Der BGH, NJW 1991, 2418 (2419) berücksichtigte neuerdings zur Abgrenzung nicht nur einen „lokalen", sondern auch einen zeitlichen Zusammenhang zwischen Mangel und Folgeschaden.

310 BGH 98, 45 (47).

311 BGH 98, 45 (47).

312 RG, JW 1911, 444 (444); Warn-Rspr. 1920, Nr. 33, S. 45; 95, 2 (4); Recht 1926, Nr. 1667; 115, 122 (125).

313 Nachweise bei *Büdenbender*, JuS 2001, 625 (635); *Hehemann*, NJW 1988, 801 (802).

314 BGH 58, 85 (92).

315 Vgl. *Ballerstedt*, FS Larenz, S. 717 (721); *Jakobs*, JuS 1975, 76 (77 ff.).

316 *U. Huber*, AcP 177 (1977), 281 (286 ff.), wobei diese Dreiteilung dem Werkvertragsrecht nur schwerlich zu entnehmen ist.

schaden, Schäden, die durch Dispositionen im Vertrauen auf die mangelfreie Beschaffenheit der Sache verursacht werden und Schäden an deliktisch geschützten Rechtsgütern vorschlug.

Andere[317] wollten den Umfang der Nichterfüllungshaftung durch eine generelle Auslegung des jeweiligen Vertrages bestimmen. Je nach Vertragsgestaltung können die Parteien den Schutz gewisser Rechtsgüter in die vertragliche Leistungspflicht des Unternehmers einbezogen haben, z. B. wenn der Werkmangel typischerweise bestimmte Rechtsgüter gefährdet oder eine Gefährdung besonderer Rechtsgüter verhindern soll.

Andere[318] wollten schließlich neben Schäden am Werk selbst zusätzlich solche Schäden ersetzen, die sich je nach Vertragsgestaltung im Rahmen einer funktionalen Betrachtung des Werkes befanden. Funktionale Betrachtung sollte heißen, dass auf das einzelne Gut und seine Funktion im Vermögen des Betroffenen abzustellen sei[319]. Die Funktion des Gutes könne sich auch auf den Schutz vorhandener Rechtsgüter beziehen und so Teile des Integritätsinteresses beinhalten[320]. Deshalb komme es maßgeblich auf den Inhalt des jeweiligen Vertrages und die Ziele an, die mit der Erfüllung erreicht werden sollen. Ebenso sei das Interesse an der Erfüllung eines Vertrages individueller Art und hänge von den jeweiligen Interessen des Gläubigers ab[321]. Der Schadensersatzanspruch stelle einen Ausgleich dar für die Verfehlung der angestrebten Interessen, die der Gläubiger am Erwerb oder der Nutzung des Leistungsgegenstandes hatte[322]. Der Wert des jeweiligen Interesses sei aber objektiv zu bestimmen.

VII. Zusammenfassung

Man muss festhalten, dass es nach der alten Rechtslage keine eindeutige Definition des Schadensersatzes wegen Nichterfüllung gab. Je nach Vertrag wurde seine Ausgestaltung unterschiedlich gehandhabt und war Gegenstand ständiger Kritik. Es existierten abhängig vom Vertragstyp und der Stellung der Schadens-

---

317 Vgl. *Hehemann*, NJW 1988, 801 (804) der je nach auslegungsbedürftigem Werkvertrag das „fallspezifische Erfüllungsinteresse“ ersetzen und dafür präzise den geschuldeten Erfolg definieren will; ähnlich *Ballerstedt*, FS Larenz, 717 (722 ff.), der nach verschiedenen Werkverträgen differenziert.

318 *Rengier*, Interesse, S. 41 ff.; ähnlich *Schubert*, JR 1975, 179 (182 f.); krit. BGH 67, 1 (7); *Peters*, NJW 1978, 665 (666); *Rebe-Rebell*, JA 1978, 605 (606 f.).

319 *Rengier*, Interesse, S. 43. Vorteile, die der Geschädigte auf Grund von Gesetzen oder von Verträgen durch Dritte erhält, werden nicht angerechnet.

320 *Rengier*, Interesse, S. 35.

321 Schon *Rabel*, Warenkauf I, S. 496 ff.; *Rengier*, Interesse, S. 17, 49. *Rengier* stellt allerdings das positive Interesse unzutreffend mit dem Erfüllungsinteresse gleich, S. 49.

322 *Rengier*, Interesse, S. 57.

ersatznorm im Wesentlichen drei Meinungen: Eine wollte nur den Mangelschaden bzw. den Nichterfüllungsschaden i. e. S. ersetzen, eine andere beabsichtigte den Ersatz des gesamten adäquat verursachten Schadens inklusive Mangelfolgeschäden und eine dritte Meinung machte den Umfang des Schadensersatzes individuell vom jeweils geschlossen Vertrag und der Auslegung der geschuldeten Leistungspflichten abhängig.

Somit stellt sich die Frage, was der Gesetzgeber meinte, wenn er den Schadensersatz statt der Leistung dem Schadensersatz wegen Nichterfüllung gleichstellen wollte[323]. Denkbar sind zwei Möglichkeiten: Er wollte die unterschiedliche Behandlung übernommen wissen und die durch Rechtsprechung und Wissenschaft vorgeschlagene h. M. beibehalten[324]. Dies wäre allerdings sehr verwunderlich, da gerade die Unterscheidung zwischen nahen und entfernten Mangelfolgeschäden aufgehoben werden sollte. Außerdem ist eine Zusicherung des Verkäufers fortan keine haftungsbegründende Voraussetzung eines kaufrechtlichen Schadensersatzanspruchs, so dass die Einschränkung der Rechtsfolge durch den Schutzzweck der Zusicherung fern liegend ist.

Scheidet diese Möglichkeit aus, kann der Gesetzgeber den Schadensersatz wegen Nichterfüllung im Einklang mit der obergerichtlichen Rechtsprechung im Kauf- und Mietvertrag aber nur als Ersatz des gesamten positiven Interesses verstehen, wie er früher von der h. M. für die meisten Konstellationen gesehen worden ist[325]. Daraus muss der Schluss gezogen werden, dass der Gesetzgeber auch unter Schadensersatz statt der Leistung grundsätzlich den Ersatz des gesamten positiven Interesses verstehen wollte. Diese Lösung hält der Gesetzgeber aber nicht konsequent durch, wenn er zwischen Mangel- und Mangelfolgeschäden bei der Anspruchsgrundlage unterscheidet. Folge der Gleichstellung zwischen Schadensersatz statt der Leistung mit dem gesamten positiven Interesse wäre nämlich, dass sowohl Mangel- als auch Mangelfolgeschäden im Rahmen der Schadensersatz statt der Leistung gewährenden Anspruchsgrundlage ersetzt würden. Die Äußerung des Gesetzgebers ist somit nicht nur unklar, sondern offensichtlich widersprüchlich[326], wenn der Schadensersatz wegen

323 BT-Drs. 14/6040, S. 136 f., 225, 263.

324 Diese Variante favorisiert *P. Huber* in Huber/Faust, Kapitel 13, Rn. 99 ff., allerdings nur unter Berücksichtigung der alten kaufrechtlichen Lösung und mit der Einschränkung, dass dies „keineswegs zwingend" sei.

325 In diesem Sinne wohl auch *Teichmann*, BB 2001, 1485 (1488); *Gsell*, JJZiRW 2001, S. 105 (106). Lediglich im Werkvertragsrecht herrschte eine andere Meinung vor, die dogmatisch nie überzeugen konnte und einzig um gerechte Ergebnisse bzw. eine Korrektur der Verjährung bemüht war. Im Kaufrecht bestand eine Einschränkung allein durch den Schutzzweck der Zusicherung.

326 Auf Widersprüche weist auch *P. Huber* in Huber/Faust, Kapitel 13, Rn. 104, Fn. 93 und Rn. 108, Fn. 96 hin, der deshalb neue Lösungsansätze für möglich hält.

Nichterfüllung dem Schadensersatz statt der Leistung entsprechen und gleichzeitig für Mangel- und Mangelfolgeschäden eine unterschiedliche Anspruchsgrundlage Anwendung finden soll. Ergebnis ist deshalb, dass der Gesetzgeber den Inhalt des Schadensersatzes statt der Leistung offen lässt. Angesichts der eminenten Bedeutung dieses Begriffes für zahlreiche juristische Fragestellungen soll daher im Anschluss untersucht werden, wie der Begriff zutreffend umrissen werden kann.

C. Der Schadensersatz statt der Leistung

Die Abgrenzung zwischen Schadensersatz statt der Leistung und Schadensersatz abseits der Leistung[327] ist in vielerlei Hinsicht bedeutend[328]: So z. B. im Rahmen des § 4 I Nr. 6 b) III AHB, da die reine Vertragserfüllung und an deren Stelle tretende Erfüllungssurrogate wie der Schadensersatz statt der Leistung nicht von der Versicherung gedeckt sind. Ebenso kann nur der Gläubiger einen Anspruch auf Schadensersatz statt der Leistung haben[329]; eine Einbeziehung über einen Vertrag mit Schutzwirkung zugunsten Dritter ist insofern nicht möglich[330]. Was zur alten Rechtslage, wie im vorigen Kapitel gezeigt, nicht bewerkstelligt wurde, soll deshalb im Folgenden mit einer einheitlichen Definition des Begriffs Schadensersatz statt der Leistung versucht werden. Eine differenzierte Auslegung des Begriffs Schadensersatz statt der Leistung ist angesichts der jeweiligen Stellung der einzelnen Normen im besonderen Schuldrecht zwar möglich[331], aber eingedenk der intendierten Anbindung des besonderen an das allgemeine Schuldrecht nicht wünschenswert. Auch unter Berücksichtigung des jeweiligen Vertragstyps ist ein unterschiedliches Verständnis bei der großen Anzahl gemischter Verträge mit großen Abgrenzungsschwierigkeiten verbunden

---

327 Nach der hier verwendeten Terminologie der Schadensersatz nach § 280 I BGB; vgl. 3. Kapitel, A., I., 2., b), cc), S. 51, Fn. 153.

328 *Lorenz*, NJW 2002, 2497 (2500) bezeichnet die Abgrenzung des Schadensersatzes statt der Leistung zu sonstigem Schadensersatz" zutreffend als die „zentrale Frage" für den Ersatz von Mangelschäden; vgl. *Lange*, Hb. SchR, Schadensersatz, § 2 V, S. 69 f.

329 Eine Ausnahme besteht nach umstrittener Auffassung für den Vertrag zugunsten Dritter; vgl. zum Streit in Bezug auf den Schadensersatz wegen Nichterfüllung Soergel-*Hadding*, 12. Aufl., § 328 Rn. 42 m. w. N.; a. A. Palandt-*Heinrichs*, 61. Aufl., § 328 Rn. 5; *Schlechtriem*, AT, Rn. 581 f.; *Gottwald*, JZ 1985, 576 (577). In Anbetracht der engen Verzahnung zwischen dem Anspruch auf Nacherfüllung, einer entsprechenden Fristsetzung, dem Schadensersatz statt der Leistung und dem Wahlrecht aus § 281 IV BGB sollte nach hier vertretener Ansicht dem begünstigten Dritten, dem der Nacherfüllungsanspruch zusteht, auch das Recht auf den Schadensersatz statt der Leistung gebühren. Andernfalls würde für den Versprechensempfänger die Pflichtverletzung zum Glücksfall.

330 Vgl. *Todt*, Schadensersatzansprüche, S. 71.

331 Das Verständnis des Schadensersatzes statt der Leistung könnte vor allem zwischen besonderem und allgemeinem Teil variieren; vgl. *Schaumburg*, MDR 1975, 105 (110).

und – soweit möglich – zu vermeiden[332]. Der Inhalt des Schadensersatzes statt der Leistung sollte vielmehr anhand der anerkannten Auslegungskriterien einheitlich bestimmt werden.

Alle[333] neu entwickelten Auffassungen setzen bei dem Vorhaben des Gesetzgebers an, Schadensersatz statt der Leistung solle den alten Begriff des Schadensersatzes wegen Nichterfüllung ersetzen[334] und demzufolge solle nur eine klarstellende, keine inhaltliche Änderung vorgenommen werden. In § 536a BGB wurde zudem der Begriff „Schadensersatz wegen Nichterfüllung" auf „Schadensersatz" wie in § 179 I BGB reduziert, um die Vorschriften über die Miete rein redaktionell im Sinne der Rechtsvereinheitlichung an die Veränderungen durch die Schuldrechtsreform anzupassen[335]. Dementsprechend setzen viele den Schadensersatz statt der Leistung mit ihrem jeweiligen Verständnis des Schadensersatzes wegen Nichterfüllung gleich[336], was angesichts der gezeigten Unklarheit und Strittigkeit des Begriffs nicht zur Lösung beiträgt und die vielseitigen, systematischen Änderungen nicht ausreichend berücksichtigt.

---

[332] Vgl. Palandt-*Heinrichs*, 63. Aufl., § 280 Rn. 18; schon *Stoll*, AcP 136 (1932), 257 (310); *Schmitz*, NJW 1973, 2081 (2082).

[333] Die Meinung *Schellhammers*, Jura 2002, 301 (304 ff.), wonach § 280 I BGB unmittelbar für alle Mangel- und Mangelfolgeschäden gelte und der Schadensersatz statt der Leistung eigentlich der alte Schadensersatz wegen Nichterfüllung im Sinne des großen Schadensersatzes sei, wird nicht aufgeführt. Diese Auffassung beruht wohl darauf, dass *Schellhammer* die Sonderregelung des großen Schadensersatzes für eine mangelhafte Lieferung in § 281 I 3 BGB übersehen hat. Auf dem gleichen Irrtum könnte die Meinung von *Wolf/Kaiser*, DB 2002, 411 (413) beruhen, wonach § 280 BGB der kleine Schadensersatz inklusive aller Schadenstypen sein soll und die §§ 281 ff. BGB den großen Schadensersatz regeln.

[334] BT-Drs. 14/6040, S. 136 f., 225, 263; siehe etwa Westermann-*Maifeld*, S. 266; *Wieling/Finkenauer*, Fall 2, S. 16 f.; *Altmeppen*, DB 2001, 1399 (1403); *Boerner*, ZIP 2002, 2264 (2272); *Canaris*, DB 2001, 1815 (1816) „§§ 281-283 BGB betreffen... völlig unzweifelhaft das positive Interesse"; ders., ZRP 2001, 329 (331 f.); *Krebs*, DB 2000, Beil. Nr. 14, 1 (10 f.); *Teichmann*, BB 2001, 1485 (1488); *Wieser*, NJW 2001, 121 (122); krit. ob der simplen Gleichsetzung sind *Dauner-Lieb* in Dauner-Lieb/Heidel/Lepa/Ring, § 2, Rn. 34 ff.; *Faust* in Huber/Faust, Kapitel 3, Rn. 181; *Münch*, Jura 2002, 361 (368); *Otto*, Jura 2002, 1 (8); *Schapp*, JZ 2001, 583 (586); *v. Wilmowsky*, JuS 2002, Beil. zu H. 1, 1 (3 ff.).

[335] BT-Drs. 14/6857, S. 35, 66 f.; BT-Drs. 14/7052, S. 203. Warum nicht gleich Schadensersatz statt der Leistung eingefügt wurde, kann wohl nur durch die Unsicherheit des Gesetzgebers erklärt werden, vgl. zur alten Rechtslage im Mietrecht 3. Kapitel, B., V., S. 77 f. Andererseits enthält das geltende BGB kurioserweise weiterhin parallel den Begriff des Schadensersatzes wegen Nichterfüllung in §§ 340 II, 523 II 1, 651 f. BGB.

[336] Siehe etwa *Mattheus*, JuS 2002, 209 (210); *Recker*, NJW 2002, 1247 (1247 f.); *v. Wilmowsky*, JuS 2002, Beil. zu H. 1, 1 (9); *Zimmer*, NJW 2002, 1 (6); ausdrücklich anders nur *Dauner-Lieb* in Dauner-Lieb/Heidel/Lepa/Ring, § 2, Rn. 37; Westermann-*Schultz*, S. 63 „bestenfalls teilweise deckungsgleich".

I. Der Schadensersatz statt der Leistung im Sinne der neuen Identitätslehre

Der Schadensersatz statt der Leistung tritt dem Worte nach an die Stelle des ausgebliebenen Leistungsteils[337]. Es liegt deswegen nahe, anzunehmen, wenn der Schadensersatz schon den Platz des Erfüllungsanspruchs einnehme, dann sei er in seinem Umfang auch durch diesen begrenzt[338]. Danach kann der Schadensersatzanspruch also nur erfassen, worauf ein Erfüllungsanspruch des Gläubigers besteht. Ein solches Verständnis entspricht der auch zum alten Recht anzutreffenden Identitätslehre[339] und hat die Erwägung für sich, dass der Sekundäranspruch nicht weiter reichen kann als der Primäranspruch. Nach der Schuldrechtsreform hat diese Auffassung schnell ihre Anhänger[340] gefunden.

Gegen diese These ist schon nach alter Rechtslage vorgebracht worden, dass nach der Identitätslehre für den kleinen Schadensersatz neben der Minderung kaum Raum bestünde[341]. Sind nämlich mangelfreie Leistung und Gegenleistung ihrem Wert nach tatsächlich äquivalent und tritt als einziger Schaden der mangelbedingte Minderwert der Leistung zutage, haben Minderung und kleiner Schadensersatz in dieser häufigen Standardkonstellation die gleiche Rechtsfolge, so dass der kleine Schadensersatz insofern keine eigenständige praktische Bedeutung für den Gläubiger hat. Der kleine Schadensersatz könnte somit neben der Minderung praktisch bedeutungslos sein. Vereinzelt[342] wird einem ein solches Verständnis nahe gelegt, das in einigen Gemeinsamkeiten der beiden Rechte seinen Ursprung hat: Sowohl die Minderung als auch der Schadensersatz statt der Leistung setzen grundsätzlich eine vorherige Fristsetzung zur Nacherfüllung voraus. Wegen §§ 441 I 2, 638 I 2 BGB ist eine Minderung auch bei unerheblichen Pflichtverletzungen möglich, denn solange die durch die Pflichtverletzung verursachte Werteinbuße messbar ist, soll der Gläubiger eine entsprechende Verringerung der Gegenleistung verlangen können[343]. Bei unerheblichen Mängeln ist daher zwar gem. § 323 V BGB der Rücktritt ebenso wie der große Schadensersatz gem. § 281 I 3 BGB ausgeschlossen, Minderung und kleiner Schadensersatz können aber begehrt werden.

---

337 *Münch*, Jura 2002, 361 (368); *Schapp*, JZ 2001, 583 (586).

338 Westermann-*Schultz*, S. 64 f.

339 Vgl. 3. Kapitel, B., II., S. 71 f.

340 Palandt-*Heinrichs*, 63. Aufl., § 280 Rn. 18; *Grunewald* in Dauner-Lieb/Konzen/Schmidt, S. 313 (317 ff.); *Medicus*, BR, Rn. 294 f.; Westermann-*Schultz*, S. 62 ff., 68 ff.; wohl auch *Teichmann*, JuS 2002, 417 (422).

341 *Rengier*, Interesse, S. 28; vgl. *Diederichsen*, AcP 165 (1965), 150 (163); *Canaris* ZRP 2001, 329 (335); vgl. *Büdenbender*, DStR 2002, 312 (317).

342 *Roth*, JZ 2001, 543 (550).

343 BT-Drs. 14/6040, S. 231.

Auf den ersten Blick scheinen Minderung und kleiner Schadensersatz konform zu gehen, auf den zweiten Blick stellen sich aber gravierende Unterschiede heraus: Die Minderung berechnet sich nach § 441 III 1 BGB im Verhältnis zum Kaufpreis, so dass der in den Vertragsverhandlungen erzielte Vorteil für die betreffende Partei bei der Berechnung der Minderung in proportionaler Höhe erhalten bleibt. Der Schadensersatz statt der Leistung ist stattdessen abhängig vom tatsächlichen Wert und hat damit einen abweichenden Anknüpfungspunkt. Die Aufwendungen des Käufers zur Beseitigung des Mangels dürfen für die Minderung nicht zum Maßstab, sondern höchstens als Anhaltspunkt für die Höhe des Minderungsbetrags genommen werden[344]. Deswegen ist die Höhe von Minderung und kleinem Schadensersatzanspruch nur gleich, wenn die Äquivalenzvermutung eines Gleichgewichts zwischen Leistung und Gegenleistung bestätigt wird[345].

Im Gegensatz zum Anspruch auf Schadensersatz ist die Minderung ein Gestaltungsrecht[346], dessen Unwirksamkeit sich gem. § 218 BGB an der Verjährung des Nacherfüllungsanspruchs orientiert. Daraus resultiert, dass der Anspruch aus der Minderung erst nach allgemeinen Regeln verjährt[347]. Überdies kann der Gläubiger trotz Unwirksamkeit der Minderung wegen § 218 BGB die Zahlung des Kaufpreises bzw. des Werklohns verweigern, soweit er gem. § 438 IV 2, V BGB und § 634a IV 2, V BGB dazu berechtigt gewesen wäre.

In Anbetracht des gestaltenden Charakters der Minderung ist der Gläubiger nach einer Minderungserklärung an diese gebunden, so dass er nicht mehr vom Vertrag zurücktreten kann. Zwischen Minderung und Rücktritt besteht also ein Wahlrecht, was leicht der Formulierung „statt zurückzutreten" in §§ 441 I 1, 638 I 1 BGB sowie der alternativen Formulierung „oder" in §§ 437 Nr. 2, 634 Nr. 3 BGB entnommen werden kann und dem gesetzgeberischen Willen entspricht[348]. Verlangt der Gläubiger aber Schadensersatz statt der Leistung, so wird das Recht zum Rücktritt durch das Schadensersatzverlangen wegen

[344] BT-Drs. 14/6040, S. 226.

[345] Dies wird freilich für die meisten praktischen Fälle zutreffen, ist aber ein entscheidender dogmatischer Unterschied.

[346] Das bedeutet, dass der Käufer zur Vollziehung der Minderung nicht mehr länger auf das – gerichtlich im Sinne der Vertragstheorie erzwingbare – Einverständnis des Verkäufers angewiesen ist. Vielmehr entsteht der Minderungsanspruch durch eine einseitige Käufererklärung.

[347] So die „paradoxe Situation", *Reinking*, ZGS 2002, 140 (142); a. A. *Wagner*, ZIP 2002, 789 (791 f.), der eine teleologische Reduktion vornehmen und einen Gleichlauf der Verjährung mangelbedingter Ansprüche und der Unwirksamkeit der Gestaltungsrechte herstellen will.

[348] BT-Drs. 14/6040, S. 223.

§ 325 BGB nicht per se ausgeschlossen[349]. Der Schadensersatz steht also im Gegensatz zur Minderung in keinem Alternativverhältnis zum Rücktritt. Nach dem wirksamen Schadensersatzverlangen des Gläubigers ist allerdings der Anspruch auf die Leistung gem. § 281 IV BGB ausgeschlossen[350], während der Anspruch auf die Gegenleistung von § 281 IV BGB unberührt bleibt. Die Minderung ihrerseits betrifft primär das Schicksal der Gegenleistung.

Obwohl Minderung und Schadensersatz statt der Leistung generell eine vorherige Fristsetzung erfordern, sind die entsprechenden Ausnahmen bei beiden Rechten verschieden. Vergleicht man § 281 II BGB mit § 323 II BGB[351], decken sich § 281 II 1. Fall BGB und § 323 II Nr. 1 BGB, die bei einer ernsthaften und endgültigen Verweigerung der Leistung durch den Schuldner die Entbehrlichkeit einer Fristsetzung anordnen. § 281 II 2. Fall BGB und § 323 II Nr. 3 BGB entsprechen sich, decken sich aber nur scheinbar. Für den Schadensersatz statt der Leistung müssen besondere Umstände vorliegen, die unter Abwägung der beiderseitigen Interessen die sofortige Geltendmachung des Schadensersatzes

---

349 Es besteht kein gesetzliches Wahlrecht mehr wie in §§ 325, 326 BGB a. F. Ob sich hinter § 325 BGB nur ein möglicher Wechsel oder eine kumulative Geltendmachung von Rücktritt und Schadensersatz verbirgt, kann im Rahmen dieser Arbeit nicht abschließend geklärt werden. Es war allerdings der ausdrückliche Wille des Gesetzgebers, Vertragsaufhebung und Schadensersatz uneingeschränkt nebeneinander zuzulassen; BT-Drs. 14/6040, S. 188. Unstreitig sollte daher sein, dass zumindest eine Wahl des Gläubigers zwischen dem Ersatz des Erfüllungsinteresses und des Vertrauensschadens zuzüglich Rücktritt möglich sein sollte, so schon *Keuk*, Vermögensschaden und Interesse, S. 160, zur alten Rechtslage. Eine ungeschriebene Schranke des § 325 BGB sollte aber die kumulative Forderung des positiven und des negativen Interesses bleiben, um eine ungerechtfertigte Privilegierung des Gläubigers zu vermeiden; so schon argumentierend Motive II, S. 211; vgl. *U. Huber* in Ernst/Zimmermann, S. 31 (181 f.); *Gsell*, JJZiRW 2001, S. 105 (125 ff.) mit Beispielen eines nicht durch § 325 BGB legitimierten widersprüchlichen Verhaltens. In solchen Fällen ist dem Gläubiger durch § 325 BGB lediglich der Wechsel zwischen der Forderung des positiven oder des negativen Interesses offen gehalten.

350 Es ist nicht einzusehen, warum für das Schadensersatzverlangen eine gerichtliche Geltendmachung notwendig sein soll, so aber *Canaris* JZ 2001, 499 (515); *ders.*, ZRP 2001, 329 (334). Verlangt der Gläubiger eindeutig Schadensersatz anstatt der Erfüllung, kann der Schuldner anderweitig mit der Sache disponieren. Etwaige Unklarheiten gehen ohnehin zu Lasten des Schuldners. Ist aber das Schadensersatzverlangen auch ohne gerichtliche Geltendmachung eindeutig, geht der Primäranspruch nach § 281 IV BGB unter; ebenso *Gsell*, JJZiRW 2001, S. 105 (114). Spätestens mit der gerichtlichen Geltendmachung ist aber dieser Zeitpunkt eingetreten. Entgegen dem Vorschlag in § 283 IV 1 KE ist keine Befriedigung des Schadensersatzes nötig; vgl. auch *Wieser*, NJW 2003, 2432 (2433) für den Fall, dass der Schadensersatzanspruch im Zeitpunkt des Verlangens noch nicht entstanden ist.

351 Die für den Rücktritt konzipierte Norm gilt wegen der Wendung „statt zurückzutreten" in § 441 I 1 BGB auch für die Minderung; vgl. statt aller BT-Drs. 14/6040, S. 235.

rechtfertigen, wohingegen bei der Minderung die sofortige Geltendmachung der Minderung der entscheidende Bezugspunkt für die Interessenabwägung ist[352]. Eine völlig eigenständige Ausnahme vom Fristsetzungserfordernis enthält § 323 II Nr. 2 BGB schließlich dann, wenn der Schuldner die Leistung zu einem im Vertrag bestimmten Termin oder innerhalb einer bestimmten Frist nicht bewirkt und der Gläubiger im Vertrag den Fortbestand seines Leistungsinteresses an die Rechtzeitigkeit der Leistung gebunden hat (relatives Fixgeschäft[353]). Zudem kann der Gläubiger unter den Voraussetzungen des § 323 IV BGB schon vor Fälligkeit mindern, wenn offensichtlich ist, dass die Voraussetzungen der Minderung eintreten werden. Eine entsprechende Norm im geschriebenen Recht besteht für den Schadensersatz hingegen nicht.

Minderung und Schadensersatz statt der Leistung sind endlich von der Art des zu ersetzenden Interesses her sehr unterschiedlich. Unstreitig ist der Ersatz des Schadensersatzes statt der Leistung eine Befriedigung des positiven Interesses. Ähnlich wie ein Teilrücktritt ist die Minderung demgegenüber Ersatz für die Verletzung eines negativen Interesses[354]. Es wird quasi der Zustand hergestellt, der bestehen würde, wenn man sich beim Vertragsschluss nicht auch auf die Mangelfreiheit der Sache geeinigt hätte.

Die Behauptung, bei Zugrundelegung der Identitätslehre bestünde kaum ein Anwendungsbereich für den kleinen Schadensersatz statt der Leistung neben der Minderung, kann angesichts der zahlreichen Unterschiede nicht bestätigt werden. Dieses Gegenargument vermag nicht zu tragen und könnte seinerseits sogar ein Argument für die neue Identitätslehre sein. Da nämlich gravierende Unterschiede existieren, ist für den kleinen Schadensersatz statt der Leistung in

---

352 Was auch immer sich hinter der schwammigen, neuen Interessenabwägung in §§ 281 II 2. Fall, 323 II Nr. 3 BGB verbirgt. Der abweichende Bezugspunkt kann einen ausschlaggebenden Unterschied machen, wenn der Schadensersatz statt der Leistung die Minderung dem Wert nach bei weitem übersteigt.

353 Damit wird der Regelungsbereich des gestrichenen § 361 BGB a. F. in Anlehnung an § 376 HGB aufgefangen; vgl. BT-Drs. 14/6040, S. 185 f. Besteht ein relatives Fixgeschäft, werden sicherlich häufig die Voraussetzungen des § 281 II 2. Fall BGB gegeben sein, so dass im Ergebnis doch Rücktritt und Schadensersatz gleichermaßen ohne Fristsetzung möglich sind; *Lorenz/Riehm*, Rn. 203.

354 Diese Einordnung der Minderung zum negativen Interesse harmoniert auch mit der Anknüpfung an die eigene Leistung. Maßgeblicher Unterschied zwischen Minderung und einem Teilrücktritt ist allerdings, dass nur bei einem Rücktritt ein Rückgewährschuldverhältnis mit eigenen Pflichten entsteht, wohingegen bei der Minderung das alte Schuldverhältnis bestehen bleibt. Dass die Wandelung ein Recht zur Befriedigung des negativen Interesses war, war unstreitig; vgl. *Keuk*, Vermögensschaden und Interesse, S. 160; *Herberger*, Sachmängelhaftung, S. 138; *Rengier*, Interesse, S. 51.

zahlreichen Fällen[355] ein eigener Anwendungsbereich neben der Minderung eröffnet.

Es muss allerdings auch festgehalten werden, dass die Minderung ein Recht infolge einer mangelhaften Leistung ist, das nach dem Verständnis der Identitätslehre in vielen Fällen zum gleichen Ergebnis führt wie der kleine Schadensersatz. Trotzdem hat dieser eine eigenständige Funktion zu erfüllen, die er überzeugender bei einem über die Identitätslehre hinausgehenden, weiteren Verständnis ausfüllen könnte. Dadurch könnten vor allem die zusätzlichen Voraussetzungen einer Pflichtverletzung und eines (vermuteten) Verschuldens besser erklärt werden[356]. Wären nämlich der Inhalt des Anspruchs auf Schadensersatz statt der Leistung und der Erfüllungsanspruch wirklich identisch, könnte der Schuldner aus Primär- und Sekundäranspruch wertmäßig nur dasselbe fordern. Um den gleichen Wert wie aus dem Primäranspruch verlangen zu können, müsste im Rahmen des Sekundäranspruchs allerdings eine verschuldete Pflichtverletzung vorliegen. Die Umwandelung des Primär- in den Sekundäranspruch würde bei einem gleichen wertmäßigen Inhalt der Rechtsfolge somit für den Gläubiger eine erhebliche Erschwerung bedeuten. Schon die für das Bestehen eines jeden Schadensersatzanspruchs notwendigen, zusätzlichen Voraussetzungen in Form von Pflichtverletzung und Verschulden weisen also darauf hin, dass der Schadensersatz statt der Leistung in seiner Rechtsfolge weiter sein sollte als der Erfüllungsanspruch.

Die Betrachtung des Begriffes „Schadensersatz statt der Leistung“ spricht ebenfalls gegen eine vollkommene Identität mit dem Erfüllungsanspruch, aber für ein Basieren auf dem mit der Leistung verbundenen verletzten Interesse[357]. Der Wortlautauslegung kann also schon eine Abhängigkeit des Schadensersatzes statt der Leistung von dem Erfüllungsinteresse entnommen werden.

Der Identitätslehre ist außerdem bereits zur alten Rechtslage zutreffend entgegnet worden, der Schadensersatz begründe einen eigenen unabhängigen Anspruch, der sich von dem Primäranspruch in seinen Rechtsfolgen und

355 Genannt seien nur alle Fälle in denen mangelfreie Leistung und Gegenleistung nicht äquivalent sind sowie der Fall, dass innerhalb der Verjährungsfrist sowohl Minderung als auch Schadensersatz erklärt werden. Nach Ablauf der Verjährungsfrist ist der Anspruch auf Schadensersatz verjährt, während die Verjährungsfrist für den Anspruch aus der erklärten Minderung neu nach den allgemeinen Regeln beginnt; vgl. *Reinking*, ZGS 2002, 140 (142).

356 Nämlich dann, wenn man über das Verständnis der Identitätslehre Ausfallschäden wie z. B. entgangenen Gewinn und Nutzungsausfall einbezieht, obwohl auf diese Positionen kein Primäranspruch besteht; siehe 3. Kapitel, D., IV., S. 107 ff.

357 Unklar äußert sich der Gesetzgeber, wenn er von „einem diese Leistung ersetzenden Schadensersatzanspruch“ spricht; BT-Drs. 14/6040, S. 137.

Voraussetzungen maßgeblich unterscheide[358]. So unterliegt der Schadensersatzanspruch im allgemeinen Teil ebenso wie der Erfüllungsanspruch der allgemeinen Regelverjährung der §§ 195, 199 BGB. Die Verjährung beginnt somit grundsätzlich mit der Kenntnis von den den Anspruch begründenden Tatsachen. Im Falle eines Schadensersatzanspruches sind dies die den Schadensersatz ausmachenden Umstände, die sich maßgeblich von dem den Primäranspruch begründenden Vertrag unterscheiden können. Für den mangelbedingten Schadensersatz nach §§ 437 Nr. 3, 634 Nr. 4 BGB gelten hingegen völlig eigenständige, besondere Verjährungsregeln, während der Erfüllungsanspruch auch im Kauf- und Werkvertragsrecht nach allgemeinen Regeln verjährt. Hinsichtlich der Verjährung unterscheiden sich Schadensersatzanspruch und Erfüllungsanspruch also eklatant, ebenso wie sie in ihren Voraussetzungen voneinander abweichen.

Bei systematischer Betrachtung ist besonders der Zweck des Fristsetzungserfordernisses in § 281 BGB als Voraussetzung des Schadensersatzes statt der Leistung zu berücksichtigen. Das Prinzip des Vorrangs der Erfüllungspflicht erklärt sich dadurch, dass die Umwandelung der Primär- in eine Sekundärpflicht den Schuldner erheblich belasten kann, weil etwaige Anstrengungen, die er zur Erbringung seiner Leistung auf sich genommen hat, nutzlos werden können. Möglicherweise ist der Schuldner auch nur mit geringen finanziellen Mitteln ausgestattet, so dass ihn ein Schadensersatzverlangen anstatt einer Naturalleistung besonders hart trifft[359]. Es sind vor diesem Hintergrund Fälle denkbar, in denen über den Minderwert der Sache hinaus ein entgangener Gewinn, Nutzungsausfall oder Haftungsschaden[360] ganz oder zum Teil durch eine Nacherfüllung hätte vermieden werden können, so dass eine Fristsetzung gem. § 281 I 1 BGB billig und notwendig ist, um dem Schuldner eine Möglichkeit zur zweiten Andienung einzuräumen, bevor er den Härten einer Schadensersatzpflicht ausgesetzt wird[361]. Dieser Schutz des Schuldners durch das Erfordernis der Fristsetzung macht die Einbeziehung von über den Primäranspruch hinausgehenden Schadensposten erforderlich und spricht entscheidend gegen die neue Identitätslehre, da nach ihr vermeidbare Schäden wie entgangener Gewinn, Nutzungsausfall oder Haftungsschaden ohne Fristsetzung ersatzfähig wären.

Über einen Schadensersatzanspruch hinaus kann aus der Pflichtverletzung gem. § 285 I BGB auch ein Anspruch auf das stellvertretende commodum erwachsen. Tertiär- und Sekundäranspruch sind somit keineswegs identisch, was auch eine

---

358 RG 50, 255 (265); *Meinke*, AcP 171 (1971), 19 (30).

359 So *v. Wilmowsky*, JuS 2002, Beil. zu H. 1, 1 (9), der auf das Beispiel eines Dienstleisters mit enormer Sachkompetenz, aber schwacher Liquidität hinweist.

360 Siehe auch 3. Kapitel, D., IV., S. 110 ff. besonders ausführlich in Bezug auf die Identitätslehre zum entgangenen Gewinn.

361 Vgl. *v. Wilmowsky*, JuS 2002, Beil. zu H. 1, 1 (10).

entsprechende, inhaltliche Verschiedenheit von Primär- und Sekundäranspruch vermuten lässt. Zum Schadensersatz statt der Leistung besteht diesbezüglich nach § 285 II BGB zudem ein fester Zusammenhang, da das stellvertretende commodum den Schadensersatzanspruch mindert.

Vollends an ihre Grenze stößt die Identitätslehre, wenn man den Schadensersatz statt der Leistung für die anfängliche Unmöglichkeit gem. § 311a II BGB betrachtet. Wäre hier der Schadensersatzanspruch mit dem Primäranspruch identisch, dürfte es keinen Schadensersatzanspruch geben, denn es sind wegen § 275 BGB nie wirksame Leistungspflichten entstanden. Es bestand von Anfang an ein Vertrag ohne primäre Verpflichtung. Trotzdem schreibt das Gesetz ausdrücklich unter den zusätzlichen Voraussetzungen des § 311a II BGB Schadensersatz statt der Leistung vor[362]. Behelfen könnte sich die Identitätslehre nur, indem sie mit einem hypothetischen Primäranspruch argumentiert, der über die Unmöglichkeit der Leistung hinwegsieht. Eine solche Hilfskonstruktion vermag jedoch dogmatisch kaum zu überzeugen und müsste als erhebliches Zugeständnis gewertet werden. Angesichts ihrer aufgezeigten Schwächen im neuen Schuldrecht ist die Identitätslehre daher als unzutreffende Auslegung des Schadensersatzes statt der Leistung zurückzuweisen.

II. Der Schadensersatz statt der Leistung als Ersatz des gesamten positiven Interesses

Eine andere vereinzelt vertretene[363] Möglichkeit, den Schadensersatz statt der Leistung neu zu definieren, ist, hierunter den Ersatz des gesamten positiven Interesses zu verstehen. Aus der Umetikettierung des Schadensersatzes wegen Nichterfüllung folgern diese Stimmen, dass nun das gesamte positive Interesse, also mitunter alle (Mangel)Folgeschäden, vom Schadensersatz statt der Leistung erfasst seien und sich folgerichtig eine Differenzierung zwischen Mangel- und Mangelfolgeschaden auch hinsichtlich der Anspruchsgrundlage erledigt habe.

Dafür spräche nicht nur die alte Ansicht zum Schadensersatz wegen Nichterfüllung, die unter Hinweis auf die allgemeine Regel des § 249 BGB den Ersatz aller Schäden forderte[364], sondern zudem, dass nach der Rechtsprechung[365] die Fristsetzung für Mangelfolgeschäden nicht immer überflüssig war. Denn der Mangelbeseitigungsanspruch konnte nicht nur die Beseitigung des eigentlichen Mangels, sondern gegebenenfalls auch vorbereitende Maßnahmen und die

---

[362] Ausführlich zu § 311a BGB 4. Kapitel, A. II., S. 154 ff.

[363] *Däubler*, NJW 2001, 3729 (3731); *Recker*, NJW 2002, 1247 (1247); *Teichmann*, BB 2001, 1485 (1488); *ders.*, ZfBR 2002, 13 (17); wohl auch *Reinking*, DAR 2002, 15 (21).

[364] Vgl. 3. Kapitel, B., III., 2., S. 74.

[365] BGH 96, 221 (224 f.) m. w. N.

Beseitigung der Nachbesserungsfolgen umfassen. Daher sollten Mangelfolgeschäden teilweise erst nach Ablauf der Frist zur Mangelbeseitigung ersetzt werden. Mit dieser Argumentation könnte erklärt werden, warum das Fristsetzungserfordernis in § 281 BGB grundsätzlich auch für Folgeschäden gelten soll und so systematischer Beleg für den Ersatz des gesamten positiven Interesses sein.

Es muss jedoch das neu konzipierte Schadenersatzrecht insgesamt berücksichtigt werden. Dieses sieht in § 280 BGB ein System vor, in dem es nicht mehr zu einer Anspruchshäufung kommt, da die Schadensersatznormen von der Rechtsfolgenseite exakt abgegrenzt werden können. Der Schadensersatz statt der Leistung soll gem. § 280 III BGB „nur" über die §§ 281 ff. BGB und § 311a II BGB ersetzt werden. Für den Verzögerungsschaden ist „nur" § 280 II BGB mit dem Verweis auf § 286 BGB entscheidend. Für den übrig bleibenden Schadensersatz abseits der Leistung ist ausschließlich und unmittelbar § 280 I BGB einschlägig. Eine entsprechende Interpretation liefert auch die Regierungsbegründung[366], wonach der einfache Schadensersatz nicht die dem Schadensersatz statt der Leistung anheim fallenden Schadensposten umfassen soll. Anscheinend geht also auch der Gesetzgeber davon aus, dass es keine Schnittmenge zwischen den Anwendungsbereichen der einzelnen Anspruchsgrundlagen, sondern eine Exklusivität der einzelnen Anspruchsgrundlagen im neuen Schuldrecht gibt[367]. Wäre der Schadensersatz statt der Leistung aber auf Ersatz des gesamten positiven Interesses gerichtet, würden darunter auch Folgeschäden und Verzögerungsschäden fallen, obschon letztere nach der gesetzlichen Struktur der Schadensersatzansprüche „nur" über §§ 280, 286 BGB ersetzt werden sollen[368].

Der pauschale Verweis auf die Rechtsfolge des § 249 BGB und die allgemeinen Regeln hilft ebenfalls nicht weiter. Alle Schadensersatzansprüche sind auf § 249 BGB und ihrem Inhalt nach primär auf Naturalrestitution gerichtet. Die Einschränkung des Umfangs der Schadensersatzpflicht liegt aber schon im Begriff des Schadensersatzes statt der Leistung selbst, nur insoweit gilt die Grundregel des § 249 BGB. Ist der Schadensersatz statt der Leistung, wie noch zu zeigen sein wird, nur auf den Ersatz für das verletzte Erfüllungsinteresse bezogen, ist § 249 BGB auch nur in diesem Umfang anwendbar.

Da gem. § 281 IV BGB mit dem Verlangen nach Schadensersatz statt der Leistung der Primäranspruch ausgeschlossen ist, wäre es zudem nicht mehr möglich, an der Leistung festzuhalten und gleichzeitig den Ersatz von Folgeschäden unabhängig von der Leistung zu verlangen. Der Gläubiger wäre vor eine Alles-

---

366 BT-Drs. 14/6040, S. 225.

367 Vgl. BT-Drs. 14/6040, S. 135.

368 Zum Verhältnis von Verzögerungsschaden und Schadensersatz statt der Leistung 3. Kapitel, D., X., 4., S. 137 ff.

oder-Nichts-Entscheidung gestellt. Entweder müsste er den ganzen Schadensersatz statt der Leistung verlangen, aber auf die Erfüllung vollständig verzichten, oder er könnte weiterhin Erfüllung verlangen, ohne irgendeinen Schadensersatz einfordern zu können. Denn mit der Forderung nach Schadensersatz statt Leistung wird der Anspruch auf Erfüllung ausgeschlossen[369]. Der Ersatz des gesamten negativen Interesses wäre ebenfalls nicht möglich. Eine Kombination eines Ersatzes für Folgeschäden aus 280 I BGB und für vergebliche Aufwendungen aus § 284 BGB sowie ein Rücktritt entspräche der Befriedigung des gesamten negativen Interesses. Da nach angeführter Ansicht aber alle Folgeschäden unter den Schadensersatz statt der Leistung fallen sollen, stünde ihr Ersatz in einem Alternativverhältnis zum Ersatz für im Vertrauen auf den Vertrag gemachte, vergebliche Aufwendungen. Hierunter fallen insbesondere die Vertragskosten[370]. Konsequenz dessen wäre, dass Folgeschäden und Vertragskosten nicht mehr kumulativ begehrt werden könnten. Dies zöge eine vom Gesetzgeber unbeabsichtigte Schlechterstellung des Gläubigers nach sich, die im Hinblick auf den verstärkten Verbraucherschutz und die besonderen Regeln zum Verbrauchsgüterkauf nicht überzeugt.

Ruft man sich Sinn und Zweck des Fristsetzungserfordernisses in Erinnerung, so ist ein Recht des Schuldners zur zweiten Andienung generell nur für die Leistung und die Erfüllung des damit verbundenen Interesses sinnvoll. Für bereits eingetretene Folgeschäden, die nicht mit der Leistung zusammenhängen, sondern das Erhaltungsinteresse betreffen, wäre eine Fristsetzung hingegen eine bloße Förmelei[371]. Überdies könnte man mit Blick auf eine Verletzung des Erhaltungsinteresses das Erfordernis der Fristsetzung, das im Fall des § 281 BGB für alle Schäden Geltung beanspruchen würde, umgehen, indem die Folgeschäden über das Deliktsrecht liquidiert werden. Die Widersprüchlichkeit der Behandlung der Fristsetzung liegt auf der Hand und entfällt, sobald man die Rechtsfolgenseite des Schadensersatzes statt der Leistung auf den Ersatz für das verletzte Erfüllungsinteresse begrenzt. In gleicher Weise ergibt das Erfordernis der Fälligkeit der Leistung im Rahmen eines Schadensersatzanspruchs nur Sinn, wenn es um Verletzungen des Erfüllungsinteresses geht, die mit der Leistung zusammenhängen. Erst bei Fälligkeit konnte die Leistung gefordert werden, daher muss ein entsprechender Schadensersatz gleichfalls an die Fälligkeit gebunden sein. Für bereits eingetretene Folgeschäden, die eine Verletzung des Erhaltungsinteresses darstellen, kann die Fälligkeit der Leistung naturgemäß nur bedeutungslos sein. Andernfalls hätte z. B. eine Stundung der Leistung zur

---

369 Zu der notwendigen Ausnahme für unbehebbare Schäden am Erfüllungsinteresse, für die eine Fristsetzung sinnlos ist, siehe 3. Kapitel, C., IV., S. 100 f.; krit. MK-*Ernst*, 4. Aufl., Bd. 2a, § 280 Rn. 66.

370 Vgl. 3. Kapitel, D., VI., S. 117 ff.

371 *Wieser*, NJW 2001, 121 (123).

Folge, dass der Gläubiger keinen Ersatz für Folgeschäden verlangen könnte. Er müsste stets bis zum Eintritt der Fälligkeit warten, selbst wenn ein Schaden weit vor Fälligkeit eingetreten ist, weil die Leistung zuvor mangelhaft erbracht wurde.

Schließlich entstünde ein widersprüchlicher Ersatz für Folgeschäden, die auf der Verletzung einer Leistungspflicht beruhen, und solchen, die aus einer Schutzpflichtverletzung resultieren[372]. Für die Verletzung vorvertraglicher Schutzpflichten müsste die aufgeführte Ansicht für das gesamte positive Interesse inklusive des Ersatzes von Folgeschäden konsequent § 282 BGB als entscheidende Anspruchsgrundlage heranziehen. Diese unterscheidet sich durch völlig unterschiedliche Tatbestandsvoraussetzungen von § 281 BGB. Es ist keine Fristsetzung zur Nacherfüllung notwendig, stattdessen muss dem Gläubiger die Leistungserbringung unzumutbar sein. Warum der Ersatz von Folgeschäden in dem Fall einer vorvertraglichen Schutzpflichtverletzung durch die Schranke der Unzumutbarkeit der Leistung bedingt sein soll, erschließt sich nicht. Es wird vielmehr bestätigt, dass eine Fristsetzung für Folgeschäden nicht geboten ist. Dafür kann auch nicht die Behebbarkeit eines Folgeschadens im Zuge der Nacherfüllung angeführt werden. Zum einen wird die Pflicht zur Nacherfüllung nicht durch den Eintritt von Folgeschäden auf deren Beseitigung erweitert, zum anderen ist im Fall eines unbehebbaren Mangels gem. § 283 BGB ebenfalls keine Fristsetzung notwendig. Die Unbehebbarkeit des Mangels sagt aber nichts über die Behebbarkeit von Folgeschäden am Erhaltungsinteresse aus[373]. Hätte die Frist zur Nacherfüllung einen Bezug zur Behebbarkeit von solchen Folgeschäden, könnte daher auch für unbehebbare Mängel nicht einfach auf sie verzichtet werden. Da § 283 BGB aber keine Fristsetzung vorsieht, kann die Fristsetzung nach § 281 BGB nur die Behebung des Mangels und die Erbringung der Leistung, nicht aber die Beseitigung von Folgeschäden zum Ziel haben.

Die für den Ersatz des gesamten positiven Interesses als Inhalt des Schadensersatzes statt der Leistung vorgebrachten Argumente sind insgesamt nicht stichhaltig genug. Der Lösung ist auf den ersten Blick freilich eine angenehme Einfachheit zu bescheinigen, die sich allerdings bei näherer Betrachtung aufgrund zahlreicher Widersprüche schnell verflüchtigt.

---

[372] Vgl. *Grunewald* in Dauner-Lieb/Konzen/Schmidt, S. 313 (316).

[373] Vgl. 3. Kapitel, C., IV., S. 98, Fn. 389 das Beispiel von *Brors*.

III. Der Schadensersatzes statt der Leistung abhängig vom Vertragszweck

Obwohl bisher noch keine entsprechende Meinung zum neuen Recht vorgetragen worden ist[374], bietet sich die Bestimmung des Umfangs des Schadensersatzes statt der Leistung auf der Grundlage des jeweiligen Vertragszwecks an. Danach könnte entscheidend sein, inwieweit die Obhutspflicht, die Rechtsgüter des anderen nicht zu gefährden, Vertragsgegenstand geworden ist[375]. Gegen die Ermittlung des Schadensersatzes statt der Leistung entsprechend der alten Vertragszwecklehre[376] muss jedoch eingewendet werden, dass sich aus dem Vertrag nur ergibt, dass der Schuldner zur Leistung und u. U. zur Einhaltung vertraglicher Schutzpflichten verpflichtet ist[377]. Dass der Schadensersatz statt der Leistung zumindest im Regelfall an die verletzte Leistungspflicht anknüpft, ergibt sich besser aus der Begrenzung durch das Erfüllungsinteresse. Insofern trägt die Bestimmung des Umfangs des Schadensersatzanspruchs aus dem Vertragszweck also nicht zu neuen Erkenntnissen bei. Außerdem würde ansonsten der jeweilige Vertrag über das Ausmaß des Schadensersatzes statt der Leistung entscheiden, so dass ihm Gesetzesqualität zukäme, indem er den Begriff des Schadensersatzes statt der Leistung konkretisieren könnte. Dass der Inhalt eines Vertrages aber als geltendes Recht verstanden wird, muss doch sehr verwundern[378]. Nicht außer Acht gelassen werden dürfen auch die enormen Ausfüllungsprobleme der Vertragszwecklehre. Wenn sie nicht zu einem die Rechtssicherheit gefährdenden Instrument werden will, das der Kasuistik Vorschub leistet, wäre zumindest eine genaue Vorgabe von

---

374 Ansatzweise *Gsell*, JZ 2002, 1089 (1090).

375 Zur alten Rechtslage Soergel-*Teichmann*, 12. Aufl., § 635 Rn. 19; siehe auch *Hehemann*, NJW 1988, 801 (805), der den Aufwand zur Beseitigung des Mangels sowie zwangsläufige Folgeschäden in das Erfüllungsinteresse mit einbezieht. Dadurch werden aber Leistungspflichten mit vertraglichen Schutzpflichten vermischt. Wird z. B. der Bau eines Hauses von einem Architekten mangelhaft geplant, wären zwangsläufige Schäden am Bauwerk Teile des Erfüllungsinteresses hinsichtlich des geschlossen Architektenvertrages. Den Architekten trifft allerdings nicht die Leistungspflicht zum Bau des Hauses. Er hat diese erfüllt und seine Schuldigkeit mit der ordnungsgemäßen Erstellung der Pläne getan. Bessert er sein Pläne nach und erfüllt dementsprechend seine Leistungspflicht, bestehen die Schäden am Bauwerk fort. Möglicherweise ist der Architekt zwar zum Ersatz der Schäden am Bauwerk verpflichtet, aber nur weil ihn infolge des Vertrages besondere vertragliche Schutzpflichten treffen, nicht weil sich das Erfüllungsinteresse durch die Vertragsvereinbarungen erweitert hat.

376 Im Anschluss an *Rabel*, Warenkauf I, S. 495 ff.

377 Aus einem Vertrag wird auch nur ausnahmsweise ein Garantieversprechen für bestimmte Schadenstypen abzuleiten sein. Selbst ein solches Garantieversprechen beträfe aber i. S. d. § 276 BGB nur die tatbestandliche Frage des Verschuldens.

378 Darauf wies schon *Keuk*, Vermögensschaden und Interesse, S. 172, in Bezug auf *Rabels* Vorschlag der Schadensverteilung nach dem Vertragszweck hin; vgl. *Rabel*, Warenkauf I, S. 495 ff.

Anwendungsregeln erforderlich, die bisher nicht geliefert werden konnte. Die Bestimmung der Haftung nach dem Vertragszweck stößt schließlich auf große Schwierigkeiten, soweit nicht infolge einer individuellen Vereinbarung, sondern wie z. B. bei einem Rückgewährschuldverhältnis i. S. d. § 346 IV BGB im Zuge einer gesetzlichen Folge gehaftet wird[379].

Zusammenfassend mögen sich aus dem Vertragszweck besondere Schutzpflichten und Haftungserweiterungen wie auch -einschränkungen unter Gesichtspunkten des Schutzzwecks der Norm für den Ersatz des Erhaltungsinteresses ergeben[380]. Generell muss sie aber zur Bestimmung des Umfangs der Schadensersatzpflicht als ungeeignet bezeichnet werden. Da auch die alte Differenzierung zwischen nahen und entfernten Mangelfolgeschäden im Werkvertragsrecht zumeist von den Umständen und der Ausgestaltung des Vertrages abhing, indem auf Unmittelbarkeit, Typizität und Zwangsläufigkeit des Schadens abgestellt wurde[381], muss diese aus den gleichen Gründen zur Rechtsgeschichte gezählt werden. Auch ehemals als nahe Mangelfolgeschäden bezeichnete Schäden sind nicht Teil des Schadensersatzes statt der Leistung[382].

IV. Eigene Ansicht

Schon seinem Wortlaut nach stellt der Anspruch auf Schadensersatz statt der Leistung unmissverständlich seinen Zusammenhang mit der Leistung, genauer dem mit der Leistung verbundenen Erfolg, heraus. Gesichert ist weiterhin, dass der Schadensersatz an die Stelle des Primäranspruchs tritt, vgl. § 281 IV BGB[383]. Die Vorstellung, der Schadensersatzanspruch sei deshalb mit dem Primäranspruch identisch, musste bereits zurückgewiesen werden. Besser ist der

---

379 *Rengier*, Interesse, S. 36.

380 So hat der BGH 26, 217 (224) schon früh gemeint: „Mit einer so allgemein gehaltenen Forderung wie der, daß der verlangte Schadensersatz sich im Rahmen des Schutzzwecks der jeweiligen Schutznorm hält, läßt sich ein Umfang der Schadensersatzpflicht nicht eindeutig bestimmen. Die Folgen einer solchen Auffassung dürfen somit zahlreiche und in ihrem Ergebnis völlig ungewisse Rechtsstreitigkeiten sein, die auch um des Rechts willen kaum erstrebenswert sein dürften“. Später griff die Rechtsprechung gerne auf Normzweckerwägungen zur Ergebniskorrektur zurück; vgl. BGH 27, 137 (140); BGH, JZ 1969, 702 (703 f.).

381 3. Kapitel, B., VI., S. 79 f.

382 Vgl. hierzu *Brors*, JuS 2002, 355 (357); *Jäger*, ZGS 2002, 236 (236 f.); missverständlich Palandt-*Heinrichs*, 63. Aufl., § 280 Rn. 18, wonach Mangel- und Mangelfolgeschaden entsprechend der Abgrenzung im Werkvertragsrecht zu unterscheiden sein sollen; unklar ebenfalls *Wieling/Finkenauer*, Fall 7, S. 80, Fn. 10; *Koppenfels*, JA 2002, 860 (864 f.); vgl. 3. Kapitel, B., VI., S. 78 ff.

383 MK-*Ernst*, 4. Aufl., Bd. 2a, § 280 Rn. 66; *Hirsch*, Jura 2003, 289 (290); *Reischl*, JuS 2003, 40 (41).

Schadensersatzanspruch im Regelfall des § 281 BGB[384] als Surrogat für den Nacherfüllungsanspruch zu bezeichnen. Die Nacherfüllung ist insofern das Primärrecht des Gläubigers, der Schadensersatz statt der Leistung das an seine Stelle tretende Subsidiärrecht.

Richtiger Ausgangspunkt für den Umfang des Schadensersatzes statt der Leistung ist das verletzte Erfüllungsinteresse[385]. Dieses ist bereits als Interesse des Gläubigers am Erhalt einer (subjektiv der eigenen Leistung gleichwertigen) pflichtgemäßen Erfüllung definiert worden[386]. Jeder Schaden, der durch eine hypothetisch noch mögliche (Nach)Erfüllung eine logische Sekunde nach der mangelhaften Leistung und dem daraus resultierenden Schadenseintritt verhindert werden kann bzw. potenziell davon betroffen ist, ist Teil des Erfüllungsinteresses[387]. Der Schadensersatz statt der Leistung muss deshalb als Ersatzbefriedigung des Gläubigers für die Verletzung seiner Interessen an der ordnungsgemäßen Leistung verstanden werden.

Brors[388] hat zwar den gleichen Ansatzpunkt, will aber die totgesagte Unterscheidung von nahem und weitem Mangelfolgeschaden als Schnittstelle zwischen Erhaltungs- und Erfüllungsinteresse wieder beleben. Sie definiert jedoch das Erfüllungsinteresse zu weit, indem sie jene Schadensposition einbezieht, die durch eine Nacherfüllung hätten beseitigt werden können. Es sind aber nur solche Schäden Teil des Erfüllungsinteresses, die ihrer Art nach durch eine Nacherfüllung immer betroffen sind und grundsätzlich beseitigt werden. Der Anspruch auf Nacherfüllung als modifizierter, ursprünglicher Erfüllungs-

---

384 Wandelt sich wie im Fall der Unmöglichkeit der Erfüllungsanspruch nicht in den Nacherfüllungsanspruch, bleibt das Primärrecht selbstverständlich der Erfüllungsanspruch.

385 In diesem Sinne auch Jauernig-*Vollkommer*, 10. Aufl., § 281 Rn. 16; MK-*Ernst*, 4. Aufl., Bd. 2a, § 280 Rn. 66; *P. Huber* in Huber/Faust, Kapitel 13, Rn. 105; *Ehmann/Sutschet*, § 4, V., S. 112; *Lorenz/Riehm*, Rn. 538, 548; *Oetker/Maultzsch*, S. 99; *Olzen/Wank*, Rn. 392; *Brors*, JuS 2002, 355 (356 f.); *Brüggemeier*, WM 2002, 1376 (1382 f.); *Jorden/Lehmann*, JZ 2001, 952 (961); *Münch*, Jura 2002, 361 (368, 370); *Otto*, Jura 2002, 1 (8); *Reischl*, JuS 2003, 250 (250); *Staudinger*, ZGS 2002, 145 (145); *v. Wilmowsky*, JuS 2002, Beil. zu H. 1, 1 (10, 20); überwiegend wird allerdings das Paar Äquivalenz- und Integritätsinteresse benutzt; wohl auch *Ball*, ZGS 2002, 49 (51 f.); *Boerner*, ZIP 2002, 2264 (2272), die auf das positive Interesse rekurrieren. Schon zur Abgrenzung zwischen § 280 KE und § 283 KE verwendete *Hattenhauer*, VuR 1999, 179 (184 f.) die gleichen Begriffe; zur alten Rechtslage *Todt*, Schadensersatzansprüche, S. 73 ff.; *Larenz*, SchR AT, § 9 I a) 3.

386 3. Kapitel, B., I., 2., S. 67 ff.

387 Ähnlich MK-*Ernst*, 4. Aufl., Bd. 2a, § 280 Rn. 66; *Lorenz*, NJW 2002, 2497 (2500); nach *Lorenz/Riehm*, Rn. 185 umfasst der Schadensersatz statt der Leistung alle Schadensposten, die durch die Erbringung der Leistung hätten verhindert werden können. Diese Formel ist unklar, da bei Erbringung der Leistung gar kein Schaden entstanden wäre.

388 *Brors*, JuS 2002, 355 (356 f.).

anspruch geht nicht weiter als die aus dem Vertrag geschuldeten Leistungspflichten. Die Beseitigung von (Mangel)Folgeschäden gehört mangels entsprechender gesetzlicher Modifikation mithin genauso wenig zu den Pflichten des Erfüllungsanspruchs wie zu denen des Nacherfüllungsanspruchs. Ansonsten könnte man annehmen, für eine ordnungsgemäße Nacherfüllung seien zunächst alle (Mangel)Folgeschäden zu beseitigen[389]. Dann aber verkäme die Fokussierung auf die Erfüllung und das damit verbundene Interesse zu einer unscharfen Betrachtung und beliebige Schadensbeseitigungen könnten als für die Nacherfüllung notwendig angesehen werden. Der auf den Ersatz des Erfüllungsinteresses gerichtete Schadensersatz darf auch nicht zu einem Wiederaufleben des Erfüllungsanspruchs führen in der Form, dass die vollständige Wiederherstellung des ursprünglichen Zustandes geschuldet ist. Denn nach der Ausübung seines Wahlrechts gem. § 281 IV BGB hat sich der Gläubiger hinsichtlich der Erfüllung regelmäßig für Geldersatz entschieden[390].

Für eine Begrenzung auf den Ersatz des verletzten Erfüllungsinteresses sprechen vor allem systematische Erwägungen, die nicht an alten Vorstellungen klammern, sondern der geänderten Gesetzesform Rechnung tragen. Die Inhaltsbestimmung des Schadensersatz statt der Leistung ist insoweit der Dogmatik aufgegeben, die sich bei Präzisierung und Konkretisierung an dem neuen Schadensersatzrecht mit der Zielrichtung eines umfassenden Interessenschutzes auszurichten hat[391].

Schon früher orientierte sich die Rechtsfolgenweite auch nach Billigkeitserwägungen[392], umso mehr ist die Angemessenheit von Frist- und Fälligkeitsvoraussetzung eine wichtige Weiche. Sowohl das Fristsetzungs- als auch das Fälligkeitserfordernis ergeben allerdings nur Sinn in Bezug auf Schäden, die

---

389 Auch im Beispielsfall von *Brors* kann man das Regal ohne Beseitigung des Kraters anbringen. Der Krater ist nicht Gegenstand des Erfüllungsinteresses und die Beseitigung des Kraters weder Teil der vertraglichen Leistungspflichten noch Inhalt des Nacherfüllungsanspruchs. Zur alten Rechtslage des § 633 II 1 BGB a. F. hat schon *Michalski*, NJW 1988, 793 (795) den Schadensersatz wegen Nichterfüllung definiert als den Schaden, der ersetzt werden muss, damit die Leistung als vertragsgemäß angesehen werden kann. Also nur die geschuldete Leistung muss vertragsgemäß erbracht worden sein. Etwaige Schäden abseits der Leistung sind insofern irrelevant.

390 Vgl. zum Inhalt des Schadensersatzes 3. Kapitel, D., XII., S. 142 ff.

391 So auch *Schubel*, JuS 2002, 313 (319), der die Schadenstypen neu definieren und die überkommene, unscharfe Differenzierung zwischen Mangel- und Mangelfolgeschaden nur als grobe Orientierung betrachten will; *Dauner-Lieb* warnt in Dauner-Lieb/Heidel/Lepa/Ring, § 2, Rn. 37 vor einem schematischen „Rückgriff auf überkommene Begrifflichkeiten".

392 Vgl. vor allem die alten Auffassungen zum Schadensersatz wegen Nichterfüllung, 3. Kapitel, B., II.-VII., S. 71 ff.

vom Erfüllungsinteresse des Gläubigers gedeckt sind[393]. Nur die Leistung kann fällig werden, für den Ersatz von Folgeschäden kann die Fälligkeit der Leistung hingegen keine Bedeutung haben. Bereits eingetretene Folgeschäden sind ohne Fälligkeitsvoraussetzung als Teil des Erhaltungsinteresses über § 280 I BGB zu ersetzen. Erinnert man sich an die vom Gesetzgeber beabsichtigte Vermeidung von Anspruchshäufungen und das in § 280 BGB befindliche Prinzip der Exklusivität der Anspruchsgrundlagen, ist für Verletzungen des Erhaltungsinteresses ausschließlich eine Haftung aus § 280 BGB vorgesehen[394]. Alle Schadensposten, die jedoch durch eine (hypothetische) Nacherfüllung beseitigt werden können und Teil des Erfüllungsinteresses sind, müssen an das Fälligkeitserfordernis gebunden werden. Denn der Gläubiger darf grundsätzlich keinen Ersatz für entsprechende Schäden verlangen dürfen, bevor er die Leistung zu fordern berechtigt ist.

Gleiches gilt für das Fristsetzungserfordernis[395]: Dieses soll dem Schuldner ein Recht zur zweiten Andienung geben, um ihn vor einem sofortigen Schadensersatzverlangen zu schützen. Es muss für den Schuldner gewährleistet sein, dass er eine zweite Chance zur Leistung bekommt, um die Härten des Schadensersatzes statt der Leistung durch eine ordnungsgemäße Nacherfüllung abwenden zu können. Der Gläubiger seinerseits muss sich zunächst an die vertraglich vereinbarten Leistungen halten, bevor er Schadensersatz verlangen kann. Erst nachdem der Schuldner sein Recht zur zweiten Andienung nicht genutzt hat, soll der Gläubiger Schadensersatz für Schäden in Zusammenhang mit der Leistung fordern dürfen, um dem durch Art. 3 Abs. 3 VerbrGK-RiL vorgegebenen Recht des Verkäufers zur zweiten Andienung gerecht zu werden[396]. Keinen Sinn ergibt demgegenüber eine Fristsetzung für Folgeschäden, die nicht mit einer Nacherfüllung beseitigt werden und zum Erhaltungsinteresse zählen. Solche Schäden fallen deshalb unter § 280 I BGB. Das neue Prinzip des Vorrangs der Nacherfüllung ist also eine argumentative Stütze für die Begrenzung des Schadensersatzes statt der Leistung auf den Ersatz des Erfüllungsinteresses. Ebenso wie eine ordnungsgemäße Nacherfüllung das Erfüllungsinteresse befriedigt[397], ist der Schadensersatz statt der Leistung, der auf dem Prinzip des Vorrangs der Nacherfüllung aufbaut und Ersatz infolge einer erfolglosen zweiten Andienung ist, ebenfalls auf das Erfüllungsinteresses gerichtet.

---

393 So auch *Münch*, Jura 2002, 361 (368); vgl. die aufgezeigten Probleme der anderen Meinungen hinsichtlich dieser Voraussetzungen.

394 *Schwab/Witt*, S. 18 f.; *Schubel*, JuS 2002, 313 (319); a. A. MK-*Ernst*, 4. Aufl., Bd. 2a, § 280 Rn. 67, der ein im Zeitablauf dynamisches System vorsieht, das eine Trennungslinie durch das Begehren nach Schadensersatz statt der Leistung erfährt.

395 Vgl. MK-*Ernst*, 4. Aufl., Bd. 2a, § 280 Rn. 66; *Wolff* in Hoeren/Martinek, § 437 Rn. 54.

396 *Brors*, JuS 2002, 355, (357).

397 *Jorden/Lehmann*, JZ 2001, 952 (958).

Untermauert wird das gefundene Ergebnis durch § 281 IV BGB, der den Untergang des Erfüllungsanspruchs anordnet, sobald der Gläubiger Schadensersatz statt der Leistung verlangt hat. Der Gläubiger soll nämlich nicht sein Erfüllungsinteresse doppelt befriedigen können. Erhält er Schadensersatz statt der Leistung, wird sein Erfüllungsinteresse bereits saturiert. Damit korrespondiert schließlich, dass bei vollständigem Ersatz des Erfüllungsinteresses im Wege des Schadensersatzes statt der ganzen Leistung der Schuldner seine Leistung über §§ 281 V, 346 ff BGB zurückverlangen kann. Dies bedeutet im Ergebnis auch keine unbillige Erschwerung, soweit die alten Fälle einer Zusicherung vorliegen. Die Zusicherung, nach neuer Terminologie eine Garantie i. S. d. § 276 BGB, ist nur als Ersatz für das Verschulden sowohl im Zuge des Schadensersatzes statt der Leistung als auch des Schadensersatzes abseits der Leistung i. S. d. § 280 I BGB zu verstehen[398]. Noch weniger überrascht das gefundene Ergebnis, wenn man sich der strengen Unterscheidung zwischen Erfüllungs- und Erhaltungsinteresse im Deliktsrecht entsinnt, die nun auch Einzug in das allgemeine Schuldrecht gefunden hat und folglich zu einer Harmonisierung der zivilrechtlichen Teilgebiete führt.

Ein wunder Punkt der hier befürworteten Ansicht soll gleichwohl zugestanden und einer plausiblen Lösung zugeführt werden. Treten Verletzungen des Erfüllungsinteresses auf, die nicht im konkreten Fall, wohl aber hypothetisch, durch eine Nacherfüllung beseitigt werden können, ist nach der hier gegebene Definition das Erfüllungsinteresse verletzt und eine Haftung aus § 281 BGB einschlägig. In Anbetracht der Sinnlosigkeit einer Fristsetzung für einen unbehebbaren Schaden ist insoweit eine Fristsetzung gem. § 281 II 2. Fall BGB nicht erforderlich. Wird ausschließlich ein solcher Schaden[399] geltend gemacht, könnte dies nach § 281 IV BGB zur Folge haben, dass der Erfüllungsanspruch erlischt. Das hieße, es könnte nicht weiterhin Erfüllung verlangt werden, nachdem einmal ein unbehebbarer Schaden, der eine Verletzung des Erfüllungsinteresses ist, verlangt wurde. Grundsätzlich besteht ein solches Wahlrecht zwischen Schadensersatz statt der Leistung und dem Erfüllungsanspruch, allerdings kann es für einzelne Schadensposten, bei denen im Rahmen des § 281 BGB wegen der Unbehebbarkeit des Schadens eine Fristsetzung entbehrlich ist, nicht gelten und ist insoweit teleologisch zu reduzieren.

Ursprünglicher Gedanke hinter § 281 IV BGB ist nämlich, dass der Gläubiger eine Frist zur Nacherfüllung gesetzt hat und nach Ablauf der Frist die Wahl zwischen Schadensersatz und Erfüllung haben soll. Bezüglich eines unbeheb-

---

[398] Das Verschulden wird also in mehreren Anspruchsgrundlagen ersetzt; vgl. *Schulte-Nölke/Behren*, ZGS 2002, 33 (35) im Fallbeispiel Wärmepumpe I, wenn sich die Zusicherung ihrem Schutzzweck nach auf die eingetretenen Folgeschäden erstreckte.

[399] Beispielsweise ein im Einzelfall unbehebbarer Verdienstausfall.

baren Schadens, für den die Fristsetzung nach § 281 BGB ausnahmsweise keinen Sinn macht, hat der Gläubiger von vorneherein nicht diese Wahl; er kann sich nur für Schadensersatz entscheiden, selbst wenn er im Übrigen Erfüllung wünscht, da auch durch die Erfüllung der Schaden nicht mehr behoben werden kann. Würde der Gläubiger geschickter vorgehen, zunächst bis zur Nacherfüllung warten und anschließend den noch übrig gebliebenen Schaden liquidieren, würde wohl niemand an einer entsprechenden Berechtigung zweifeln[400]. Die Gefahr einer doppelten Befriedigung des Erfüllungsinteresses ist für solche unbehebbaren Schäden gleichfalls von vorneherein nicht zu befürchten. Deswegen muss § 281 IV BGB teleologisch reduziert werden, wenn ausschließlich solche unbehebbaren Schäden im Wege eines Schadensersatzes statt der Leistung verlangt werden. Der Erfüllungsanspruch erlischt trotz § 281 IV BGB erst, wenn insofern die Wahl zwischen Nacherfüllung und Schadensersatz statt der Leistung ausgeübt wurde, das heißt wenn solche Schäden liquidiert werden, die durch eine Nacherfüllung im konkreten Fall behoben werden können. Werden im konkreten Fall ausschließlich durch die Nacherfüllung unbehebbare Schäden begehrt, kann der Gläubiger im Übrigen an der Erfüllung festhalten. Insofern ist das Wahlrecht gem. § 281 IV BGB noch nicht ausgeübt, da jedenfalls noch eine Wahl zwischen Schadensersatz für den mangelbedingten Minderwert und Nacherfüllung besteht.

Ernst[401] will in Anbetracht des sinnlosen Fristsetzungserfordernisses in solchen Fällen von § 281 BGB auf § 280 BGB überwechseln. Alle Schäden, die nicht mehr behebbar sind, soll der Gläubiger bis zum Verlangen nach Schadensersatz statt der Leistung über § 280 I BGB verlangen können. Erst wenn er Schadensersatz statt der Leistung verlangt, kann der gleiche Schaden als Rechnungsposten in diesen eingestellt werden. Diese Auffassung hat allerdings vier ungeklärte Schwachstellen: Eine Ungereimtheit ist, dass das Interesse unabhängig von der Leistung, Schädigung und ihrer Behebbarkeit, aber auch von dem Begehren nach Schadensersatz statt der Leistung besteht. Knüpft man an die Behebbarkeit des Schadens als Abgrenzungskriterium an, wird daher die

---

400 Da nach hier befürworteter Ansicht zwischen Verzögerungsschaden und Schadensersatz statt der Leistung erst im Nachhinein – also nach Ausübung des Wahlrechts aus § 281 IV BGB – differenziert werden kann, würde sich in dieser Konstellation nach erfolgreicher Nacherfüllung der unbehebbare Schaden als Verzögerungsschaden entpuppen. Würde demgegenüber zunächst ein solcher unbehebbarer Schaden und anschließend der weitere Schadensersatz statt der Leistung begehrt, wäre der gesamte Schaden ein Schadensersatz statt der Leistung infolge der Nichterfüllung; siehe zum Verhältnis Verzögerungsschaden und Schadensersatz statt der Leistung 3. Kapitel, D., X., 4., S. 137 ff.

401 MK-*Ernst*, 4. Aufl., Bd. 2a, § 280 Rn. 66; ebenso *Haas* in Haas/Medicus/Rolland/Schäfer/Wendtland, Kapitel 5, Rn. 235 f.; *Wieling/Finkenauer*, Fall 7, S. 80 f.; *Reischl*, JuS 2003, 250 (253).

Differenzierung zwischen Erfüllungs- und Erhaltungsinteresse missachtet. Ernst[402] zieht zwar eine Grenze nach der Ausübung des Wahlrechts gem. § 281 IV BGB, aber wie noch zu zeigen sein wird, kann eine Schadensposition abstrakt immer nur einem Interesse zugeordnet werden. Nach Ernst hingegen kann ein Schaden erst unter § 280 I BGB fallen und somit das Erhaltungsinteresse betreffen, aber nach einem Schadensersatzverlangen gem. § 281 I BGB als Verletzung des Erfüllungsinteresses einzuordnen sein. Das Interesse besteht aber sowohl unabhängig von der Behebbarkeit des Schadens als auch einem Schadensersatzverlangen, weshalb Ernst seinen selbst gewählten Ansatz zumindest teilweise verlässt[403]. Zweitens kann durch die einzelfallabhängige Zuordnung gleicher Interessenverletzungen das Alternativverhältnis zwischen § 281 BGB und § 284 BGB unterlaufen werden. Damit besteht die Gefahr, dass der Gläubiger besser steht, als wenn ordnungsgemäß erfüllt worden wäre. Außerdem wird ein Verhalten des Gläubigers gefördert, auf die Unbehebbarkeit des Schadens zu warten, da ein Schadensersatz nach § 280 I BGB leichteren Voraussetzungen unterliegt. Der Gläubiger wird verleitet, die Fristsetzung zur Nacherfüllung sowie das Schadensersatzbegehren nach § 281 IV BGB hinauszuzögern. Solange der Gläubiger nämlich weiterhin Erfüllung begehrt, kann er nach der Ansicht von Ernst einen nicht mehr erzielbaren entgangenen Gewinn liquidieren, ohne an eine Fristsetzung oder Fälligkeit der Leistung gebunden zu sein. Dem Schuldner müsste keine Chance zur Nacherfüllung eingeräumt werden. Dieser Taktik steht zweifelsohne die Grenze des § 254 BGB entgegen, allerdings trifft den Schuldner die Last, ein solches Mitverschulden an der Schadensentstehung nachzuweisen. Und man wird dem Gläubiger nur schwer eine Pflicht auferlegen können, so früh wie möglich eine Frist zur Nacherfüllung zu setzen. Schließlich kann durch eine derart vorgenommene Bestimmung des Schadensersatzes statt der Leistung keine einheitliche Definition für die Fälle des §§ 281-283, 311a BGB gegeben werden, weil bei § 282 BGB eine Nacherfüllung gerade unzumutbar ist und bei §§ 283, 311a BGB mangels Möglichkeit einer Nacherfüllung kein Schaden behoben werden kann. Eine Bestimmung des Begriffes Schadensersatz statt der Leistung nur aus der Warte des § 281 BGB heraus kann deshalb nicht überzeugen. Die tatsächliche Behebbarkeit des Schadens stellt somit kein taugliches Abgrenzungskriterium für den Schadensersatz statt der Leistung dar[404].

---

402 MK-*Ernst*, 4. Aufl., Bd. 2a, § 280 Rn. 67.

403 Vgl. MK-*Ernst*, 4. Aufl., Bd. 2a § 280 Rn. 66; zutreffend Jauernig-*Vollkommer*, 10. Aufl., § 280 Rn. 21, der auf § 280 I BGB „stets einen Anspruch auf den Begleitschaden" begründet.

404 Ebenso i. E. *Grunewald* in Dauner-Lieb/Konzen/Schmidt, S. 313 (315) mit dem Argument eines Umkehrschlusses aus § 281 II BGB.

V. Zusammenfassung

Die nebulöse Vorstellung des Gesetzgebers[405], der Schadensersatz statt der Leistung entspreche dem gesamten positiven Interesse, muss als unzutreffend zurückgewiesen werden. Richtiger Ausgangspunkt der Berechnung des Schadensersatzes statt der Leistung ist das Interesse, das der Geschädigte an der Erfüllung des Vertrages hat. Das verletzte Erfüllungsinteresse kann bemessen werden, indem man auf eine hypothetische (Nach)Erfüllung nach Schadenseintritt (durch die Schlechterfüllung) abstellt. Die Nacherfüllung umfasst dabei nur die Pflichten, auf die bereits der Erfüllungsanspruch gerichtet war und beinhaltet nicht die Beseitigung entstandener Folgeschäden. Der Ersatz für die Verletzung des Erfüllungsinteresses infolge einer ausgebliebenen (Nach)Erfüllung richtet sich nicht nach dem Schadensersatz abseits der Leistung, sondern vorrangig nach dem Schadensersatz statt der Leistung, was systematisch durch die Erfordernisse der Fälligkeit und der Fristsetzung belegt werden kann und auch einer Ergebniskontrolle standhält. Infolgedessen muss das neue[406] methodische Vorgehen wie folgt aussehen: Zunächst ist der konkrete Schaden zu bestimmen und anschließend zu unterscheiden, ob die Beeinträchtigung des Erfüllungs- oder das Erhaltungsinteresses geltend gemacht wird, um die Art des verlangten Schadensersatzes auszumachen. Ungeklärt ist bisher allerdings, inwieweit die gewonnenen Erkenntnisse hinsichtlich des Schadensersatzes statt der Leistung für den Ersatz von Mangel- und Mangelfolgeschaden[407] fruchtbar gemacht werden können.

D. Die einzelnen Schadenstypen und ihre Ausgestaltung

Dargestellt werden soll im Weiteren, dass die Unterscheidung zwischen Mangel- und Mangelfolgeschaden erfolgreich mit dem Abgrenzungskriterium der Verletzung des Erfüllungsinteresses oder des Erhaltungsinteresses bestimmt werden kann[408]. Um die Gültigkeit dieser These aufzuzeigen, erfolgt in Anlehnung an Todt[409] eine Typenbildung der denkbaren Schadenspositionen[410], in der die

---

405 3. Kapitel, A., III., S. 62 f.

406 Ein vergleichbares Vorgehen hatte *Thiele*, JZ 1967, 649 (650) schon zur alten Rechtslage gefordert.

407 Die bei MK-*Ernst*, 4. Aufl., Bd. 2a, § 280 Rn. 66; Palandt-*Heinrichs*, 63. Aufl., § 280 Rn. 18 m. w. N. anzutreffende Differenzierung zwischen Schäden, die durch die Nacherfüllung beseitigt werden können, und solchen, die nicht durch die Nacherfüllung beseitigt werden können, scheint irreführend auf die tatsächliche Behebbarkeit des Schadens als Abgrenzungskriterium hinzuweisen. Unmissverständlicher ist es, an den alten Begrifflichkeiten Mangel- und Mangelfolgeschaden festzuhalten.

408 So zur alten Rechtslage schon *Fikentscher*, SchR, 9. Aufl., § 47 III, Rn. 391; *Pieper*, JuS 1962, 459 (461); *Thiele*, JZ 1967, 649 (650).

409 *Todt*, Schadensersatzansprüche, S. 132 ff.

verschiedenen Formen des durch den Gläubiger angestrebten Schadensersatzes bezüglich des verletzten Interesses sowie in die altbekannten Kategorien Mangel- und Mangelfolgeschaden eingeordnet werden. Ergebnis einer solchen Typenbildung kann es zweifelsohne nicht sein, jedwede einzelfallabhängige Konstellation automatisch einer Lösung zuzuführen, sondern nur einen Leitfaden an die Hand zu geben, der die Handhabung der meisten Sachverhalte vorzeichnet und so vereinfacht[411].

I. Der Minderwertschaden

Der Minderwertschaden, der allein durch die Mangelhaftigkeit in technischer oder merkantiler Hinsicht verursacht wird, ist der Archetyp des Mangelschadens[412]. Als eigentlichen Mangelschaden definiert daher auch die Regierungsbegründung[413] den Schaden, der darin besteht, dass die Sache nicht den Wert hat, den sie ohne Mangel hätte. Dieser Minderwert der Sache ist die wirtschaftliche Folge des Mangels, ohne dass irgendein anderer Umstand zur Schadensverursachung hinzutreten muss, so dass er die unmittelbare schadensbezogene Kehrseite des Mangels ist.

Genauso eindeutig betrifft der Minderwertschaden infolge der Mangelhaftigkeit des Vertragsgegenstandes das Erfüllungsinteresse des Gläubigers[414]. Sowohl für den Kauf- als auch den Werkvertrag ist der Schuldner verpflichtet, seine Leistung frei von Mängeln zu erbringen, §§ 433 I 2, 633 I BGB. Das Erfüllungsinteresse als Interesse am Zustand einer ordnungsgemäßen Leistung beinhaltet folglich die Mangelfreiheit des Erfüllungsversuchs des Schuldners. Dieses Interesse hat der Gläubiger, weil er nicht bereit sein wird, einen Minderwert der mangelhaften Sache und eine dadurch bedingte Gebrauchs- und Vermögens-

---

410 Zur Vorteilhaftigkeit der Typenbildung bei unscharfen Begriffen und Generalklauseln *Larenz/Canaris*, 3. Aufl., Methodenlehre, S. 290 ff.; zum Schadensersatz wegen Nichterfüllung bereits *v. Caemmerer*, NJW 1956, S. 569 (570); *Rengier*, Interesse, S. 81 ff.; *Todt*, Schadensersatzansprüche, S. 132 f. Zur Notwendigkeit einer Typenbildung zur Ausfüllung der neuen Generalklauseln jüngst *Gruber*, JJZiRW 2001, S. 187 (194); krit. MK-*Ernst*, 4. Aufl., Bd. 2a, § 280 Rn. 67.

411 Unverständlich ist insofern die Kritik von *Winter*, S. 134 ff. an der Typenbildung von *Todt*. *Winter* übersieht, dass ohne Typenbildung keinerlei Ansatz für eine Lösung bestünde. Der Vorwurf, die Zuordnung zu einem Schadenstyp und etwaige Differenzierungen innerhalb eines Schadenstyps führen zu Unsicherheiten, muss mit der Situation ohne irgendeine Anleitung durch eine Typenbildung verglichen werden. Die mit einer Typenbildung verbundenen Erleichterungen liegen nach einem solchen Vergleich auf der Hand. Eine Typenbildung generell abzulehnen, hieße das Kind mit dem Bade auszuschütten.

412 Ausführlich schon *Todt*, Schadensersatzansprüche, S. 145, 133 f.

413 BT-Drs. 14/6040, 224 f.

414 *Todt*, Schadensersatzansprüche, S. 145.

einschränkung hinzunehmen. Erbringt der Schuldner seine Leistung mangelhaft und wird daher nicht der vertraglich geschuldete Leistungserfolg hergestellt, ist das Erfüllungsinteresse verletzt. Folgerichtig wird der Ersatz für den Minderwertschaden einhellig dem Schadensersatz statt der Leistung zugeordnet[415].

Eine dem Minderwertschaden verwandte Schadensform ist der Verschlechterungsschaden, der in der mangelbedingten weiteren Verschlechterung der Sache bis zum vollständigen Verlust liegt. Als Folge des Mangels kann der Vertragsgegenstand sukzessive bis zur gänzlichen Zerstörung verschlechtert werden[416]. Der Verschlechterungsschaden ähnelt dem Minderwertschaden stark, da er seiner Natur nach ein Minderwertschaden ist, der sich erst mit der Zeit in seinem ganzen Ausmaß darstellt. Während der Minderwertschaden im Zeitpunkt des Gefahrübergangs eine Momentaufnahme ist, stellt der Verschlechterungsschaden die Verlängerung des Minderwertschadens in zeitlicher Hinsicht dar. Der Minderwertschaden setzt sich also in dem Verschlechterungsschaden fort. Anders betrachtet ist der Verschlechterungsschaden ein zusätzlicher Minderwertschaden, der erst später aufgrund einer Ausdehnung des Mangels auftritt. Mithin ist auch der Verschlechterungsschaden ein Mangelschaden. Beeinträchtigt wird durch die weitere Verschlechterung der Sache der durch die Erfüllung des Vertrages angestrebte Zustand. Es geht zwar um die Erhaltung der Rechtsgüter des Gläubigers, da die mangelhafte Sache bereits in das Vermögen des Gläubigers übergegangen ist. Es steht aber nicht ein unabhängig vom Vertrag bestehendes Rechtsgut in Rede, sondern gerade der Bestand des Vertragsgegenstandes. Auch wenn die Verschlechterung der Sache erst im Nachhinein geschieht, ist das Erfüllungsinteresse des Gläubigers verletzt[417], da dies mitunter beinhaltet, auf Dauer den Erfolg einer pflichtgemäßen Erfüllung genießen zu können.

II. Der Mangelbeseitigungsschaden

Ein weiterer Schaden kann dem Gläubiger entstehen, wenn er Aufwendungen zur Beseitigung des Mangels tätigt. Zwar besteht ein Anspruch des Käufers auf Nacherfüllung in Form der Nachbesserung oder Nachlieferung aus §§ 437 Nr. 2, 439 BGB und ein entsprechender Anspruch des Bestellers aus §§ 634 Nr. 1, 635 BGB, ein Mangelbeseitigungsschaden kann aber entstehen, wenn die Nach-

---

415 Statt aller Palandt-*Heinrichs*, 63. Aufl., § 280 Rn. 18; *Brox/Walker*, SchR AT, 8. Kapitel, Rn. 57; *Münch*, Jura 2002, 361 (368); ebenso *Grunewald* in Dauner-Lieb/Konzen/ Schmidt, S. 313 (315) wegen eines Vergleichs des Schadensersatzes statt der Leistung mit der Minderung .

416 So z. B. ein Möbelstück, das zunächst nur von einem Holzwurmpaar bewohnt wird, aber im Laufe der Zeit unter exponentieller Vermehrung der Würmer vollständig durchlöchert und zerfressen wird.

417 Auch Todt, Schadensersatzansprüche, S. 145 f.

erfüllungsversuche des Schuldners ausbleiben oder fehlschlagen. Die Mangelbeseitigungskosten, die neben Transport-, Arbeits- und Materialkosten auch die Kosten erforderlicher Vor- und Nacharbeiten erfassen[418], entsprechen häufig, nicht jedoch zwangsläufig dem Minderwert der Sache. Ein Unterschied zwischen dem Minderwert der Sache und den Mangelbeseitigungskosten wird insbesondere bestehen, wenn der Mangel nur mit außergewöhnlichen Anstrengungen oder besonders günstig – beispielsweise durch Eigenleistungen des Gläubigers – beseitigt werden kann. Deshalb kann man den Minderwertschaden nicht automatisch mit dem Mangelbeseitigungsschaden gleichsetzen und muss beide gesondert betrachten.

Die Mangelbeseitigung dient der Herstellung des vertraglich angestrebten Leistungserfolgs. Es wird das Interesse befriedigt, das der Gläubiger an dem Zustand der vertragsgemäßen Erfüllung hat. Hierzu stellt der Gläubiger selbst den Zustand einer ordnungsgemäßen Erfüllung her, indem er den vorhandenen Mangel beseitigt, und befriedigt so eigenständig sein verletztes Erfüllungsinteresse[419]. Durch die Mangelbeseitigung entstehen jedoch zwangsläufig Kosten. Bildlich setzt sich der Minderwertschaden in diesen Kosten fort, die zur Behebung des Mangels notwendig sind. Erst der Umstand, dass eine Mangelbeseitigung Kosten verursacht, erklärt überhaupt den Minderwertschaden. Wäre eine Mangelbeseitigung nämlich kostenlos zu haben, könnte ebenfalls kein Minderwertschaden bestehen, da beide Vertragsparteien sofort den Mangel kostenlos beseitigen lassen könnten. Aufgrund dieser Wechselwirkung könnte der merkantile Wert genauso wenig gemindert sein wie der technische. Der Mangelbeseitigungsschaden auf Seiten des Gläubigers ist damit gerade ein Pendant zum Minderwertschaden und beruht auch auf der Mangelhaftigkeit des Vertragsgegenstandes. Entsprechend hat der Gesetzgeber[420] den Mangelbeseitigungsschaden eingeordnet, da er ihn als Schaden erkannte, der in der vom Schuldner unterlassenen Nacherfüllung liegt. Der Mangelbeseitigungsschaden ist ebenfalls ein Mangelschaden[421].

---

418 BGH 58, 332 (339); 72, 31 (33); 96, 221 (224 f.).

419 Früher schon *Todt*, Schadensersatzansprüche, S. 145, der aber inkonsequent ist, da für den Schadensersatzanspruch wegen Nichterfüllung der Umfang des Leistungsanspruchs maßgeblich sein soll, auf Mangelbeseitigung aber im alten Kaufrecht – insbesondere bei einer Stückschuld – kein Anspruch bestand.

420 Vgl. BT-Drs. 14/6040, S. 87.

421 Statt aller schon zur aller schon zur alten Rechtslage; *U. Huber*, AcP 177 (1977), 281 (287); vgl. *Reischl*, JuS 2003, 250 (252 f.).

III. Der Deckungsgeschäftsschaden

Benötigt der Gläubiger Ersatz für den mangelhaften Vertragsgegenstand und kommt eine Mangelbeseitigung nicht in Frage[422], wird er ein Deckungsgeschäft tätigen. Ähnlich wie die Mangelbeseitigung der Herstellung des Zustandes einer ordnungsgemäßen Erfüllung dient, verfolgt auch ein Deckungsgeschäft diesen Zweck. Der Gläubiger nimmt die Nacherfüllung selbst in die Hand, indem er den mangelhaften Vertragsgegenstand durch einen mangelfreien ersetzt. Man kann die Mangelbeseitigung daher als Nachbesserung und das Deckungsgeschäft als Nachlieferung in Eigenregie bezeichnen. Zu den Kosten des Deckungskaufes sind alle Kosten zu zählen, die zur Herstellung des Leistungserfolgs notwendig sind. Daher fallen auch Vertragskosten und andere Aufwendungen, die mit dem Deckungskauf einhergehen, unter diesen Schadenstyp. Da es um die Herstellung des zur Erfüllung geschuldeten Zustandes geht, ist das Erfüllungsinteresse betroffen. Für die Kosten der Ersatzbeschaffung haftet der Schuldner infolgedessen über den Schadensersatz statt der Leistung[423]. Ebenso wie die Mängelbeseitigungskosten ist der Deckungskauf die Kehrseite des Minderwertschadens, nur in einer anderen Ausprägung. Wäre ein Deckungskauf für jedermann sofort kostenlos möglich, hätte der Vertragsgegenstand keinen Wert und es könnte demzufolge auch kein Minderwertschaden entstehen. Die Kosten eines Deckungskaufes sind aufgrund dieser Wechselwirkung ebenfalls als Mangelschaden zu qualifizieren. Aus dem zuvor Gesagten lässt sich dieses Ergebnis nahezu mit mathematischer Logik bestätigen. Da der Minderwertschaden zuzüglich des Verschlechterungsschadens bei vollständiger Zerstörung der Sache generell den Kosten eines Deckungsgeschäftes entsprechen wird, muss die Summe dieser beiden Mangelschäden gleichfalls ein Mangelschaden sein.

IV. Der Ausfallschaden

Der Gläubiger kann infolge der Mangelhaftigkeit der Sache einen weiteren Schaden dadurch erleiden, dass er mit der Sache nicht wie geplant verfahren kann. Ein solcher Ausfallschaden kann diverse Gründe haben und sich in verschiedenen Formen äußern: Der Verkauf oder die Vermietung des Vertragsgegenstandes können durchkreuzt werden mit der Folge, dass dem Gläubiger ein erzielbarer Gewinn entgeht. Der Gläubiger kann einen Verdienstausfall erleiden, weil er die Sache in mangelfreiem Zustand für seinen

---

422 Die Mangelbeseitigung kann unmöglich sein, zu viel Zeit in Anspruch nehmen oder die Kosten eines Deckungskaufes übersteigen. Verzichtet der Gläubiger trotzdem auf einen Deckungskauf, kann er seine Schadensminderungspflicht aus § 254 II BGB verletzen.

423 Ebenso *Brox/Walker*, SchR AT, 8. Kapitel, Rn. 57; *Grunewald* in Dauner-Lieb/Konzen/ Schmidt, S. 313 (317); *Haas* in Haas/Medicus/Rolland/Schäfer/Wendtland, Kapitel 5, Rn. 235; *Lorenz/Riehm*, Rn. 185; *Münch*, Jura 2002, 361 (368); *Reischl*, JuS 2003, 250 (253); *Schimmel/Buhlmann*, MDR 2002, 609 (613, Fn. 44); *Wieser*, JR 2002, 269 (270).

Erwerb benötigt, oder ihm entstehen zusätzliche Kosten, weil er die Sache nicht nutzen kann.

1. Der entgangene Gewinn

Aus § 252 BGB ergibt sich, dass der zu ersetzende Schaden auch den entgangenen Gewinn umfasst. Hieraus den Schluss zu ziehen, der entgangene Gewinn gehöre zwangsläufig zum Schadensersatz statt der Leistung, ist indes vorschnell. § 252 BGB kann vielmehr nur klarstellend entnommen werden, dass der entgangene Gewinn eine ersatzfähige Schadensposition nach § 249 I BGB innerhalb eines jeden bestehenden Schadensersatzanspruches sein kann[424]. Wortlaut, Historie, Systematik und Telos können jedoch zu einer Einschränkung des Haftungsumfangs führen. In dem Ersatz des verletzten Erfüllungsinteresses wurde bereits die zutreffende Begrenzung für den Schadensersatz statt der Leistung gefunden[425]. Zu überprüfen ist mithin, ob der entgangene Gewinn eine Verletzung des Erfüllungsinteresses darstellt.

Unter dem Begriff des entgangenen Gewinns sind umfassend alle Vermögensvorteile zu verstehen, die im Zeitpunkt des schädigenden Ereignisses noch nicht zum Vermögen des Verletzten gehörten, die ihm aber ohne dieses Ereignis zugeflossen wären[426]. Die häufigsten Erscheinungsformen des entgangenen Gewinns sind Verdienstausfälle aus abhängiger oder selbständiger Arbeit[427] sowie die Vereitelung eines wirtschaftlich vorteilhaften Rechtsgeschäfts mit einem Dritten[428]. Allerdings kann der entgangene Gewinn nicht pauschal behandelt werden, da er einerseits Folge eines Mangels am Leistungsgegenstand (unmittelbarer Vermögensschaden) oder erst Folge eines Mangelfolgeschadens (Vermögensfolgeschaden) sein kann. Die Fälle der Vermögensfolgeschäden, beispielsweise aufgrund einer Verletzung des Gläubigers oder wegen der Zerstörung eines anderen Gegenstandes als des Vertragsgegenstandes, mit dem ein Gewinn erzielt werden konnte, sind im Vorfeld auszuklammern. Da in einer solchen Konstellation der entgangene Gewinn eine noch entferntere Folge eines Mangelfolgeschadens ist, teilt er insofern sein Schicksal[429]. Daher sind auf einem

---

424 BGH 35, 130 (133); Erman-*Kuckuk*, 10. Aufl., § 252 Rn. 1; Palandt-*Heinrichs*, 63. Aufl., § 252 Rn. 1.

425 3. Kapitel, C., IV., S. 96 ff.

426 BGH, NJW-RR 1989, 980 (981); BGH, NJW 2000, 2669 (2670) m. w. N.; Palandt-*Heinrichs*, 63. Aufl., § 252 Rn.1.

427 Vgl. Palandt-*Heinrichs*, 63. Aufl., § 252 Rn. 8 ff.

428 Vgl. Erman-*Kuckuk*, § 252 Rn. 13.

429 Vgl. BGH 46, 238 (240); BGH 58, 85 (87, 89); *Todt*, Schadensersatzansprüche, S. 136; v. *Gierke/v. Reinersdorff*, JuS 1978, 817 (820 ff.); *Grimm*, NJW 1968, 14 (17, Fn. 24); *Michalski*, NJW 1988, 793 (797).

Mangelfolgeschaden beruhende Vermögensfolgeschäden[430] – wie im Deliktsrecht – Verletzungen des Erhaltungsinteresses und im Zuge des Schadensersatzes abseits der Leistung gem. § 280 I BGB zu ersetzen. Näher betrachtet werden soll stattdessen der entgangene Gewinn, der als unmittelbarer Vermögensschaden durch die Mangelhaftigkeit des Vertragsgegenstandes entsteht.

Der Erfolg einer ordnungsgemäßen Erfüllung beinhaltet unter anderem die Möglichkeit des Gläubigers zur wirtschaftlichen Verwendung der Sache zum Beispiel in Form eines Weiterverkaufs[431]. Diese Option des Weiterverkaufs basiert auf der Erfüllung des Vertrages, da diese die Berechtigung zur Veräußerung schafft[432]. Das Interesse des Gläubigers an der Erfüllung beinhaltet demzufolge auch, durch einen Weiterverkauf der Sache einen entsprechenden Erlös zu erzielen. Erhält der Gläubiger eine mangelhafte Sache, kann regelmäßig durch eine rechtzeitige Nacherfüllung der Gewinn noch realisiert und so der Schaden verhindert werden. Der entgangene Gewinn ist also entscheidend von der ausgebliebenen Erfüllung abhängig und mithin eine Verletzung des Erfüllungsinteresses[433], die durch den Schadensersatz statt der Leistung befriedigt wird.

Mit dem Argument, der entgangene Gewinn betreffe das Vermögen und sei deswegen als Schaden an einem anderen Rechtsgut ein Mangelfolgeschaden, ist dieser schon vor der Schuldrechtsreform teilweise als Mangelfolgeschaden eingeordnet worden[434]. Allerdings überzeugt dieses Argument nur vordergründig[435]. Konsequent zu Ende gedacht müsste man mit vorgetragener Begründung jeden materiellen Schaden als Mangelfolgeschaden einordnen. Auch der Minderwertschaden ist ein Schaden am Vermögen ebenso wie der Mangelbeseitigungsschaden und alle anderen materiellen Schäden, denn ein solcher Schaden ist jede

---

430 Bsp.: Ein defekter Radiowecker sorgt für einen Hausbrand, durch den ein Kunstgemälde zerstört wird. Dieses Gemälde sollte mit Gewinn an einen Dritten verkauft werden. Der entgangene Gewinn ist insofern ein Mangelfolgeschaden, da er nicht mit dem Vertragsgegenstand erzielt werden kann.

431 Ebenso *Oechsler*, § 2, Rn. 226; *Gebauer*, Naturalrestitution, S. 199.

432 Der Weiterverkauf schuldnerfremder Sachen ist natürlich eingedenk des Abstraktionsprinzips immer möglich, ohne bereits vollzogenen oder erwarteten Erwerb der Sache aber nicht erfüllbar. Deshalb hängt für den redlichen Bürger der Weiterverkauf von der Erfüllung ab.

433 Zutreffend *v. Wilmowsky*, JuS 2002, Beil. zu H. 1, 1 (10, 25); *P. Huber* in Huber/Faust, Kapitel 13, Rn. 105; *Brox/Walker*, SchR AT, 8. Kapitel, Rn. 57; *Oechsler*, § 2, Rn. 226; *Oetker/Maultzsch*, S. 65; vgl. schon *Todt*, Schadensersatzansprüche, S. 146 in Widerspruch zu S. 142, da kein Anspruch auf den Gewinn als Leistungspflicht bestand.

434 Erman-*Grunewald*, 10. Aufl., Vor § 459 Rn. 34; für den Verdienstausfall vgl. *Medicus*, JuS 1998, 289 (291).

435 *Peters*, NJW 1978, 665 (666) behauptet sogar, dass „doch ein typischerer Nichterfüllungsschaden kaum denkbar“ sei.

Einbuße des Vermögens nach Maßgabe der Differenzhypothese[436]. Die Differenzierung nach dem geschädigten Rechtsgut führt also nicht weiter und es ist ein Scheinargument, von der Verletzung des Vermögens auf einen Folgeschaden zu schließen. Vielmehr sollte man sich vor Augen führen, dass der Minderwert der Sache und der entgangene Gewinn kaum voneinander getrennt werden können[437], weshalb nur eine Differenzierung über das verletzte Interesse eine scharfe Abgrenzung ermöglicht.

Die bereits erwähnten Vertreter der neuen Identitätslehre[438] ordnen den entgangenen Gewinn konsequent dem Schadensersatz abseits der Leistung nach § 280 I BGB zu. Da kein Erfüllungsanspruch auf den entgangenen Gewinn bestehe[439], könne der Schadensersatz statt der Leistung einen entsprechenden Schadenstyp nicht beinhalten[440]. Obwohl die Argumente der Identitätslehre bei genauer Betrachtung nicht überzeugen konnten[441], soll an dieser Stelle am Beispiel des entgangenen Gewinns erneut die Bedenklichkeit der Auffassung gezeigt werden.

Dass der Schadensersatz statt der Leistung in seinem Umfang nicht deckungsgleich mit dem Erfüllungsanspruch ist, wurde angesichts seiner Eigenständigkeit bereits dargelegt. Hinsichtlich der Einordnung des entgangenen Gewinns könnte man sich allerdings auf die Regierungsbegründung[442] berufen, wonach entgegen der früher h. M.[443] unter Schadensersatz statt der Leistung nicht

---

436 Erman-*Kuckuk*, 10. Aufl., Vor § 249 Rn. 15; Palandt-*Heinrichs*, 63. Aufl., Vorb v § 249 Rn.8.

437 Vgl. *Schulte-Nölke/Behren*, ZGS 2002, 33 (40), die anschaulich zeigen, dass der Schaden durch den Deckungskauf oft nicht vom Schaden des entgangenen Gewinns getrennt werden kann; ebenso schon *Larenz*, SchR AT, § 23 II b), S. 357; *Stoll*, Haftungsfolgen im Bürgerlichen Recht, S. 323; Todt, Schadensersatzansprüche, S. 146; a. A. Westermann-*Schultz*, S. 70, der die Schadenbestandteile aufteilen will, da es „keinen einheitlichen Schadensersatzanspruch wegen Nichterfüllung" mehr gebe.

438 *Grunewald* in Dauner-Lieb/Konzen/Schmidt, S. 313 (318); Westermann-*Schultz*, S. 70; Teichmann, JuS 2002, 417 (422); Palandt-*Heinrichs*, 63. Aufl., § 280 Rn. 18; anders aber Palandt-*Weidenkaff*, 63. Aufl., § 536a Rn. 14 für das Mietrecht.

439 Ausführlich bereits *Michalski*, NJW 1988, 793 (795), der aus dem Umfang des Anspruchs auf Nacherfüllung schlussfolgerte, dass der entgangene Gewinn nicht zur Schadensersatzpflicht des § 635 BGB a. F. gehören konnte.

440 Damit wird die Einordnung des entgangenen Gewinns als Mangelfolgeschaden, die schon zur alten Rechtslage vereinzelt von Erman-*Grunewald*, 10. Aufl., Vor § 459 Rn. 34; *v. Gierke/v. Reinersdorff*, JuS 1978, 817 (820 ff.) vertreten wurde, übernommen.

441 Siehe 3. Kapitel, C., IV., S. 96 ff.

442 BT-Drs. 14/6040, S. 226.

443 BGH 46, 238 (240); BGH 58, 85 (87, 89); BGH WM 1972, S. 558 (560); Palandt-*Heinrichs*, 61. Aufl., § 276 Rn. 110; Soergel-*Huber*, 12. Aufl., Anh § 463 Rn. 28; *Winter*,

solche Schäden fallen sollen, die als reine Vermögensschäden in einem unmittelbaren Zusammenhang mit dem Mangel der Kaufsache stehen, wie etwa Nutzungsausfall oder entgangener Gewinn. In einem Beispiel weist die Regierungsbegründung[444] den entstandenen Schaden infolge eines Betriebsausfalls sogar ausdrücklich § 280 I BGB zu. Diese Passage der Regierungsbegründung gehört sicherlich zu den missverständlichsten Stellen[445] und ist geprägt von dem letztlich nicht übernommenen Verständnis des Kommissionsentwurfs in § 441 II KE und des Diskussionsentwurfes in § 440 II DE, die beide noch eine spezielle Anspruchsgrundlage für den durch die Verzögerung der Nacherfüllung entstandenen Schaden vorsahen. Der historischen Auslegung kann folglich zur Beantwortung der in Rede stehenden Frage kaum eine Lösungshilfe entnommen werden.

Das mögliche Gegenargument, der Gläubiger könne nicht einerseits über § 280 I BGB den entgangenen Gewinn und andererseits weiterhin die Leistung fordern, da er demzufolge doppelt begünstigt werde, verkennt das vertragliche Recht des Gläubigers auf die Leistung und ist genauso wenig tragfähig[446]. Schließlich ist dem Gläubiger ein Schaden in Form des entgangenen Gewinns entstanden. Ist durch die Leistung bzw. Nacherfüllung allerdings weiterhin der Gewinn erzielbar, kann dies im Einzelfall zu einem nachträglichen Wegfall des Schadens führen. Die kumulative Forderung von Leistung und entgangenem Gewinn ist somit nicht per se ausgeschlossen, sondern im Wege des Verzögerungsschadens bedenkenlos möglich.

Beachtenswert ist aber der Einwand, eine Fristsetzung sei sinnlos, wenn der entgangene Gewinn oder Nutzungsausfall vollständig eingetreten sei[447]. Kann der Gewinn wegen der mangelhaften Leistung unter keinen Umständen mehr erzielt werden, wäre eine Fristsetzung eine bloße Förmelei. Liegen solche besonderen Umstände vor, ist nach hier vertretener Ansicht die Fristsetzung aber gem. § 281 II 2. Fall BGB entbehrlich. Umgekehrt betrachtet gibt es zahlreiche Konstellationen, in denen eine Fristsetzung für den entgangenen Gewinn sinnvoll ist. Nach der neuen Identitätslehre könnte der Gläubiger stets ohne Fristsetzung den entgangenen Gewinn verlangen. Eine solche Regelung

---

S. 136; *Peters*, NJW 1978, 665 (666); a. A. Erman-*Grunewald*, 10. Aufl., Vor § 459 Rn. 34; *v. Gierke/v. Reinersdorff*, JuS 1978, 817 (820 ff.).

444 BT-Drs. 14/6040, S. 225.

445 Der entgangene Gewinn wird vom Gesetzgeber andererseits als Mangelschaden eingeordnet; BT-Drs. 14/6040, S. 87.

446 Auch eine mögliche Vorteilsangleichung sei nicht angebracht, vgl. *Keuk*, Vermögensschaden und Interesse, S. 120, Fn. 31. Dies ist allerdings fragwürdig, da kein Anspruch auf den entgangenen Gewinn selbst besteht.

447 Palandt-*Heinrichs*, 63. Aufl., § 280 Rn. 18; Palandt-*Sprau*, 63. Aufl., § 634 Rn. 8; vgl. auch *Dauner-Lieb/Dötsch*, DB 2001, 2535 (2537); *Lorenz*, NJW 2002, 2497 (2500).

provoziert den Gläubiger geradezu, die Fristsetzung hinauszuschieben, bis der Gewinn endgültig nicht mehr realisiert werden kann. Obwohl dem Schuldner der Einwand des Mitverschuldens bliebe, träfe ihn doch eine entsprechende Beweislast hierfür. Außerdem hätte der Schuldner keinerlei Chance zur zweiten Andienung und das selbst dann nicht, wenn eine Nacherfüllung und die daraus resultierende Erzielung des Gewinns ohne weiteres möglich wären. Es ist nur schwer ersichtlich, warum der Schuldner sofort auf Ersatz des entgangenen Gewinns haften soll, wenn er umgehend die Nacherfüllung betreibt und die Beseitigung des Schadens möglich ist. Das Haftungsrisiko des Schuldners würde ohne ein dahingehendes Recht zur Nacherfüllung, das tragendes Element des neuen Schadensersatzrechtes ist, unbillig verschärft. Dem könnte man zwar entgegenhalten, dass bei Mangelfolgeschäden generell keine Chance zur zweiten Andienung besteht. Im Unterschied zum entgangenen Gewinn hat diese Rechtslage ihren Grund allerdings darin, dass eine Nacherfüllung für Mangelfolgeschäden niemals Einfluss auf die Beseitigung des Schadens hat[448].

Der Schadensersatz statt der Leistung nach § 281 BGB knüpft im Gegensatz zu § 280 BGB überdies an die Fälligkeit der Leistung an. Vor Fälligkeit der Leistung darf der Gläubiger aber nicht den Ersatz des entgangenen Gewinns verlangen können. Zuvor konnte der Gläubiger nämlich keinen Gewinn realisieren, da er zur Forderung der Leistung noch gar nicht berechtigt war.

Zudem führt die Ausklammerung des entgangenen Gewinns aus dem Schadensersatz statt der Leistung zu eklatanten Abgrenzungsschwierigkeiten. Ist etwa der Wert der mangelfreien Sache höher als der Wert der Gegenleistung und der Weiterverkaufspreis höher als der Wert der mangelfreien Sache, hätte die Zuordnung des entgangenen Gewinns zu § 280 I BGB ein seltsames Ergebnis zur Folge. Denn die letztere Differenz zwischen Weiterverkaufspreis und Wert der Sache müsste als entgangener Gewinn im Rahmen des Schadensersatzes abseits der Leistung ersetzt werden. Demgegenüber haftet der Schuldner für die Differenz zwischen Wert der mangelfreien Sache und Wert der Gegenleistung im Zuge eines großen Schadensersatzes unter der zusätzlichen Voraussetzung der Fristsetzung nach § 281 I BGB. Die andererseits notwendige Differenzierung zwischen Erfüllungsinteresse und Erhaltungsinteresse sowie dem entgangenen Gewinn, der auf einem Mangel- oder Mangelfolgeschaden beruht, ist wesentlich einfacher zu handhaben.

Es gefällt schließlich der Gleichlauf mit dem Deliktsrecht, da (unmittelbare) Vermögensschäden über § 823 I BGB genauso wenig wie über § 280 I BGB

---

448 Ausführlich *P. Huber in Huber/Faust*, Kapitel 13, Rn. 102 ff., der sehr stark auf das Fristsetzungserfordernis als eigenes Erklärungsmodell abstellt. Die Fristsetzung ist jedoch nur ein Baustein des neuen Systems, der Berücksichtigung finden muss.

unmittelbar ersatzfähig sind. Für Vermögensfolgeschäden aufgrund einer Rechtsgutverletzung i. S. d. § 823 I BGB haftet der Schuldner hingegen ebenso wie für den entgangenen Gewinn wegen der Verursachung eines Mangelfolgeschadens[449]. Schließlich entspricht das Ergebnis auch dem Verständnis der Principles of European Contract Law und trägt zur internationalen Harmonisierung bei, denn dort wird der Schadensersatz nach dem Erfüllungsinteresse bemessen und schließt gem. Art. 4.502 PECL den erlittenen Verlust in Form des entgangenen Gewinns ein. Der entgangene Gewinn wegen eines Mangels kann deshalb nicht § 280 I BGB unmittelbar zugeordnet werden und offenbart einen Knackpunkt der neuen Identitätslehre. Stattdessen wird für diesen im Rahmen des Schadensersatzes statt der Leistung gehaftet[450].

Eine andere Meinung, die vornehmlich von Dauner-Lieb[451] vorgetragen wird, versteht den entgangenen Gewinn grundsätzlich als Verzögerungsschaden. Sie möchte die Abgrenzung von Mangel- und Mangelfolgeschaden nicht auf § 280 BGB und § 281 BGB übertragen, da Ausfallschäden wie eine Ersatzanmietung[452] oder ein entgangener Gewinn durch eine Nacherfüllung nicht behoben werden können und deswegen eine Fristsetzung wenig sinnvoll sei[453]. Diese pauschale Aussage ist äußerst verwunderlich, da Dauner-Lieb für den Verzögerungsschaden noch differenziert, ob der Schaden behoben werden kann oder nicht[454]. Dadurch belegt sie selbst, dass eine Fristsetzung nicht per se überflüssig ist, um dem Recht des Schuldners zur zweiten Andienung zu genügen. Damit wird auch dem Grundprinzip entsprochen, dass alle Schäden, die auf einer vom Schuldner zu vertretenden Pflichtverletzung beruhen, ersatzfähig sind. Dauner-Lieb zieht gleichwohl fälschlicherweise den Schluss, dass § 281 BGB generell nicht passe und deswegen der Verzögerungsschaden entscheidend sei[455]. Die Zuordnung des Ausfallschadens zum Schadensersatz statt der Leistung bleibt aber abstrakt bestehen. Die Kollision mit dem Verzögerungsanspruch löst sich über die Ausübung des Wahlrechts nach § 281 IV BGB. Eine Auseinandersetzung mit dieser Ansicht soll vertiefend bei der generellen Rolle des Verzögerungsschadens erfolgen.

---

[449] *Schaub*, VersR 2001, 940 (945).

[450] Ebenso *P. Huber* in Huber/Faust, Kapitel 13, Rn. 105 f.; *Lorenz/Riehm*, Rn. 185; *Münch*, Jura 2002, 361 (368, 370); *Schulte-Nölke/Behren*, ZGS 2002, 33 (40); *Schimmel/ Buhlmann*, MDR 2002, 609 (613, Fn. 44); *v. Wilmowsky*, JuS 2002, Beil. zu H. 1, 1 (10, 25).

[451] *Dauner-Lieb* in Dauner-Lieb/Heidel/Lepa/Ring, § 2, Rn. 44; *Dauner-Lieb* in Ernst/ Zimmermann, S. 305 (310 ff.); *Dauner-Lieb/Dötsch*, DB 2001, 2535 (2537).

[452] Für Kauf- und Werkvertrag verursacht eine Ersatzanmietung einen Ausfallschaden, wohingegen sie bei einem Mietvertrag Deckungsgeschäft sein kann.

[453] *Dauner-Lieb/Dötsch*, DB 2001, 2535 (2537).

[454] *Dauner-Lieb* in Dauner-Lieb/Heidel/Lepa/Ring, § 2, Rn. 42, S. 91.

[455] *Dauner-Lieb* in Dauner-Lieb/Heidel/Lepa/Ring, § 2 Rn. 44, S. 92 f.

2. Der Nutzungsausfall

Kann der Gläubiger die Leistung aufgrund eines Mangels nicht wie gewünscht nutzen[456], ist ein Schaden in Form entgangener Gebrauchsvorteile denkbar. Nach einer äußerst undurchsichtigen Rechtsprechung des BGH zu der Frage, inwieweit solche entgangenen Gebrauchsvorteile ersatzfähig sind, hat der große Senat in Zivilsachen[457] eine vermittelnde Lösung angeboten: Danach kann ein Nutzungsausfall liquidiert werden bei Sachen, auf deren ständige Verfügbarkeit der Berechtigte für die eigenwirtschaftliche Lebenshaltung typischerweise angewiesen ist[458]. Da die Befugnis zur Nutzung einer Sache auf einer erfolgreichen Erfüllung des Schuldners beruht, stellt ein Nutzungsausfall eine Verletzung des Erfüllungsinteresses dar[459]. Dies bestätigt sich, wenn man auf eine Nacherfüllung nach Schadenseintritt abstellt. Wird sofort im Anschluss an eine mangelhafte Lieferung ordnungsgemäß nacherfüllt, kann kein quantifizierbarer Nutzungsausfallschaden entstehen. Da ohne eine mangelbedingte Einschränkung der Nutzungsmöglichkeit kein Minderwert der Sache denkbar ist, wenn der Nutzen nicht rein funktional, sondern auch immateriell im volkswirtschaftlichen Sinne verstanden wird, muss der Nutzungsausfallschaden als Mangelschaden betrachtet werden. Dieses Ergebnis ergibt sich andererseits aus der Überlegung, dass Nutzungsausfall und entgangener Gewinn zwingend einheitlich zu behandeln sind. Es kann keinen Unterschied machen, ob jemand eine Sache selber nutzen, gegen Entgelt vermieten oder veräußern will[460]. Bei Eigennutzung sind die ersparten Kosten wirtschaftlich betrachtet ebenso ein Gewinn wie der Gewinn aus Weiterveräußerung oder Vermietung. Nur schlägt sich erstgenannter Gewinn nicht positiv durch Vermehrung des Vermögens nieder, sondern durch die Entlastung vorhandenen Vermögens. Betriebswirtschaftlich entstehen aber in beiden Fällen durch den Mangel gleichermaßen Opportunitätskosten.

---

456 Ebenso wie beim entgangenen Gewinn geht es im Folgenden nicht um einen Nutzungsausfall, der erst als Folge eines Mangelfolgeschadens entsteht; vgl. 3. Kapitel, D., IV., 1., S. 108 f.

457 BGH 98, 212 (216) m. w. N.

458 Die Reichweite eines ersatzfähigen Nutzungsausfalls kann an dieser Stelle nicht en detail erörtert werden, diesbzgl. wird auf Palandt-*Heinrichs*, 63. Aufl., Vorb v § 249 Rn. 25 ff. m. w. N. verwiesen. Vielmehr wird die Ersatzfähigkeit der entgangenen Gebrauchsvorteile als Schaden vorausgesetzt.

459 *P. Huber* in Huber/Faust, Kapitel 13, Rn. 105; vgl. auch AG Aachen, DAR 120 (120); a. A. Palandt-*Heinrichs*, 63. Aufl., § 280 Rn. 18; Palandt-*Sprau*, 63. Aufl., § 634 Rn. 8; *Medicus*, BR, Rn. 299, die § 280 I BGB unmittelbar ohne vorherige Fristsetzung zur Nacherfüllung vorschlagen.

460 BGH, NJW 1967, 340 (341); *Rengier*, Interesse, S. 83 f.; insofern ist die neue Beschränkung der Reichweite des Ersatzes für den Nutzungsausfallschaden durch den großen Senat in Zivilsachen bedenklich.

In Einzelfällen kann es sein, dass ein Gewinn oder eine Nutzung nur zu einem einzigen Zeitpunkt erreicht werden können. Obwohl dies eine für die Typenbildung nicht ausschlaggebende Sonderkonstellation ist, ändert sie nichts an der Einordnung des Ausfallschadens als Verletzung des Erfüllungsinteresses. Ohne eine Erfüllung hätte der Gläubiger aus seinen bereits zuvor bestehenden Rechtsgütern jedenfalls weder einen Gewinn erzielen noch die Leistung nutzen können. Deshalb kann sowohl der entgangene Gewinn als auch der Nutzungsausfall nicht Teil des Erhaltungsinteresses sein, sondern muss nach dieser negativen Auslese weiterhin zum Erfüllungsinteresse gehören. Lediglich der Schaden kann bisweilen durch eine Nacherfüllung nicht mehr vollständig beseitigt werden. Gerade für solche Fälle einer ordnungsgemäßen Nacherfüllung, in denen weitere Schäden übrig bleiben, ist aber der Verzögerungsschaden gesetzlich vorgesehen[461]. Im Übrigen wird durch die Unbehebbarkeit des Schadens nur die Fristsetzung nach § 281 II 2. Fall BGB entbehrlich, insoweit sie sinnlos ist[462].

Als Besonderheit des Ausfallschadens kann sich im Nachhinein herausstellen, dass der entgangene Gewinn, der Verdienst oder die Nutzung doch noch (teilweise) erzielt werden kann. Infolgedessen können nachträglich die Voraussetzungen des Schadensersatzanspruchs mangels Schaden entfallen. In einem solchen Fall kann der Schuldner der Leistung den gezahlten Schadensersatz bzw. einen Teil dessen über das Bereicherungsrecht zurückverlangen[463].

V. Die Untersuchungskosten

Zu dem Mangelbeseitigungsschaden gehören die Kosten der Herstellung des mangelfreien Zustandes selbst. Wie demgegenüber Kosten für die Untersuchung des Mangels einzuordnen sind, ist eine noch offene Frage. Ein sehr praxisrelevantes Beispiel für die Kategorie der Untersuchungskosten erhält man, stellt man sich die Kosten für einen Gutachter vor, der zur Bestimmung des Mangels und der Schadenshöhe benötigt wird. Vom BGH[464] wurden solche Kosten vor der Schuldrechtsreform eher beiläufig zum Mangelschaden gezählt. Sie seien „zwangsläufig die Folge des Mangels", stünden in einem „unmittelbaren Zusammenhang" mit der Mangelbeseitigung und verminderten „letztlich nicht anders als der infolge der Mangelhaftigkeit entgangene Gewinn" den Nutzwert der vom Käufer für seinen Kaufpreis in Empfang genommenen Leistung. In der

---

461 Dazu ausführlich 3. Kapitel, D., X., 4., S. 137 ff.
462 Siehe 3. Kapitel, C., IV., S. 96 ff.
463 Vgl. *Dauner-Lieb* in Dauner-Lieb/Heidel/Lepa/Ring, § 2, Rn. 42.
464 BGH, NJW 1978, 2241 (2242); abweichend BGH, NJW 2002, 141 (141).

Literatur wurde die Diskussion kontrovers geführt: Teilweise[465] wurden entgegen dem BGH die Kosten zur Feststellung des Mangels lediglich als Vorstufe zur eigentlichen Mangelbeseitigung und Vorbereitung von Mängelrechten angesehen, die einen vom Mangel unabhängigen Vermögensschaden verursachen. Andere[466] schlossen sich der obergerichtlichen Auffassung an und behandelten Untersuchungskosten als Mangelschaden. Dem Einwand, dass Untersuchungskosten über die mangelbedingte Unbrauchbarkeit der Sache hinausgehen und daher generell als Mangelfolgeschaden wegen einer Verletzung des Erhaltungsinteresses angesehen werden müssen, ist jedoch entgegenzuhalten, dass gerade in der Unbrauchbarkeit der Sache der einzige Grund für etwaige Untersuchungskosten liegt. Überdies lässt sich die Untersuchung nie klar von der Beseitigung des Mangels trennen und ist der notwendige erste Schritt einer effizienten Mängelbeseitigung. Ersatzfähig sind Untersuchungskosten des Gläubigers jedenfalls, soweit sie erforderlich sind[467]. Oftmals wird sich aber die Erforderlichkeit von Untersuchungskosten erst im Nachhinein bestätigen oder als falsch erweisen[468], deshalb sollten keine zu engen Anforderungen an die Ersatzfähigkeit solcher Kosten gestellt werden. Jedenfalls ist die Folge der Untersuchung des Mangels zwar typischerweise, aber nicht zwangsläufig eine Mängelbeseitigung. Denn die Untersuchung des Mangels kann auch zu dem Ergebnis führen, dass ein Deckungsgeschäft günstiger oder eine Behebung des Mangels schlechthin unmöglich ist.

Unabhängig von der Frage, ob die Untersuchung des Mangels als Vorbereitung zu einer Mangelbeseitigung oder einem Deckungsgeschäft fungiert, ist sie ein unverzichtbarer Akt zur Erlangung einer mangelfreien Leistung. Soweit die Untersuchung des Mangels gerade der Herstellung des durch die Erfüllung angestrebten Zustandes oder der Vorbereitung entsprechender Mängelrechte dient, ist daher das Erfüllungsinteresse des Gläubigers verletzt[469]. Dies folgt auch daraus, dass durch eine Nacherfüllung unmittelbar nach der mangelhaften

---

465 Soergel-*Huber*, 12. Aufl., Anh § 463 Rn. 39; Soergel-*Teichmann*, 12. Aufl., § 635 Rn. 3; *Todt*, Schadensersatzansprüche, S. 148; *Grimm*, NJW 1968, 14 (18); *Hattenhauer*, VuR 1999, 179 (182).

466 *Reinicke/Tiedtke*, 6. Aufl., Rn. 663; *Reinking/Eggert*, 7. Aufl., Rn. 2004; *Muscheler*, AcP 187 (1987), S. 343 (373); *Rengier*, Interesse, S. 83; *Schlechtriem*, VersR 1973, 581 (592 f.); vgl. auch *Peters*, NJW 1978, 665 (669).

467 Vgl. BGH 54, 352 (358); 72, 257 (260); Soergel-*Teichmann*, 12. Aufl., § 635 Rn. 17.

468 Vor allem wenn sich der Mangel als unbehebbar erweist, war die Nacherfüllung in Bezug auf eine Mangelbeseitigung erfolglos. Trotzdem ist eine solche Untersuchung nicht anders zu bewerten als ein erfolgloser Versuch des Schuldners nachzuerfüllen. Beides dient gleichermaßen der Herstellung des Erfolgs einer mangelfreien Erfüllung, denn der Gläubiger kann durch seine gewonnenen Erkenntnisse nun möglicherweise einen Deckungskauf vornehmen.

469 Zutreffend *Rengier*, Interesse, S. 83; *Schlechtriem*, VersR 1973, 581 (592 f.).

Leistung keine Untersuchungskosten auf Seiten des Gläubigers angefallen wären. Sinnvoll und notwendig sind für behebbare Mängel zudem die in § 281 BGB vorgesehene Fristsetzung und Fälligkeit. Erst wenn der Unternehmer seine Möglichkeit zur Nacherfüllung hat verstreichen lassen, dürfen eigenständige Untersuchungskosten des Gläubigers erstattungsfähig sein. In gleicher Weise war zur alten Rechtslage anerkannt, dass der Unternehmer für Untersuchungskosten des Gläubigers nach § 635 BGB a. F. nicht haftet, solange der Unternehmer zur Mangelbeseitigung bereit und in der Lage ist[470]. Vor der Fälligkeit konnte der Unternehmer schließlich noch selbst für die Mangelbeseitigung sorgen.

Obwohl es sich bei den Untersuchungskosten genau wie bei dem Ausfallschaden um einen mangelbedingten Vermögensschaden handelt, sollten beide Schadenstypen nicht mit dem BGH in eine Schublade gesteckt werden[471]. Entstehen nämlich auf der einen Seite infolge eines notwendigen Verhaltens Kosten, verhindert der Mangel bei einem Ausfallschaden gerade ein wirtschaftlich vorteilhaftes Verhalten. Beide Schadenstypen stellen aber, wie gezeigt, einen Mangelschaden dar, der das Erfüllungsinteresse betrifft[472].

VI. Vergebliche Aufwendungen

Neben den zur Mangelbehebung und Untersuchung notwendigen Kosten kann der Gläubiger weitere Aufwendungen getätigt haben, die infolge der Mangelhaftigkeit nutzlos geworden sind. An vorderster Stelle zu nennen sind die früher nach § 467 S. 2 BGB a. F. ersatzfähigen Vertragskosten, worunter insbesondere die in § 448 BGB aufgeführten Kosten fallen. Darüber hinaus haben Rechtsprechung[473] und Lehre[474] den Begriff der Vertragskosten weitergehend ausgelegt. Der Gläubiger sollte möglichst so stehen, wie er ohne Vertragsschluss stünde. Alle Kosten, die der Käufer in Erfüllung des Vertrages und notwendigerweise zur Inbetriebnahme aufgewendet hatte, nicht jedoch der entgangene Gewinn, wurden deshalb als Vertragskosten aufgefasst.

Solche Vertragskosten sollen nach dem Willen des Gesetzgebers fortan in § 284 BGB aufgehen, der eine verschuldensabhängige Haftung für vergebliche

---

470 OLG Koblenz, NJW-RR 1990, 30 (31); Soergel-*Teichmann*, 12. Aufl., § 635 Rn. 3; *Joswig*, NJW 1985, 1323 (1323); einschränkend BGH 92, 308 (310).

471 Vgl. BGH, NJW 1978, 2241 (2242); anders BGH, NJW 2002, 141 (141).

472 *Schellhammer*, Jura 2002, 301 (304); a. A. Palandt-*Heinrichs*, 63. Aufl., § 280 Rn. 18; Palandt-*Sprau*, 63. Aufl., § 634 Rn. 8.

473 BGH 87, 104 (106 f.) m. w. N.

474 Staudinger-*Honsell*, 13. Aufl., § 467 Rn. 34 f. m. w. N.

Aufwendungen statuiert[475]. Erkennt man, dass Vertragskosten nicht nur im Fall einer mangelhaften Leistung, sondern aus dem gleichen Grund bei völliger Nichtleistung zu ersetzen sind, ergibt sich die Notwendigkeit einer Regelung im allgemeinen Schuldrecht[476]. Im Unterschied zum Ersatz der Vertragskosten, die zur Inbetriebnahme notwenig sein mussten, besteht für den Aufwendungsersatz nach § 284 BGB nur eine Billigkeitsschranke. Er erfasst somit sogar Fälle nutzloser Aufwendungen mit Ausnahme solcher, die nicht der Billigkeit entsprechen oder die auch ohne die Pflichtverletzung des Schuldners ihren Zweck nicht erreicht hätten[477]. Wirtschaftlich unrentable, ideelle, konsumtive, spekulative oder marktstrategische Aufwendungen im Vertrauen auf den Erhalt der Leistung sind mithin generell ersatzfähig[478]. In seiner tatbestandlichen Reichweite geht § 284 BGB insofern über den alten Begriff der Vertragskosten hinaus, bleibt aber weiterhin hinter dem Ersatz des gesamten Vertrauensschadens zurück, da der entgangene Gewinn wegen des Verzichts auf ein Geschäft mit einem Dritten keine Aufwendung darstellt[479]. Trotz der Voraussetzung des Verschuldens ist der Ersatz vergeblicher Aufwendungen nach § 284 BGB nämlich kein Schadensersatz, sondern ein eigenständiger Anspruch auf Aufwendungsersatz anstelle von Schadensersatz statt der Leistung[480].

---

475 BT-Drs. 14/6040, S. 144. Bedenklich ist insoweit allerdings, dass der Ersatz für diese Kosten nun an ein Verschulden gekoppelt ist und daher der Schuldner privilegiert wird, der solche Vertragsleistungen extra abrechnet und nicht in den Preis einstellt. Dann haftet nämlich der Schuldner für solche (extra abgerechneten) vergeblichen Aufwendungen des Gläubigers nicht im Rahmen eines (verschuldensunabhängigen) Rücktritts, sondern nur mit Verschulden gem. § 284 BGB; vgl. *Gaier*, WM 2002, 1 (7).

476 *Altmeppen*, DB 2001, 1399 (1405); *Canaris*, JZ 2001, 499 (517).

477 Besonders problematisch ist dieser Ausschluss für die anfängliche Unmöglichkeit, da ohne Leistungspflichten der Zweck der Aufwendungen nie erfüllt worden wäre; vgl. *Altmeppen*, DB 2001, 1399 (1403 ff.) einerseits und *Canaris*, DB 2001, 1815 (1819 f.) andererseits; sowie *Otto*, Jura 2002, 1 (9). § 311a II BGB knüpft als eigenständiger Tatbestand aber nicht an die Pflichtverletzung des § 280 I BGB an, daher muss § 284 BGB für die anfängliche Unmöglichkeit sinngemäß verstanden werden.

478 BT-Drs. 14/6040, S. 143; MK-*Ernst*, 4. Aufl., Bd. 2a, § 284 Rn. 10; *Arnold/Dötsch*, BB 2003, 2250 (2251); *Canaris* JZ 2001, 499 (517); *Löhnig*, JA 2002, 126 (129); einschränkend über den Vertragszweck *Faust* in Huber/Faust, Kapitel 4, Rn.24; a. A. Palandt-*Heinrichs*, 63. Aufl., § 284 Rn. 4, der wirtschaftliche Aufwendungen ausklammert.

479 Bestätigend zur neuen Rechtslage *Dauner-Lieb* in Dauner-Lieb/Heidel/Lepa/Ring, § 2, Rn. 56; *Ehmann/Sutschet*, § 4, V., S. 121; *Canaris*, JZ 2001, 499 (507, 517); *Münch*, Jura 2002, 361 (372); *Otto*, Jura 2002, 1 (9); *Zimmer*, NJW 2002, 1 (10); vgl. auch BT-Drs. 14/6040, S. 144.

480 Palandt-*Putzo*, 63. Aufl., § 437 Rn. 37; *Reim*, NJW 2003, 3662 (3663); unklar *Ehmann/Sutschet*, § 4, V., S. 121, nach denen der Aufwendungsersatz „als Schadensersatzanspruch gedacht" ist; in § 325 I DE war noch ein entsprechender Schadensersatz vorgesehen. Aufwendungsersatz gibt es unabhängig davon, ob die Verpflichtung im Synallagma stand. Der Aufwendungsersatz sollte gerade nicht als Rücktrittsfolgenrecht,

Im alten Recht haftete der Schuldner neben § 467 S. 2 BGB a. F. lediglich für wirtschaftliche Aufwendungen im Zuge der von der Rechtsprechung entwickelten Rentabilitätsvermutung, vor deren Hintergrund die Neuregelung des § 284 BGB beleuchtet werden muss. Danach erfasste ein Schadensersatzanspruch[481] auch jene Aufwendungen, deren wirtschaftliche Rentabilität nicht widerlegt werden konnte[482]. Das Reichsgericht[483] hatte zunächst über einen Rechentrick die Gläubigeraufwendungen in die positive Kategorie des entgangenen Gewinns hineingeschoben. Ebenso durfte der Gläubiger die geleisteten Zahlungen stets als Mindestschaden ansetzen[484]. Eine Erweiterung des Nichterfüllungsschadens nahm das RG[485] sodann vor, indem die verauslagten Vertragskosten als Rechnungsfaktor einbezogen wurden. Dies geschah unter Berücksichtigung der Äquivalenz von Leistung und Gegenleistung und wurde mit der Vermutung begründet, dass die Vertragskosten durch die erwartet Vertragsleistung wieder erwirtschaftet worden wären[486]. Der BGH[487] übernahm die reichsgerichtliche Konstruktion und entwickelte daraus die näher ausgestaltete Rentabilitätsvermutung[488]. Die jüngere Rechtsprechung[489] tendierte jedoch verstärkt zu einer Einschränkung der Rentabilitätsvermutung auf den Anwendungsbereich der Vertragskosten i. e. S. (z. B.: Beurkundungs-, Maklerkosten, Transport oder Unterstellkosten).

---

sondern als eigener Anspruch – wie in § 284 BGB geschehen – ausgestaltet werden; a. A. *Hoffmann*, ZRP 2001, 347 (350), der de lege ferenda vorschlägt, die Vertragskosten im Rahmen des Rücktritts verschuldensunabhängig als Teil der Rückgewährpflicht zu verstehen.

481 Bei ideellen Aufwendungen kam von vorneherein kein materieller Schaden in Betracht.

482 MK-*Emmerich*, 4. Aufl., Bd. 2, § 280 Rn. 14 m. w. N.; grundsätzlich ablehnend und stattdessen eine Analogie zu §§ 122, 179 II BGB, 307, 309 BGB a. F. befürwortend *Rengier*, Interesse, S. 86 f.; hierzu und zu anderen Erklärungsmodellen krit. *Müller*, Aufwendungen, S. 84 ff., 115 ff.

483 RG 50, 188 (190); 58, 173 (177).

484 RG 50, 188 (190); RG, JW 1913, 595 (596); RG 127, 245 (249); krit. *Keuk*, Vermögensschaden und Interesse, S. 156 ff., da es nicht einzusehen sei, einerseits die Vorteilhaftigkeit eines guten Geschäftes zu berücksichtigen, die Nachteilhaftigkeit aber auszuklammern.

485 RG, JW 1904, 140 (140).

486 RG 127, 245 (249).

487 BGH 57, 78 (80 f.).

488 Erstmals kritisch untersucht und in seinen Grenzen und Voraussetzungen konkretisiert in BGH 99, 182 (195 ff.). Im zitierten Urteil führte die ideelle Zielsetzung zu einer Abweisung der Klage; vgl. auch BGH 114, 193 (197); AG Leipzig, NVwZ 2001, 469 (470).

489 BGH 114, 193 (199 f.); weitergehend aber BGH 136, 102 (104 f.) in einem obiter dictum; vgl. *U. Huber*, Hb. SchR, Leistungsstörungen, Bd. II, § 39 II 3, S. 271 ff.

Von vielen Seiten[490] wurde grundsätzlich vehemente Kritik an der Rentabilitätsvermutung geübt. Gegen die Rentabilitätsvermutung trug man zum einen den Kausalitätseinwand vor, der zutage förderte, dass die vor der Pflichtverletzung getätigten Aufwendungen auch ohne diese angefallen wären. Für den nicht erreichten Zweck der Aufwendungen zu haften, überschreite zum anderen die Grenze des § 253 BGB[491]. Das negative Interesse sei jedenfalls durch das positive zu limitieren[492]. Schließlich existiere „kein ökonomischer Erfahrungssatz", nach dem sich eine Investition zwangsläufig in Erträgen niederschlage[493]. Dies widerspräche auch der These von funktionierenden Märkten, die zur Renditenormalisierung führen. Vertragskosten müssten deshalb eher als lästiges, aber notwendiges Übel, denn als renditeabwerfende Investition angesehen werden. Die Berufung auf ein vertragliches Synallagma vermochte ebenso wenig zu überzeugen, wenn ein solches bei einseitig verpflichtenden Verträgen gar nicht bestand und die Aufwendungen nicht Bestandteil dieses Gegenseitigkeitsverhältnisses sein konnten.

Geht man trotz der schwerwiegenden Kritik von der Richtigkeit der Rentabilitätsvermutung aus, schließt sich die Frage an, ob diese nach der Schuldrechtsreform noch Bestand hat. Dann wäre der Ersatz zumindest von wirtschaftlichen Aufwendungen, die infolge eines Mangels nutzlos geworden sind, im Rahmen eines Schadensersatzes denkbar. Bedeutsam ist dies, weil nur alternativ zum Schadensersatz statt der Leistung dem Gläubiger die Möglichkeit offen steht, nach § 284 BGB Ersatz für Aufwendungen zu verlangen, die er vergeblich mit Blick auf den Abschluss oder die Durchführung des Vertrages gemacht hat.

---

490 Fundamentalkritik bei *Müller*, Aufwendungen, S. 50 f.; *Müller-Laube*, JZ 1995, 538 (541 ff.) jeweils m. w. N.

491 BGH 99, 182 (199); *Zeuner*, AcP 163 (1964), 380 (394).

492 Vgl. vertiefend *Müller-Laube*, JZ 1995, 538 (540). Nach *Stoll*, FS Duden, 1977, 641 (675 f.) kann der Schuldner nur bei materiellorientierten Aufwendungen die Rentabilitätsvermutung widerlegen, wohingegen dies bei immateriellen Interessen aufgrund der höheren Schutzbedürftigkeit des Gläubigers nicht möglich sei. Weiter existieren noch Erklärungsversuche mittels einer vertragsspezifisch garantierten Risikoübernahme; vgl. *E. Schmidt*, FS Gernhuber, 1993, S. 423 (428); ähnlich wohl *Wiedemann/Müller*, JZ 1992, 467 (469). Hiergegen ist aber zu Recht vorgebracht worden, dass von der Kenntnis des Schuldners bzgl. der Aufwendungen des Gläubigers nicht auf einen entsprechenden rechtsgeschäftlichen Haftungswillen geschlossen werden darf; *Müller-Laube*, JZ 1995, 538 (541). *Müller-Laube* selbst versucht den Schadensersatz wegen Nichterfüllung – und wohl auch das Erfüllungsinteresse – neu zu definieren.

493 *Müller-Laube*, JZ 1995, 538 (542).

Der Gesetzgeber führt zum Fortbestand der Rentabilitätsvermutung aus, dass es auf diese „künftig nicht mehr ankommt“[494]. Zudem sollte dem früheren Grundsatz der Widerlegbarkeit der Rentabilitätsvermutung durch die Wendung „es sei denn, deren Zweck wäre auch ohne die Pflichtverletzung des Schuldners nicht erreicht worden“ in § 284 BGB Rechnung getragen werden[495]. Angesichts der Alternativität von Schadensersatz statt der Leistung und Aufwendungsersatz aus § 284 BGB kann es im Ergebnis einen Unterschied machen, ob vergebliche Aufwendungen mittels einer Einbeziehung über die Rentabilitätsvermutung bereits Teil des Schadensersatzes statt der Leistung sind oder lediglich anstelle des Schadensersatzes statt der Leistung verlangt werden können. Infolgedessen kann der gesetzgeberische Willen nur dahingehend verstanden werden, dass die Rentabilitätsvermutung keine Anwendung mehr innerhalb des Schadensersatzes statt der Leistung findet. Dass diese Art der Schadensberechnung über die Konstruktion der Rentabilitätsvermutung, die mangels eines allgemeinen Aufwendungsersatzes im alten Recht erforderlich war, nicht mehr nötig sein soll, hat in der Literatur Zustimmung[496] aber auch Zweifel[497] ausgelöst.

Betrachtet man die durch „Anstelle“ in § 284 BGB eindeutig vorgeschriebene Alternativität zwischen Aufwendungsersatz und Schadensersatz statt der Leistung sowie den entsprechenden gesetzgeberischen Willen, kann die Rentabilitätsvermutung hinsichtlich des Ersatzes wirtschaftlicher Aufwendungen keinen Anwendungsbereich mehr haben[498]. Andernfalls wäre es möglich, die festgelegte Alternativität auszuhebeln, indem wirtschaftliche Aufwendungen durch die Rentabilitätsvermutung zum Schadensersatz statt der Leistung gezählt würden[499]. Zu überprüfen ist auch die Fiktion der Gegenleistung als Mindestschaden. Wegen § 325 BGB können Schadensersatz und Rücktritt grundsätzlich

---

[494] BT-Drs. 14/6040, S. 144.

[495] Vgl. BT-Drs. 14/6040, S. 143; i. E. schon *E. Schmidt*, FS Gernhuber, S. 423 (430).

[496] *Dauner-Lieb* in Dauner-Lieb/Heidel/Lepa/Ring, § 2, Rn. 52; *Dauner-Lieb/Arnold/Dötsch/Kitz*, Fall 33, S. 74 f.; *Rolland* in Haas/Medicus/Rolland/Schäfer/Wendtland, Kapitel 1, Rn. 30; *Faust* in Huber/Faust, Kapitel 4, Rn. 17; *Oechsler*, § 2, Rn. 227; *Otto*, Jura 2002, 1 (9); *Schellhammer*, Jura 2002, 301 (305); wohl auch *Reim*, NJW 2003, 3662 (3667).

[497] *Canaris*, JZ 2001, 499 (517), der davon ausgeht, dass „selbstverständlich die Anwendung der Rentabilitätsvermutung im Rahmen des Schadensersatzes statt der Leistung“ unberührt bleibt; ebenso LG Bonn, ZGS 2003, 477 (480); Palandt-*Heinrichs*, 63. Aufl., § 281 Rn. 23 f. m. w. N.; *Lorenz/Riehm*, Rn. 223 ff.; *Althammer*, NZM 2003, 129 (132 f.); *Grigoleit*, ZGS 2002, 122 (123).

[498] Vgl. *Meier*, Jura 2002, 118 (127).

[499] Daher fragwürdig *Lorenz/Riehm*, Rn. 226; Palandt-*Heinrichs*, 63. Aufl., § 284 Rn. 4 korrigiert dies, indem § 284 BGB nicht für wirtschaftliche Aufwendungen gelten soll. Für eine solche Eingrenzung ergeben aber weder Wortlaut, Gesetzgebungsgeschichte noch Regelungsziel des Gesetzgebers etwas her; zutreffend *Gsell* in Dauner-Lieb/Konzen/Schmidt, S. 321 (324) mit Verweis auf BT-Drs. 14/6040, S. 144 und die abweichende Beweislastverteilung; vgl. auch *Althammer*, NZM 2003, 129 (132).

kumulativ gefordert werden; ein ius variandi zwischen beiden Rechten existiert nicht mehr. Durch die Erklärung des Rücktritts kann der Gläubiger die eigene Gegenleistung selbst dann in voller Höhe zurückerhalten, wenn der Wert der Leistung geringer als derjenige der Gegenleistung sein sollte. Der Fiktion eines Mindestschadens bedarf es insoweit nicht mehr[500]. Stattdessen hat der Gläubiger die Möglichkeit, verschiedene Rechte parallel auszuüben, so dass die künstliche Erweiterung des Schadensersatzes mittels der Rentabilitätsvermutung obsolet geworden ist[501].

Gleichfalls hat die Frustrationstheorie[502], die die Entwertung der Aufwendungen als Schaden ansah und eine Vermögenseinbuße annahm, eine Absage erhalten. Vergeblichen Aufwendungen fallen unter Zugrundelegung der Differenzhypothese nicht adäquat kausal durch die Mangelhaftigkeit an, sondern wären ohnehin entstanden. Das Merkmal der Unfreiwilligkeit des Schadens sollte jedoch gegeben sein, da die Nutzlosigkeit der Aufwendung nicht gewollt war[503]. Gegen diese These wurde aber schon früher eingewandt, dass das wirklich Unfreiwillige die Unerreichbarkeit des mit der Aufwendung erstrebten Zieles und somit ein gem. § 253 BGB a. F. nicht ersatzfähiger immaterieller Schaden sei[504]. Überdies würde ein Fortbestand der Frustrationstheorie im neuen Recht ebenfalls zu einer systemwidrigen Untergrabung der in § 284 BGB angeordneten Alternativität führen, so dass ihr unter diesem Gesichtspunkt nicht gefolgt werden kann. Somit sind Aufwendungen, die im Vertrauen auf den Erhalt der Leistung getätigt wurden, unter keinem Gesichtspunkt als Schaden einzuordnen bzw. im Zuge eines Schadensersatzes statt der Leistung zu ersetzen. Ihr Ersatz

---

500 *Faust* in Huber/Faust, Kapitel 4, Rn. 17; a. A. wohl Westermann-*Schultz*, S. 71, der Gläubiger „erhält, wenn er Schadensersatz statt der Leistung fordert, nicht mehr als den gezahlten Kaufpreis zurück, aber auch nicht weniger".

501 Das sehr weite, alte Verständnis des eher eng formulierten Begriffs der Vertragskosten wird nur verständlich, wenn man sich die Alternativität zwischen Wandelung und Schadensersatz im alten Recht vergegenwärtigt. Da eine solche strenge Alternativität eingedenk des § 325 BGB nicht mehr besteht, könnte nunmehr eine Begrenzung auf die Vertragskosten i. e. S. erfolgen.

502 *V. Tuhr*, AT I, S. 320, N. 33a; *Esser/Schmidt*, SchR AT/2, § 31 III, S. 194 ff. m. w. N.; *Löwe*, NJW 1964, 701 (704); einschränkend *Larenz*, FG Oftinger, S. 151 (152 ff.); *ders.*, VersR 1963, 312 (313); *E. Schmidt*, FS Gernhuber, 1993, S. 423 (430); *ders.*, JuS 1980, 636 (638 ff.); *Bötticher*, VersR 1966, 301 (309 f.); krit. *Müller*, Aufwendungen, S. 54 ff. m. w. N.; gegen die Frustrationstheorie MK-*Oetker*, 4. Aufl., Bd. 2, § 249 Rn. 43 ff.; Palandt-*Heinrichs*, 63. Aufl., Vorb v § 249 Rn. 33; Soergel-*Mertens*, 12. Aufl., Vor § 249 Rn. 95 ff.

503 *Larenz*, VersR 1963, 312 (313); zustimmend *Löwe*, NJW 1964, 701 (704).

504 *Zeuner*, AcP 163 (1964), 380 (389 f., 394); *Bötticher*, VersR 1966, 301 (309 f.).

fällt ausschließlich in den Bereich des § 284 BGB, der gerade alternativ zum Schadensersatz statt der Leistung begehrt werden kann[505].

Da der entgangene Gewinn nicht im Rahmen des Aufwendungsersatzes nach § 284 BGB ersatzfähig ist[506], steht der Gläubiger mit der hier vertretenen Ansicht in manchen Fällen fortan schlechter als vor der Schuldrechtsreform im Zuge der Rentabilitätsvermutung. Angesichts des Alternativverhältnisses zwischen dem Schadensersatz statt der Leistung und dem Aufwendungsersatz kann nicht mehr beides zusammen verlangt werden. Diese Kombination stellte aber schon im alten Recht eine Verquickung unterschiedlicher Interessen dar, die der Gesetzgeber nun aufgehoben hat.

VII. Der Haftungsschaden

Schon im Bongossiholzfall[507] entstand dem Gläubiger ein zusätzlicher Schaden, weil er von einem Dritten wegen der Weiterleitung der mangelhaften Sache auf Schadensersatz in Anspruch genommen wurde. Solche Ansprüche eines Dritten gegen den Gläubiger können aus der Weiterleitung oder Verwendung der mangelhaften Sache, aber auch aus der Verursachung von Güter- und Körperschäden bei einem Dritten resultieren. Der Gesetzgeber[508] hat entsprechende Haftungsschäden ohne jedwede Differenzierung als über § 280 I BGB ersatzfähigen Mangelfolgeschaden angesehen. Die aktuelle Literatur weist eine zwiespältige Haltung auf[509].

Hält man sich an das entscheidende Abgrenzungskriterium, das in dem verletzten Interesse liegt, müssen mehrere Fälle unterschieden werden: Der geschädigte Dritte kann seinerseits gegenüber dem Gläubiger Schadensersatz wegen der

---

505 Kumulativ zu § 284 BGB sind allerdings der Schadensersatz abseits der Leistung sowie der Rücktritt möglich; ebenso *Faust* in Huber/Faust, Kapitel 4, Rn. 48 ff.; *Reim*, NJW 2003, 3662 (3667). Zur Problematik der Ersatzfähigkeit von nutzlosen Aufwendungen infolge eines Mangels vgl. auch *Arnold/Dötsch*, BB 2003, 2250 (2251 ff.).

506 *Dauner-Lieb* in Dauner-Lieb/Heidel/Lepa/Ring, § 2, Rn. 56; *Ehmann/Sutschet*, § 4, V., S. 121; *Canaris*, JZ 2001, 499 (507, 517); *Münch*, Jura 2002, 361 (372, Fn. 100); *Otto*, Jura 2002, 1 (9); *Reim*, NJW 2003, 3662 (3664); *Zimmer*, NJW 2002, 1 (10); vgl. auch BT-Drs. 14/6040, S. 144.

507 RG, DR 1941, S.637 (637 ff.). Hier musste ein Zimmermeister Schadensersatz und gleichzeitig erneut die Primärleistung erbringen, weil die gelieferten Bongossiholzplatten entgegen der Vertragsvereinbarung nicht hinreichend ausgetrocknet waren und nach der Verlegung Fugen bildeten.

508 Vom Gesetzgeber allerdings zur alten Rechtslage als Mangelfolgeschaden eingeordnet; BT-Drs. 14/6040, S. 87.

509 Der Rechtsprechung folgend Palandt-*Heinrichs*, 63. Aufl., § 280 Rn. 18; a. A. und generell als Teil des Schadensersatzes statt der Leistung eingeordnet von *v. Wilmowsky*, JuS 2002, Beil. zu H. 1, 1 (10, 25).

Verletzung seines Erhaltungsinteresses oder seines Erfüllungsinteresses verlangen. Welches Interesse zwischen Gläubiger und Drittem verletzt wurde, richtet sich ausschließlich nach deren Rechtsverhältnis. Besteht zwischen geschädigtem Dritten und Gläubiger kein Schuldverhältnis, kann nur das Erhaltungsinteresse des Dritten betroffen sein. Des Weiteren muss festgestellt werden, worauf die Rechtsverletzung des Dritten beruht und ob dies im Verhältnis Schuldner und Gläubiger für letzteren eine Verletzung des Erfüllungs- oder des Erhaltungsinteresses darstellt. Die betroffenen Interessen sind zwar regelmäßig, aber nicht zwangsläufig gleich. Deswegen kann der Haftungsschaden im Verhältnis Gläubiger und Schuldner nicht allein danach eingeordnet werden, welches Interesse der Gläubiger gegenüber dem Dritten verletzt hat[510].

Veranschaulicht werden soll das an folgendem Beispielsfall[511]: D kauft bei G ein schlüsselfertiges Haus. G beauftragt zur Erstellung des Hauses mehrere Subunternehmer. Der Elektriker S verlegt schlampig diverse Kabel, die nach Übereignung des fertig gestellten Hauses an D einen Kabelbrand verursachen und das Parkett beschädigen. Hinsichtlich des Schadens am Parkett ist zwischen G und dem Elektriker das Erhaltungsinteresse betroffen, da der Schaden nichts mit der Erfüllung der geschuldeten Leistung zu tun hat. Zwischen D und G hingegen ist das Erfüllungsinteresse betroffen, da von G das Haus insgesamt, also auch mit Verlegung des Parketts geschuldet war. Macht nun D gegenüber G wegen des Parketts gem. §§ 280, 281 BGB Schadensersatz statt der Leistung nach erfolgloser Fristsetzung zur Nacherfüllung geltend, kann G diesen Schaden nur als Verletzung seines Erhaltungsinteresses von S liquidieren. Eine Nacherfüllung des S hätte keinerlei Einfluss auf das Parkett. Deshalb wäre eine entsprechende Fristsetzung vor Verlangen des Schadensersatzes sinnlos. S haftet dem G aus § 280 I BGB auf Ersatz des Haftungsschadens wegen der Beschädigung des Parketts. Verlangt D von G hingegen Nacherfüllung wegen der schlampig verlegten Kabel, kann G diesen Haftungsschaden nur als Schadensersatz statt der Leistung von S verlangen. Denn sowohl im Verhältnis zwischen D und G als auch zwischen G und S ist insofern das Erfüllungsinteresse betroffen. Das heißt, G muss S zuvor eine angemessene Frist zur Nacherfüllung der Elektroarbeiten geben.

Es kommt mit der vorgeschlagenen Formel zur Bestimmung des Erfüllungsinteresses darauf an, ob eine logische Sekunde nach Schadenseintritt der Haftungsschaden durch eine hypothetische Nacherfüllung noch beseitigt werden kann. Dies ist nur der Fall, wenn der Schaden beim Dritten auf einer Verletzung

---

510 So *Rengier*, Interesse, S. 81 ff.; wohl auch *Todt*, BB 1971, 680 (684); einschränkend allerdings *Todt*, Schadensersatzansprüche, S. 148, Fn. 412.

511 Aus der Rechtsprechung vergleiche BGH 35, 130; BGH, NJW 1969, 838 (839); BGH, NJW 1972, 625 (625).

des Erfüllungsinteresses des Gläubigers gegenüber dem Schuldner beruht. Resultiert der Schaden des Dritten wie in obigem Beispiel auf einer Verletzung des Erhaltungsinteresses des Gläubigers, stellt demzufolge auch der entsprechende Haftungsschaden eine Verletzung des Erhaltungsinteresses dar (unabhängig davon, ob im Rechtsverhältnis zum Dritten das Erfüllungsinteresse betroffen ist).

Andererseits ist der Haftungsschaden, der auf einer Verletzung des Erfüllungsinteresses des Gläubigers resultiert, ebenfalls eine Verletzung des Erfüllungsinteresses. Beispielhaft sei für diesen Fall der einfache Weiterverkauf einer mangelhaften Sache vom Käufer an einen Dritten genannt. Der Dritte verlangt vom Käufer den Minderwertschaden, den der Käufer als Verletzung des Erfüllungsinteresses vom Verkäufer verlangen kann. Gleiches gilt für eine etwaige Vertragstrafe innerhalb der Käuferkette, die für den Fall einer mangelhaften Lieferung vorgesehen ist.

Damit der Regress im Ergebnis reibungslos funktioniert[512], muss die Fristsetzung schließlich für den letzten denkbaren Fall, in dem das Erfüllungsinteresse des Gläubigers, aber das Erhaltungsinteresse eines Dritten betroffen ist, gem. § 281 II 2. Fall BGB entbehrlich sein, da der Haftungsschaden durch die Nacherfüllung nicht mehr beseitigt werden kann[513].

Das Verhältnis zwischen Gläubiger und Dritten hat für die Frage des verletzten Interesses daher in keiner Konstellation eine Aussagekraft[514]. Es müsste auch sehr verwundern, wenn das Erfüllungsinteresse als Interesse einer Partei an einer vertraglichen Erfüllung vom Abschluss eines weiteren Vertrages abhängen soll. Der Haftungsschaden kann also nicht pauschal verstanden werden, sondern ist ein Mangelschaden, wenn er auf einer Verletzung des Erfüllungsinteresses des Gläubigers beruht, aber ein Mangelfolgeschaden, wenn er auf einer Verletzung seines Erhaltungsinteresses basiert.

VIII. Der Sachgüterschaden

Die mangelhafte Leistung kann über den Vertragsgegenstand hinaus weitere Gegenstände des Gläubigers selbst oder solche Dritter beschädigen oder zerstören[515]. Im Regelfall wird ein solcher Sachgüterschaden durch die Verwen-

---

512 Vgl. schon RG 103, 77 (79); BGH, MDR 1955, 31 (31 f.).

513 Wird zum Beispiel ein Auto mit einer defekten Bremse verkauft, infolgedessen der Käufer einen Dritten anfährt und verletzt, kann eine Nacherfüllung durch den Verkäufer nicht mehr den Schaden in Form der Behandlungskosten beseitigen.

514 Unzutreffend insofern *Rengier*, Interesse, S. 81; *Todt*, Schadensersatzansprüche, S. 147 f.

515 Vgl. beispielhaft aus der Rechtsprechung BGH, BB 1965, 307 (307 f.).

dung des Vertragsgegenstandes entstehen wie in dem plastischen, reichsgerichtlichen Fall[516] einer mangelhaften Kühlanlage, die so schwach kühlte, dass das eingelagerte Fleisch verdarb. Werden Güter des Gläubigers beschädigt, kann man insofern von einem Eigensachgüterschaden sprechen. Werden andererseits Sachgüter eines Dritten beeinträchtigt, handelt es sich um einen Fremdsachgüterschaden[517]. Nicht nur der Wertverlust, den die Sache aufgrund der Beschädigung erleidet, sondern auch alle mittelbaren Schäden, die infolge dessen eintreten wie z. B. Reparaturaufwendungen, Deckungsgeschäfte oder der entgangene Gewinn (als Vermögensfolgeschaden), sind zu dieser Kategorie des Sachgüterschadens zu zählen. Solche Sachgüterschäden werden durch eine Nacherfüllung nicht beeinflusst. Selbst wenn der Schuldner unmittelbar nach Schadenseintritt ordnungsgemäß nacherfüllt, bleibt der Schaden an den Sachgütern bestehen. Seine Pflicht zur Nacherfüllung umfasst nämlich nur, die Erfüllung vollständig herbeizuführen, und wird durch zusätzlich auftretende Schäden nicht auf deren Beseitigung erweitert[518]. Die neben dem Vertragsgegenstand bestehenden Sachgüter hängen daher in keiner Weise mit der Erfüllung und deren Interesse zusammen. Stattdessen wird das Interesse des Gläubigers verletzt, dass seine unabhängig vom Vertrag existierenden Rechtsgüter unversehrt bleiben. Mithin ist der Sachgüterschaden eine Verletzung des Erhaltungsinteresses[519]. Es ist ein Schaden, der lediglich eine Folge des Mangelschadens ist, aber nicht naturgemäß mit diesem zusammenhängt. Dies erklärt, warum er schon nach alter Rechtslage einhellig als Mangelfolgeschaden eingeordnet wurde[520].

IX. Der Körperschaden

Ebenfalls denkbar ist, dass durch die Mangelhaftigkeit des Vertragsgegenstandes ein Körperschaden entsteht. Die mangelhafte Leistung kann beim Gläubiger oder einem Dritten eine Körperverletzung bis hin zur Tötung verursachen. Die Kosten für Arzt, Krankenhaus oder Beerdigung gehören ebenso wie alle anderen auf dem Körperschaden basierenden Schäden, die eine solche vorherige Verletzung voraussetzen, zum Typus des Körperschadens. Beispiele aus der früheren Rechtsprechung gibt es viele[521]. Vergleichbar mit dem Sachgüterschaden wird auch der Körperschaden durch eine Nacherfüllung nicht beseitigt oder beeinflusst. Über das Erfüllungsinteresse hinaus ist das Interesse am Erhalt der Unversehrtheit des Körpers als Teil des

516 RG 71, 173 (174).

517 Vgl. *Todt*, Schadensersatzansprüche, S. 137.

518 Vgl. 3. Kapitel, C., IV., S. 97 f.

519 Statt aller *Faust* in Huber/Faust, Kapitel 3, Rn. 218; *Oetker/Maultzsch*, S. 100 f.

520 Statt aller *Larenz*, SchR BT/1, § 41 II c) 3, S. 61; *Todt*, Schadensersatzansprüche, S. 146 f. m. w. N.

521 Vgl. etwa RG 163, 21 (22); RG, DR 1940, 1293 (1293).

Erhaltungsinteresses verletzt. Ein solcher Körperschaden ist ein Mangelfolgeschaden[522].

X. Der Verzögerungsschaden

Eine besondere Rolle im neuen System des Schadensersatzes nimmt der Verzögerungsschaden ein. Bisher wurden die verschiedenen Schadenstypen im Spannungsverhältnis von § 280 I BGB und dem Schadensersatz statt der Leistung mittels der Abgrenzung zwischen Erfüllungs- und Erhaltungsinteresse eingeordnet. Zu erörtern bleibt die Frage, welche Funktion daneben der Ersatz für den Verzögerungsschaden wegen mangelhafter Leistungen hat. Die Antwort soll anhand eines bereits lebhaft diskutierten[523] und der Regierungsbegründung[524] entspringenden Beispiels erläutert werden. Ein Verkäufer liefert eine mangelhafte Maschine, infolge deren Mangelhaftigkeit sich die Inbetriebnahme verzögert. Daraus resultiert beim Käufer ein Betriebsausfallschaden in Form von Nutzungsausfall.

Der Gesetzgeber hat an dieser Stelle wie auch in der ganzen Regierungsbegründung auf eine eindeutige Definition des Verzögerungsschadens verzichtet[525]. Deshalb verleitet die angerissene Lösung[526] des in der Regierungsbegründung dargestellten Beispiels zu Rückschlüssen auf allgemeine Vorgaben für den Verzögerungsschaden. Subsumiert man unter die gängige Formel für den Verzugsschaden, wonach der Gläubiger so zu stellen ist, wie er bei rechtzeitiger Leistung stünde[527], wäre der Betriebsausfallschaden bei rechtzeitiger Leistung nicht entstanden. Mithin müsste es sich unter den Voraussetzungen des Verzugs um einen ersatzfähigen Verzögerungsschaden handeln. Gleichzeitig ist der Ausfallschaden eine Ausprägung des verletzten Erfüllungsinteresses und daher, wie gezeigt[528], als Teil des Schadensersatzes statt der

---

[522] Statt aller *Larenz*, SchR BT/1, § 41 II c) 3, S. 61; *Todt*, Schadensersatzansprüche, S. 147.

[523] *Wolff* in Hoeren/Martinek, § 437 Rn. 56; *Büdenbender* in Dauner-Lieb/Heidel/Lepa/Ring, § 8, Rn. 65 f.; *Dauner-Lieb* in Dauner-Lieb/Heidel/Lepa/Ring, § 2, Rn. 44; *Ehmann/Sutschet*, § 7, VII., S. 210 f.; *Faust* in Huber/Faust, Kapitel 3, Rn. 223; *P. Huber* in Huber/Faust, Kapitel 13, Rn. 106 ff.; *Lorenz/Riehm*, Rn. 546; *Dauner-Lieb/Dötsch*, DB 2001, 2535 (2536 ff.); *Medicus*, JuS 2003, 521 (528); *Petersen*, Jura 2002, 461 (462 f.); *v. Wilmowsky*, JuS 2002, Beil. zu H. 1, 1 (20).

[524] BT-Drs. 14/6040, S. 225.

[525] Vgl. BT-Drs. 14/6040, S. 145, 136.

[526] *Dauner-Lieb* meint in Dauner-Lieb/Heidel/Lepa/Ring, § 2, Rn. 35: „Die wolkige Formulierung der Begründung des Regierungsentwurfs indiziert bereits die geringe gedankliche Durchdringung".

[527] BGH, WM 1964, 1168 (1169); MK-*Thode*, 4. Aufl., Bd. 2, § 286 Rn. 8; Palandt-*Heinrichs*, 61. Aufl., § 286 Rn. 5; Staudinger-*Löwisch*, 14. Aufl., § 286 Rn. 13.

[528] 3. Kapitel, D., IV., S. 108 ff.

Leistung liquidierbar. Erinnert man sich nun noch an die Exklusivität der Anspruchsgrundlagen in § 280 II BGB für den Verzögerungsschaden und § 280 III BGB für den Schadensersatz statt der Leistung[529], verwundert eine solche Parallelität sehr.

Da das BGB nunmehr in § 433 I 2 BGB die Mangelfreiheit einer Kaufsache zum Inhalt der Leistungspflicht erklärt, liegt in der Lieferung einer mangelhaften Sache neben der Schlechtleistung zugleich immer eine Verzögerung der geschuldeten mangelfreien Leistung[530]. Diese Problematik[531] hat den Nährboden für zahlreiche Meinungen geboten, wie die Anwendungsbereiche vom Schadensersatz statt der Leistung und Verzögerungsschaden harmonieren.

1. Die Ansicht des Gesetzgebers

Der Gesetzgeber[532] erhält die Exklusivität der Anspruchsgrundlagen, indem er davon ausgeht, dass der Verzögerungsschaden im Bereich einer mangelhaften Leistung nur für die Verzögerung mit der Nacherfüllung gelten soll, also z. B. für Rechtsverfolgungskosten einer Nacherfüllung. Die Schäden, die allein dadurch entstanden sind, dass der Käufer zu dem für die eigentliche Lieferung vereinbarten Zeitpunkt nur eine mangelhafte Leistung erhalten hat, sollen nicht erfasst sein. Der Verweis des § 437 Nr. 3 BGB auf § 280 II BGB solle nämlich keine Bedeutung haben, soweit „die Pflichtverletzung im Sinne des § 280 Abs. 1 Satz 1 RE darin liegt, dass der Verkäufer entgegen seiner vertraglichen Verpflichtung aus § 433 Abs. 1 Satz 2 RE eine mangelhafte Sache geliefert hat." Eine Anwendung des § 286 BGB sei insoweit in § 280 I BGB nicht vorgesehen. Für den mangelbedingten Nutzungsausfall im dargestellten Beispiel soll § 286 BGB daher nicht zur Anwendung kommen; ein Ersatz ergebe sich unmittelbar aus § 280 I BGB[533].

Das gesetzgeberische Modell erscheint nicht nur aus den bereits aufgeführten Gründen, die gegen einen Ersatz des Ausfallschadens über § 280 I BGB sprechen[534], sondern insbesondere wegen der für den Verzögerungsschaden

[529] Vgl. 3. Kapitel, C., II., S. 92; 3. Kapitel, A., I., 2., b), cc), S. 51 f.

[530] *Dauner-Lieb* in Dauner-Lieb/Heidel/Lepa/Ring, § 2, Rn. 45; *Dauner-Lieb* in Ernst/Zimmermann, S. 305 (311); *Ehmann/Sutschet*, § 4, V., S. 106; vgl. auch *Gsell*, JJZiRW 2001, S. 105 (110); *Ernst/Gsell*, ZIP 2001, 1389 (1392 f.).

[531] Im alten Recht war das Problem in ähnlicher Weise aus dem Werkvertragsrecht bekannt, wurde aber nur rudimentär diskutiert; vgl. *Götz*, JuS 1986, 14 ff. mit krit. Anmerkung zu BGH, NJW 1985, 381.

[532] BT-Drs. 14/6040, S. 225.

[533] Ebenso i. E. Palandt-*Heinrichs*, 63. Aufl., § 280 Rn. 18; *Haas* in Haas/Medicus/Rolland/Schäfer/Wendtland, Kapitel 5, Rn. 236; Westermann-*Maifeld*, S. 267; *Reischl*, JuS 2003, 250 (251) sowie alle Anhänger der neuen Identitätslehre; vgl. 3. Kapitel, C., I., S. 85 ff.

[534] 3. Kapitel, D., IV., 1., S. 111 ff.

vorgenommenen Zweiteilung zweifelhaft. Der Gesetzgeber sieht nur für den Verzug mit der Erfüllung oder Nacherfüllung ein unterschiedliches Haftungsregime vor. Einheitlich wird hingegen die Nichtleistung für Erfüllungsanspruch und Nacherfüllungsanspruch nach den §§ 281 ff., 311a II BGB behandelt. Die Ursache für diese Differenzierung könnte darin liegen, dass im Unterschied zur vollständigen Nichtleistung der Empfänger einer mangelhaften Leistung keine Veranlassung zu einer Mahnung hat, solange der Mangel nicht erkennbar ist. Auf einem vor einer Mahnung entstandenen, ebenfalls nicht erkennbaren Schaden bliebe der Gläubiger also sitzen, wenn ein solcher nur gem. §§ 280 II, 286 BGB ersatzfähig wäre. Nach der gesetzgeberischen Lösung könnte er hingegen Ersatz nach § 280 I BGB begehren. Die Situation, dass weder der Mangel noch der entstehende Schaden, der einen Rückschluss auf den Mangel zulässt, für den Gläubiger erkennbar ist, muss allerdings als Ausnahme beurteilt werden, die die grundsätzliche Einordnung eines Verzögerungsschadens infolge der mangelhaften Leistung nicht beeinflussen sollte. Außerdem befindet sich die mangelhafte Sache in der Sphäre des Gläubigers, der im Unterschied zum Schuldner die Möglichkeit hat, die Sache auf auftretende Mängel und daraus resultierende Schäden zu überprüfen. Sind vorhandene Mängel nicht erkennbar und unterlässt der Gläubiger infolgedessen eine Mahnung, kann er daraus entstandene Verzögerungsschäden nicht ersetzt verlangen. Solche Schäden fallen in seine wirtschaftliche Risikosphäre und sind von ihm zu tragen. Das Ausmaß dieses Risikos sollte nicht überschätzt werden, da der Gläubiger nach Entdeckung des Mangels Nacherfüllung verlangen kann und der Schuldner für Verletzungen des Erhaltungsinteresses unmittelbar nach § 280 I BGB haftet.

Der Argumentation[535], § 437 BGB verweise nicht auf § 286 BGB, daher solle es keinen Verzug mit einer mangelhaften Leistung geben, muss entgegengehalten werden, dass ein expliziter Verweis auf § 280 BGB besteht, der nach dem Willen des Gesetzgebers auch den Verzug (zumindest mit der Nacherfüllung) regeln sollte. Dem erwidern zwar Stimmen in der Literatur[536], dass nach einem solchen Verständnis die Aufführung der §§ 281, 283 BGB überflüssig gewesen wäre und § 437 BGB gerade nicht ein bloßer Rechtsgrundverweis sei. Die Zweifelhaftigkeit der Aufzählung in den Verweisen der §§ 437, 634 BGB wird indes noch an anderer Stelle zu belegen sein[537]. Sollte der Verweis von § 437 Nr. 3 BGB nicht § 280 II BGB einbeziehen, hätte der Gesetzgeber wohl genauer § 280 I, III BGB geschrieben. Ein fehlender Verweis auf § 280 II BGG würde zudem die Frage aufwerfen, ob für den Anspruch wegen Verzugs mit der Nacherfüllung die kaufrechtlichen Spezialregelungen der §§ 442, 445 BGB

535 So *Gsell*, JJZiRW 2001, S. 105 (107); vgl. BT-Drs. 14/6040, S. 225.
536 *Lorenz/Riehm*, Rn. 546.
537 Siehe 5. Kapitel, C., III., 2., b), aa), S. 268 ff.

sowie die kaufrechtliche Verjährung nach § 438 BGB gelten sollen[538]. Außerdem gilt es zu berücksichtigen, dass § 286 BGB nur die Voraussetzungen des Verzugs normiert und keine Anspruchsqualität i. S. d. § 194 I BGB aufweist. Lediglich § 280 II BGB ist eine Anspruchsgrundlage i. S. d. § 194 I BGB. §§ 281, 283 BGB sind demgegenüber ebenfalls Anspruchsgrundlagen in Verbindung mit § 280 I BGB. Dieses Kriterium könnte die Aufführung in § 437 Nr. 3 BGB erklären.

Für die vom Gesetzgeber vorgeschlagene Zweiteilung gibt es weder überzeugende Anhaltspunkte im Gesetz, noch ist sie dogmatisch schlüssig, wenn man bedenkt, dass der Nacherfüllungsanspruch ein modifizierter Erfüllungsanspruch ist[539]. Den mangelbedingten Nutzungsausfall könnte der Gläubiger bis zur Entstehung des Nacherfüllungsanspruchs unmittelbar nach § 280 I BGB geltend machen. Nach Entstehung des Nacherfüllungsanspruchs wäre allerdings plötzlich § 286 BGB zwar für die Verzögerung der Nacherfüllung, nicht aber für den mangelbedingten Nutzungsausfall relevant. Soll die Ersatzmöglichkeit für Nutzungsausfall daher nicht abrupt enden und der Gläubiger insofern rechtlos gestellt werden, könnte die Ansicht des Gesetzgebers auf eine wohl kaum beabsichtigte Parallelität von Erfüllungsanspruch und Nacherfüllungsanspruch hinauslaufen. Der Erfüllungsanspruch muss aber angesichts der Modifikationen des Nacherfüllungsanspruchs in diesen übergehen. Genannt sei beispielhaft die Verjährung. Der Erfüllungsanspruch verjährt nach allgemeinen Regeln, wohingegen für den kaufrechtlichen Nacherfüllungsanspruch die Sonderverjährung des § 438 BGB besteht. Bestünden beide Ansprüche parallel, könnte der Gläubiger stets die kürzere Frist umgehen. Konsequenz der gesetzgeberischen Lösung ist jedenfalls einerseits eine Haftung für den Verzögerungsschaden infolge der mangelhaften Nacherfüllung nur unter den Voraussetzungen des Verzugs und andererseits eine Haftung ohne Fristsetzungs- und Fälligkeitserfordernis für den Verzögerungsschaden infolge einer mangelhaften Erfüllung. Warum aber sollte der Ersatz für den Verzögerungsschaden bei der Nacherfüllung an engere Voraussetzungen gekoppelt werden?

---

[538] Da der Anspruch auf Nacherfüllung gem. § 438 I Nr. 3, II BGB regelmäßig zwei Jahre nach Ablieferung verjährt, besteht für den Verkäufer Rechtssicherheit, wenn § 438 BGB auch für Schäden infolge des Verzugs mit der Nacherfüllung Anwendung findet. Andernfalls hätte der Käufer ab Kenntnis vom Anspruch gem. § 195 BGB 3 Jahre zur Geltendmachung Zeit. Damit läge bei Nichtanwendung des § 438 BGB auf Schadensersatzansprüche wegen des Verzugs mit der Nacherfüllung im Gegensatz zu den anderen mangelbedingten Schadensersatzansprüchen ein unkalkulierbarer, divergierender Anknüpfungspunkt für den Verjährungsbeginn und eine verlängerte Verjährungsfrist vor.

[539] Siehe 3. Kapitel, A., I., 2., b), aa), S. 45 f.; 3. Kapitel, C., IV., S. 97 f.

Diese Aufteilung hätte zudem zur Folge, dass eine Verzögerung des Beginns der Nacherfüllung vorteilhaft für den Gläubiger wäre. Er könnte bis dahin mit der Einschränkung des § 254 BGB bis zur Grenze des § 242 BGB ohne besondere Voraussetzungen Ersatz für Nutzungsausfall aus § 280 I BGB fordern. Der Schuldner müsste ohne Chance zur zweiten Andienung einen Schaden ersetzen, der durch eine rechtzeitige Nacherfüllung hätte beseitigt werden können. Diese widerspricht sowohl dem Sinn der Fristsetzung in § 281 BGB als auch der Grundidee des Verzugs, dass der Schuldner vor den Voraussetzungen eines Verzugs und einer entsprechenden Warnung durch eine Mahnung nicht haften soll. Der Gläubiger würde zu einem Hinausschieben der Fristsetzung zur Nacherfüllung verleitet werden und zusätzliche Abgrenzungsschwierigkeiten wären vorprogrammiert[540]. Überdies ist § 280 I BGB Schadensersatz für das unabhängig von der Erfüllung bestehende Interesse, wohingegen der Verzögerungsschaden das Interesse an der rechtzeitigen Erfüllung betrifft. Die gleichzeitige Verletzung beider Interessen durch eine Schadensposition schließt sich denklogisch aus. Die Zuordnung des Schadens zu § 280 BGB infolge des Mangels oder zu §§ 280 II, 286 BGB erscheint deshalb nicht nur schwer zu treffen, sondern widersprüchlich.

Die zustimmenden Vertreter in der Literatur[541] können die gesetzgeberische Lösung ebenfalls nicht konsistent durchhalten. Lorenz/Riehm[542] befürworten angesichts der Exklusivität der Anspruchsgrundlagen gem. § 280 II, III BGB eine strikte tatbestandliche Trennung von Verzögerungsschaden und Schadensersatz statt der Leistung im allgemeinen Schuldrecht[543]. Der Verzögerungsschaden umfasse alle Schäden, die infolge der Verzögerung der Leistung entstanden seien[544], wobei der Verzug gem. § 281 IV BGB, § 275 BGB oder

540 Diese räumen *Lorenz/Riehm*, Rn. 547 selbst ein; vgl. *Haas* in Haas/Medicus/Rolland/Schäfer/Wendtland, Kapitel 5, Rn. 247, nach dem praktisch „kein Unterschied hinsichtlich der ersten Phase (nach Lieferung der mangelhaften Sache) und der zweiten Phase (Verzögerung der Nacherfüllung)" besteht.

541 MK-*Ernst*, 4. Aufl., Bd. 2a, § 280 Rn. 71; Palandt-*Putzo*, 63. Aufl., § 437 Rn. 36; *Lorenz/Riehm*, Rn. 546 f.; *Haas* in Haas/Medicus/Rolland/Schäfer/Wendtland, Kapitel 5, Rn. 246; *Canaris*, ZIP 2003, 321 (326); *Gruber*, JJZiRW 2001, S. 187 (199); *Reischl*, JuS 2003, 250 (251); *Roth*, JZ 2001, 543 (547); wohl auch *Medicus*, BR, Rn. 299.

542 *Lorenz/Riehm*, Rn. 287 ff.

543 Nicht konsequent eingehalten wird die strikte Trennung, insofern der weitere Verzögerungsschaden nach Beendigung des Verzugs (z. B. wegen § 281 IV, 275 BGB) in den Schadensersatz statt der Leistung einberechnet werden soll. Im Ergebnis muss dies auch nach hier vertretener Ansicht so sein, da der Gläubiger sonst nie Schadensersatz statt der Leistung verlangen würde. Es zeigt aber die Anfälligkeit der vorgeschlagenen Lösung. Die Komplikationen eines strengen Ausschlusses einer potenziellen Zuordnung sowohl zum Verzögerungsschaden als auch zum Schadensersatz statt der Leistung verdeutlicht am besten das von *Lorenz/Riehm*, Rn. 289 selbst aufgeführte Beispiel.

544 *Lorenz/Riehm*, Rn. 288.

infolge Rücktritts beendet werden könne[545]. Demgegenüber betreffe der Schadensersatz statt der Leistung einzig die Schäden, die infolge des endgültigen Ausbleibens der Leistung entstanden seien[546]. Eine Schnittstelle zwischen diesen beiden Schadensersatzformen existiere nicht. Davon abweichend schließen sich Lorenz/Riehm aber für die Mängelhaftung der gesetzgeberischen Lösung an, was zu einem offensichtlichen Widerspruch mit der durch das allgemeine Schuldrecht geregelten schlichten Nichtleistung führt. Diese Widersprüche als „Konsequenz der zum Gesetz gewordenen Erfüllungstheorie“[547] auszumachen, obwohl stringentere Lösungen mit der Gesetzessystematik vereinbar sind, ist bedenklich. Für unbehebbare Mängel bleibt ihnen zwangsläufig nichts anderes übrig, als Schäden infolge der mangelhaften Leistung mit in den Schadensersatz statt der Leistung einzubeziehen und mangels Verzug auf eine Sonderregelung für die Verzögerung mit der Nacherfüllung zu verzichten[548].

Eine Erklärung für die obskure Lösung des Gesetzgebers kann schließlich im Entstehungsprozess der Schuldrechtsreform gefunden werden. Eine Sonderregelung für die Verzögerung mit der Nacherfüllung fand sich mit einer ausdrücklichen entsprechenden Formulierung in § 440 II DE, 441 II KE. Obwohl die Bezugnahme auf die Nacherfüllung im Laufe des Gesetzgebungsverfahrens entfallen ist, kopierte die Regierungsbegründung ohne Scheu die Ausführungen zum Kommissionsentwurf[549]. Mit der Streichung einer gesetzlichen Bezugnahme auf die Verzögerung mit der Nacherfüllung ist allerdings das Fundament der gesetzgeberischen Lösung mittels einer Zweiteilung zwischen Verzug mit der Erfüllung einerseits und Verzug mit der Nacherfüllung andererseits zusammengebrochen

2. Die Ansicht von Dauner-Lieb

Nach Meinung von Dauner-Lieb[550], die schnell weite Verbreitung in der Literatur gefunden hat, ist der Nutzungsausfall im obigen Beispiel grundsätzlich als

545 *Lorenz/Riehm*, Rn. 289.

546 Trotzdem soll der Schadensersatz gem. § 280 I BGB in den Schadensersatz statt der Leistung einbezogen werden können; *Lorenz*, NJW 2002, 2497 (2504). Dadurch wird die Ausgangsposition einer strikten Trennung von der Rechtsfolgeseite grundlos verlassen.

547 *Lorenz/Riehm*, Rn. 547.

548 Vgl. *Lorenz/Riehm*, Rn. 538, 346.

549 Vgl. Abschlußbericht, S. 223 und BT-Drs. 14/6040, S. 225.

550 *Dauner-Lieb* in Dauner-Lieb/Heidel/Lepa/Ring, § 2, Rn. 44 f.; *Arndt/Dötsch*, BB 2003, 2250 (2253); *Dauner-Lieb/Dötsch*, DB 2001, 2535 (2537); zustimmend *Faust* in Huber/Faust, Kapitel 3, Rn. 223; *Oetker/Maultzsch*, S. 98, Fn. 362; *Büdenbender*, DStR 2002, 312 (318); *Fliegner*, JR 2002, 314 (322); wohl auch *Petersen*, Jura 2002, 461, (463); *Wieser*, JR 2002, 269 (270); widersprüchlich *Büdenbender* in Dauner-Lieb/Heidel/Lepa/Ring, § 8 Rn. 65 f., der den Produktionsausfall als Mangelfolgeschaden einordnet,

Verzögerungsschaden zu verstehen. Der vom Gesetzgeber vorgeschlagene Ersatz eines mangelbedingten Nutzungsausfalls unmittelbar über § 280 I BGB könne nicht richtig sein, da der Gläubiger ansonsten schon vor Fälligkeit zur Forderung von Schadensersatz berechtigt sei, falls der Schuldner vor Fälligkeit mangelhaft leistet und einen entsprechenden Nutzungsausfall beim Gläubiger verursacht[551]. Ein Unterschied zwischen einer völlig ausbleibenden Lieferung und einer mangelhaften Lieferung könne desgleichen nicht erklärt werden, da derjenige, der immerhin mangelhaft leistet, nicht schlechter stehen dürfe als derjenige, der gar nicht leistet[552].

Dauner-Lieb[553] versucht auf dieser gedanklichen Grundlage den Verzögerungsschaden nicht anhand alter Kategorien, sondern anhand des Sinn und Zwecks „der zusätzlichen Voraussetzungen und der darin zum Ausdruck kommenden neuen Strukturprinzipien" zu beschreiben. „Für die Leistungsstörungskategorie der Verzögerung (bisher: Verzug) bildet § 280 Abs. 1 damit nach der neuen Systematik zwar die einschlägige Anspruchsgrundlage für eventuelle Schadensersatzansprüche, sie hat jedoch keine unmittelbaren Rechtsfolgen, sondern entfaltet rechtliche Relevanz immer nur im Zusammenspiel mit den zusätzlichen Voraussetzungen entweder des § 280 Abs. 2 oder des § 280 Abs. 3."[554] Ausgehend von der Überlegung, dass die bloße Verzögerung einer Leistung dem Schuldner noch keine wesentlichen Nachteile bringen soll, wenn er nicht zuvor in Form einer Mahnung gewarnt worden ist, bestehe ein Abgrenzungsbedürfnis zwischen dem Verzögerungsschaden und dem Schadensersatz statt der Leistung. Dieses Problem entspreche der altbekannten Frage nach der Abgrenzung zwischen § 286 I BGB a. F. und § 326 I BGB a. F. Die Kosten eines Deckungsgeschäfts (auch die Mehrkosten infolge einer Verzögerung) sowie die Kosten

---

aber trotzdem einen Ersatz über §§ 280 II, 286 BGB favorisiert, da es sich um einen nahen Mangelfolgeschaden handele; vermittelnd in Richtung des Gesetzgebers *Wolff* in Hoeren/Martinek, § 437 Rn. 56.

551 *Faust* in Huber/Faust, Kapitel 3, Rn. 223.

552 *Dauner-Lieb* in Dauner-Lieb/Heidel/Lepa/Ring, § 2, Rn. 45; *Dauner-Lieb* in Ernst/Zimmermann, S. 305 (312); *Dauner-Lieb/Dötsch*, DB 2001, 2535 (2537); dagegen *Reischl*, JuS 2003, 250 (251).

553 *Dauner-Lieb* in Dauner-Lieb/Heidel/Lepa/Ring, § 2, Rn. 37.

554 *Dauner-Lieb* in Dauner-Lieb/Heidel/Lepa/Ring, § 2, Rn. 38. Damit verlässt *Dauner-Lieb* aber den eigens eingeschlagenen Weg der Abgrenzung von der Rechtsfolgenseite und klammert den Verzug als Leistungsstörungskategorie vollständig aus. Folgeschäden als Verletzung des Erhaltungsinteresses, die durch den Verzug entstehen, müssen aber ohne Mahnung sowie die weiteren Voraussetzungen des Verzugs unmittelbar nach § 280 I BGB ersatzfähig sein. Der These von *Dauner-Lieb* in Dauner-Lieb/Heidel/Lepa/Ring, § 2, Rn. 47 f., dass § 280 I BGB für die Kategorien der Unmöglichkeit und des Verzugs keine eigenständige Bedeutung hat, muss ebenfalls widersprochen werden. Sowohl für den Verzug als auch für unbehebbare Mängel sind Folgeschäden denkbar, die zu Verletzungen des Erhaltungsinteresses des Gläubigers führen.

einer Ersatzvornahme wären danach stets ein Ersatz für die Nichterfüllung und können nicht neben dem Primäranspruch geltend gemacht werden[555]. Für diese Schadensformen wäre ausschließlich der Schadensersatz statt der Leistung möglich[556]. Für den Ausfallschaden in Form des entgangenen Gewinns will Dauner-Lieb[557] differenzieren: Kann der Gewinn nach einer Nacherfüllung tatsächlich noch erzielt werden, sei eine Fristsetzung notwendig und § 281 BGB die richtige Anspruchsgrundlage. Könne der Gewinn aber trotz Nacherfüllung nicht mehr realisiert werden, sei er als Verzögerungsschaden einzuordnen[558]. Die Einordnung des entgangenen Gewinns hinge somit von der Behebbarkeit des Schadens im Einzelfall ab[559].

Nach der hier vertretenen Ansicht sind aber zwei Fragen strikt zu trennen. Erstens ist zu untersuchen, ob sowohl der Mangel als auch der Schaden hypothetisch durch eine Nacherfüllung behoben werden können; dann besteht eine Verletzung des Erfüllungsinteresses mit der Folge des § 281 BGB. Im zweiten Schritt stellt sich die Frage, ob der Gläubiger nach einer Nacherfüllung tatsächlich noch den Gewinn erzielen und den Schaden beseitigen kann[560]. Ob der Schaden noch beseitigt werden kann, wirkt sich nicht auf die Anspruchsgrundlage, sondern lediglich auf die Entbehrlichkeit der Fristsetzung gem. § 281 II 2. Fall BGB sowie das Entfallen des Erfüllungsanspruchs gem. § 281 IV BGB aus[561].

Akzeptiert man das verletzte Interesse als Abgrenzungskriterium der verschiedenen Anspruchsgrundlagen, kann die Behebbarkeit des Schadens keinen unmittelbaren Einfluss auf die Einschlägigkeit einer Anspruchsgrundlage haben.

---

555 Vgl. Palandt-*Heinrichs*, 61. Aufl., § 286 Rn. 4; Soergel-*Wiedemann*, 12. Aufl., § 286 Rn. 10, 12, 19; *Baier*, NJW 1984, 2930 (2930 f.); *Benicke*, JuS 1996, 196 (197 f.); a. A. BGH 87, 104 (109).

556 Zweifeln begegnet dieses Ergebnis, wenn das Deckungsgeschäft lediglich zur zeitweiligen Nutzung oder für den Weiterverkauf an einen Dritten getätigt wurde.

557 *Dauner-Lieb* in Dauner-Lieb/Heidel/Lepa/Ring, § 2, Rn. 42.

558 Missverständlich *Gsell*, JJZiRW 2001, S. 105 (106): „Schadensfolgen, die sich auch bei Nachholung der Leistung nicht mehr korrigieren lassen, sind dann, wenn eine fällige Leistung nicht erbracht wurde, grundsätzlich als Verzögerungsschaden einzuordnen" Dies kann man aber im Kontext auch so verstehen, dass der Verzögerungsschaden nur bei späterer Erfüllung eingreift.

559 Ebenso auf diese Weise zwischen § 280 I BGB und Schadensersatz statt der Leistung unterscheidend, Palandt-*Heinrichs*, 63. Aufl., § 280 Rn. 18; *Haas* in Haas/Medicus/Rolland/Schäfer/Wendtland, Kapitel 5, Rn. 235; *Lorenz*, NJW 2002, 2497 (2501, 2503).

560 Ebenso *Wolff* in Hoeren/Martinek, § 437 Rn. 54.

561 3. Kapitel, C., IV., S. 96 ff.

Denn das verletzte Interesse steht in keinem Abhängigkeitsverhältnis zum tatsächlich aufgetretenen Schaden und seiner Behebbarkeit im Einzelfall[562].

Hinge die Anspruchsgrundlage, wie von Dauner-Lieb vertreten, von der Behebbarkeit des Schadens ab, stellen sich zudem gravierende Abgrenzungsprobleme für Schadenspositionen, die teilweise behoben werden können. Was soll gelten, wenn der Gläubiger einen Gewinn nur noch zum Teil erzielen kann? Es kann wohl nicht gefordert werden, der Gläubiger könne ja den unbehebbaren Teil des entgangenen Gewinns als Verzögerungsschaden und den behebbaren als Schadensersatz statt der Leistung verlangen. Dies wäre eine gekünstelte Aufspaltung einer Schadensposition. Außerdem kommt bei (anfänglich) unbehebbaren Mängeln ein Verzögerungsschaden per se nicht in Frage, da die Leistung unmöglich ist. Daher sind unabhängig von der Behebbarkeit des Schadens alle Verletzungen des Erfüllungsinteresses von §§ 311a II, 283 BGB erfasst, wenn der Mangel unbehebbar ist. Somit wäre die Behebbarkeit des Schadens für unbehebbare Mängel unbeachtlich, wohingegen sie für behebbare Mängel zur Weiche zwischen Schadensersatz statt der Leistung und Verzögerungsschaden werden würde. Schließlich endet der Verzug mit dem Begehren nach Schadensersatz statt der Leistung gem. § 281 IV BGB unabhängig davon, ob der entgangene Gewinn noch erzielt werden kann, ebenso wie durch einen Rücktritt. Da nach der Ansicht von Dauner-Lieb unbehebbare Schäden nach §§ 280, 286 BGB zu ersetzen sind, müsste mit dem Untergang des Erfüllungsanspruchs auch die Ersatzmöglichkeit des Gläubigers für solche unbehebbaren Schäden gem. §§ 280, 286 BGB enden. Aufgrund der aufgezeigten Probleme der Literaturansicht kann nicht die tatsächliche Erzielbarkeit des Gewinns das maßgebliche Abgrenzungskriterium zwischen dem Verzögerungsschaden und dem Schadensersatz statt der Leistung sein. Es zeigt sich vielmehr das Wahlrecht aus § 281 IV BGB als mögliche Weiche von Verzögerungsschaden und Schadensersatz statt der Leistung[563].

3. Die Ansicht von Peter Huber

Der Verzögerungsschaden geht bei Anwendung der Differenzhypothese im Schadensersatz statt der Leistung auf. Daher sprach insbesondere Ulrich Huber[564] dem Verzögerungsschaden schon zur alten Rechtslage seine Eigen-

---

562 3. Kapitel, B., I., S. 65.

563 Ausführlich 3. Kapitel, D., X., 4., S. 137 ff.

564 *U. Huber*, Hb. SchR, Leistungsstörungen, Bd. II, § 40 I 2, S. 304 ff.; *U. Huber* in Ernst/Zimmermann, S. 181, nach dem „auch der Anspruch auf Ersatz des Verzugsschadens ein partieller Schadensersatz wegen Nichterfüllung" ist; die h. M. z. B. BGH MDR 1959, 910 (910); Staudinger-*Otto*, 14. Aufl., § 326 Rn. 159 f. sprach dem Gläubiger aber ein Wahl-

ständigkeit ab. Eine wesentliche Besonderheit bestand aber insofern, dass der Verzögerungsschaden erst ab Eintritt des Verzugs und nicht wie der Schadensersatz wegen Nichterfüllung schon ab Fälligkeit verlangt werden konnte[565].

Nach Peter Huber[566] fällt der mangelbedingte Nutzungsausfall auch nach neuer Rechtslage unter den Schadensersatz statt der Leistung, wobei die Fristsetzung gegebenenfalls gem. § 281 II BGB entbehrlich sein soll. Der Vorwurf beruhe im Beispiel der Regierungsbegründung nicht auf der Verzögerung, sondern auf der Nichtleistung, daher sei eine Haftung über den Schadensersatz statt der Leistung zu gewähren. Eine solche auf Ersatz des Nutzungsausfalls gerichtete Haftung bestehe bereits ab dem Zeitpunkt der mangelhaften Lieferung[567]. Konsequent folgert er daraus, dass der Verzögerungsschaden im Bereich der Mängelrechte einen sehr begrenzten Anwendungsbereich habe[568].

Huber verschweigt jedoch, dass für alle Fälle einer durchgeführten (Nach)Erfüllung ein Anspruch auf Ersatz des Verzögerungsschadens erforderlich sein kann. Denn wird die Nacherfüllung ordnungsgemäß vom Schuldner durchgeführt, besteht kein Anspruch auf Schadensersatz statt der Leistung, obwohl ein Schaden beim Gläubiger bestehen bleiben kann. Um unangemessene Haftungslücken zu vermeiden, ist für solche Konstellationen der Anspruch gem. §§ 280, 286 BGB relevant.

Die Feststellung, ob der Schaden auf einer Verzögerung oder Schlechtleistung beruht, kann pauschal gar nicht getroffen werden, da die Schlechtleistung stets zugleich eine Verzögerung ist. Erst im Nachhinein, wenn der Gläubiger sein Wahlrecht ausgeübt hat und es zur Erfüllung gekommen oder diese ausgeblieben ist, kann man den Schaden auf die Verzögerung oder die Nichterfüllung zurückführen. Nach Huber[569] soll Nutzungsausfall schon vor dem Zeitpunkt der Nachfristsetzung über § 281 BGB ersetzt werden, wenn eine anschließend gesetzte Frist erfolglos abgelaufen ist. „Es wäre ein logischer Widerspruch, wenn man den Ersatz für die Zeit, während der die Nachfrist läuft, vom Ablauf dieser Frist abhängig machen würde“ Gerade dieser Ablauf der Frist ist allerdings eine elementare Tatbestandsvoraussetzung des § 281 BGB, die den Vorrang der Nacherfüllung unterstreicht. Auf den Ablauf der Frist grundsätzlich zu verzichten, hieße den Gesetzestext zu negieren. Im Fall einer ordnungsgemäßen Nach-

---

recht zu, ob er den Verzögerungsschaden selbständig aus § 286 BGB a. F. geltend machen wollte.

565 *U. Huber*, Hb. SchR, Leistungsstörungen, Bd. II, § 40 II 5, S. 314.

566 *P. Huber* in Huber/Faust, Kapitel 13, Rn. 108, 106, S. 352 f.

567 *P. Huber* in Huber/Faust, Kapitel 13, Rn. 106, S. 352.

568 *P. Huber* in Huber/Faust, Kapitel 13, Rn. 109, S. 353.

569 *P. Huber* in Huber/Faust, Kapitel 13, Rn. 106, S. 352.

erfüllung kann das Modell von Huber daher nicht überzeugen, weil der Schaden, der vor der Nachfristsetzung entsteht, mangels Vorliegen der Anspruchsvoraussetzungen jedenfalls nicht über § 281 BGB ersetzt werden kann.

Huber lässt zudem die Unterschiede zwischen den Ausnahmen vom Fristsetzungserfordernis im Vergleich zu der Entbehrlichkeit einer Mahnung völlig unberücksichtigt. Eine kalendermäßige Bestimmung gem. § 286 II Nr. 1 BGB führt zur Entbehrlichkeit der Mahnung, nicht aber zur Entbehrlichkeit einer Fristsetzung zur Nacherfüllung. Wird auf eine Fristsetzung zur Nacherfüllung sofort ordnungsgemäß nacherfüllt, könnte Huber über § 281 BGB keinen Schadensersatz zusprechen, selbst wenn eine kalendermäßige Bestimmung vereinbart war, um den Schuldner zu einer termingerechten Lieferung zu drängen. Ein solcher Ausfallschaden, der auf die Verzögerung des Leistungszeitpunktes zurückzuführen ist, ist aber materiellrechtlich als Verzögerungsschaden einzuordnen[570].

Außerdem sollte der Verzögerungsschaden Bedeutung erlangen, wenn der Gläubiger neben einem Rücktritt einen Schadensersatz geltend machen will. Nimmt man allerdings § 325 BGB beim Wort, dann könnte selbstverständlich ein entsprechender Schaden als Schadensersatz statt der Leistung auch neben dem Rücktritt geltend gemacht werden[571]. Wenn Huber wirklich meint, der Verzögerungsschaden habe im Bereich der Mängelhaftung nahezu keinen Einfluss, muss dies zumindest für alle Fälle einer ordnungsgemäßen Nacherfüllung verneint werden. Ein solches Verständnis hinterlässt fragwürdige Ergebnisse, die durch eine Anwendung der §§ 280 II, 286 BGB vermieden werden könnten.

4. Eigene Ansicht

Eindeutig ist zunächst, dass der Verzögerungsschaden die Erfüllungsmöglichkeit des Gläubigers unberührt lässt[572]. Hierin liegt im Vergleich zum Schadensersatz statt der Leistung wegen § 281 IV BGB ein wesentlicher Unterschied. Der Gläubiger kann daher einen Schadensersatz statt der Leistung nur verlangen, wenn er insoweit auf die Erfüllung verzichtet. Daraus ergibt sich im Umkehrschluss: Wenn der Gläubiger an der Erfüllung festhält oder der Schuldner ordnungs-

---

570 Soergel-*Wiedemann*, 12. Aufl., § 326 Rn. 77; Soergel-*Teichmann*, 12. Aufl., § 635 Rn. 4; vgl. BGH ZIP 2002, 895 (896 f.).

571 Bedenken zur gleichzeitigen Geltendmachung von Rücktritt und Schadensersatz statt der Leistung auch bei *U. Huber* in Ernst/Zimmermann, S. 181 f. *U. Huber* hat in AcP 177 (1977), 281 (286) dem Verzögerungsschaden für einen Rücktritt des Gläubigers oder einer nachträglichen Erfüllung des Schuldners jedenfalls eine selbständige Bedeutung eingeräumt.

572 Statt aller zur alten Rechtslage MK-*Thode*, 4. Aufl., § 286 Rn. 1; Palandt-*Heinrichs*, 61. Aufl., § 286 Rn. 3; zur neuen Rechtslage Palandt-*Heinrichs*, 63. Aufl., § 286 Rn. 44.

gemäß nacherfüllt, kommt kein Schadensersatz statt der Leistung in Frage. An dieser Stelle kommt der Verzögerungsschaden ins Spiel. Kann der Mangel behoben und ein Ausfallschaden noch (teilweise) vermieden werden, muss der Gläubiger nach § 281 BGB zunächst eine Fristsetzung zur Nacherfüllung setzen. Erfolgt die Nacherfüllung ordnungsgemäß, kann der Gläubiger den übrig gebliebenen Schaden, z. B. einen fehlenden Teil des entgangenen Gewinns oder einen Nutzungsausfall, neben der Erfüllung gem. den §§ 280, 286 BGB verlangen[573].

Verstreicht die Frist zur Nacherfüllung allerdings erfolglos, kann der Gläubiger nach § 281 IV BGB zwischen Nacherfüllung und Schadensersatz statt der Leistung wählen: Die Frage, ob ein Ausfallschaden noch behoben werden kann, beantwortet der Gläubiger für sich selbst, indem er von seinem Wahlrecht Gebrauch macht und entweder an der Erfüllung festhält oder Schadensersatz begehrt. Ist ein Gewinn (inzwischen) nicht mehr (vollständig) erzielbar, wird der Gläubiger Schadensersatz statt der Leistung inklusive des entgangenen Gewinns verlangen, wenn er kein anderweitiges Interesse an der Leistungserbringung hat. Der Schuldner hat sein Recht zur Nacherfüllung ungenutzt verstreichen lassen. Infolgedessen sollte er für den gesamten durch die Pflichtverletzung entstandenen Schaden haften, wie es sich für unbehebbare Mängel aus §§ 283, 311a BGB ebenfalls ohne Fristsetzungserfordernis ergibt. Ein weitergehender Verzögerungsschaden kann wegen der Ausübung des Wahlrechts und des daraus resultierenden Erlöschens des Erfüllungsanspruchs nach § 281 IV BGB nicht mehr entstehen. Nach dem Verlangen von Schadensersatz statt der Leistung ist § 281 BGB zwangsläufig die Haftungsgrundlage für den gesamten Schaden in Bezug auf das Erfüllungsinteresse, wobei der Verzögerungsschaden Teil dessen wird[574]. Die erste Wahlmöglichkeit des Gläubigers besteht also in dem Verlangen nach Schadensersatz statt der Leistung, wobei er insoweit den gesamten Ausfallschaden bei Fälligkeit von Beginn der Pflichtverletzung an, wie auch alle anderen Verzögerungsschäden, als Teil des Schadensersatzes statt der Leistung fordern kann[575].

Gegen die Annahme, dass der Verzögerungsschaden ein Teil des Schadensersatzes statt der Leistung sein kann, könnte allerdings der Umstand sprechen, dass § 281 I 1 BGB keinen strengen Verzug im Unterschied zu § 326 BGB a. F. voraussetzt. Bedenkt man, dass gem. § 280 II BGB der Verzögerungsschaden nur unter den zusätzlichen Voraussetzungen des Verzugs ersetzt werden soll, müssten dieser stets gegeben sein. Eine Einschränkung auf den Schadensersatz

---

573 *Teichmann*, BB 2001, 1485 (1490); *v. Wilmowsky*, JuS 2002, Beil. zu H. 1, 1 (20).

574 Vgl. MK-*Ernst*, 4. Aufl., Bd. 2a, Vor § 281 Rn. 17; *Wieser*, MDR 2002, 858 (859).

575 Entsprechendes gilt für unbehebbare Mängel mit der Ausnahme, dass Verzögerungsschäden ab Eintritt der Unmöglichkeit nicht mehr denkbar sind.

ab Vorliegen des Verzugs aufgrund der Wertung des § 286 BGB[576] ist nach der hier vertretenen Ansicht indes nicht geboten. Eine solche Einschränkung könnte zum einen für unbehebbare Mängel generell nicht vorgenommen werden und zum anderen ist nicht der Verzug, sondern nur die Fälligkeit zur Voraussetzung des § 281 BGB gemacht worden. Sieht man in der Fristsetzung zur Nacherfüllung zutreffend immer zugleich eine Mahnung, läge ein Verzug nach Ablauf der Frist ohnehin regelmäßig vor[577]. Gleichwohl sind die Ausnahmen von dem Erfordernis der Fristsetzung gem. § 281 II BGB und die Ausnahme vom Erfordernis einer Mahnung gem. § 286 II BGB divergierend. Da die Ausnahmen nach § 286 II BGB aber umfangreicher sind als diejenigen nach § 281 II BGB, ist es nicht möglich, dass der Schuldner Schadensersatz statt der Leistung verlangen kann, ohne nach Ablauf der Frist in Verzug zu sein[578]. Das heißt, bestehen die Voraussetzungen des Schadensersatzes statt der Leistung, sind die des § 286 BGB ebenso erfüllt. Mithin kann § 280 II BGB kein Einwand gegen die Einbeziehung des Verzögerungsschadens in den Schadensersatz statt der Leistung entnommen werden. Der umgekehrte Fall ist hingegen möglich[579]. Es kann sein, dass die Voraussetzungen des Verzugs ohne Fristsetzung vorliegen, zum Beispiel wenn die Leistung kalendermäßig bestimmt ist.

Die Möglichkeit zur Einbeziehung des Verzögerungsschadens in den Schadensersatz statt der Leistung wird bestätigt, wenn man sich das verletzte Interesse vor Augen führt. Beim Verzögerungsschaden steht die Rechtzeitigkeit der Erfüllung in Rede. Daher kann die Verzögerung nach weit verbreiteter und richtiger Ansicht[580] als Unmöglichkeit in der Zeit formuliert werden und wäre somit Teil des Erfüllungsinteresses, das man auch als „Zeitinteresse" bezeichnen kann[581]. Durch eine hypothetische Nacherfüllung unmittelbar nach Schadens-

576 Vgl. *U. Huber*, Hb. SchR, Leistungsstörungen, Bd. II, § 40 II 5, S. 314; zustimmend *Lorenz/Riehm*, Rn. 288.

577 *Lorenz/Riehm*, Rn. 192; *P. Huber* in Huber/Faust, Kapitel 13, Rn. 107; *Kindl*, WM 2002, 1313 (1319); *Löhnig*, JA 2002, 206 (208); krit. *Ernst/Gsell*, ZIP 2001, 1389 (1392 f.).

578 Krit. *Gsell*, JJZiRW 2001, S. 105 (110). Problematisch ist nur ob man in der Fristsetzung eine Mahnung direkt oder erst mit Ablauf der Frist sieht; vgl. *Krause*, Jura 2002, 299 (299).

579 *Reischl*, JuS 2003, 250 (250).

580 *U. Huber*, Hb. SchR, Leistungsstörungen, Bd. I, § 1 I 2, S. 4; *Fischer*, Schaden, S. 198, und die Andeutung der Schöpfer des BGB bei *Mugdan*, Bd. II, S. 31 „Der Verzug des Schuldners involvirt eine von diesem zu vertretende theilweise Unmöglichkeit der Erfüllung der ihm obliegenden Leistung, nämlich der Erfüllung in Ansehung der Zeit, zu der sie zu bewirken ist."; a. A. *Staub*, Vertragsverletzungen, S. 9 ff., 21 ff., 35 ff.; *Stoll*, AcP 136 (1932), 257 (268 ff.); *Nastelski*, JuS 1962, 291 (294).

581 *Keuk*, Vermögensschaden und Interesse, S. 257 f., die allerdings ihrer vorgenommenen Gleichstellung des positiven Interesses mit dem Erfüllungsinteresse nicht mehr treu bleiben kann, wenn sie das Zeitinteresse aus dem Nichterfüllungsschaden ausklammert.

eintritt wäre der Verzögerungsschaden vollständig vermieden worden. Eine ordnungsgemäße Erfüllung beinhaltet nämlich auch eine rechtzeitige Erfüllung. Deswegen stellt sich der Verzögerungsschaden vollständig als Folge der Verletzung des Erfüllungsinteresses dar[582] und ist somit auch im Rahmen des Schadensersatzes statt der Leistung ersatzfähig.

Kann ein Gewinn nach Ablauf der Frist zur Nacherfüllung noch vollständig erzielt werden, wird der Gläubiger als zweite Wahlmöglichkeit weiterhin Erfüllung und daneben unter den Voraussetzungen des Verzugs gegebenenfalls einen Verzögerungsschaden begehren. Da der Verzögerungsschaden jedoch erst ab Verzugseintritt verlangt werden kann, kann der Anspruch aus §§ 280, 286 BGB in seinem Umfang hinter dem Schadensersatz statt der Leistung zurückbleiben. Für den Gläubiger wäre es dann von Vorteil, anstatt der Erfüllung zuzüglich des Verzögerungsschadens den Schadensersatz statt der Leistung zu verlangen. Wurde ein Termin kalendermäßig im Sinne des § 286 II Nr. 1 BGB bestimmt, kommt diese Vereinbarung hier zur Geltung. In einem solchen Fall kann der Gläubiger von Beginn des Liefertermins den Verzögerungsschaden verlangen. Ist die Frist zur Nacherfüllung abgelaufen, befindet sich der Schuldner generell in Verzug, so dass nach Fristablauf eintretende Schäden vollständig als Verzögerungsschaden liquidiert werden können.

Diese denkbaren Konstellationen zeigen, dass der Verzögerungsschaden immer dann seine Bedeutung entfaltet, wenn es zu einer (Nach)Erfüllung kommt[583]. Ob es nach dem erfolglosen Verstreichen der Frist noch zu einer Erfüllung kommt, hängt von der entsprechenden Betätigung des Wahlrechts des Gläubigers ab. Erst nach der Ausübung des Wahlrechts aus § 281 IV BGB entpuppt sich die Natur der Schadensposition als Verzögerungsschaden, wenn weiterhin Erfüllung verlangt wird, als Folge der Schlechtleistung, wenn Schadensersatz statt der Leistung verlangt wird. Die Bedeutung des Wahlrechts für den Verzögerungsschaden ähnelt der früher h. M.[584] zum Verhältnis von § 286 BGB a. F. und

---

582 A. A. *Otto*, Jura 2002, 1 (8), der das Erhaltungsinteresse als betroffen ansieht. Da es gerade um die Verzögerung der Erfüllung geht und nicht um unabhängig hiervon bestehende Rechtsgüter, ist diese Auffassung sehr zweifelhaft; anders wegen der Exklusivität der Anspruchsgrundlagen Westermann-*Schultz*, S. 70.

583 Dies hat auch schon das Reichsgericht, RG 105, 280 (281), erkannt, wenn es den Verzugsschaden als „akzessorischen Anspruch“ behandelt; er könne „immer nur geltend gemacht werden, wenn entweder die Leistung schon beschafft worden ist oder noch aussteht“; „ist sie nicht beschafft worden und kommt sie auch nicht in Frage, so wird denknotwendig, der Schadensersatzanspruch zum Anspruch wegen Nichterfüllung“.

584 Vgl. RG 94, 203 (206); 105, (280) 281; nach dem Reichsgericht könne der Gläubiger den Verzögerungsschaden und Schadensersatz wegen Nichterfüllung zwar nicht „nebeneinander“, wohl aber „nacheinander“ geltend machen; dem folgend BGH, NJW 1953, 337 (337); BGH, ZIP 1997, 646 (647); Palandt-*Heinrichs*, 61. Aufl., § 286 Rn. 3;

§ 326 BGB, die dem Gläubiger wahlweise eine Einbeziehung des Verzugsschadens in den Schadensersatz wegen Nichterfüllung auf der einen oder Erfüllung zuzüglich Verzugsschaden auf der anderen Seite erlaubte. Dass eine Art von Schaden zunächst sowohl dem Verzögerungsschaden als auch dem Schadensersatz statt der Leistung anheim fallen kann, erschüttert schließlich nicht das Prinzip der Exklusivität der Anspruchsgrundlagen in § 280 II, III BGB. Nach der Ausübung des Wahlrechts zwischen (Nach-)Erfüllung und Schadensersatz statt der Leistung ergibt sich schließlich nur eine Anspruchsgrundlage für den Ersatz des Schadens.

Geht man davon aus, dass ein Schaden im Vorhinein eindeutig weder der Verzögerung noch der Schlechtleistung zugeordnet werden kann und deswegen sowohl als Verzögerungsschaden als auch als Schadensersatz statt der Leistung in Frage kommt[585], hängt das Schicksal des Schadens nach der hier vertretenen Ansicht[586] von der Ausübung des Wahlrechts aus § 281 IV BGB ab. Der Gläubiger kann somit wahlweise den Verzögerungsschaden als Rechungsposten in den Schadensersatz statt der Leistung einbeziehen. Der Nutzungsausfall in dem der Regierungsbegründung entnommenen Beispiel kann deshalb nicht abstrakt eingeordnet werden. Lässt der Schuldner eine Frist zur Nacherfüllung verstreichen, kann der Nutzungsausfall sowohl als Verzögerungsschaden als auch im Zuge des Schadensersatzes statt der Leistung liquidiert werden.

XI. Der Schadensersatz abseits der Leistung

Der Schadensersatzes abseits der Leistung gem. § 280 I BGB erfasst alle Schadenspositionen, die nicht von den gem. §§ 280 II, III, 311a BGB spezielleren Ansprüchen für Schadensersatz statt der Leistung und Verzögerungsschadens geregelt werden. Sein Inhalt ergibt sich damit als Rest, der nach Ausklammerung des Schadensersatzes statt der Leistung und des Verzögerungsschadens

Soergel-*Wiedemann*, 12. Aufl., § 326 Rn. 77; Soergel-*Teichmann*, 12. Aufl., § 635 Rn. 4; MK-*Emmerich*, 4. Aufl., § 326 Rn. 96, 100; *Tiedtke*, NJW 1984, 767 (768 f.); umfassend und krit. *U. Huber*, Hb. SchR, Leistungsstörungen, Bd. II, § 40 I 1, S. 301 ff. m. w. N.

585 Zum Verzögerungsschaden gehören nach der oben vorgegebenen Typisierung der Ausfallschaden in Form des entgangenen Gewinns und des Nutzungsausfalls sowie Untersuchungskosten, Mehrkosten einer Mangelbeseitigung und Haftungsschäden infolge der Verzögerung. Der Verzögerungsschaden ist deshalb auf jeden Fall enger als der Schadensersatz statt der Leistung.

586 Ebenso *Ehmann/Sutschet*, § 4, V., S. 106; *v. Wilmowsky*, JuS 2002, Beil. Heft 1, 1 (20), der richtigerweise mittelbare Vermögensschäden ausscheidet; vgl. dazu 3. Kapitel, D., IV., 1., S. 88 f.; wohl *Teichmann*, BB 2001, 1485 (1490); unklar *Schulte-Nölke* in Dauner-Lieb/Heidel/Lepa/Ring, § 4, Rn. 36; *Mayerhöfer*, MDR 2002, 549 (554); *Schimmel/Buhlmann*, MDR 2002, 609 (609); vgl. schon RG 94, 203 (206); 105, 280 (281).

ungeregelt bleibt. Da die spezielleren Ansprüche auf Schadensersatz statt der Leistung und Verzögerungsschaden allesamt ausschließlich und abschließend das Erfüllungsinteresse betreffen, regelt der Schadensersatz abseits der Leistung ausschließlich und als einzige schuldrechtliche Anspruchsgrundlage die Verletzung des Erhaltungsinteresses der Vertragsparteien[587]. Dazu gehören im Fall einer mangelhaften Leistung alle Mangelfolgeschäden in den Formen des Körper- und Sachgüterschadens sowie entsprechende Haftungsschäden[588].

XII. Der Inhalt des Schadensersatzes

Obwohl die Frage, wieweit der Schadensersatz statt der Leistung für mangelhafte Leistungen reicht („Ob"), durch die Typisierung der einzelnen Schadensarten einer Lösung zugeführt wurde, wartet die Frage nach der Art und Weise („Wie") des Schadensersatzes noch auf eine Antwort.

Das deutsche Recht begnügt sich von vorneherein niemals mit Geldersatz, sondern eröffnet zunächst die Möglichkeit zur Klage auf Naturalleistung (§§ 883 ff. ZPO)[589]. Die naheliegendste, wenn auch oft vernachlässigte Form eines Schadensersatzes ist daher die Naturalrestitution. Für den Schadensersatz statt der Leistung kommen somit grundsätzlich zwei Inhaltsrichtungen in Frage: zum einen Naturalrestitution, zum anderen Geldersatz. Nach § 249 I BGB hat derjenige, der zum Schadensersatz verpflichtet ist, den Zustand herzustellen, der bestehen würde, wenn der zum Ersatz verpflichtende Umstand nicht eingetreten wäre. Hinsichtlich einer mangelhaften Leistung bedeutet dies die Beseitigung des Mangels, also eine Restitution durch Nachbesserung oder Nachlieferung, wodurch der durch die Erfüllung geschuldete Erfolg hergestellt und die Verletzung des Erfüllungsinteresses behoben wird. Liest man den Gesetzestext unbefangen, bietet sich insofern zuvörderst die Naturalrestitution als Folge des Schadensersatzes statt der Leistung an.

Nach alter Rechtslage bestand trotzdem größtenteils Einigkeit[590], dass der auf Sach- und Rechtsmängeln beruhende Schadensersatz wegen Nichterfüllung nur

---

587 *Hirsch*, Jura 2003, 289 (290); *Reischl*, JuS 2003, 40 (42); *v. Wilmowsky*, JuS 2002, Beil. Heft 1, 1 (4, 5).

588 Siehe 3. Kapitel, D., VII.-IX., S. 123 ff.

589 *Münch*, Jura 2002, 361 (366).

590 Erman-*Grunewald*, 10. Aufl., § 463 Rn. 16; Jauernig-*Vollkommer*, 9. Aufl., § 463 Rn. 14; MK-*Westermann*, 4. Aufl., § 463 Rn. 19; MK-*Soergel*, 3. Aufl., § 635 Rn. 36; Palandt-*Heinrichs*, 61. Aufl., § 251 Rn. 3b; Soergel-*Huber*, 12. Aufl., § 463 Rn. 38 ff.; Soergel-*Teichmann*, 12. Aufl., § 635 Rn. 40; Staudinger-*Honsell*, 13. Aufl., § 463 Rn. 65; *Höffe*, Verbrauchsgüterkaufrichtlinie, S. 101; *Köhler*, JuS 1979, 496 (496), 868 (869); *Larenz*, SchR BT/1, § 41 II c) 3, S. 60, § 53 II a), S. 351; *Walter*, Hb. SchR, Kaufrecht, § 5 II 6 d bb, S. 211.

auf Geldersatz gerichtet sein konnte, gleich ob eine Vertragspartei ein besonderes Interesse an der Naturalrestitution hatte und der Gläubiger eine Entschädigung in Geld, die den reinen Vermögensnachteil ausgleicht, nur nachrangig begehrte. Während die Kompensation nämlich nur den wertmäßigen Bestand des Vermögens insgesamt schützt, schützt die Restitution auch immaterielle Interessen. Bei unbehebbaren Mängeln konnte man als Erklärung für den Ausschluss der Naturalrestitution zusätzlich § 251 I BGB heranziehen, was angesichts des Unterschieds zwischen Unmöglichkeit der Leistung und Unmöglichkeit der Naturalrestitution[591] indes nur ein schwaches Argument war. Allerdings wurde zu Recht vorgetragen, der Schadensersatzanspruch könne mit dem Erfüllungsanspruch nicht identisch sein, da er zu diesem in einem eindeutigen Gegensatzverhältnis stehe und zu Kollisionen mit dem kaufrechtlichen Nachlieferungsanspruch in § 480 II BGB a. F. und dem werkvertraglichen Nachbesserungsanspruch in § 633 II BGB a. F. führe[592]. Denn eine solche Ausgestaltung der Naturalrestitution bedeute eine Nacherfüllungspflicht des Schuldners, die insbesondere für den Stückkauf nicht vorgesehen war[593].

Diesem Standpunkt trat eine andere Auffassung entgegen, die im Rahmen der Mängelhaftung Raum für die Naturalrestitution sah[594]. Die Naturalrestitution sollte nur für die Fälle ausgeschlossen sein, in denen sie praktisch zum Wiederaufleben des Erfüllungsanspruchs führe[595]. Der Schuldner sei aber generell verpflichtet, den Mangel zu beseitigen. Dies entspreche auch der im Deliktsrecht vorgesehenen Naturalrestitution und der Gleichrangigkeit des Schutzes absoluter und relativer subjektiver Rechte[596]. Das Interesse am Erhalt einer Sache rechtfertige sich aus dem Sinn der Naturalrestitution, dass niemanden aufgezwungen werden dürfe, einzelne Gegenstände zu Geld zu machen[597]. Die Erkenntnis der Gegenansicht, dass der Schadensersatz wegen Nichterfüllung in der Regel auf Geldersatz gerichtet ist, wird mangels ausgereifter Konzeption von Pieper[598] daher nur als „statistischer" „Erfahrungssatz" anstatt eines „dogmatischen Leitsatzes" qualifiziert.

---

591 Überzeugend *Gebauer*, Naturalrestitution, 45 ff. für die Fälle der „substitutiven Restitution"; vgl. schon *Pieper*, JuS 1962, 409 (410 f.); für Ausnahmen auch MK-*Emmerich*, 4. Aufl., Bd. 2, § 280 Rn. 11.

592 RGRK-*Glanzmann*, 12. Aufl., § 635 Rn. 16.

593 MK-*Westermann*, 3. Aufl., § 463 Rn. 19; Soergel-*Huber*, 12. Aufl., § 463 Rn. 54 m. w. N.

594 *Köhler*, JZ 1987, 248 (248 f.); *Peters*, JZ 1977, 458 (462 f.); *ders*., JZ 1978, 92 (97 f.); für Einzelfälle siehe *Gebauer*, Naturalrestitution, S. 131 ff.; *Pieper*, JuS 1962, 409 (411 ff.).

595 Zuerst Planck-*Planck*, 3. Aufl., § 280 Anm. 3, § 179 Anm. 2; *Fischer*, Schaden, S. 190 ff.; später *Pieper*, JuS 1962, 409 (411).

596 *Picker*, AcP 183 (1983), S. 369 (399 ff, 479 ff., 505 ff., 511 ff.).

597 Vgl. *Medicus*, JuS 1969, 449 (450).

598 *Pieper*, JuS 1962, 409 (412).

Zur Lösung des entsprechenden Problems für den neuen Begriff des Schadensersatzes statt der Leistung[599], der in ein verändertes schadensersatzrechtliches System eingebettet ist, muss der Interessenkonflikt zwischen dem Schuldner und Gläubiger anhand der anerkannten Auslegungskriterien gerecht gelöst werden. Je nach Konstellation können beide Seiten ein Interesse an einer Naturalrestitution anstatt einer Geldzahlung als Schadensersatz haben. Bedenkt man jedoch die schuldhafte Pflichtverletzung des Schuldners, die Grundlage des Schadensersatzes ist, ist das Interesse des Schuldners insofern nur eingeschränkt schutzwürdig.

Betrachtet man den Wortlaut des neuen Begriffs „Schadensersatz statt der Leistung", ist dieser gleichbedeutend mit „anstatt" der Leistung. Der Wortsinn läuft also auf ein Alternativverhältnis von Schadensersatz und Erfüllung hinaus. Die Ausgestaltung des Schadensersatzes in Form der Naturalrestitution darf deshalb nicht durch die Hintertür zu einer fortbestehenden Leistungspflicht führen.

Letzteres Bedenken wird systematisch unterstützt durch die Existenz des § 250 BGB. Hat der Gläubiger dem Schuldner eine angemessene Frist gesetzt, kann er gem. § 250 S. 2 BGB nur Ersatz in Geld verlangen. Ein Ersatz mittels einer Naturalrestitution ist dann nicht mehr vorgesehen. Bei behebbaren Mängeln muss nach § 281 BGB ohnehin eine Frist zur Nacherfüllung gesetzt werden. Dem Schuldner ist durch die Chance zur Nacherfüllung bereits eine zweite Möglichkeit zur Herstellung des vertragsgemäßen Zustands geboten worden. Eine weitere Fristsetzung wäre dem Gläubiger unzumutbar. Verlangt der Gläubiger infolgedessen Schadensersatz statt der Leistung, macht er gleichzeitig von seinem Wahlrecht aus § 281 IV BGB Gebrauch mit der Folge, dass der Erfüllungsanspruch untergeht. Indem der Erfüllungsanspruch im Gegensatz zu § 326 BGB a. F. nicht automatisch durch Fristablauf erlischt, hat der Gläubiger eine erhebliche Verbesserung seiner Stellung erfahren. Erklärt er aber ernsthaft Schadensersatz statt der Leistung, so hat er sein Wahlrecht gem. § 281 IV BGB willentlich ausgeübt und sollte nicht mehr Naturalrestitution verlangen können[600]. Das Wahlrecht würde seiner Bedeutung beraubt, könnte der Gläubiger weiterhin Schadensersatz statt der Leistung in Form der Naturalrestitution verlangen. Die Streichung des § 283 I 2 BGB a. F., aus dem im Wege eines

---

[599] Das Problem wurde für den Schadensersatz statt der Leistung – soweit ersichtlich – noch gar nicht diskutiert. Nach *Krause*, Jura 2002, 299 (301) ist der Schadensersatz nach §§ 280, 286 BGB nicht auf Naturalrestitution gerichtet, „weil dies mit dem Ausschluss des Leistungsanspruchs unvereinbar wäre".

[600] Mit ähnlicher Argumentation zum Verhältnis von § 286 I und II BGB a. F.; vgl. *Pieper*, JuS 1962, 409 (415) m. w. N. Andererseits soll der Schuldner noch bis zur Ausübung des Wahlrechts den Schadensersatz statt der Leistung durch eine Erfüllung abwenden können; BT-Drs. 14/6040, S. 140; *Faust* in Huber/Faust, Kapitel 3, Rn. 155.

Umkehrschlusses das Erfordernis einer weiteren Fristsetzung abgeleitet werden konnte, weist in dieselbe klare Richtung.

Die Restitutionspflicht kann für den Schädiger oftmals belastender als die Pflicht zur Kompensation sein[601]. Nach dem Verlangen nach Schadensersatz statt der Leistung soll der Schuldner deshalb endlich die Gewissheit haben, dass er nur noch Ersatz in Geld schuldet und mit dem Vertragsgegenstand neu disponieren kann. Die gläubigerschützende Kehrseite des ausschließlichen Ersatzes in Geld ist, dass dieser die Naturalrestitution nicht als Schadensersatzleistung akzeptieren muss. Andernfalls wäre auch der große Schadensersatz oftmals sinnlos, da auf die Rückgabe der Leistung eine Naturalrestitution folgen könnte[602]. Der Zweck der Fristsetzung zur Nacherfüllung, die ausgelassene zweite Chance des Schuldners zur Erfüllung sowie die Ausübung des Wahlrechts nach § 281 IV BGB sprechen somit gegen eine Naturalrestitution als Ausprägung des Schadensersatzes statt der Leistung. Der Schadensersatz statt der Leistung ist daher im Grundsatz nicht auf Naturalrestitution, sondern ausschließlich auf Kompensation in Geld gerichtet[603].

Eine Ausnahme könnte aber für unbehebbare Mängel einzuräumen sein[604]. Die Vorstellung, bei Unmöglichkeit bzw. bei unbehebbaren Mängeln sei eine Naturalrestitution grundsätzlich nicht denkbar, ist in ihrer Absolutheit unrichtig. Es gibt Fälle, in denen der Vertragszweck durch ein vergleichbares Substitut erreicht werden kann und eine Naturalrestitution trotz Unmöglichkeit der Leistung möglich ist[605]. Bei unbehebbaren Mängeln kann eine Naturalrestitution allerdings nur in Form der Nachlieferung einer vergleichbaren Sache möglich sein. Wäre eine Nachbesserung möglich, handelte es sich nicht um einen unbehebbaren Mangel und eine vorherige Fristsetzung zur Nacherfüllung wäre notwendig gewesen[606]. Für den Schadensersatz ist aber weder nach § 311a II BGB noch

---

601 Ein alter innig von seinem Eigentümer und Besitzer geliebter Käfer (Wert: € 2000,-) wird vollständig zerstört, eine Wiederherstellung des Zustandes vor der schädigenden Pflichtverletzung kostet aber € 3000,-.

602 Vgl. *U. Huber*, Hb. SchR, Leistungsstörungen, Bd. II, § 36 I 2, S. 179.

603 Ebenso *Schlechtriem*, AT, Rn. 221. Für § 282 BGB wird das Ergebnis regelmäßig gleich sein mit der Begründung, dass das Vertrauensverhältnis derart zerstört und eine Naturalrestitution den Vertragsparteien unzumutbar ist. Ausnahmen sind denkbar für die Fälle, in denen die alte c.i.c auf Ersatz des Erfüllungsinteresses gerichtet war (z. B. Abschluss eines Vertrages).

604 Ähnlich unterschied schon *Pieper*, JuS 1962, 459 (463).

605 Wird z. B. in einem Kaufvertrag eine Stückschuld vereinbart, deren mangelfreie Leistung unmöglich ist, kann eine Naturalrestitution durch eine vergleichbare Sache erfolgen. Zu dieser „substitutiven Restitution" siehe *Gebauer*, Naturalrestitution, 45 ff.

606 Schwierigkeiten kann die Grenzziehung zwischen Nachbesserung und Nachlieferung bereiten. Der Ersatz einzelner Teile dürfte solange als Nachbesserung zu werten sein, wie

nach § 283 BGB eine Fristsetzung erforderlich. Dem Schuldner wurde somit auf der einen Seite vor dem Schadensersatzverlangen keine zweite Chance zur Leistung gegeben; auf der anderen Seite ist der Erfüllungsanspruch nach § 275 BGB ohnehin erloschen, so dass dem Gläubiger keine Wahl wie in § 281 IV BGB und ihm nur der Weg zum Schadensersatz bleibt.

Durch die Verpflichtung des Schuldners zur Leistung einer substitutiven Restitution bei unbehebbaren Mängeln könnte zugleich ein aktuell diskutiertes Problem zur Weite der Nacherfüllungspflicht gelöst werden. Nach einer Ansicht[607], die in der Regierungsbegründung ihren Nährboden gefunden hat[608], könne bei vertretbaren Stückschulden auch durch eine Nachlieferung nacherfüllt werden. Dies sei für den Schuldner einfacher und decke die Interessen des Käufers. Wessen Interesse eine Naturalrestitution mehr entspricht, hängt vom Einzelfall ab, sicher ist aber, dass ein solches Verständnis die vertragliche Vereinbarung unzulässig negiert. Der Schuldner würde, obwohl er seine Leistungspflicht durch Vereinbarung einer Stückschuld beschränken wollte, letztendlich zu einer gattungsähnlichen Haftung gezwungen[609]. Der Nacherfüllungsanspruch als modifizierter Erfüllungsanspruch kann indes keinen anderen Inhalt haben als dieser, so dass eine Nachlieferung für eine Stückschuld generell[610] gem. § 275 I BGB unmöglich ist. Den Gläubigerinteressen ist diesbezüglich ausreichend dadurch gedient, dass ein neuer Vertrag über eine andere Sache geschlossen werden kann.

Räumt man dem Gläubiger gleichwohl auf der Sekundärebene des Schadensersatzes statt der Leistung für unbehebbare Mängel eine Naturalrestitution ein[611], werden die Gläubigerinteressen beachtet und durch § 250 BGB geschützt. Der

---

der Fortbestand einer Sache gewahrt und ihre Wesenselemente nicht verändert worden sind, vgl. zum Austausch von Reifen bei einem PKW; *Gebauer*, Naturalrestitution, S. 141, Fn. 397.

607 OLG Braunschweig, NJW 2003, 1053 (1054); LG Ellwangen, NJW 2003, 517 (517); Palandt-*Putzo*, 63. Aufl., § 439 Rn. 15; *Haas* in Haas/Medicus/Rolland/Schäfer/Wendtland, Kapitel 5, Rn. 84 f.; *Canaris*, Schuldrechtsmodernisierung 2002, Einführung, S. XXIV; *Bitter/Meidt*, ZIP 2001, 2114 (2119 f.); *Boerner*, ZIP 2001, 2264 (2269, Fn. 58); *Pammler*, NJW 2003, 1992 (1993); ähnlich *Canaris*, JZ 2003, 831 (836 f.); wohl nur für den Verbrauchsgüterkauf *Jansen*, ZIP 2001, 877 (879, Fn. 21); a. A. *Ackermann*, JZ 2002, 378 (379); *Gruber*, JJZiRW 2001, S. 187 (191); *P. Huber*, NJW 2002, 1004 (1006); *Lorenz*, JZ 2001, 742 (744); *Petersen*, Jura 2002, 461 (462); *Reischl*, JuS 2003, 865 (870); *Schellhammer*, Jura 2002, 301 (301 f.).

608 BT-Drs. 14/6040, S. 209.

609 *P. Huber*, NJW 2002, 1004 (1006).

610 Nur für den Fall der Lieferung eines Identitätsaliuds (§ 434 III BGB) ist eine Nachlieferung für eine Stückschuld denkbar.

611 Naturalrestitution kann auch auf den Ersatz vertretbarer Gegenstände gerichtet sein; vgl. MK-*Oetker*, 4. Aufl., § 249 Rn. 312.

Schuldner seinerseits kann den Gläubiger nach § 251 II BGB in Geld entschädigen, wenn die Herstellung nur mit unverhältnismäßigen Aufwendungen möglich ist, und er haftet nur unter der zusätzlichen Voraussetzung des Vertretenmüssens. Auf eine entgegenstehende vertragliche Vereinbarung kann er sich schließlich nicht berufen, denn die Pflicht zur Restitution auf der Sekundärebene trifft den Schuldner in seiner Eigenschaft als Schädiger, nicht als Vertragspartei[612].

Unklar ist, wenn man eine Naturalrestitution mit der hier vertretenen Ansicht im Fall eines unbehebbaren Mangels für möglich hält, ob der Schuldner nur zum Naturalersatz berechtigt ist[613] oder ob der Gläubiger einen Anspruch auf Wiederherstellung hat[614] und ihm insofern ein Wahlrecht eingeräumt wird[615]. Zieht man eine Parallele zu den Regelungen für behebbare Mängel, spricht § 281 IV BGB für ein Wahlrecht des Gläubigers. Nach § 285 II BGB hat der Gläubiger für einen unbehebbaren Mangel zudem die Möglichkeit, ein Surrogat auf den Schadensersatz statt der Leistung anrechnen zu lassen. Macht er von dieser Möglichkeit Gebrauch, kann der restliche Schadensersatz statt der Leistung nur noch in Geld bestehen, da die Bedienung eines geminderten Schadensersatzes in Form der Naturalrestitution grundsätzlich nicht denkbar ist[616]. Aus der Wahlmöglichkeit des Surrogats kann man zwar nicht den Schluss ziehen, der Schadensersatz statt der Leistung sei auch bei unbehebbaren Mängeln und somit immer nur auf Geldersatz gerichtet, zumindest aber, dass der Gläubiger bei Anrechnung nach § 285 II BGB einen Schadensersatzanspruch herbeiführen kann, der de facto auf Geldersatz gerichtet ist. Hat der Gläubiger aber insofern schon die Wahl zwischen Geldersatz und Naturalrestitution, entspricht ein generelles Wahlrecht des Gläubigers zwischen Naturalrestitution oder Geldersatz den systematischen Vorgaben.

Außerdem wird dem Gläubiger die Wahl der Schadensberechnung zugebilligt. Er kann seinen Schaden im Wege der Austausch- oder der Differenztheorie liquidieren und großen oder kleinen Schadensersatz verlangen. Entscheidet sich der Gläubiger für den kleinen Schadensersatz, also vornehmlich für eine Kompensation des mangelbedingten Minderwerts, ist der Schuldner ebenfalls zwangsläufig zu einer Geldzahlung verpflichtet[617].

---

612 *Gebauer*, Naturalrestitution, S. 140.
613 So *Kipp*, Gutachten, S. 256; vgl. Palandt-*Putzo*, 63. Aufl., § 439 Rn. 15.
614 So RG 106, 86 (88).
615 So RG, DR 1942, 1704 (1705).
616 Vgl. *Pieper*, JuS 1962, 409 (412).
617 Vgl. *Pieper*, JuS 1962, 409 (414).

Eine unbillige Benachteiligung des Schuldners durch ein Wahlrecht des Gläubigers zwischen Geldersatz und Naturalrestitution ist nicht zu befürchten, da er eine schuldhafte Pflichtverletzung begangen hat und sich auf die schuldnerschützende Norm des § 251 II BGB stützen kann. Will der Schuldner einem solchen Wahlrecht des Gläubigers entgehen, kann er vertraglich von vorneherein eine Gattungsschuld vereinbaren. Insofern erweitert sich zwar seine vertragliche Verpflichtung, allerdings steht dann die Unmöglichkeit der Nacherfüllung der Unmöglichkeit der Naturalrestitution gleich[618].

Gänzlich anders stellt sich die Lage für den Schadensersatz abseits der Leistung nach § 280 I BGB dar. Primär kann Herstellung des ursprünglichen Zustandes nach § 249 S. 1 BGB verlangt werden. Diesbezüglich besteht weder eine ausgelassene Chance des Schuldners zur zweiten Andienung noch die Regelung des § 281 IV BGB. Wie im Deliktsrecht ist der das Erhaltungsinteresse schützende Schadensersatz abseits der Leistung aus § 280 I BGB zunächst auf Restitution gerichtet. Ist diese unmöglich, was bei Mangelfolgeschäden häufig der Fall sein wird, ist Kompensation nach § 251 BGB geschuldet. Andernfalls kann eine Frist zur Naturalrestitution gem. § 250 BGB gesetzt werden, nach deren Verstreichen Geldersatz zu leisten ist. Der Verzögerungsschaden nach §§ 280 I, II, 286 BGB kann ebenfalls auf Naturalrestitution gerichtet sein, wobei es insofern nur um die Beseitigung der durch die Verzögerung, nicht die eigentliche Nichterfüllung, bedingten Schäden geht[619].

XIII. Zusammenfassung

Als Zwischenbilanz zur Rechtsfolgenseite ist festzuhalten: Durch die Unterscheidung zwischen Erfüllungs- und Erhaltungsinteresse kann eine Typisierung nach Schadensarten erfolgen. Im Ergebnis läuft diese Typisierung auf die altbekannte Zweiteilung zwischen Mangel- und Mangelfolgeschaden hinaus. Der Mangelschaden entspricht jedem Schaden infolge einer Verletzung des Erfüllungsinteresses. Hierzu zählen der Minderwertschaden, der Mangelbeseitigungsschaden, der Deckungsgeschäftsschaden, alle mangelbedingten Ausfallschäden, die Untersuchungskosten sowie die Haftungsschäden für die vorgenannten Schadenstypen. Der Verzögerungsschaden, der ebenfalls eine Verletzung des Erfüllungsinteresses in der speziellen Form des Zeitinteresses ist, kann wahlweise neben der Erfüllung als Verzögerungsschaden geltend gemacht oder er kann in den Schadensersatz statt der Leistung einbezogen werden.

---

[618] Ausnahmen sind für eine Vorratsschuld denkbar.

[619] Vgl. zur alten Rechtslage BGH, NJW 1989, 1215 (1216); Soergel-*Wiedemann*, 12. Aufl., § 286 Rn. 12; Staudinger- *Löwisch*, 13. Aufl., § 286 Rn. 13.

Eine Verletzung des Erhaltungsinteresses stellt einen Mangelfolgeschaden dar, für den der Schuldner über den Schadensersatz abseits der Leistung haftet. Zu den für § 280 I BGB relevanten Mangelfolgeschäden zählen der Sachgüterschäden, der Körperschäden und alle Ausfallschäden sowie Haftungsschäden, die auf einem Sachgüter- oder Körperschaden beruhen.

Vergebliche Aufwendungen können nicht im Zuge eines Schadensersatzes, sondern nur alternativ zum Schadensersatz statt der Leistung verlangt werden, da die Rentabilitätsvermutung durch den Aufwendungsersatz nach § 284 BGB ihre Berechtigung verloren hat.

Der Ersatz für den Mangelschaden erfolgt regelmäßig, aber nicht zwangsläufig in Geld. Der Schadensersatz statt der Leistung kann für einen unbehebbaren Mangel einer Stückschuld auf Naturalrestitution gerichtet sein. Im Übrigen ist der Schadensersatz statt der Leistung ausschließlich auf Geldersatz angelegt.

Ausgehend von dieser dezidierten Analyse der Rechtsfolgenseite sollen weitere Einzelprobleme im Zusammenhang mit dem Schadensersatz für Mängel untersucht werden. Sicher ist aber schon jetzt, dass die Unterscheidung von Mangel- und Mangelfolgeschaden ihre Bedeutung nicht nur beibehalten, sondern sich sogar auf die generelle Bestimmung der Rechtsfolgenseite ausgedehnt hat. In der notwendigen Differenzierung zwischen Erfüllungs- und Erhaltungsinteresse lebt die Mangelfolgeschadenproblematik fort. Der Gesetzgeber hat sein Ziel, sich dieses Problems zu entledigen, verfehlt.

4. Kapitel: Die Tatbestände des Schadensersatzes wegen eines Mangels

Im vorherigen Abschnitt wurde die Rechtsfolgenseite des mangelbedingten Schadensersatzes dargestellt, indem Inhalt, Art und Ausmaß der verschiedenen Formen des Schadensersatzes analysiert wurden. Auf dieser Grundlage sollen im Folgenden die jeweiligen Tatbestände des Schadensersatzes wegen eines Mangels sowohl im reformierten Kauf- als auch Werkvertragsrecht einer eingehenden Untersuchung unterzogen werden.

A. Die Anspruchsgrundlage für den Schadensersatz wegen eines Mangels

Für den Schadensersatz wegen eines Mangels führt der Weg zur richtigen Anspruchsgrundlage nur über die Rechtsfolgenseite[620], denn das haftungsrechtliche System der §§ 280 ff. BGB sieht je Schadensposition ausschließlich eine exklusive schuldrechtliche Anspruchsgrundlage im allgemeinen Teil vor[621]. Das allgemeine Schuldrecht hat insofern ein neues Gesicht erhalten, da das alte Recht zwischen den §§ 280, 286, 307, 325, 326 BGB a. F. hauptsächlich auf die Art der Leistungsstörung zur Ermittlung der Anspruchsgrundlage abstellte und eine schuldrechtliche Anspruchshäufung oftmals vorkam[622]. Während es für den

---

620 *Schimmel/Buhlmann* in Schimmel/Buhlmann, Kapitel D, Rn. 13; *P. Huber* in Huber/Faust, Kapitel 13, Rn. 98 ff.; *Lorenz/Riehm*, Rn. 185; *Röthel*, Jura 2002, 621 (623); *Zimmer/ Eckhold*, Jura 2002, 145 (151).

621 A. A. wohl *Westermann*, JZ 2001, 530 (538), der von einer Anspruchshäufung der §§ 280 ff. BGB ausgeht.

622 Infolge einer möglichen Anspruchshäufung bestand früher über die Konkurrenz zwischen § 463 BGB a. F. und pVV ausgiebig Streit, der ebenfalls von einer Abgrenzung über die Rechtsfolge bestimmt war; vgl. Staudinger-*Honsell*, 13. Aufl., Vorbem zu § 459 ff. Rn. 83. Der historische Gesetzgeber ging davon aus, dass § 463 BGB a. F. die pVV vollständig ausschließe. Aber bereits kurz nach Inkrafttreten des BGB hatte *Staub*, Vertragsverletzungen, S. 16 ff., das Problem der Mangelfolgeschäden erkannt und dadurch zu lösen versucht, dass er in der Erbringung einer mangelhaften und schädlichen Leistung eine positive Vertragsverletzung sah, für die der Schuldner unabhängig von der gesetzlichen Nichterfüllungshaftung einzustehen habe. Die Sichtweise des historischen Gesetzgebers wurde infolgedessen in jüngerer Zeit nicht mehr vertreten. Nach h. M., zu der auch der BGH 77, 215 (217 f.) zählte, war, soweit es um den Ersatz von Mangelschäden ging, für die pVV kein Raum. Insoweit sollten die §§ 463, 480 II BGB a. F. eine abschließende Spezialregelung beinhalten. §§ 463, 480 II BGB a. F. sollten ausschließlich das Erfüllungsinteresse schützen. Die gewährleistungsrechtlichen Normen seien insoweit abschließend, wohingegen über die pVV das negative Interesse ersetzt werde; vgl. *Reinicke/ Tiedtke*, 6. Aufl., Rn. 660 ff. m. w. N. Im Werkvertragsrecht sollte die Anwendbarkeit der pVV nach h. M. (BGH 58, 85 (87 ff.); BGH, NJW 2000, 2812 (2814); MK-*Soergel*, 3. Aufl., § 635 Rn. 18 m. w. N.; 3. Kapitel, B, VI., S. 79 f.) auf entfernte Mangelfolge-

Schadensersatz abseits der Leistung in § 280 I BGB und den Verzögerungsschaden in den §§ 280 II, 286 BGB lediglich eine einzige Anspruchsgrundlage für das gesamte Schuldrecht gibt, differenzieren nunmehr die §§ 281 ff. BGB sowie § 311a BGB erst für den Schadensersatz statt der Leistung nach der Art der Leistungsstörung. Diese Differenzierung richtet sich nach der in Rede stehenden Pflichtverletzung und äußert sich in divergierenden Voraussetzungen[623].

I. Die Verweise aus § 437 BGB und § 634 BGB

Zuerst soll der Blick auf die Kernnormen der Mängelhaftung im neuen Kauf- und Werkvertragsrecht gerichtet werden, die in den § 437 und § 634 BGB zu finden sind. § 437 BGB enthält eine Aufzählung der Mängelrechte des Käufers, während § 634 BGB diejenigen des Bestellers beinhaltet. An vorderster Stelle, was auch das Prinzip des Vorrangs der Nacherfüllung verdeutlicht, ist das Recht des Gläubigers zur Nacherfüllung normiert. Gefolgt wird es von den Rechten auf Rücktritt und Minderung sowie zusätzlich dem werkvertragsspezifischen

---

schäden beschränkt bleiben, wobei der Widerstand der Literaturstimmen noch gravierender als im Kaufrecht ausfiel; vgl. *Medicus*, BR, 18. Aufl., Rn. 355; *Michalski*, NJW 1988, 793 (794 ff.) m. w. N. Konkurrenzprobleme bestanden aber nicht nur zwischen Gewährleistungsrecht und pVV, sondern ebenfalls zum allgemeinen Schuldrecht. Genannt sei nur die Anwendbarkeit des § 281 BGB a. F. und die Konkurrenz zur c. i. c. Für das arglistige Verschweigen von Fehlern oder unrichtigen Angaben von Beschaffenheitsmerkmalen oder Eigenschaften der Kaufsache wurde nach ganz h. M. (BGH 114, 263 (265 f.); Palandt-*Putzo*, 61. Aufl., Vorbem § 459 Rn. 7 m. w. N.; a. A. Soergel-*Huber*, 12. Aufl., Vor § 459 Rn. 228) eine parallele Haftung aus c. i. c. angenommen. Für entsprechendes fahrlässiges Verhalten haftete der Verkäufer nach einer gewichtigen Mindermeinung auch für Mangelfolgeschäden über die anwendbare c.i.c; vgl. *Reinicke/Tiedtke*, 6. Aufl., Rn. 700 ff. m. w. N.; *Willemsen*, AcP 182 (1982), 515 (520 ff.); Medicus, JuS 1998, 289 (292). Im Vordringen befand sich zu guter Letzt eine Meinung, die den abschließenden Charakter des Gewährleistungsrechts per se aufweichen wollte und für eine freie Konkurrenz von Ansprüchen des allgemeinen und des besonderen Schuldrechts eintrat; vgl. *Knöpfle*, NJW 1990, 2497 (2500 ff.); *Marutschke*, JuS 1999, 729 (731 ff.) m. w. N. Zwangsläufiges Folgeproblem der Konkurrenzüberlegungen war die Frage nach der maßgeblichen Verjährung. Demnach schloss sich bei allen aufgezählten Streitständen der Streit um die entscheidende Verjährung an; vgl. nur *Thost*, Mangelfolgeschäden, S. 40 ff. m. w. N.; *Ackmann*, JZ 1990, 670 ff. m. w. N. Diese Streitigkeiten infolge der Konkurrenzproblematik haben den Großteil ihrer Bedeutung in Anbetracht der Exklusivität der schuldrechtlichen Anspruchsgrundlagen eingebüßt. Neuerdings ist wie gezeigt nur eine genaue Untersuchung der Rechtsfolge vonnöten, was zu einer wünschenswerten Vereinfachung des bürgerlichen Rechts führt.

623 Nach *Heldrich*, NJW 2001, 2521 (2523) wird in diesem „komplizierten Zusammenspiel des allgemeinen Haftungstatbestandes für Pflichtverletzungen aller Art und der ihn überlagernden Sondervorschriften für bestimmte Leistungsstörungen und deren Konsequenzen“ „die eigentliche Bewährungsprobe des neuen Schuldrechts liegen“.

Recht der Selbstvornahme. Der hier im Vordergrund stehende Schadensersatz ist zusammen mit dem Ersatz für vergebliche Aufwendungen in der jeweils letzten Nummer in § 437 Nr. 3 respektive § 634 Nr. 4 BGB geregelt. Dort verweist das besondere Schuldrecht auf die Schadensersatznormen der §§ 280, 281, 283, 311a BGB und schafft so die Anbindung an den allgemeinen Teil, wobei dieser Weg schon durch die Aufnahme der „nicht wie geschuldet" erbrachten Leistung in § 281 I 1, 3 BGB geebnet wurde.

Nach v. Wilmowsky[624] sollen diese katalogartigen Verweise nur deklaratorische Bedeutung haben. Sie enthielten „keinerlei Rechts- oder Anspruchsvoraussetzungen" und wiesen lediglich auf die aus dem allgemeinen Schuldrecht bereits bekannten, stets anwendbaren Anspruchsgrundlagen hin. Eine Streichung des § 437 BGB habe keine Konsequenzen; daher sei die Norm in Anlehnung an § 275 IV BGB in folgender deklaratorischer Weise zu lesen: „Ist die Sache mangelhaft, bestimmen sich die Rechte des Käufers nach den §§ 439, 323, 326 V, 441, 280, (282), 283, 311a und 284, soweit nicht ein anderes bestimmt ist". Die Mangelhaftigkeit der Kaufsache sei weder eine notwendige noch eine hinreichende Bedingung für eine Pflichtverletzung. Eine Ausnahme von seiner These räumt v. Wilmowsky lediglich für das Recht zur Minderung ein, das im allgemeinen Schuldrecht dem Gläubiger nicht zur Verfügung steht.

Im Werkvertragsrecht kommt als spezifisches Recht der Mängelhaftung noch die Selbstvornahme nach §§ 634 Nr. 2, 637 BGB hinzu. Ebenfalls nicht völlig identisch ist der im besonderen Schuldrecht angeordnete Anspruch auf Nacherfüllung mit dem aus dem allgemeinen Schuldrecht bekannten Erfüllungsanspruch. Vielmehr ist der Nacherfüllungsanspruch gegenüber dem Erfüllungsanspruch in wesentlichen Punkten modifiziert, die ihn zu einem weiteren gewährleistungsrechtlichen Spezifikum werden lassen[625]. Nach all dem wird aus der v. Wilmowsky eingeräumten Ausnahme schon fast die Regel. Freilich ist ihm zuzugeben, dass der Mangel allein keine hinreichende Pflichtverletzung im Rahmen des § 280 I BGB ist, da neben der objektiven Pflichtverletzung die subjektive Komponente des Vertretenmüssens gem. § 281 I 2 BGB erfüllt sein muss. Weiter richtig ist, dass ein unbehebbarer Mangel weder im Fall der anfänglichen noch der nachträglichen Unmöglichkeit die ausschlaggebende Pflichtverletzung ist[626]. Nichtsdestotrotz muss für die Anwendbarkeit der §§ 437, 634 BGB immer ein Mangel gegeben sein, was die Normen durch die Einleitung „Ist die Sache/das Werk mangelhaft" selbst wörtlich voraussetzen. Für den v. Wilmowsky angesprochenen Verweis auf die Regeln über die

---

624 *V. Wilmowsky*, JuS 2002, Beil. zu H. 1, 1 (18).
625 3. Kapitel, A., I., 2., b), aa), S. 45 f.; 3. Kapitel, C., IV., S. 97 f.
626 *V. Wilmowsky*, JuS 2002, Beil. zu H. 1, 1 (19); siehe 4. Kapitel, A., II., 1., b), S. 156 ff.; 4. Kapitel, A., III., 1., S. 177 ff.

Unmöglichkeit heißt das, dass neben der Pflichtverletzung, die in einem anderen Verhalten liegt[627], zusätzlich ein unbehebbarer Mangel der Leistung entstanden sein muss. Auch wenn ein unbehebbarer Mangel eine Art von Teilunmöglichkeit ist, sieht das Gesetz für diese spezielle Art Sonderregeln wie die §§ § 326 I 2, 283 S. 2 i. V. m. 281 3, 326 V, 323 V 2 BGB vor, die im klaren Kontrast zu den Regeln der Teilunmöglichkeit in den §§ 326 I 1 2. HS, 283 S. 2 i. V. m. 281 I 2, 323 V 1 BGB stehen[628]. Um die richtigen Normen des allgemeinen Schuldrechts auszumachen, muss daher stets die Mangelhaftigkeit als Einstieg in den allgemeinen Teil geprüft werden. Es reicht im Rahmen der Mängelhaftung gerade nicht, wenn nur eine Pflichtverletzung im Sinne des allgemeinen Schuldrechts besteht, da ansonsten ein unbehebbarer Mangel als qualitative Unmöglichkeit[629] nicht von vollständiger und teilweiser Unmöglichkeit unterscheidbar wäre. Eine Abgrenzung zwischen Mängelhaftung und allgemeinen Leistungsstörungsrecht wäre sogar generell nicht möglich, ließe man die Voraussetzung des Mangels völlig unberücksichtigt. Dies ist aber desgleichen erforderlich, um die Anwendbarkeit der mangelspezifischen Normen – wie etwa der §§ 438, 440, 442, 445 BGB respektive der §§ 636, 639, 640, 641 BGB – eröffnen zu können. Der Mangel ist daher weiterhin die Eintrittsvoraussetzung für die seinen Namen tragende Mängelhaftung und damit eine notwendige, aber sicherlich nicht hinreichende Bedingung. Infolgedessen sind die Rechtsgrundverweise der §§ 437, 634 BGB als Pforte der Mängelhaftung Teil der Anspruchsgrundlage[630], die zum einen die zusätzliche Voraussetzung eines Mangels und zum anderen das Erfordernis eines bestimmten Schuldverhältnisses aufstellen.

Aus dem besonderen Schuldrecht verweisen die §§ 437, 634 BGB auf drei Anspruchsgrundlagen für den Schadensersatz statt der Leistung, der das verletzte Erfüllungsinteresses ersetzt[631]. In welchen Verhältnis die auf dieselbe Rechtsfolge gerichteten Tatbestände der §§ 281, 283, 311a BGB zueinander stehen, soll Gegenstand der folgenden Abschnitte sein.

II. Der Schadensersatz nach § 311a BGB wegen eines Mangels

Eine Besonderheit des neuen Schuldrechts ist § 311a II BGB, der aus dem Schadensersatzsystem der §§ 280 ff. BGB ausschert. Während in Abs. 1

---

627 Siehe 4. Kapitel, A., II., 1.,c), S. 158 ff.; 4. Kapitel, A., III., 1., S. 177 ff.

628 Vgl. hierzu *Grigoleit/Riehm*, ZGS 2002, 115 (115 ff.); *Kindl*, WM 2002, 1313 (1320 f.).

629 Der Begriff wurde von *Lorenz*, JZ 2001, 742 (743), für die Kategorie einer unbehebbar mangelhaften Leistung eingeführt.

630 Statt vieler *Büdenbender* in Dauner-Lieb/Heidel/Lepa/Ring, § 8, Rn. 23, Fn. 37; *Ball*, ZGS 2002, 49 (49); *Schellhammer*, Jura 2002, 301 (304 f.); *Wieser*, JR 2002, 269 (270).

631 3. Kapitel, C., IV., S. 96 ff.

entgegen der Regelung des § 306 BGB a. F.[632] klargestellt wird, dass auch ein Vertrag, der schon bei Vertragsschluss ein Leistungshindernis gem. § 275 BGB aufweist, wirksam bleibt[633], gewährt Abs. 2 Schadensersatz statt der Leistung. Die Mangelfreiheit der Leistung ist Teil der Leistungspflichten des Schuldners. Ist die Leistung auf Dauer unbehebbar mangelhaft, greifen die Regeln der Unmöglichkeit ein. Bereits Abs. 1 kann in Verbindung mit der Überschrift des § 311a BGB entnommen werden, dass es sich um eine Spezialregelung für die anfängliche Unmöglichkeit handelt. Auf eine mangelhafte Leistung übertragen regelt § 311a BGB den Fall eines schon bei Vertragsschluss durch eine Nacherfüllung unbehebbaren Mangels, während für einen nach Vertragsschluss unbehebbaren Mangel § 283 BGB rechtliche Relevanz entfaltet. Eine Differenzierung zwischen objektiver und subjektiver Unmöglichkeit existiert allerdings genauso wie in § 275 BGB nicht mehr.

Dass der in § 311a II BGB normierte Schadensersatz statt der Leistung für diese Fälle eine Kuriosität darstellt, lässt sich leicht aufgrund seiner fehlenden Bezugnahme auf § 280 BGB vermuten, die durch seine systematische Position unterstrichen wird[634]. Hintergrund der Regelung des § 311a II BGB ist, dass der Gesetzgeber den besonderen Informationspflichten vor Vertragsschluss gegenüber den vorherrschenden Leistungspflichten nach Vertragsschluss Rechnung tragen wollte[635]. Deshalb sollte die Schadensersatzpflicht für anfängliche Unmöglichkeit nicht als bloßer Unterfall eines allgemeinen Tatbestandes der Pflichtverletzung nach § 280 I BGB behandelt werden, sondern in einer

[632] Zur Kritik an § 306 BGB a. F. siehe *Arp*, Anfängliche Unmöglichkeit, S. 37 ff.

[633] Der wirksame Vertrag ist Ausgangspunkt für besondere Schutzpflichten, den Schadensersatzanspruch aus § 311a II BGB sowie einen Anspruch auf das Surrogat gem. § 285 BGB; krit. insofern *Knütel*, NJW 2001, 2519 (2521). Nach *Canaris*, JZ 2001, 499 (506) handelt es sich bei einem Vertrag ohne primäre Leistungspflichten um eine seit langem „anerkannte dogmatische Kategorie". Die Unwirksamkeit des Vertrages aus anderen Gründen (z. B. §§ 134, 138, 116 ff. BGB) bleibt unberührt; a. A. *Arp*, Anfängliche Unmöglichkeit, S. 155 ff., der die Wirksamkeit des Vertrages an die Sinn-, Zweck- und Gegenstandlosigkeit koppeln möchte.

[634] Die Verortung in den §§ 311 ff. BGB im Kapitel der Schuldverhältnisse aus Verträgen beruht darauf, dass das BGB keine gesetzlichen Schuldverhältnisse kennt, welche auf eine anfängliche unmögliche Leistung gerichtet sind. Nur § 2171 BGB enthält eine Sonderregelung.

[635] BT-Drs. 14/6040, S. 165. Damit wurde die zwischenzeitlich im Diskussionsentwurf aufgegebene Unterscheidung zwischen anfänglichen und nachträglichen Leistungshindernissen wiederhergestellt. Vorbild waren Art. 3.3 der Unidroit Principles of International Commercial Contracts sowie Art. 4.102 der Principles of European Contract Law, die entgegen dem einheitlichen Kaufrecht in Art. 79 CISG (ehemals Art. 74 EKG) eine solche Unterscheidung vorsahen.

eigenständigen Anspruchsgrundlage geregelt sein, die die Eigentümlichkeit der vorvertraglichen Informationen und Irrtümer beachtet[636].

1. Der Haftungsgrund des § 311a II BGB

Die vor Vertragsschluss bestehende Situation wird zunächst im Hinblick auf den Haftungsgrund[637] des Schadensersatzanspruchs nach § 311a II BGB untersucht.

a) Die Nichterfüllung des Vertrages

Einigkeit besteht insoweit, dass in der Nichterfüllung der Leistungspflicht nicht einmal objektiv eine Pflichtverletzung liegen kann, weil die Leistung gem. § 275 BGB zu keinem Zeitpunkt geschuldet wird[638]. Schon Wieacker[639] hat erkannt, dass vornehmlich der Begriff der Unmöglichkeit mit erfolgsorientierten Leistungspflichten zusammenhängt, während die Rechtsfolgen an ein bestimmtes anderes Schuldnerverhalten anknüpfen, das unabhängig vom Leistungserfolg ist. Ist die Leistung nämlich nicht geschuldet, kann auch in der objektiven Nichterfüllung keine Pflichtverletzung liegen[640]. Andernfalls würde der Schuldner nicht befreit, wie es § 275 BGB vorsieht, da er letztendlich doch eine Pflicht zur Leistungsvornahme hätte. Allein auf eine solche Nichterfüllung als Haftungsgrund könnte sich ein Vertretenmüssen in § 311a II 2 BGB zudem nicht sinnvoll beziehen[641]. Damit scheidet die unterlassene Leistung einer mangelfreien Sache bei einem anfänglich unbehebbaren Mangel als relevanter Haftungsgrund offensichtlich aus.

b) Der Abschluss des Vertrages

Kommt die Verletzung einer Leistungspflicht von vorneherein nicht in Betracht, könnte bereits in dem Abschluss des nicht vollständig erfüllbaren Vertrages, der

---

[636] BT-Drs. 14/6040, S. 165; siehe auch die Kritik von *U. Huber* in Ernst/Zimmermann, S. 31 (87 f.) = *U. Huber*, ZIP 2000, 2137 (2149 f.); *ders.* in Ernst/Zimmermann, S. 31 (103 f.) = *U. Huber*, ZIP 2000, 2273 (2278), gegen die Vereinheitlichung von anfänglicher und nachträglicher Unmöglichkeit.

[637] Um Verwechselungen mit der Verletzung einer „Pflicht aus dem Schuldverhältnis" nach § 280 I BGB zu vermeiden, soll im Rahmen des § 311a BGB anstatt von Pflichtverletzung vornehmlich von Haftungsgrund die Rede sein.

[638] Statt aller *Dauner-Lieb* in Dauner-Lieb/Heidel/Lepa/Ring, § 2, Rn. 17; *Canaris*, JZ 2001, 499 (507); *Harke*, JJZiRW 2001, S. 29 (50 f.).

[639] *Wieacker*, FS Nipperdey, Bd. I, S. 800 ff.; zum neuen Recht *Schapp*, JZ 2001, 583 (586); Schwab, JuS 2002, 1 (3), der die Unmöglichkeit als Sonderfall ansieht, bei dem die Anknüpfung an die Verletzung der Leistungspflicht nicht möglich ist; vgl. auch *Harke*, JJZiRW 2001, S. 29 (51) zur erfolgs- und verhaltensorientierten Haftung.

[640] In diese Richtung *Harke*, JJZiRW 2001, S. 29 (58); *Schapp*, JZ 2001, 583 (586).

[641] Vgl. 4. Kapitel, A., II., 2., b), S. 164 ff.

die Leistungspflicht zur Entstehung bringen sollte, nach dem entscheidenden Haftungsgrund zu suchen sein[642]. Nach Otto[643] kann man aus „der Tatsache, dass der Gesetzgeber nicht allein auf die fahrlässige Unkenntnis" bei Vertragsschluss abstellt, „sondern jedes Vertretenmüssen ausreichen lässt, schließen, dass die Pflichtverletzung, wegen derer sich der Schuldner entlasten kann, gerade in dem Vertragsschluss trotz des anfänglichen Ausschlusses einer Leistungspflicht zu sehen ist". Aus der Entlastungsmöglichkeit des § 311a II 2 BGB soll somit mittelbar auf den Vertragsschluss ohne Leistungsmöglichkeit als Pflichtverletzung geschlossen werden. Sicherlich ist § 311a II 2 BGB als systematischer Eckstein zur Bestimmung der Pflichtverletzung heranzuziehen, gleichwohl bleibt sein Aussagegehalt begrenzt: Die Formulierung „bei Vertragsschluss" muss im Kontrast zur nachträglichen Unmöglichkeit des § 283 BGB verstanden werden und stellt lediglich die definitorische Reichweite der anfänglichen Unmöglichkeit bis zum Vertragsschluss klar. Daraus kann aber weder der Schluss gezogen werden, die Pflichtverletzung liege in einem Verhalten vor Vertragsschluss, noch in dem Vertragsschluss selbst; nur das Leistungshindernis muss spätestens bei Vertragsschluss bestanden haben. Wie eingangs schon erwähnt, kann das Leistungshindernis selbst, also die Unmöglichkeit der Erbringung der Leistung, mangels Existenz einer Leistungspflicht jedenfalls nicht die entscheidende Pflichtverletzung sein. Dunkel bleibt in der Argumentation Ottos vor allem, was er mit seiner Feststellung meint, dass nicht auf die fahrlässige Unkenntnis alleine abgestellt werde. Sorgt der Schuldner vorsätzlich dafür, dass er in Unkenntnis über seine Leistungsunfähigkeit sich zu einer Leistung verpflichtet, die er nicht erbringen kann, sollte dieser Vorsatz doch erst recht zur Verweigerung der Entlastung nach § 311a II 2 BGB führen. Und welche Aussage soll sich dahinter verbergen, dass die (leicht) fahrlässig verursachte Unkenntnis eine Entlastung ausschließt? § 311a II 2 BGB ordnet einen Haftungsausschluss nach gesetzgeberischer Wertung nur für Unkenntnis an, die ohne jedes Vertretenmüssen entstanden ist. Das Vertretenmüssen bezieht sich insofern auf die Verursachung der Unkenntnis, nicht aber auf den Abschluss des Vertrages, von dem jede Vertragspartei regelmäßig Kenntnis hat. Folglich gibt § 311a II 2 BGB keinen Rückschluss auf den Vertragsschluss als Haftungsgrund vor.

---

[642] *Otto*, Jura 2002, 1 (5); wohl auch *Lorenz*, NJW 2002, 2497 (2500) „Der Verschuldensvorwurf an den Schuldner ist hier" … „einen von ihm nicht erfüllbaren Vertrag geschlossen zu haben"; unklar *Meier*, Jura 2002, 187 (188).

[643] *Otto*, Jura 2002, 1 (5) mit Verweis auf den Rechtsausschuss BT-Drs. 14/7052, S. 190, der die entscheidende Pflichtverletzung darin sieht, „dass der Schuldner die Leistungspflicht übernimmt, obwohl er weiß oder wissen musste, dass er sie nicht erfüllen kann." Ob mit der Übernahme der Leistungspflicht, die ja gar nicht entsteht, auf den Abschluss des Vertrages oder das abgegebene Leistungsversprechen angespielt wird, bleibt in den Ausführungen des Rechtsausschusses indes unklar.

Das Abschließen eines Vertrages kann ohnehin grundsätzlich keine Pflichtverletzung sein, weil es keinen Anlass für die Rechtsordnung gibt, den Vertragsschluss zu verbieten und die Privatautonomie zu beschneiden, wenn der Schuldner weiß, dass er zur Erfüllung außerstande ist[644]. Neben dem Umstand, dass der Gläubiger wegen Unmöglichkeit sein Erfüllungsinteresse nicht (vollständig) wird bedienen können, trägt er so natürlich das Risiko von Vertrauensschäden sowie das der Insolvenz des Schuldners im Schadensfall. Die Möglichkeit einer Insolvenz des Vertragspartners ist allerdings allgemeiner Natur und ein von der Unmöglichkeit der Leistung unabhängiges Problem, welches eher die Wahl des Vertragspartners nach seiner Liquidität als nach seiner Leistungsfähigkeit betrifft. Vor der weiteren stets denkbaren Gefahr von Vertrauensschäden ist der Gläubiger durch § 311a II 1, 284 BGB geschützt. Solche Vertrauensschäden erleidet er indes nicht infolge des Vertragsschlusses, sondern in Erwartung der Leistung, was § 284 BGB durch seine Wendung „im Vertrauen auf den Erhalt der Leistung" unmissverständlich belegt. Deshalb bleibt der Vertragsschluss für den Gläubiger auch ohne primäre Leistungspflicht immer vorteilhaft, da er besondere vertragliche Nebenpflichten, die scharfe Haftung des § 311a BGB sowie einen Anspruch auf das Surrogat nach § 285 BGB auslöst. In diesem für den Gläubiger günstigen Vertragsschluss zugleich eine Pflichtverletzung ihm gegenüber zu erblicken, wäre widersprüchlich und würde einen falschen Anreiz für den Schuldner setzen. Dann wäre dieser nämlich angehalten, möglichst lange die Leistung in Aussicht zu stellen, aber tunlichst keinen entsprechenden Vertrag zu schließen. Nach einem Vertragsschluss hat der Gläubiger die Gewissheit, dass er bis auf die allgemeinen Vertragsrisiken wie die Insolvenz des Vertragspartners ausreichend geschützt ist. Den Stimmen, die den Vertragsschluss als Haftungsgrund des § 311a II BGB ausmachen wollen, kann mithin nicht gefolgt werden.

c) Die Verletzung einer Nebenpflicht

Die gesetzgeberische Motivation zur Statuierung des § 311a BGB, die in der Berücksichtigung der Eigentümlichkeit vorvertraglicher Informationspflichten und Irrtümer gegenüber nachvertraglichen Leistungspflichten bestand[645], hat einige Stimmen in der Literatur[646] dazu veranlasst, auch den maßgeblichen Haftungsgrund im vorvertraglichen Bereich zu verorten. § 311a II BGB knüpfe

---

[644] *Ehmann/Sutschet*, § 4, V., S. 124, Fn. 207.

[645] BT-Drs. 14/6040, S. 165.

[646] *Medicus* in Haas/Medicus/Rolland/Schäfer/Wendtland, Kapitel 3, Rn. 68, 71; *Pohlmann*, Aufklärungspflichten, S. 147 f.; *Altmeppen*, DB 2001, 1399 (1400); *Harke*, JJZiRW 2001, S 29 (51); wohl auch *Lorenz*, JZ 2001, 742 (743); unklar *Dauner-Lieb* in Dauner-Lieb/Heidel/Lepa/Ring, § 2, Rn. 88.

an die Pflicht zur Vergewisserung über die Leistungsmöglichkeit und die Nichtaufklärung über die festgestellte Leistungsunmöglichkeit an.

Obschon ein solcher Gedanke den Gesetzesmaterialien entnehmbar scheint, lässt der Gesetzgeber leider eine ausdrückliche Stellungsnahme vermissen und äußert sich – von den Ausführungen des Kommissionsmitglieds Canaris[647] sichtlich inspiriert – unklar: Zunächst wird angeführt, dass aus der „Verletzung einer vorvertraglichen Informationspflicht" nur ein Ersatz des negativen Interesses folge, sich die in Form des Ersatzes eines positiven Interesses festgeschriebene Rechtsfolge aber aus der „Nichterfüllung des wirksamen Leistungsversprechens" ergebe. An dieser von Canaris vorgezeichneten Vorgehensweise haben Ehmann/Sutschet[648] zutreffend kritisiert, dass nicht bei der Pflichtverletzung an eine vorvertragliche Informationspflicht, bei der Rechtsfolge aber an das wirksame Leistungsversprechen angeknüpft werden könne. Soll es demnach auf zwei Pflichtverletzungen ankommen? Worauf müsste sich dann das Verschulden, besser die Entlastungsmöglichkeit des § 311a II 2 BGB beziehen? Will man den Grundsatz einer Kausalität zwischen Pflichtverletzung und Schaden nicht plötzlich sinnentleeren, kann nur ein einziger Haftungsgrund im Fokus des § 311a BGB stehen.

Vor Vertragsschluss hat der Schuldner gegenüber dem zukünftigen Gläubiger in erster Linie Informationspflichten[649], die auch der Gesetzgeber in seinen Überlegungen hervorhob. Betrachtet man zusätzlich die Haftung auch für fahrlässige Unkenntnis vom Leistungshindernis, scheint es entsprechende Erkundigungs-, und Nachforschungspflichten des Schuldners zu geben, deren Ausmaß exakt nur im Einzelfall beurteilt werden kann[650]. Konsequent sei aber, weil sich der Vorwurf des Kennenmüssens nach § 311a II 2 BGB auf eine Unkenntnis im Stadium des vorvertraglichen Bereichs beziehe, dass auch die Pflichtverletzung vorvertraglich sein müsse[651]. Zwar muss die Pflichtverletzung auch vor dem Hintergrund des § 311a II 2 BGB gesehen werden, allerdings ist dies nur eine Entlastungsmöglichkeit, die vom Kennenmüssen des nicht mit dem Haftungs-

---

647 *Canaris* legt sich hinsichtlich der Pflichtverletzung ebenfalls nicht eindeutig fest: Zum einen sagt er in JZ 2001, 499 (507), dass „die Pflichtverletzung hier wie dargelegt im vorvertraglichen Stadium liegt", zum anderen soll nach *Canaris*, JZ 2001, 499 (507); *ders.*, ZRP 2001, 329 (331); *ders.*, DB 2001, 1815 (1818) „auf die Nichterfüllung des – nach § 311a Abs. 1 KF wirksamen – Leistungsversprechens" abgestellt werden; ähnlich *Hirsch*, Jura 2003, 289 (297); *Zimmer*, NJW 2002, 1 (8).

648 *Ehmann/Sutschet*, § 4, V., S. 122 ff. mit der Überschrift „Gesetz auf widersprüchlicher Grundlage".

649 *Brox/Walker*, SchR AT, 8. Kapitel, Rn. 67.

650 *Medicus* in Haas/Medicus/Rolland/Schäfer/Wendtland, Kapitel 3, Rn. 68; vgl. *Emmerich*, FS Jahr, 267 (275).

651 *Wilhelm*, JZ 2001, 861 (867).

grund gleichzusetzenden Leistungshindernisses abhängt, so dass die Folgerung einer vorvertraglichen Pflichtverletzung nicht zwingend ist. So wie früher die Haftung aus § 307 BGB als eine besondere Form der c.i.c. angesehen wurde[652], könnte § 311a II BGB aber trotzdem Ausdruck einer Haftung sein, die auf einer vorvertraglichen Schutzpflichtverletzung basiert. Haftungsgrund wäre dann, wie von einigen Vertretern in der Literatur[653] auch vorgeschlagen, die unterlassene Aufklärung über die schon bei Vertragsschluss bestehende Leistungsunfähigkeit und Unmöglichkeit der Leistungserbringung. Rückgriffe auf das Leistungsversprechen seien „Hilfsbegründungen"[654], die lediglich eine Erklärung der Rechtsfolge versuchen.

Ehmann/Sutschet[655] haben aber hiergegen zu Recht vorgebracht, ein Rechtssubjekt müsse nicht zwangsläufig im vorvertraglichen Bereich über die eigene Leistungsfähigkeit aufklären oder informieren. Eine allgemeine Untersuchungspflicht des Schuldners im Hinblick auf Mängel sollte durch die Schuldrechtsreform nicht eingeführt werden[656]. Ebenso existiert vor Vertragsschluss keine umfassende Aufklärungspflicht, weil die Interessen der Vertragsparteien bei Abschluss des Vertrages nicht auf einen gemeinsamen Zweck gerichtet, sondern konträr sind[657]. Solange es zu keinem Vertragsschluss kommt, kann die Leistungsunfähigkeit des Einzelnen ein privates Geheimnis bleiben und ist keiner Aufklärung würdig. Nur wenn nach Treu und Glauben ausnahmsweise eine besondere Aufklärungspflicht bestand, kann auch ohne Vertragsschluss eine Haftung auf eine unterlassene Aufklärung gestützt werden[658]. Dies ist nach der Rechtsprechung[659] der Fall, wenn der Gläubiger nachfragt, es sich um offensichtlich wesentliche Umstände handelt oder die Sachkunde des Schuldners die des unerfahrenen Gläubigers überragt. Liegen diese Ausnahmetatbestände nicht

---

652 Erman-*Battes*, 10. Aufl., § 307, Rn. 1.

653 *Medicus* in Haas/Medicus/Rolland/Schäfer/Wendtland, Kapitel 3, Rn. 68, 71; *Altmeppen*, DB 2001, 1399 (1400), der infolgedessen § 311a II BGB als Verletzung einer vorvertraglichen Pflicht in das System des § 280 BGB eingliedern möchte; wohl auch *Dauner-Lieb* in Dauner-Lieb/Heidel/Lepa/Ring, § 2, Rn. 17, 88.

654 *Dauner-Lieb* in Dauner-Lieb/Heidel/Lepa/Ring, § 2, Rn. 17.

655 *Ehmann/Sutschet*, § 4, V., S. 124; vgl. *Pohlmann*, Aufklärungspflichten, S. 134 ff.; *Wilhelm*, JZ 2001, 861 (867).

656 *Ball*, ZGS 2002, 49 (51); vgl. aber BT-Drs. 14/6040, S. 210, wo die Auffassung vertreten wird, den Verkäufer gebrauchter Kraftfahrzeuge treffe eine Sorgfaltspflicht zu einer eingehenden Untersuchung, wenn er eine eigene Werkstatt betreibe. Allerdings wurde bei Gebrauchtwagenhändlern schon früher oftmals mit konkludenten Zusicherungen operiert, so dass von dieser Sonderkonstellation nicht auf eine allgemein beabsichtigte Untersuchungspflicht des Verkäufers geschlossen werden darf.

657 Zum Ausnahmecharakter einer Informationspflicht siehe BGH, NJW 1983, 2493 (2493 f.); grundlegend Grigoleit, Vorvertragliche Informationshaftung, S. 6 ff. m. w. N.

658 RG 111, 233 (234); BGH 114, 87, (90 f.) m. w. N.

659 BGH 59, 158 (161); BGH, NJW 1975, 1693 (1695); BGH, NJW 1989, 1793 (1794).

vor, muss auch bei Vertragsschluss keine Aufklärung erfolgen, es sei denn, der Schuldner hatte Vorsatz hinsichtlich der aufklärungswürdigen Umstände. Betrachtet man nämlich die Tatbestände der §§ 123, 826 BGB unter Berücksichtigung der Gesamtkonzeption des BGB, könnte von einem informationellen Vorsatzdogma des BGB gesprochen werden[660], weshalb man mit einer Haftung für fährlässig verschuldetet Aufklärungspflichten zurückhaltend sein sollte[661]. Wie gezeigt, ist der Vertragsschluss für den Gläubiger grundsätzlich vorteilhaft, so dass eine Aufklärung selbst zu diesem Zeitpunkt, abgesehen von den aufgeführten Ausnahmen, noch nicht erforderlich ist.

Erst mit der Abgabe des Leistungsversprechens, welches den Grundstein für das vertragliche Synallagma bildet, erhält die Leistungsunfähigkeit für den Vertragspartner Relevanz. Obschon eine Aufklärung über die Leistungsunfähigkeit nicht immer erwartet werden kann, kann dem Schuldner jedenfalls zum Vorwurf gemacht werden, er habe trotz Leistungsunfähigkeit ein Leistungsversprechen abgegeben, das von Anfang an auf eine unmögliche Leistung gerichtet war. Der Schuldner darf aber nicht versprechen, was er nicht halten kann, denn dadurch gefährdet er seinen Vertragspartner in mehrfacher Hinsicht: Neben den Schäden durch das unberechtigte Vertrauen auf die Leistung und eine potenzielle Insolvenz des Vertragspartners, ist zusätzlich „die Freiheit der Willensentschließung des anderen Teils“ eingeschränkt[662], da der Gläubiger einer falschen Vorstellung von der Leistungserbringung aufsitzt. Infolgedessen wird er anderweitige Dispositionen unterlassen und kann insofern einen Schaden erleiden. Deshalb ist nicht die unterlassene Aufklärung, sondern die Abgabe des Leistungsversprechens der Haftungsgrund des § 311a II BGB[663] unabhängig davon, ob sich die Rechtsfolge auf Schadensersatz statt der Leistung hierdurch einfacher erklärt[664].

---

660 *Grigoleit*, S. 37 ff.

661 *Grigoleit*, S. 80 ff.

662 *V. Wilmowsky*, JuS 2002, Beil. zu H. 1, 1 (11).

663 Palandt-*Heinrichs*, 63. Aufl., § 311a Rn. 7; *Faust* in Huber/Faust, Kapitel 7, Rn. 11 f.; ders., Kapitel 7, Rn. 21; *Häublein*, NJW 2003, 388 (392); *Gsell*, JJZiRW 2001, S. 105 (119 f.) m. w. N.; *Mattheus*, JuS 2002, 209 (214); *Reischl*, JuS 2003, 250 (255); *v. Wilmowsky*, JuS 2002, Beil. zu H. 1, 1 (11 f., 19); *Ehmann/Sutschet*, § 4, V., S. 123, die allerdings entgegen den anderen Vertretern das Leistungsversprechen infolge der unwirksamen Leistungspflicht ebenfalls für unwirksam halten, denn „wirksame Leistungsversprechen bei ausgeschlossener Leistungspflicht sei undenkbar“; ähnlich *Gebauer*, Naturalrestitution, S. 121 ff. wegen Perplexität. Der Einwand der Perplexität von *Gebauer* setzt voraus, dass sich der Versprechende des Leistungshindernisses bewusst ist; bei Fahrlässigkeit ist dies aber gerade nicht der Fall. Deshalb ist aufgeführter Argumentation für diese Fälle schnell der Boden entzogen, vor allem da es kaum zu erklären wäre, den vorsätzlich Handlenden durch die Unwirksamkeit des Leistungsversprechens wegen Perplexität gegenüber dem fahrlässig Versprechenden, dessen Leistungsversprechen wirksam ist, zu privilegieren. Für die tatsächliche Haftung aus § 311a II BGB ist die Frage zwar untergeordnet, doch ist wohl zutreffender von der Wirksamkeit des Leistungs-

Der Gläubiger wirft dem Schuldner mithin die Nichtentstehung einer Leistungspflicht und das Ausbleiben des Leistungserfolgs trotz des abgegebenen Leistungsversprechens vor, was die Kehrseite der Verteidigungsmöglichkeit des Schuldners aus § 275 BGB gegen den Erfüllungsanspruch darstellt[665]. Dies ist zugleich der Ursprung der Haftung auf das Erfüllungsinteresse, da die Nichterfüllung des Leistungsversprechens den Schadensersatzanspruch an die Stelle des Erfüllungsanspruchs treten lässt.

2. Die Rechtsfolge des § 311a II BGB

Einen Hauptvorwurf gegen die Schuldrechtsreform verbanden ihre Kritiker schon früh mit der jetzt in § 311a II 1 BGB befindlichen Rechtsfolge für anfängliche Unmöglichkeit[666]. Der Schadensersatz statt der Leistung sei unter Kausalitätsgesichtspunkten nicht zu erklären, stattdessen sei nur das negative Interesse zu ersetzen[667]. Andererseits könnte man es sich hinsichtlich der in § 311a II BGB angeordneten Rechtsfolge einfach machen, auf die im Bewusstsein der Kritik vom Gesetzgeber gewählte Form des Schadensersatzes statt der Leistung verweisen und dadurch jegliche Diskussion ersticken[668]. Die Rechtsfolge des § 311a II BGB ist schließlich verbindlich angeordnet (sic lex esto), was eine Ausnahme vom Prinzip der Kausalität zwischen Pflichtverletzung und Schaden rechtfertigen könnte. Nimmt man aber von diesem Argument Abstand und bleibt nicht bei der gesetzlichen Auferlegung stehen, hält eine Erklärung einige dogmatische Hindernisse bereit.

---

versprechens auszugehen. Auch *Ehmann/Sutschet* akzeptieren nämlich die Wirksamkeit eines Vertrages ohne Leistungspflichten. Die Unwirksamkeit einer unmöglicher Leistungspflicht hat ihren Grund in dem römischen Grundsatz „impossibilium nulla (est) obligatio", aus dem der Zusammenhang zwischen Sollen und Können resultiert. Jedoch steht ein wirksames Leistungsversprechen einem solchen Zusammenhang nicht entgegen, da die Leistungspflicht erst aus dem Versprechen folgt und das Versprechen zu keiner Leistung verpflichtet. Als Anknüpfungspunkt für eine scharfe vertragliche Haftung sollte das Leistungsversprechen deshalb wirksam sein, wofür entgegen *Ehmann/Sutschet* eher der Vergleich zu § 311a I BGB und die Wirksamkeit des Vertrages spricht.

664 Vgl. ausführlich *Pohlmann*, Aufklärungspflichten, S. 120 ff., nach dem die Verletzung einer Aufklärungspflicht grundsätzlich nur zum Ersatz des negativen Interesses führen kann; siehe auch 4. Kapitel, A., II., 2., a), S. 163 f.

665 *Harke*, JJZiRW 2001, S. 29 (50 ff.).

666 *Rust*, Das kaufrechtliche Gewährleistungsrecht, S. 203; *Altmeppen*, DB 2001, 1399 (1401 f.); *ders.*, DB 2001, 1821 (1823); *Ernst*, JZ 1994, 801 (809); *Flume*, AcP 193 (1993), 89 (103 ff.); *Vollkommer*, AcP 183 (1983), 525 (542); wohl auch *Medicus* in Haas/Medicus/Rolland/Schäfer/Wendtland, Kapitel 3, Rn. 71 („dogmatische Unregelmäßigkeit").

667 Vgl. nur die vehemente Kritik von *Altmeppen*, DB 2001, 1399 (1400 ff.) m. w. N., nach dem die Rechtsfolge „wertungsmäßig und dogmatisch" unhaltbar ist.

668 So Westermann-*Schultz*, S. 75 f.

a) Infolge einer Verschuldenshaftung

Der Gesetzgeber schien anzunehmen, dass mit der Streichung des § 306 BGB a. F. und der daraus resultierenden Gültigkeit des Vertrages nach § 311a I BGB einer Haftung auf das Erfüllungsinteresse keine Hindernisse entgegenstehen. Im Anschluss an Canaris verweist er darauf, dass „der Anspruch auf das positive Interesse aus der Nichterfüllung des" „nach § 311a I wirksamen Leistungsversprechens" folge[669]. Legt man aber unter Kausalitätsgesichtspunkten das Leistungsversprechen zugrunde und fragt, wie der Schuldner bei pflichtgemäßem Verhalten stünde, muss zunächst das pflichtgemäße Verhalten bestimmt werden. Die Erfüllung des Leistungsversprechens kann insofern zur Ermittlung des pflichtgemäßen Verhaltens nicht relevant sein[670], weil ein solches Verhalten wegen Unmöglichkeit nicht geschuldet ist. Zwar betrifft § 275 BGB unmittelbar nur die Leistungspflicht und steht einer Wirksamkeit des Leistungsversprechens nicht entgegen[671], aber auch die Erfüllung des Leistungsversprechens kann wegen § 275 BGB nicht geschuldet sein, denn Sollen setzt Können voraus[672]. Das pflichtgemäße Verhalten kann somit nicht in der Erfüllung des Leistungsversprechens zu sehen sein. Da im Rahmen des § 311a BGB die Unmöglichkeit anfänglich und der Mangel unbehebbar ist, kann nur die Nichtabgabe des Leistungsversprechens, das zumindest im Hinblick auf den Mangel nicht eingehalten werden kann, pflichtgemäß sein. Knüpft man zutreffend an die Nichtabgabe des Leistungsversprechens als pflichtgemäßes Verhalten an, konnten auch bei einem solchen pflichtgemäßen Verhalten keine Leistungspflichten entstehen. Das pflichtwidrige Verhalten vermag daher keine Kausalität zu einer Haftung auf den Schadensersatz statt der Leistung zu begründen. Das Erfüllungsinteresse ist also nicht infolge des pflichtwidrigen Verhaltens unbefriedigt geblieben, sondern nur weil die Leistung wegen § 275 BGB nicht geschuldet war. Ein Schaden, der das verletzte Erfüllungsinteresse einschließt, kann somit auch mit einem wirksamen Leistungsversprechen nicht überzeugend erklärt werden[673]; lediglich eine Haftung auf das negative Interesse

---

669 BT-Drs. 14/6040, S. 165.

670 So aber *Gsell*, JJZiRW 2001, S. 105 (121): „Maßgeblich für die Kausalitätsfeststellung bei der Schadensberechnung ist danach, wie der Gläubiger bei Erfüllung des Vertragsversprechens stehen würde".

671 Vgl. 4. Kapitel, A., II., 1., b), S. 161 f., Fn. 663.

672 Vgl. *L.-C. Wolf*, JZ 1995, 280 (280), der diesen Grundsatz mit „Sollen impliziert Können" betitelt.

673 Selbst wenn man entgegen der hier vertretenen Auffassung an die fehlende Aufklärung als Pflichtverletzung anknüpft und den Abschluss des Vertrages als kausal annimmt, fehlt es nach *Altmeppen*, DB 2001, 1399 (1400, 1402) zumindest am Rechtswidrigkeitszusammenhang, weil bei rechtmäßigem Alternativverhalten in Form der Aufklärung kein Vertrag geschlossen worden wäre. Dies werde bekräftigt durch die Parallelregelung des Irrtumsrechts in § 122 BGB; *Altmeppen*, DB 2001, 1821 (1823).

ergäbe sich problemlos[674]. Obgleich mit dem Abschluss des nach § 311a I BGB wirksamen Vertrages ein Erfüllungsinteresse des Gläubigers entstehen konnte, das aufgrund der anfänglichen Unmöglichkeit der Leistung von vorneherein nur mit einer Verpflichtung zu Schadensersatz statt der Leistung bedient werden konnte[675], kommt man um einen Kausalitätsbruch zwischen Pflichtverletzung und Schaden nicht herum[676].

b) Infolge einer Garantiehaftung

Begründet werden könnte die Rechtsfolge wie schon früher im Zuge des § 437 BGB oder des anfänglichem Unvermögens möglicherweise durch eine Garantie des Schuldners, die eine anerkannte Durchbrechung des Kausalitätsprinzips darstellt[677]. Insbesondere für das anfängliche Unvermögen ist man geneigt, den alten Meinungsstreit im Sinne der Garantiehaftung der h. M. in § 276 BGB hineinzulesen[678]. Dagegen spricht aber, dass der Gesetzgeber sonst wohl § 311a II 2 BGB auf die objektive anfängliche Unmöglichkeit beschränkt hätte. Überdies existiert im gesamten Recht keine Unterscheidung mehr zwischen subjektiver und objektiver Unmöglichkeit, die folglich einheitlich behandelt werden sollten. Der Versuch einer künstlichen Trennung ist zumeist auf alte Gewohnheiten, nicht auf zwingende Gründe einer abweichenden Interessenlage zurückzuführen. Deswegen kann für das anfängliche Unvermögen keine eigenständige Ausnahme im Rahmen des § 311a II BGB gemacht werden[679].

---

674 *Kindl*, WM 2002, 1313 (1317); *v. Wilmowsky*, JuS 2002, Beil. zu H. 1. 1 (12); zur alten Rechtslage *Rust*, Das kaufrechtliche Gewährleistungsrecht, S. 190 f. m. w. N.

675 *Altmeppen*, DB 2001, 1399 (1402); *Canaris*, JZ 2001, 499 (507); *Gsell*, JJZiRW 2001, S. 105 (119 ff.); *Schwab*, JuS 2002, 1 (3).

676 A. A. *Canaris*, DB 2001, 1815 (1818); *Gsell*, JJZiRW 2001, S. 105 (120) m. w. N.

677 *Pohlmann*, Aufklärungspflichten, S. 133 ff., 148 f.; *Altmeppen*, DB 2001, 1399 (1402); *Harke*, JJZiRW 2001, S. 29 (56); *Wilhelm*, JZ 2001, 861 (867). Schon zur alten Rechtslage war streitig, ob ein Verschuldenserfordernis bei dem anfänglichen Unvermögen zwangsläufig eine Haftung auf das negative Interesse zur Folge hat, in diesem Sinne *Rust*, Das kaufrechtliche Gewährleistungsrecht, S. 190 f.; *Gudian*, NJW 1971, 1239 (1241); vgl. *U. Huber*, Hb. SchR, Leistungsstörungen, Bd. I, § 4 IV 3, S. 123 ff.

678 Vgl. *Wieser*, MDR 2002, 858 (859 f.), der für eine Beibehaltung der alten Grundsätze mit Einschränkungen eintritt. Früher wurde für anfängliches Unvermögen eine Garantiehaftung des Schuldners unterstellt, „die entweder aus punktuellen Sonderregelungen des Besonderen Schuldrechts nach Art der §§ 437, 440, 538 Abs. 1 Alt. 1, 541 BGB als allgemeines Prinzip extrapoliert oder aber dem Leistungsversprechen des Schuldners interpoliert wird: Mit Vertragsschluss übernehme der Schuldner die Haftung für seine Leistungsfähigkeit, so dass er für die Abwesenheit präsenter Leistungshindernisse verschuldensunabhängig einzustehen habe"; *Wagner*, JZ 1998, 482 (492).

679 Ebenso *Faust* in Huber/Faust, Kapitel 7, Rn. 26 f.; *v. Wilmowsky*, JuS 2002, Beil. zu H. 1, 1 (12, Fn. 32).

Nach Canaris[680] und dem ihm folgenden Gesetzgeber[681] sollte § 311a II BGB insgesamt nicht das Garantie-, sondern das Verschuldensprinzip zugrunde gelegt werden, um die Haftung für anfängliche und nachträgliche Unmöglichkeit zu vereinheitlichen und den Vorzügen erhöhter Flexibilität und Gerechtigkeit Geltung zu verschaffen. Dementsprechend nennt die Regierungsbegründung[682] selbst ein Beispiel für anfängliches Unvermögen und fordert in diesem Verschulden. Ob der Gesetzgeber in diesem Punkt sein Vorhaben zielgemäß umgesetzt oder verfehlt hat, kann gleichwohl nicht schon aus entsprechenden Forderungen abgeleitet, sondern muss aus der Systematik des § 311a BGB selbst gefolgert werden.

Die Verschuldenshaftung sollte durch § 311a II 2 BGB verankert werden[683], wonach die Haftung nach § 311a II 1 BGB nicht eingreift, „wenn der Schuldner das Leistungshindernis bei Vertragsschluss nicht kannte und seine Unkenntnis auch nicht zu vertreten hat." Ähnlich wie in § 280 I 2 BGB wird durch die Regel-Ausnahme-Formulierung dem Schuldner die Beweislast aufgebürdet[684] und bei einem Nichtvertretenmüssen die Haftung ausgeschlossen. Ist bei einem Nichtvertretenmüssen die Haftung ausgeschlossen, bedeutet das im Umkehrschluss zumindest für § 280 I 1 BGB, dass ein Verschulden des Schuldners hinsichtlich der Pflichtverletzung zur Anspruchsentstehung vorausgesetzt wird. Ein solcher Umkehrschluss, der eine Verschuldenshaftung festlegen sollte, schwebte auch dem Gesetzgeber vor, als er § 311a II 2 BGB formulierte. Während § 280 I 2 BGB aber eindeutig an ein Verschulden hinsichtlich der Pflichtverletzung anknüpft, ist § 311a II 2 BGB ungleich unklarer gefasst.

Nach § 311a II BGB haftet der Schuldner auch dann, wenn ihn kein Verschulden an dem Leistungshindernis, sprich der anfänglichen Unmöglichkeit, trifft[685]. Denn § 311a II 2 BGB stellt nicht auf den Umstand ab, der zur Leistungsbefreiung gem. § 275 BGB führt. Der Grund der anfänglichen Unmöglichkeit respektive des anfänglich unbehebbaren Mangels soll für das Vertretenmüssen anscheinend nebensächlich sein. Dies verwundert insoweit nicht, als der Haftungsgrund nicht in der Unmöglichkeit selbst, sondern in der Abgabe des

---

680 *Canaris*, JZ 2001, 499 (506), nach dem sich das Verschuldensprinzip „sowohl durch höhere rechtsethische Überzeugungskraft als auch durch größere Flexibilität auszeichnet"; *ders.*, DB 2001, 1815 (1818 f.); *U. Huber* in Ernst/Zimmermann, S. 31 (91 f.).

681 BT-Drs. 14/6040, S. 165.

682 BT-Drs. 14/6040, S. 165.

683 Statt nahezu aller, die eine Verschuldenshaftung aus § 311a II 2 BGB ableiten; vgl. nur *Eidenmüller*, ZGS 2002, 290 (292); *Kindl*, WM 2002, 1313 (1317); *Meier*, Jura 2002, 187 (191); *Müller*, ZGS 2002, 297 (300).

684 Westermann-*Schultz*, S. 76 f., die Beweislast für eine Garantie habe der Gläubiger zu tragen, da es sich um eine „Gegenausnahme" zu § 311a II 2 BGB handele.

685 *V. Wilmowsky*, JuS 2002, Beil. zu H. 1, 1 (12).

Leistungsversprechens besteht. Stattdessen regelt § 311a II 2 BGB ein Verschulden des Schuldners für den Umstand, dass dieser das Leistungshindernis kannte und seine Unkenntnis hiervon auch nicht zu vertreten hat[686]. Das Vertretenmüssen hängt somit nur mittelbar über die Kenntnis vom Leistungshindernis mit der Abgabe des Leistungsversprechens zusammen, und man könnte den Verschuldensvorwurf darin erblicken, dass sich der Schuldner beim Vertragsschluss seiner Leistungsfähigkeit nicht vergewissert hat[687]. Aufgrund einer solchen unterlassenen Vergewisserung (oder wegen positiver Kenntnis) erfolgte die Abgabe des Leistungsversprechens schuldhaft. Zurechnungsgrund wäre dann bei scharfer Betrachtung der Irrtum, der versprochene Leistungserfolg könne bei Vertragsabschluss objektiv erbracht werden. Es bleibt damit festzuhalten, dass das Vertretenmüssen nicht direkt auf den Haftungsgrund Bezug nimmt[688]. Insofern ist die Verweisung auf § 276 BGB „sprachlich" nicht ganz „geglückt"[689]. Eventuelle Haftungslücken, die hierdurch entstehen, kann man zwar durch eine adäquate Auslegung der verkehrserforderlichen Sorgfalt in § 276 BGB beheben[690], z. B. indem man dem Schuldner Untersuchungspflichten hinsichtlich seiner Leistungsfähigkeit auferlegt, allerdings wird die These von der in § 311a II 2 BGB statuierten Verschuldenshaftung in grundsätzlicher Wiese erschüttert[691].

Diese Bedenken werden verstärkt, wenn man an eine Garantieübernahme des Schuldners denkt und die Frage nach dem Bezugspunkt der Garantie stellt. Eine solche Garantie könnte sich auf die eigene Leistungsfähigkeit oder die Leistungserbringung beziehen[692]. Praktisch wird diese Aufteilung kaum einen

---

686 *Faust* in Huber/Faust, Kapitel 7, Rn. 12. Das Mitverschulden müsste sich somit ebenfalls auf das Kennen oder Kennenmüssen von der Leistungsfähigkeit des Schuldners beziehen.

687 *Medicus* in Haas/Medicus/Rolland/Schäfer/Wendtland, Kapitel 3, Rn. 70.

688 Genauso wenig nähme § 311a II 2 BGB direkt auf eine unterlassene Aufklärung als Haftungsgrund Bezug. Obwohl § 311a II 2 BGB seinem Wortlaut nach eindeutig auf Kenntnis und Kennenmüssen vom Leistungshindernis abstellt, sind verschiedenste Interpretationen zu finden: Der Gesetzgeber wollte nach *Canaris*, ZRP 2001, 329 (332) an das Wissen um die Leistungsfähigkeit und „Richtigkeit des Kenntnisstandes" anknüpfen; andererseits meint *Canaris*, DB 2001, 1815 (1818), dass der nicht zu vertretende Irrtum über die anfängliche Leistungsfähigkeit haftungsbefreiend wie im Irrtumsrecht nur ohne Erklärung wirke. Andere wiederum nennen für das Vertretenmüssen das Leistungshindernis als Anknüpfungspunkt und für eine Garantie aber die Leistungserbringung selbst; *Ehmann/Sutschet*, § 4, V., S. 125; *Meier*, Jura 2002, 187 (188 f.).

689 Westermann-*Schultz*, S. 76.

690 *Faust* in Huber/Faust, Kapitel 7, Rn. 19; *Meier*, Jura 2002, 187 (188 f.); vgl. zur alten Rechtslage *Wagner*, JZ 1998, 482 (493).

691 Der Hauptverfechter der Verschuldenshaftung *Canaris* weist hierauf selbst in DB 2001, 1815 (1818) hin, wenn er dem „Kriterium des Vertretenmüssens" in § 311a II 2 BGB „eine andere Funktion als im Rahmen des § 280 Abs. 1 Satz 2 BGB" zuspricht.

692 Vgl. *Faust* in Huber/Faust, Kapitel 7, Rn. 22 f.; Meier, Jura 2002, 187 (188 f.).

Unterschied machen, da eine Garantie regelmäßig sowohl die eigene Leistungsfähigkeit als auch die Leistungserbringung erfasst. Theoretisch ist es aber denkbar, entweder Leistungsfähigkeit oder Leistungserbringung ausdrücklich zu garantieren, den anderen Aspekt aber ebenso ausdrücklich nicht zu garantieren. Abweichungen entstehen insbesondere bei offen gelegter Unkenntnis des Schuldners über die Leistungsfähigkeit, aber gleichzeitigem Haftungswillen für die ausbleibende Leistungserbringung[693]. In einem solchen Fall kann man dem Schuldner wegen der übernommenen Garantie keineswegs die Entlastung nach § 311a II 2 BGB versagen, da er gerade nicht versichert hat, dass kein Leistungshindernis bestünde. Die Garantie für die ausbleibende Leistungserbringung wirkt sich im Rahmen des § 311a II 1 BGB mithin nicht aus, da ein weiteres Verschulden des Schuldners nicht erforderlich ist, er zur Leistungserbringung wegen § 275 BGB nicht verpflichtet ist und die Sekundärverpflichtung nicht an die unterlassene Leistungserbringung anschließt[694]. Dass die Garantie der Leistungserbringung keine Auswirkungen hat[695], es sei denn, man kann aus dieser die Garantie der Leistungsfähigkeit und den daraus folgenden Verzicht einer Entlastung nach § 311a II 2 BGB ableiten, hat seinen Grund in der bereits in § 311a II 1 BGB zu findenden Garantiehaftung. Obwohl es in Anlehnung an § 280 I 2 BGB zunächst so scheint, ist § 311a II 2 BGB kein Beleg für eine Verschuldenshaftung; die Norm ist vielmehr eine Entlastungsmöglichkeit des Schuldners für die Fälle eines Irrtums. Irrt sich der Schuldner nämlich unverschuldet über seine Leistungsfähigkeit ist ein Ausschluss der Haftung gem. § 311a II 1 BGB angemessen.

Der Schuldner übernimmt mit jedem Leistungsversprechen konkludent eine Garantie in Bezug auf seine augenblickliche Leistungsfähigkeit[696]. Diese generelle Auslegung des vertraglichen Leistungsversprechens hatte der Gesetzgeber vermutlich vor Augen. Infolgedessen ordnete er eine verschuldensunabhängige Haftung für dieses auf die eigene Leistungsfähigkeit beschränkte Garantieversprechen an mit einer Ausnahme gem. § 311a II 2 BGB, falls der Schuldner einem schuldlosen Irrtum bezüglich seiner Leistungsfähigkeit unterlag. Schließt jemand trotz anfänglichen Unvermögens einen Vertrag, kann er sich also nach § 311a II 2 BGB nur im Falle eines schuldlosen Irrtums entlasten. Garantiert der Schuldner allerdings zusätzlich, er sei mangels Kenntnis von einem Leistungshindernis zur Leistung in der Lage, dann ist eine Entlastung

[693] *Ehmann/Sutschet*, § 4, V., S. 125.

[694] Damit ist eine solche Garantie aber natürlich nicht grundsätzlich bedeutungslos, da sie in allen anderen Fällen eines Schadensersatzes nach §§ 280 ff. BGB relevant bleiben kann.

[695] Ebenso i. E. *Wieser*, MDR 2002, 858 (860).

[696] Krit. *Wagner*, JZ 1998, 482 (493), der eine solche Garantie auf die Primärleistung beschränken will. Welche Auswirkungen die Garantie auf eine wegen Unmöglichkeit nicht geschuldete Primärleistung haben soll, bleibt indes unklar.

nach Satz 2 und eine Berufung auf einen schuldlosen Irrtum nicht mehr möglich[697]. Ein anderweitiges Vertretenmüssen ist angesichts des Garantiegedankens nicht erforderlich. Der Schuldner hat nämlich durch die Abgabe des Leistungsversprechens ohne Leistungsfähigkeit einen Haftungsgrund nach § 311a II BGB geschaffen, für den er sich nur ausnahmsweise nach § 311a II 2 BGB entlasten könnte. Wird der Schuldner, der zunächst von seiner Leistungsunfähigkeit wusste, beispielsweise aufgrund einer glücklichen Wendung plötzlich leistungsfähig, ändert sich nichts an seiner wegen Kenntnis vom Leistungshindernis nicht bestehenden Entlastungsmöglichkeit. Gleichwohl kommt bei anschließender ordnungsgemäßer Erfüllung mangels Schaden ein Schadensersatz nicht in Frage[698].

Wie Harke[699] treffend formuliert hat, kann man von einer „bedingten Garantiehaftung" sprechen, wobei die Bedingung das Nichtvorliegen eines schuldlosen Irrtums über die Leistungsfähigkeit ist[700]. Eine solche Auslegung des Leistungsversprechens steht in Einklang mit den Lösungen nach alter Rechtslage für die Betrugsfälle, in denen nach einhelliger Meinung eine Haftung auf das Erfüllungsinteresse begründet werden konnte, sowie für die Fälle eines Rechtskaufs, in denen ebenfalls eine Garantiehaftung angenommen wurde[701]. Zweck einer Garantiehaftung ist immer die Berücksichtigung einer besonderen Schutzbedürftigkeit des Gläubigers unter gewissen Umständen, hier das Vertrauen auf die vertragliche Leistung. Insofern ist auch Canaris Recht zu geben, wenn er

---

697 *V. Wilmowsky*, JuS 2002, Beil. zu H. 1, 1 (12); enger *Wieser*, MDR 2002, 858 (859). Schon früher knüpfte die h. M. an eine Garantie der Leistungsfähigkeit an; vgl. Staudinger-*Löwisch*, 14. Aufl., § 306 Rn. 4c ff.

698 Genauso i. E., aber mit der zweifelhaften Begründung eines fehlenden Vertretenmüssens; *Ehmann/Sutschet*, § 4, V., S. 124.

699 *Harke*, JJZiRW 2001, S. 29 (56) im Anschluss an *Altmeppen*, DB 2001, 1399 (1402).

700 Ähnlich *Ehmann/Sutschet*, § 4, V., S. 125 („Garantiehaftung mit Entlastungsmöglichkeit"); *Faust* in Huber/Faust, Kapitel 7, Rn. 12 („Bedingung für die Haftung"); *Pohlmann*, Aufklärungspflichten, S. 148 f., (ließe sich „ als Garantiehaftung begreifen", bei der die Entlastungsmöglichkeit aus einem Rechtsgedanken nach § 242 BGB resultiere); unklar *v. Wilmowsky*, JuS 2002, Beil. zu H. 1, 1 (12), der eine „hybride Struktur" des § 311a II BGB erkennt; a. A. von einer Verschuldenshaftung ausgehend Palandt-*Heinrichs*, 63. Aufl., § 311a Rn. 2; *Dauner-Lieb* in Dauner-Lieb/Heidel/Lepa/Ring, § 2, Rn. 87; *Lorenz/Riehm*, Rn. 333.

701 Vgl. *Altmeppen*, DB 2001, 1399 (1399); *Flume*, ZIP 1994, 1497 (1498). Auch gegen § 463 S. 2 BGB sind Kausalitätsbedenken vorgebracht worden, die vornehmlich mit dem ange-strebten Strafzweck sowie „rechtspädagogischen" Argumenten ausgeräumt wurden; vgl. *Pohlmann*, Aufklärungspflichten, S. 172 ff. m. w. N.

Parallelen zum Irrtumsrecht sieht[702], die einer Garantiehaftung mit Entlastungsmöglichkeit nach angloamerikanischem Recht[703] nahe kommen.

Weil nachträglich auftretende Leistungshindernisse von beiden Parteien gleichermaßen vorhergesehen werden können, aber die Einschätzung anfänglicher Leistungshindernisse dem Schuldner leichter möglich ist, erscheint im Ergebnis eine Haftungsverschärfung für präsente Leistungshindernisse im Vergleich zur nachträglichen Unmöglichkeit durchaus angemessen[704]. Auch aus der Warte der ökonomischen Theorie des Rechts[705], die das Schuldrecht als Anreizordnung für den Schuldner zur Bewirkung der Leistung versteht, scheint die Rechtsfolge des Schadensersatzes statt der Leistung geboten. Dieses System der Anreize soll die Inkaufnahme von Erfüllungsschwierigkeiten zum Schutze des Gläubigerinteresses schmackhaft und eine Leistungsverweigerung abschreckend werden lassen[706]. Mit der Maßgabe, den Vertrauensschaden des Gläubigers zu minimieren und den Verkehrschutz zu maximieren, soll der Schuldner infolge eines Anreizes abgehalten werden, überhaupt eine unmögliche Leistung zu versprechen[707]. Die rechtspolitische Entscheidung, einen solchen Anreiz über eine Haftung für den Vertrauensschaden hinaus auf eine Haftung auf das Erfüllungsinteresses zu verschärfen, verstärkt die Bereitschaft, Verhandlungen über den Güteraustausch aufzunehmen und schützt vor der Gefahr eines Erlahmens des Güteraustausches.

Akzeptiert man mit der hier vertretenen Ansicht § 311a II BGB als bedingte Garantiehaftung, ist das Vorhaben des Gesetzgebers, die Unterschiede zwischen anfänglicher und nachträglicher Unmöglichkeit einzuebnen, als gescheitert anzusehen. Die Differenzen mögen geringer geworden sein, aber schon die Ausgestaltung des § 311a BGB als eigene Anspruchsgrundlage, der abweichende Haftungsgrund sowie das bedingte Garantieprinzip machen eine Abgrenzung weiterhin unentbehrlich. Als unproblematisch stellt sich unter der Prämisse einer solchen bedingten Garantiehaftung die in § 311a II 1 BGB angeordnete Rechtsfolge dar, da der Garantiegedanke eine Durchbrechung der Kausalität zwischen

---

702 *Canaris*, DB 2001, 1815 (1818 f.); *ders.*, JZ 2001, 499 (506) hält aber den Ansatz, dem Vertrag wohne ein Garantieversprechen inne, „für eine glatte petitio principii"; ähnlich *Grunewald*, JZ 2001, 433 (435 f.).

703 Vgl. zum Common Law *Kley*, Unmöglichkeit und Pflichtverletzung, S. 206 ff. m. w. N.

704 So schon *Wagner*, JZ 1998, 482 (493).

705 *Schäfer/Ott*, S. 373 ff.

706 Ist die Leistung allerdings anfänglich unmöglich, können die gesetzlichen Anreize nur bedingt Impulse auslösen; wenigstens in Bezug auf eine Unmöglichkeit nach § 275 II, III BGB ist eine solche Beeinflussung denkbar.

707 *Wagner*, JZ 1998, 482 (484).

Haftungsgrund und Rechtsfolge zulässt[708]. Der ebenfalls in § 311a II 1 BGB vorgesehene Verweis auf den Ersatz vergeblicher Aufwendungen in § 284 BGB wirft hinsichtlich des Kausalitätserfordernisses keine Probleme auf, so dass der Garantiegedanke nur als Erklärung für den Schadensersatz herangezogen werden muss. Im Wege des Schadensersatzes statt der Leistung ist der Gläubiger dann grundsätzlich in Geld so zu stellen, wie er nach einer hypothetischen Nacherfüllung eine logische Sekunde nach Schadenseintritt stünde[709].

3. Die Konkurrenz von § 311a II BGB und den §§ 280 ff. BGB

Ist der Haftungsgrund ausgemacht und die Rechtsfolge erklärt, schließt sich das Folgeproblem an, wie § 311a II BGB zu dem Haftungssystem der §§ 280 ff. BGB steht. Nach den obigen Ausführungen zur Reichweite des Schadensersatzes statt der Leistung ist eine Haftungslücke des § 311a II 1 BGB für die Schadenstypen des Körper- und Sachschadens sowie entsprechender Haftungsschäden augenfällig[710]. Solche Schäden können bei einem unbehebbaren Mangel genauso gut auftreten wie bei einem behebbaren, so dass sich die Frage nach der Haftung für Mangelfolgeschäden als Verletzung des Erhaltungsinteresses bei anfänglich unbehebbaren Mängeln stellt. Da solche Schäden wie gezeigt[711] der Rechtsfolge nach über den Schadensersatz abseits der Leistung zu ersetzen sind, erscheint ein Ersatz über § 280 I BGB als logische Fortführung. Manche bestreiten indes die Anwendbarkeit des § 280 I BGB neben § 311a BGB, der eine speziellere und abschließende Regelung sein soll[712]. „Andernfalls könnte der Gläubiger über § 280 I das negative Interesse erhalten."[713] Da dieses Interesse im Einzelfall über das positive Interesse hinausgehe, könnte der Gläubiger über § 280 I BGB größeren Schadensersatz als über die Spezialregelung des § 311a II 1 BGB erhalten. Schultz[714] begründet die Nichtanwendbarkeit des § 280 I BGB neben § 311a BGB stattdessen mit den seiner Ansicht nach notwendigerweise gleichen Haftungsvoraussetzungen. Die Prüfung des Vertreten-

---

708 Auch nach *v. Wilmowsky*, JuS 2002, Beil. zu H. 1. 1 (12) kann die Rechtsfolge des § 311a II BGB nur mit dem Garantiegedanken erklärt werden. Der Schuldner haftet für die Nichterfüllung seines Versprechens, obwohl dieses nicht auf einer Pflichtverletzung beruht. Die Norm weise somit eine „hybride Struktur" auf. Elemente einer Verschuldenshaftung werden mit denen einer Garantiehaftung gekreuzt; vgl. *Ehmann/Sutschet*, § 4, V., S. 125.

709 Ausführlich 3. Kapitel, C., IV., 96 ff.; 3. Kapitel, B., I., 2., S.67 ff.

710 Vgl. allerdings Palandt-*Heinrichs*, 63. Aufl., § 311a Rn. 7, der vom Schadensersatz statt der Leistung im Rahmen des § 311a BGB auch Folgeschäden abgedeckt sieht.

711 3. Kapitel, D., XI., S. 141 f.

712 Westermann-*Schultz*, S. 77 f.; *v. Wilmowsky*, JuS 2002, Beil. zu H. 1, 1 (5).

713 So *v. Wilmowsky*, JuS 2002, Beil. zu H. 1, 1 (5).

714 Westermann-*Schultz*, S. 77 f., der deswegen eine analoge Anwendung des § 311a II BGB für die Haftungslücke befürwortet.

müssens könne unabhängig von der in Rede stehenden Schadensposition „nach keinem anderen Maßstab“ als in § 311a II 2 BGB erfolgen.

Über die Tatsache hinaus, dass eine fehlende Haftung für Mangelfolgeschäden bei anfänglich unbehebbaren Mängeln zu unerträglichen Ergebnissen führen würde, ließe eine solche Haftungslücke die Abgrenzung zwischen anfänglicher und nachträglicher Unmöglichkeit in nicht zu rechtfertigender Weise bedeutsam werden, obwohl ihre Nivellierung doch der gesetzgeberischen Intention entsprach[715]. Der Gesetzgeber wollte vermeiden, dass eine einzige Sekunde zwischen anfänglicher und nachträglicher Unmöglichkeit und gleichzeitig über die Haftung für Mangelfolgeschäden entscheiden kann. Aber neben der Ergebnisgerechtigkeit, die für eine Anwendung des § 280 I BGB spricht, kann § 311a II 1 BGB nur innerhalb der Reichweite seiner Rechtsfolge eine speziellere Regelung sein. Dementsprechend ist § 311a II 1 BGB sicherlich die speziellere Regelung für den Schadensersatz statt der Leistung bei anfänglich unbehebbaren Mängeln, über den Ersatz von Schadensersatz abseits der Leistung enthält die Norm hingegen gerade keine Aussage. Da die Anspruchsgrundlage im neuen System über die begehrte Rechtsfolge zu definieren ist[716], kommt § 311a II BGB insofern keine Spezialität gegenüber § 280 BGB, sondern nur gegenüber §§ 281-283 BGB zu. Das Argument, dann könne das negative Interesse verlangt werden, vermag auch nicht zu überzeugen, da § 311a II BGB seinerseits auf den einen Teil des negativen Interesse ersetzenden § 284 BGB verweist. Die Rechtsfolge des Schadensersatzes statt der Leistung entspricht ohnehin nicht dem Ersatz des gesamten positiven Interesses[717] und ist somit überhaupt kein taugliches Gegenstück zum negativen Interesse. Außerdem haftet der Schuldner infolge eines Mangels aus § 280 I BGB nicht auf Ersatz des vollen negativen Interesses, sondern auf Schäden, die auf einer Verletzung des Erhaltungsinteresses beruhen. Solche Schäden können selbstverständlich den Umfang des das Erfüllungsinteresse betreffenden Schadensersatzes statt der Leistung übersteigen; schließlich wären sie in der gleichen Höhe über das Deliktsrecht ersatzfähig.

---

[715] Zur Vereinheitlichung veranlasste den Gesetzgeber die praktische Überlegung, dass es oftmals vom Zufall abhängt, ob die Unmöglichkeit anfänglicher oder nachträglicher Natur ist; BT-Drs. 14/6040, S. 164. Für § 275 BGB ist daher der Zeitpunkt der Unmöglichkeit vollständig irrelevant; BT-Drs. 14/6040, S. 128; vgl. *Fischer*, DB 2001, 1923 (1923); *Meier*, Jura 2002, 187 (190 f.).

[716] Vgl. 3. Kapitel, C., II., S. 92; 3. Kapitel, A., I., 2., b), cc), S. 51 f.

[717] Dem stimmt Westermann-*Schultz*, S. 63 wohl zu, wenn er feststellt, dass „der aus der bisherigen Terminologie bekannte Begriff des Schadensersatzes wegen Nichterfüllung aber gerade nicht identisch mit dem Schadensersatz statt der Leistung ist“. § 311a II BGB auf diese Weise in der Rechtsfolge zu begrenzen, aber für Folgeschäden analog anzuwenden, sieht nach wenig zwingender juristischer Akrobatik aus.

Mehr Gewicht muss dem Einwand von Schultz zugestanden werden, das Vertretenmüssen nach § 280 I 2 BGB stünde im Widerspruch zu der Entlastungsmöglichkeit nach § 311a II 2 BGB. Knüpft man auch im Rahmen des § 280 I BGB für die Fälle eines anfänglich unbehebbaren Mangels an die Abgabe des Leistungsversprechens als Pflichtverletzung an, hat der Schuldner die im Verkehr erforderliche Sorgfalt verletzt, wenn er ein Leistungsversprechen abgegeben hat, obwohl er seine Leistungsunfähigkeit kannte oder zumindest kennen musste. Versteht man § 280 I 2 BGB sowie die erforderliche Sorgfalt des § 276 BGB in diesem Sinne, hätte man eine Eintracht mit § 311a II 2 BGB hergestellt und Unstimmigkeiten in der Haftung ausgeräumt[718]. Liegt der Haftung nach § 280 I BGB allerdings ohnehin eine andere Pflichtverletzung als die Abgabe des Leistungsversprechens zugrunde[719], ist es nur folgerichtig, dass sich das Vertretenmüssen ebenfalls nach anderen Maßstäben richtet. Den Weg über § 280 I BGB generell zu versperren, obwohl keine gesetzliche Sperrwirkung zu erkennen ist, wäre indessen unverständlich. Ein solches Ergebnis hatte der Gesetzgeber, der zum Konkurrenzverhältnis zwischen § 280 I BGB und § 311a II BGB keine Stellung nimmt, zweifelsohne nicht vor Augen als er kurzfristig eine eigenständige Regelung für die anfängliche Unmöglichkeit in den Regierungsentwurf aufnahm[720]. Daher bejahen andere Stimmen in der Literatur[721] zu Recht die Anwendbarkeit des § 280 I BGB neben § 311a BGB zumindest für Mangelfolgeschäden[722].

---

718 Vgl. *Meier*, Jura 2002, 187 (190 ff.).

719 4. Kapitel, A., III., 4., S. 194 ff.; bei § 280 I BGB ist die Verletzung der allgemeinen Schutzpflicht, die Rechtsgüter und Rechte eines anderen nicht zu schädigen, entscheidend.

720 Zur Einführung der Regeln über die Unmöglichkeit in den Regierungsentwurf siehe *Lorenz*, JZ 2001, 742 (742 f.).

721 *Dötsch*, ZGS 2002, 160 (161 f.); vgl. auch *Häublein*, NJW 2003, 388 (392 f.).

722 Ein anderes Problem, das hier wegen der fehlenden Nähe zum Schadensersatz für Mängel nicht ausführlicher behandelt werden soll, ist die Anwendbarkeit der §§ 280, 311 II, 241 II BGB – also der alten Fälle der c.i.c – neben § 311a II BGB. Die Verletzung einer vorvertraglichen Aufklärungspflicht, die wie gezeigt nicht Haftungsgrundlage des § 311a II BGB ist, könnte eine eigenständige Haftung aus §§ 280, 311 II, 241 II BGB auslösen. Nach *Faust* in Huber/Faust, Kapitel 7, Rn. 17 soll eine solche Haftung aber gesperrt sein, da § 311a II BGB zwar keine Haftung für vorvertragliches Fehlverhalten darstelle, aber eine solche regelmäßig zugleich vorliege; mit gleichem Ergebnis Palandt-*Heinrichs*, 63. Aufl., § 311a Rn. 13. Es ließe sich wohl ebenfalls eine Beschränkung der Anwendbarkeit auf besondere Aufklärungspflichten halten, die über das allgemeine Bedürfnis nach Aufklärung hinausgehen. Andernfalls wäre der Gläubiger im Vergleich zu den Fällen der nachträglichen Unmöglichkeit über Gebühr benachteiligt; in diese Richtung *Ehmann/Sutschet*, § 4, V., S. 124, Fn. 207, wonach sich die Haftung „aus der Nichterfüllung oder auch aus der Verletzung einer vorvertraglichen Aufklärungspflicht, soweit eine solche bestanden hat“, ergeben kann.

III. Der Schadensersatz nach §§ 280 ff. BGB wegen eines Mangels

Die §§ 281-283 BGB setzen durch die Formulierung „unter den Voraussetzungen des § 280 Abs. 1" zugleich das Vorliegen der nach § 280 BGB notwendigen Voraussetzungen in Gestalt eines wirksamen Schuldverhältnisses und einer schuldhaften Pflichtverletzung voraus[723]. Zentrale Bedeutung kommt dem Begriff der Pflichtverletzung gem. § 280 I BGB zu, der für die verschiedenen Anspruchsgrundlagen auf Schadensersatz statt der Leistung zu spezifizieren ist[724].

Ulrich Huber[725] hat vor der Schuldrechtsreform starke Kritik an der Pflichtverletzung als allgemeine Haftungsgrundlage gerade für Konstellationen einer (nicht zu vertretenden) Unmöglichkeit geübt. In solchen Fällen läge überhaupt keine Pflichtverletzung vor, weil die Leistungspflicht gem. § 275 BGB entfallen sei und ein entsprechendes Vertretenmüssen des Schuldners fehle. Trete die Unmöglichkeit zufällig ein, soll es folglich schon an der Verletzung einer Pflicht fehlen[726].

Entgegen dieser Ansicht, die „auf die Annahme der Pflichtverletzung als eines subjektiven Tatbestands schließen lassen, eines Tatbestands mithin, der das Verschulden des Handelnden inzident bewertet"[727], hält der Großteil der Literatur[728] die Pflichtverletzung zu Recht für einen nur objektiven Haftungsgrund. Eine

---

[723] BT-Drs. 14/6040, S. 137 f.

[724] Krit. *Schapp*, JZ 2001, 583 (586), der den Begriff der „zusätzlichen Voraussetzungen" aus §§ 280 II, III BGB mit dem Verständnis einer Konkretisierung der Pflichtverletzung in den § 281 ff. BGB für inkompatibel hält. Dieser Begriff bezieht sich jedoch wohl eher auf die hinzutretenden Voraussetzungen wie Fristsetzung (§ 281 BGB) oder Unzumutbarkeit (§ 282 BGB) als auf die Pflichtverletzung selbst.

[725] *U. Huber* in Ernst/Zimmermann, S. 31 (99 ff.) = *U. Huber*, ZIP 2000, 2273 (2276 ff.).

[726] So wohl auch *Faust* in Huber/Faust, Kapitel 3, Rn. 119 f., der infolgedessen trotz § 280 I 2 BGB die Beweislast für Umstände, welche zur Unmöglichkeit führen, beim Gläubiger sieht.

[727] So *Anders*, ZIP 2001, 184 (185); entsprechend erfolgte die Handhabung im Vertragsrecht der DDR. Allerdings räumt *U. Huber* in Ernst/Zimmermann, S. 31 (102) = *U. Huber*, ZIP 2000, 2273 (2278) selbst ein, dass es Konstellationen gibt, in denen eine Pflichtverletzung auch ohne Vertretenmüssen denkbar ist. „Es handelt sich um den Fall, dass der Schuldner sich hinsichtlich seiner wirklich bestehenden Pflicht in einem nicht vorwerfbaren Irrtum befindet, sei es, dass er sie tatsächlich nicht kennt und nicht kennen kann, sei es, dass er sich in einem Rechtsirrtum befindet, den er nicht zu vertreten hat." Zu ergänzen ist die Situation, in der der Schuldner zwar keinem Irrtum unterliegt, aber auch bei größtmöglicher Anstrengung die objektive Pflichtverletzung nicht verhindern konnte.

[728] Westermann-*Schultz*, S. 22; *Anders*, ZIP 2001, 184 (185); *Mayerhöfer*, MDR 2002, 549 (551); *Meier*, Jura 2002, 118 (122); *Münch*, Jura 2002, 361 (364); *Schlechtriem*, JJZiRW 2001, 9 (16); zu § 280 I KE siehe *Rust*, Das kaufrechtliche Gewährleistungsrecht, S. 63; *Schlechtriem*, ZEuP 1993, 217 (222); *Wieser*, NJW 2001, 121 (124).

Pflichtverletzung im Sinne des § 280 I BGB kann als objektiver Verstoß gegen ein aus Gesetz oder Vertrag resultierendes Gebot oder Verbot definiert werden[729]. Eine solche Definition entspricht nicht nur dem Willen des Gesetzgebers[730], sondern wird bestätigt durch das von der Pflichtverletzung nach § 280 I 1 BGB getrennt in Satz 2 zu findende Vertretenmüssen. Zudem verwendet das BGB in § 823 I den Begriff der Verletzung ebenfalls nur im objektiven Sinne und knüpft hieran eine Haftung auf Schadensersatz an. Eine andere Bedeutung durch die Umgangssprache kann daher ein subjektives Element in der Pflichtverletzung nicht begründen[731]. Angenehme Folge dessen ist eine gerechte Beweislastverteilung, die dem Gläubiger die Beweisführung hinsichtlich der objektiven Pflichtverteilung und dem Schuldner den Nachweis eines fehlenden Verschuldens auferlegt. Für die Feststellung einer Pflichtverletzung sind somit die Existenz einer Pflicht und ihre objektive Nichteinhaltung ausreichend. Unterteilt wird die Gesamtheit der Pflichtverletzungen durch die altbekannten Kategorien von Schlechtleistung, Unmöglichkeit und Verzug sowie die Verletzung von Schutzpflichten (vgl. § 241 II BGB).

Einer Pflichtverletzung logisch vorrangig ist die Bestimmung der von den Parteien einzuhaltenden Pflichten[732]. Obwohl die Schöpfer des BGB bei der Schaffung desselben im Wesentlichen nur die Leistungspflichten im Auge hatten, ist in der modernen Dogmatik die Existenz von Schutzpflichten genauso selbstverständlich wie die Besonderheit eines Schuldverhältnisses ohne primäre Leistungspflicht[733]. Leistungspflichten und Schutzpflichten bestehen unabhängig voneinander, überdecken sich aber in vielen Bereichen[734]. Während Leistungspflichten ihren Inhalt über Parteiwille und Vertragszweck aus einem wirksam geschlossenen Vertrag erhalten, hängen Schutzpflichten primär von den tatsächlichen Beziehungen ab[735]. Wesentliches Merkmal der Schutzpflicht ist, dass sie der Erhaltung der Güterlage, nicht wie die Leistungspflicht der Bewegung der Güter dient[736]. Die Einbeziehung insbesondere der Schutzpflichten, stand auch Pate bei der Auswahl des Begriffes der Pflichtverletzung und machte einen entscheidenden Vorteil gegenüber dem der

[729] BT-Drs. 14/6040, S. 135, 92; *Oechsler*, § 2, Rn. 225; *Münch*, Jura 2002, 361 (364); *v. Wilmowsky*, JuS 2002, Beil. zu H. 1, 1 (1).

[730] BT-Drs. 14/6040, S. 135.

[731] Palandt-*Heinrichs*, 63. Aufl., § 280 Rn. 3; *Meier*, Jura 2002, 118 (122).

[732] *Medicus*, NJW 1992, 2384 (2384); *Willingmann/Hirse*, VuR 2001, 99 (100).

[733] *Larenz*, SchR AT, § 2 I, S. 14.

[734] Grundlegend *Canaris*, JZ 1965, 475 (477 f.); ausführlich zu deliktischen Schutzpflichten *Dietborn*, Produzentenhaftung, S. 127 ff.; *Kuhlmann*, Leistungspflichten und Schutzpflichten, S. 36 ff.

[735] Das „Willensdogma" soll nur für die Leistungspflichten entscheidend sein; *Canaris*, JZ 1965, 475 (478, 480).

[736] *Kress*, SchR AT, S. 578.

„Nichterfüllung" aus[737]. Obwohl der Gesetzgeber nicht den etablierten Terminus der Schutzpflichten verwendete, sind genau diese unter den sonstigen Pflichten des § 241 II BGB zu verstehen[738]. § 241 II BGB umfasst die geläufigen Fallgruppen von Schutzpflichten, also Integritätsschutzpflichten, besondere Schutzpflichten (Vertragszweckschutz), Leistungstreuepflichten und wurde durch seinen Wortlaut nicht beschränkt[739]. Durch die Betonung der „Rücksicht auf die Rechte, Rechtsgüter und Interessen des anderen Teils" erfolgte lediglich eine Abgrenzung zu den deliktischen Verkehrssicherungspflichten, die nur mittelbar den Schutz des Vermögens verfolgen können[740]. Die Formulierung „kann verpflichten" sollte zudem nicht in dem Sinne interpretiert werden, dass grundsätzlich keine Schutzpflichten und ein entsprechendes Regel-Ausnahme-Verhältnis bestünden. Die Wendung stellt ausschließlich klar, dass sich der exakte Umfang des Pflichtenprogramms aus den tatsächlichen Umständen und dem jeweiligen Schuldverhältnis ergibt[741], das insofern vertraglicher oder gesetzlicher Natur sein kann.

Obwohl mit dem Begriff Pflichtverletzung in erster Linie ein Verhalten verbunden wird, welches die Verletzung einer Pflicht darstellt, kann auch ohne besonderes Verhalten schon das Ausbleiben eines Erfolgs eine Pflichtverletzung bedeuten. Zuzugeben ist zweifellos, dass bei Leistungspflichten deren Erfüllung oder Nichterfüllung im Vordergrund steht und der Begriff der Verletzung einer Leistungspflicht insofern in die Irre führen kann. Daran knüpft die teilweise vertretene Auffassung an, es sei für die Frage des Schadensersatzes letztendlich immer eine Schutzpflicht, die die Nichterfüllung verursache[742]. Diese Annahme ist zwar nachvollziehbar, wirkt aber sehr konstruiert und sollte möglichst vermieden werden. Denn der Begriff der Pflichtverletzung kann ebenso sinnvoll

---

737 Vgl. ausführlich Palandt-*Heinrichs*, 63. Aufl., § 280 Rn. 3; *Medicus*, NJW 1992, 2384 (2384 f.); *Schapp*, JZ 2001, 583 (584 f.) hält beispielsweise stattdessen ein Verständnis als „Störung des Schuldverhältnisses i.w.S." für angebracht.

738 *Canaris*, JZ 2001, 499 (512); *Willingmann/Hirse*, VuR 2001, 99 (101); krit. *Krebs*, DB 2000, Beil. Nr. 14, 1 (9).

739 Vgl. ausführlich mit weiteren Beispielen, aber abweichender Terminologie Palandt-*Heinrichs*, 63. Aufl., § 280 Rn. 24 ff. Strittig ist die Einordnung der Erfüllungsverweigerung vor Fälligkeit: *Otto*, Jura 2002, 1 (6); *Münch*, Jura 2002, 361 (365) nehmen die Verletzung einer Schutzpflicht an; a. A. Palandt-*Heinrichs*, 63. Aufl., § 280 Rn. 25; AK-*Dauner-Lieb*, § 324 Rn. 3 für Leistungspflicht. Angesichts der Neuregelung des § 323 IV BGB spricht einiges dafür, insofern von der Verletzung einer Leistungspflicht auszugehen. Problematisch ist ebenfalls die Einordnung der culpa post pactum finitum, da je nach Verletzung des Interesses Leistungspflicht oder Schutzpflicht verletzt sein können; vgl. *Münch*, Jura 2002, 361 (365).

740 *Willingmann/Hirse*, VuR 2001, 99 (100).

741 *Willingmann/Hirse*, VuR 2001, 99 (101); vgl. *Krebs*, DB 2000, Beil. Nr. 14, 1 (9).

742 *Rust*, Das kaufrechtliche Gewährleistungsrecht, S. 185; vgl. 4. Kapitel, A., III., 2., S. 181 ff.

erfolgsbezogen verstanden werden[743], so dass sowohl die Verletzung einer Schutz- als auch einer Leistungspflicht erfasst wird [744]. Für die Fälle der Verletzung einer Leistungspflicht ist deshalb zur Bestimmung einer Pflichtverletzung nicht stets erforderlich, ein Verhalten zu untersuchen, welches für das Ausbleiben des Erfolgs verantwortlich ist. Erst im Rahmen des Verschuldens, das sich im Bereich der Fahrlässigkeit zwangsläufig auf ein Verhalten bezieht, kommt einer entsprechenden Untersuchung Bedeutung zu, weil ohne ein Verhalten die verkehrsübliche Sorgfalt nach § 276 II BGB nicht außer Acht gelassen werden kann. Ist allerdings ein Verschulden ausnahmsweise nicht erforderlich, weil es sich um eine gesetzliche Garantiehaftung handelt oder eine entsprechende Garantie übernommen wurde, muss das konkrete Verhalten gar nicht beleuchtet und es kann beim Ausbleiben des Leistungserfolgs als objektive Pflichtverletzung belassen werden. Losgelöst von der Frage der Sorgfaltswidrigkeit können somit zunächst die objektive Verletzung einer Leistungs- oder Schutzpflicht als Pflichtverletzung im Sinne des § 280 I BGB in Frage kommen[745]. Nicht mehr vorgenommen werden muss außerdem eine Unterscheidung zwischen Pflichtverletzungen in einseitigen oder zweiseitigen Schuldverhältnissen, da beide gleichermaßen erfasst sind[746].

Ob der Pflichtenverstoß dem Verpflichteten nach § 280 I 2 BGB vorgeworfen werden und zu einer Schadensersatzhaftung führen kann, ist generell eine sich an das Vorliegen einer objektiven Pflichtverletzung anschließende, separate Frage. Den Schuldner trifft diesbezüglich die Beweislast eines sorgfaltsgemäßen Verhaltens hinsichtlich seiner Pflicht. Bei der Verletzung von Schutzpflichten indes geht der Verschuldensvorwurf mit der Feststellung der Pflicht zumeist Hand in Hand, wenn sich der Umfang der Schutzpflicht schon nach dem für das

---

[743] Vgl. überzeugend *Rust*, Das kaufrechtliche Gewährleistungsrecht, S. 64 f., der der Pflichtverletzung (in § 280 I KE) sowohl ein verhaltens- als auch ein erfolgsorientiertes Element zuspricht; ebenso *Kuhlmann*, Leistungspflichten und Schutzpflichten, S. 144; a. A. *Schäfer*, JA 2003, 600 (601 f.).

[744] *Däubler*, NJW 2001, 3729 (3731)); *Meier*, Jura 2002, 118 (122); *Münch*, Jura 2002, 361 (363 f.); *Voppel*, BauR 2002, 843 (843 f.).

[745] BT-Drs. 14/6040, S. 135 f.; Palandt-*Heinrichs*, 63. Aufl., Vorb v § 275, Rn. 11; *ders.*, 63. Aufl., § 280 Rn. 12 ff.; *Lorenz/Riehm*, Rn. 172, 356 ff.; *Mayerhöfer*, MDR 2002, 549 (551); ähnlich Westermann-*Schultz*, S. 21 f., der aber die Geeignetheit der Pflichtverletzung als Oberbegriff für alle Leistungsstörungen bezweifelt; krit. auch *Stoll*, JZ 2001 589 (593); *Ehmann* im Diskussionsbericht von Langenbucher, JZ 2001, 528 (529); schon zu § 280 I KE *Schapp*, JZ 1993, 637 (638 f.); *Flume*, ZIP 1994, 1497 (1497 f.); *Ernst*, AcP 199 (1999), 360 (362 f.), nach dem der Begriff der Pflichtverletzung nur für Verhaltenspflichten passe, nicht aber für erfolgsorientierte Leistungspflichten; ebenso *Pohlmann*, Aufklärungspflichten, S. 28, der eine Verletzung nur durch Handeln oder Unterlassen für möglich hält.

[746] Statt aller *Lorenz/Riehm*, Rn. 170.

Verschulden relevanten Maßstab der verkehrserforderlichen Sorgfalt richtet[747]. Da nach den Grundsätzen der zivilrechtlichen Dogmatik nur rechtswidrige Handlungen schuldhaft begangen werden können, impliziert die Pflichtverletzung zusätzlich die Prüfung der Rechtswidrigkeit[748]. Rechtfertigungsgründe (z. B. eine Einwilligung) tangieren unmittelbar die Frage des Pflichtverstoßes und schränken das Pflichtenprogramm folglich entsprechend ein[749].

1. Der Schadensersatz nach § 283 I BGB wegen eines Mangels

Gibt es eine eigenständige Regelung für die anfängliche Unmöglichkeit, überrascht die Regelung des § 283 BGB für die nachträgliche Unmöglichkeit nicht. Anders als § 311a BGB ist die nachträgliche Unmöglichkeit an das Haftungssystem der §§ 280 ff. BGB angeschlossen und baut auf der Zentralnorm des § 280 I BGB auf. Damit lebt unvermeidbar die ungeliebte Abgrenzung zwischen anfänglicher und nachträglicher Unmöglichkeit wieder auf[750], die zumindest für die Wahl der richtigen Anspruchsgrundlage erforderlich wird.

Für einen Anspruch auf Schadensersatz nach §§ 280, 283 BGB ist die Art der Pflichtverletzung in Abgrenzung zu §§ 281, 282 BGB genauer zu bestimmen. Obwohl sich der Gesetzgeber hinsichtlich der § 283 BGB kennzeichnenden Pflichtverletzung „ganz einfach" darauf beruft, dass die geschuldete Leistung nicht erbracht wird[751], kann diese nicht in der Nichterfüllung oder der hier im Fokus stehenden Erbringung einer mangelhaften Leistung liegen[752]. Die Pflicht zur Erbringung einer mangelfreien Leistung ist durch die nachträgliche Unbehebbarkeit des Mangels gem. § 275 BGB entfallen; damit kann mangels entsprechender Leistungspflicht die Nichterfüllung keine Verletzung einer Pflicht sein[753]. Nichtsdestotrotz sieht der Gesetzgeber[754] im Sinne von Canaris[755] die

---

747 *Lorenz/Riehm*, Rn. 182; *Rust*, Das kaufrechtliche Gewährleistungsrecht, S. 167 f.

748 Statt aller Palandt-*Heinrichs*, 63. Aufl., § 276 Rn. 8; *Lorenz/Riehm*, Rn. 173.

749 *Münch*, Jura 2002, 361 (367).

750 *U. Huber* in Ernst/Zimmermann, S. 31 (89 f.) = *U. Huber*, ZIP 2000, 2137 (2150 f.); *Harke*, JJZiRW 2001, S. 29 (55).

751 BT-Drs. 14/6040, S. 135 f.

752 Vgl. zu ähnlichen Überlegungen im Rahmen des § 311a BGB 4. Kapitel, A., II., 1., a), S. 156.

753 *Harke*, JJZiRW 2001, S. 29 (58); *Mattheus*, JuS 2002, 209 (213); *Schapp*, JZ 2001, 583 (586 f.).

754 BT-Drs. 14/7052, S. 175; BT-Drs. 14/6040, S. 135 f., 92, 142, wo der Gesetzgeber auch die Nichtleistung wegen Unmöglichkeit und Verzug als Pflichtverletzung beurteilt. Trotzdem erkennt er die Tücken dieser Sichtweise und führt auf S. 142 selbstkritisch aus: „Auch wenn man die Auffassung vertreten könnte, dass die in § 280 Abs. 1 Satz 1 RE vorausgesetzte Pflichtverletzung dann nicht vorliegen kann, wenn der Schuldner wegen § 275 Abs. 1 oder 2 RE gerade keine Pflicht zur Leistung hat, so stellt die Verweisung doch jedenfalls klar, dass die Unmöglichkeit bzw. die Einrede nach § 275 Abs. 2 doch zu

objektive Pflichtverletzung in der bloßen Nichterbringung der geschuldeten Leistung. Im Gegensatz zu § 311a BGB könnte man dies nur damit begründen, dass zunächst bis zum Zeitpunkt der Unmöglichkeit oder der Erhebung einer Einrede nach § 275 II, III BGB eine entsprechende Primärpflicht bestand, die schlussendlich nicht erfüllt wurde[756]. Allerdings entbindet § 275 BGB gerade von dieser Primärpflicht, so dass es paradox wäre, gleichzeitig eine Schadensersatz begründende Pflichtverletzung anzunehmen. Noch merkwürdiger wäre es, dem Schuldner ein Leistungsverweigerungsrecht gem. §§ 275 II, III BGB einzuräumen, ihm aber zugleich vorzuwerfen, die Leistung sei dadurch unmöglich geworden. Auf den Fall einer mangelhaften Leistung übertragen ergibt sich aus dem Gesagten, dass nicht der Mangel selbst die Pflichtverletzung darstellen kann, wenn es sich um einen unbehebbaren Mangel handelt[757]. In Bezug auf die Mangelfreiheit der Leistung ist die Leistungspflicht durch die Unbehebbarkeit des Mangels, sprich die Unmöglichkeit der Nacherfüllung, nach § 275 BGB entfallen.

Die Pflichtverletzung ist aber nicht ausschließlich als Verletzung der Pflicht zur primären Leistung, sondern wie gezeigt auch als Verletzung einer sonstigen Nebenpflicht oder Schutzpflicht zu verstehen. Deswegen kann zur Bestimmung der nach § 283 BGB maßgeblichen Pflichtverletzung auf die Verletzung einer Nebenpflicht abgestellt werden. Als Nebenpflicht zur Primärpflicht schuldet der Schuldner stets ein Verhalten, dass den Eintritt der Unmöglichkeit verhindert bzw. ein Unterlassen, den Eintritt der Unmöglichkeit herbeizuführen. Die dem Schuldner obliegende Pflicht betrifft also nicht den Erfolg der Leistung, sondern – wie die meisten Pflichten – ein bestimmtes Verhalten[758]. Der Schuldner haftet also bei nachträglicher Unmöglichkeit dafür, dass er den Gläubiger seines Erfüllungsanspruchs beraubt hat, indem er die Unmöglichkeit in vorwerfbarer Weise herbeigeführt oder nicht verhindert hat[759]. Da Schutzobjekt dieser neben die Primärpflicht tretenden Pflicht die Konservierung der Leistungsfähigkeit ist, hat die Nebenpflicht einen direkten Bezug zum Leistungserfolg und mithin

---

einem Schadensersatzanspruch führt, wenn der Schuldner sich hinsichtlich seines Vertretenmüssens nicht entlasten kann, § 280 Abs. 1 Satz 2 RE."

755 *Canaris*, JZ 2001, 499 (512); Palandt-*Heinrichs*, 63. Aufl., § 280 Rn. 13; *Dötsch*, ZGS 2002, 160 (162); wohl auch *Schubel*, JuS 2002, 313 (315); trotz dogmatischer Bedenken *Faust* in Huber/Faust, Kapitel 3, Rn. 121; trotz sprachlich-logischer Bedenken AK-*Dauner-Lieb*, § 283 Rn. 2; *Lorenz*, NJW 2002, 2497 (2500, Fn. 24); *Wieser*, NJW 2001, 121 (124); krit. auch Westermann-*Schultz*, S. 22 ff.

756 In diese Richtung *Wieser*, MDR 2002, 858 (860).

757 *V. Wilmowsky*, JuS 2002, Beil. zu H. 1. 1 (14, 24).

758 *Anders*, ZIP 2001, 184 (184).

759 *Harke*, JJZiRW 2001, S. 29 (51); *Mattheus*, JuS 2002, 209 (213); *Meier*, Jura 2002, 118 (122); *Schapp*, JZ 2001, 583 (586 f.); *Schwab*, JuS 2002, 1 (3).

einen leistungsbezogenen Charakter[760]. Nach einem genaueren Blick beruht die Haftung des § 283 BGB deshalb auf der Verletzung einer leistungsbezogenen Nebenpflicht, die zur Unmöglichkeit der Leistung und einer gleichzeitigen Leistungsbefreiung nach § 275 BGB führt[761].

Seltsam mutet gleichwohl das Leistungsverweigerungsrecht nach § 275 II, III BGB an, da die Erhebung der Einrede eine Schadensersatzhaftung nach § 283 BGB auslösen kann[762]. Dies könnte man als ungerechtfertigte Sanktion gegen den Schuldner verstehen, der nur ein ihm gebührendes Recht ausübt und somit in einer unglücklichen Zwickmühle steckt. Das sanktionierte Verhalten ist in einem solchen Fall aber nicht die Ausübung der Einrede selbst; die Pflichtverletzung besteht bereits darin, dass der Schuldner nicht den Eintritt der Umstände verhindert hat, die ein Leistungsverweigerungsrecht nach § 275 II, III BGB begründen. Die Ausübung der Einrede selbst ist also nicht die Pflichtverletzung, sie lässt nur eine Schadensersatzhaftung entstehen, weil der Schuldner sich gegen die Möglichkeit einer überobligatorischen Leistung entschieden hat. Nach dieser Entscheidung, die Leistung nicht zu erbringen und die Einrede nach § 275 II, III BGB zu erheben, steht die Unbehebbarkeit des Mangels sowie das Erlöschen des Primäranspruchs fest mit der Folge, dass der Schadensersatz statt der Leistung an seine Stelle tritt. Im Rahmen des § 275 II, III BGB hat der Schuldner somit nur die Möglichkeit, trotz einer zuvor begangenen Pflichtverletzung den Schadensersatz und die Entstehung eines Schadens zu vermeiden, indem er die Einrede nicht erhebt und die Primärleistung erbringt. Damit kann auch § 275 II, III BGB ohne Widerspruch mit der Verletzung einer leistungsbezogenen Nebenpflicht erklärt werden.

Zusätzlich muss im Anwendungsbereich der Mängelhaftung ein unbehebbarer Mangel das Resultat dieser Pflichtverletzung sein; andernfalls ist § 281 BGB einschlägig[763]. Deshalb trifft die Kritik, dass sich die Nichtanwendbarkeit einer Frist doch schon aus § 281 II 2. Fall BGB ergebe, § 283 BGB eigentlich überflüssiges, aber geltendes Recht sei[764], im Kern zu. Allerdings muss man sich bewusst sein, dass § 283 BGB keine Haftung für die Verletzung einer Primärpflicht, sondern einer leistungsbezogenen Nebenpflicht ist, die freilich ebenfalls

---

760 Vgl. *Mattheus*, JuS 2002, 209 (212).

761 *Harke*, JJZiRW 2001, S. 29 (58); *Schapp*, JZ 2001, 583 (586 f.); *Schwab*, JuS 2002, 1 (3).

762 Krit. schon *Wilhelm*, JZ 2001, 861 (867, Fn. 54).

763 *Ehmann/Sutschet*, § 4, V., S. 116 f. empfehlen als Aufbauschema für § 283 BGB infolgedessen eine zweigeteilte Prüfung, die zum einen die Nichterfüllung einer Leistungspflicht und zum anderen die Verletzung einer relativen Schutzpflicht vorsieht. Bei der Nichterfüllung einer Leistungspflicht muss es sich selbstverständlich um eine nachträglich unmöglich gewordene Leistungspflicht handeln, ansonsten käme § 311a BGB in Betracht.

764 Palandt-*Heinrichs*, 63. Aufl., § 283 Rn. 2.

unter § 281 BGB subsumierbar wäre. Von den Voraussetzungen her bestünde insofern kein Unterschied zu § 281 I 1 BGB, als die Unbehebbarkeit ein Umstand ist, der zur Entbehrlichkeit der Fristsetzung gem. § 281 II BGB (i. V. m. §§ 440, 636 BGB) führt[765]. Dementsprechend verweist § 283 S. 2 BGB auch auf die wesentlichen Regelungen des § 281 BGB. Dass hinsichtlich der Erheblichkeit sowohl für den Schadensersatz nach § 281 I 3 BGB als auch für den Rücktritt nach § 323 V 2 BGB die Pflichtverletzung ausschlaggebend sein soll[766], macht nach der hier vertretenen Ansicht jedoch eine verständige Würdigung dieser Normen notwendig, die auf der Fehlvorstellung des Gesetzgebers, die Nichtleistung selbst sei die Pflichtverletzung, zurückzuführen ist. Entscheidend für die Erheblichkeit kann nämlich nicht die Schwere der ausgemachten Verletzung der leistungsbezogenen Nebenpflicht, sondern nur das Resultat dieser Pflichtverletzung, also der Mangel selbst sein. Lediglich anhand des Mangels kann die Angemessenheit einer Rückabwicklung des Vertrages oder des großen Schadensersatzes zuverlässig bemessen werden. Natürlich wäre es möglich, die Erheblichkeit der Pflichtverletzung an die daraus resultierende Unbehebbarkeit des Mangels zu binden, allerdings wäre dies eine Konstruktion, die zu kaschieren versucht, dass der Gesetzgeber eine andere Vorstellung hatte. Dies ergibt sich schon aus der Formulierung „Hat der Schuldner die Leistung nicht wie geschuldet (vertragsgemäß) bewirkt“, womit er ersichtlich auf den Mangel als Pflichtverletzung abzielt. Vorzugswürdig erscheint deshalb die Möglichkeit, die Verweise der Regeln für die Unmöglichkeit in § 283 S. 2 BGB als auch § 326 V BGB, die eine „entsprechende Anwendung“ vorsehen, so zu verstehen, dass im Rahmen der Ausschlussgründe der §§ 281 I 3, 323 V 2 BGB mit Pflichtverletzung der Mangel selbst gemeint ist. Die eigenständige Regelung des § 283 BGB für die nachträgliche Unmöglichkeit erfordert also eine auf die Unmöglichkeit zugeschnittene Interpretation der Verweise auf die Regeln für die Verletzung noch möglicher Leistungspflichten gem. § 281 BGB.

Folgeschäden, die das Erhaltungsinteresse verletzen können, sind ebenfalls bei unbehebbaren Mängeln denkbar[767]. Damit ergibt sich ein Abgrenzungsbedürfnis für die Rechtsfolge des Schadensersatzes statt der Leistung nach § 283 BGB, der das Erfüllungsinteresses bedient, im Verhältnis zu § 280 I BGB, der Verletzungen des Erhaltungsinteresses zum Ziel hat. Entsprechend zum oben

---

765 *Ehmann/Sutschet*, § 4, V., S. 117; daher ist § 283 BGB hauptsächlich eine „Ergänzung der Regelung des § 281 II BGB“.

766 Für den Rücktritt ist die Konzeption der Pflichtverletzung wohl übertragbar; so *Mayerhöfer*, MDR 2002, 549 (551). Allerdings darf man nicht übersehen, dass für die verschiedenen Rücktrittstatbestände der §§ 323 ff. BGB kein allgemeiner Tatbestand wie in § 280 I BGB mit dem Erfordernis einer Pflichtverletzung existiert.

767 Vgl. beispielhaft 3. Kapitel, C., IV., S. 98, Fn. 389; der Krater in der Wand ist unabhängig von der Behebbarkeit des Mangels durch eine Nacherfüllung.

Gesagten ergibt sich der Anwendungsbereich der beiden Anspruchsgrundlagen von der Rechtsfolgenseite. Allerdings sind die Abgrenzungsschwierigkeiten gemildert, weil ab Unmöglichkeit kein Verzug nach § 286 BGB in Frage kommt. Infolgedessen kann der Gläubiger sein Wahlrecht nicht mehr dahingehend ausüben, dass er weiterhin Erfüllung verlangt. Stattdessen kann er sein Erfüllungsinteresse nur durch den Schadensersatz statt der Leistung nach § 283 BGB befriedigen. Wesentlich ist, dass die Fristsetzung zur Nacherfüllung im Rahmen des § 283 BGB sinnlos und demzufolge keine Anspruchsvoraussetzung ist. Aus dem Verhältnis zwischen § 281 BGB und § 283 BGB zeigt sich, dass der Grund hierfür nicht in der Unbehebbarkeit des Schadens, sondern lediglich in der Unbehebbarkeit des Mangels liegt. Folglich ist nicht jeder unbehebbare Schaden nach § 283 BGB zu ersetzen, sondern nur ein Schaden am Erfüllungsinteresse, der infolge eines unbehebbaren Mangels entstanden ist[768]. Für behebbare und unbehebbare Mängel gilt somit im Grundsatz das gleiche Haftungsregime, und die Abgrenzung des Schadensersatzes statt der Leistung zu § 280 I BGB verläuft in parallelen Bahnen. Ansonsten könnte eine Schadensposition ohne dogmatisch nachvollziehbare Erklärung von § 280 I BGB zu § 283 BGB wechseln, falls sich nach Fristsetzung eine Unbehebbarkeit des Mangels einstellt. Vielmehr gibt es auch für die Leistungskategorie der Unmöglichkeit einen unmittelbar nach § 280 I BGB zu ersetzenden Schadensersatz abseits der Leistung, um ein widersprüchliches, zweigleisiges Verständnis des Begriffes Schadensersatz statt der Leistung zu vermeiden.

2. Der Schadensersatz nach § 281BGB wegen eines Mangels

Die Haftung nach § 281 BGB für eine mangelhafte Leistung baut ebenso wie § 283 BGB auf einer Pflichtverletzung im Sinne des zentralen Tatbestandes des § 280 BGB auf. Dass unter einer Pflichtverletzung nach § 280 I BGB nicht nur die Verletzung verhaltens-, sondern auch erfolgsbezogener Pflichten fallen kann, wurde bereits geklärt[769]. Stimmt man mit dieser Grundannahme überein, bietet sich die mangelhafte Leistung selbst als maßgebliche Verletzung einer erfolgsbezogenen Pflicht an, insbesondere da der frühere Streit zwischen Erfüllungs- und Gewährschaftstheorie[770] durch § 433 I 2 BGB zugunsten ersterer entschie-

---

[768] *Ehmann/Sutschet*, § 4, V., S. 106; einschränkend Palandt-*Heinrichs*, 63. Aufl., § 280 Rn. 14; a. A. *Dauner-Lieb* in Dauner-Lieb/Heidel/Lepa/Ring, § 2, Rn. 47, die den gesamten Schaden unter § 283 BGB fassen will.

[769] 4. Kapitel, A., III., S. 175 f.

[770] Strittig war, ob schon eine Pflichtverletzung in der Lieferung einer mangelhaften Sache liegt: Nach der Gewährschaftstheorie bestand kein Anspruch auf Lieferung einer mangelfreien Sache, gleichwohl sollte eine solche Lieferung vertragswidrig sein und gewährleistungsspezifische Rechte auslösen. Stattdessen sah die Erfüllungstheorie in der mangelhaften Leistung eine (teilweise) Nichterfüllung, die ähnlich zum allgemeinen Teil bestimmte Rechte zur Folge hatte; vgl. zur alten Rechtslage Palandt-*Heinrichs*, 61. Aufl.,

den worden ist. Die Lieferung einer mangelhaften Sache ist folglich eindeutig die Nichterfüllung einer Leistungspflicht. Schwierigkeiten bereitet allerdings die Frage des Verschuldens. Bezieht sich die Pflichtverletzung ausschließlich auf den Nichteintritt des geschuldeten Erfolgs, d. h. die (teilweise) Nichterfüllung infolge eines Mangels, fällt es schwer, ein Verschulden zu bestimmen, ohne gleichzeitig an ein Verhalten anzuknüpfen. Wann erfolgt eine Nichterfüllung schuldhaft? Der Umstand der Nichterfüllung selbst vermag hierüber keinen Aufschluss zu geben, und so beantwortet man die Frage unweigerlich, indem man das Verhalten bewertet, welches für die (teilweise) Nichterfüllung in Form einer mangelhaften Leistung verantwortlich ist[771]. Selbstverständlich ist Haftungsgrund der in den §§ 437, 634 BGB aufgelisteten Mängelrechte (zumindest auch) der Mangel selbst, weshalb dieser eine Voraussetzung der genannten Normen ist und im Vorfeld der §§ 434 f., 633 BGB definiert wird. Jedoch ist die Pflichtverletzung, nach der sich das Verschulden richtet, wie sich schon im Fall der §§ 311a, 283 BGB gezeigt hat, nicht zwangsläufig mit dem Mangel identisch.

a) Die Verletzung einer (mangelbezogenen) Schutzpflicht

In diesem Sinne gehen einige Autoren[772] im Zuge des § 281 BGB von der Verletzung einer Schutzpflicht als entscheidender Pflichtverletzung aus, nach der sich die Sorgfaltswidrigkeit richten müsse. Das Verschulden soll sich also nicht direkt auf die Nichterfüllung der Leistungspflicht infolge des Mangels, sondern auf eine mit dem Mangel in Zusammenhang stehende Schutzpflicht beziehen, die die ausschlaggebende Pflichtverletzung darstelle. Diese Schutzpflicht könne je nach Situation und vertraglicher Ausgestaltung diverse Formen annehmen, wobei keine allgemeine Schutzpflicht bestehe, dass die Sache mangelfrei zu sein habe. Da die Mangelfreiheit als solche nicht Gegenstand der Schutzpflicht sei[773], müsse vielmehr eine konkrete Pflicht in Zusammenhang mit der Mangelhaftigkeit verletzt worden sein: Der Schuldner könne unter anderem eine konkrete Schutzpflicht verletzen, indem er die Sache selbst mangelhaft produziere oder ein Mangel infolge eines fehlerhaften Vorproduktes entstehe[774].

---

§ 276 Rn. 110; *U. Huber*, AcP 177 (1977), 281 (293, 296 ff.), der auf den Mangel und nicht auf die „Verletzung einer irgendwie gearteten, die eigentliche Vertragspflicht gewissermaßen wie ein Schatten oder Trabant begleitenden Schutzpflicht" abstellt; a. A. Soergel-*Wiedemann,* 12. Aufl., Vor § 275 Rn. 419 m. w. N.; vgl. auch Staudinger-*Honsell*, 13. Aufl., Vorbem zu § 459 Rn. 7 ff.; MK-*Westermann*, 3. Aufl., § 459 Rn. 2 m. w. N.

[771] Vgl. *U. Huber*, AcP 177 (1977), 281 (300 ff.); *Müller*, AcP 165 (1965), 285 (314 ff.).

[772] *Ehmann/Sutschet*, § 2, VI., S. 35 ff., § 4, II., S. 63 ff.; wohl auch *Schapp*, JZ 2001, 583 (588).

[773] Vgl. *Ernst*, AcP 199 (1999), 360 (362); *Rust*, Das kaufrechtliche Gewährleistungsrecht, S. 172 ff.

[774] Z. B. BGH WM 1980, 1388 (1389).

Den Verkäufer einer Stückschuld könne eine Aufklärungspflicht über die Mangelhaftigkeit der Kaufsache treffen, wohingegen im Falle einer Gattungsschuld eine unsorgfältige Auswahl des Schuldners aus der Gattung denkbar sei. Demgegenüber soll den Zwischenhändler nach höchstrichterlicher Rechtsprechung[775] keine allgemeine Untersuchungspflicht über seine Konkretisierungspflicht nach § 243 BGB hinaus treffen. Vornehmlich sei es die Sache des Herstellers, seine Produkte auf ihre Mangelfreiheit hin zu untersuchen und auf etwaige Probleme hinzuweisen. Nur bei besonderen Verdachtsmomenten wie z. B. einem erfahrungsgemäß mangelanfälligen oder besonders gefährlichen Vertragsgegenstand sei prinzipiell die Verletzung einer Untersuchungspflicht gegeben[776]. Schließlich könne der Schuldner eine Schutzpflicht verletzen, indem er einen bestimmten Vertragsgegenstand sorgfaltswidrig empfehle[777] oder nach Vertragsschluss die Mangelhaftigkeit der Sache herbeiführe[778]. Auch der Werkunternehmer könne eine konkrete Schutzpflicht verletzen, indem er das Werk mittels fehlerhafter Baumaterialien herstelle, eine erforderliche Untersuchung oder Aufklärung unterlasse oder nach Abnahme einen Mangel selbst verursache.

Diese kurze Auflistung zeigt, in welchen unterschiedlichen Formen konkrete Schutzpflichtverletzungen nach allgemeinen Auslegungsgrundsätzen unter Beachtung von Treu und Glauben hergeleitet werden können und dass ihre Bestimmung geprägt ist durch den Inhalt und die Umstände des jeweiligen Schuldverhältnisses[779]. Um Haftungslücken für unmittelbare Vermögensschäden zu vermeiden, wird allerdings im Rahmen der §§ 437, 634 BGB die Verletzung einer relativen Schutzpflicht gefordert, die über den Schutz einer aus dem Deliktsrecht bekannten, absoluten Schutzpflicht hinaus, zusätzlich das bestehende Vermögen schützt[780].

---

775 RG, JW 1910, 748 (749); BGH, NJW 1968, 2238 (2239); WM 1971, 1121 (1122 f.); WM 1977, 220 (220); NJW 1981, 1269 (1270); krit. in Bezug auf den damit einhergehenden Grundsatz des caveat emptor ist *Rust*, Das kaufrechtliche Gewährleistungsrecht, S. 174, 176 f., der angesichts der Komplexität einiger Kaufgegenstände, dem Käufer den Vorwurf einer unterlassenen Untersuchung der Vertragsmäßigkeit bzw. Mangelfreiheit bei Vertragsschluss nicht machen will.

776 RG 125, 76 (78); BGH BB 1953, 992 (992); BGH VersR 1972, 953 (954); auch wenn der Verkäufer eine besondere Garantie bzw. nach früherer Terminologie eine Zusicherung abgibt, kann ihn eine Untersuchungspflicht treffen, sich vom Vorliegen der zugesicherten Eigenschaften zu überzeugen; vgl. BGH, NJW 1978, 2241 (2242); BGH, NJW 1983, 217 (218).

777 Vgl. BGH 59, 158 (160 f.); BGH 50, 200 (205).

778 BGH 87, 88 (91 f.) m. w. N.

779 Ausführlich *U. Huber*, AcP 177 (1977), 281 (300 ff.); *Müller*, AcP 165 (1965), 285 (314 ff.); darauf aufbauend *Rust*, Das kaufrechtliche Gewährleistungsrecht, S. 172 ff.

780 *Rust*, Das kaufrechtliche Gewährleistungsrecht, S. 183.

Der Tatbestand einer solchen Schutzpflichtverletzung ist nicht deckungsgleich mit dem Mangel, sondern besteht neben diesem[781]. Führt man sich als Beispiel den (privaten) Verkäufer vor Augen, der nicht zu einer Untersuchung der mangelhaft geleisteten Sache verpflicht ist, verletzt dieser keine Schutzpflicht, aber sehr wohl seine Pflicht zur mangelfreien Leistung gegenüber dem Käufer. Das für den Schadensersatz erforderliche Verschulden bezieht sich, wenn man die Schutzpflicht in den Mittelpunkt der Mängelhaftung rückt, konsequenterweise ebenfalls auf deren Verletzung. Hingegen muss die mangelhafte Leistung selbst nicht verschuldet sein.

Zusätzlich müsste nach vorgetragener Ansicht das Verschulden auch die Kausalität zwischen Schutzpflichtverletzung und Nichterfüllung in Form des Mangels umfassen[782]. Ein Verschulden setzt außerdem nach allgemeinen Grundsätzen die Rechtswidrigkeit voraus, wobei sich diese ebenfalls nach der Verletzung der Schutzpflicht, nicht nach dem Mangel richten soll, denn der Mangel allein könnte die Rechtswidrigkeit des Handelns nicht begründen[783]. Das Auftreten eines Mangels und die Nichterfüllung der Leistungspflicht sind nach den oben genannten Autoren somit nicht haftungsauslösend, sondern „vielmehr eine gewährleistungstypische, aber nicht notwendige Folge der Schutzpflichtverletzung“[784]. Nur die Rechte zur Minderung und zum Rücktritt, die kein Verschulden voraussetzen, sollen direkt auf dem Mangel aufbauen.

---

[781] Schon *Canaris*, JZ 1965, 475 (477); *Thiele*, JZ 1967, 649 (650 f.); ebenso zutreffend *Brors*, WM 2002, 1780 (1782).

[782] *Ehmann/Sutschet*, § 4, II., S. 64.

[783] *Ehmann/Sutschet*, § 4, II., S. 65.

[784] *Rust*, Das kaufrechtliche Gewährleistungsrecht, S. 191 geht sogar noch einen Schritt weiter und behauptet, ohne die schuldhafte Verletzung einer Schutzpflicht könne niemals das Erhaltungs- oder Erfüllungsinteresses verletzt werden. Dem muss aber entgegengehalten werden, dass auch bei höchst sorgfältigem Verhalten also ohne Verletzung einer Schutz-pflicht, solche Interessenverletzungen denkbar sind, wenn der Mangel auch bei größtmög-licher Sorgfalt nicht vermeidbar war. Wird eine solche mangelhafte Sache geliefert, kann sie, obwohl keine Schutzpflicht schuldhaft verletzt wurde, die bereits bekannten Schäden an Erfüllungs- und Erhaltungsinteresse auslösen. Lediglich ein Schadensersatzanspruch scheitert im Ergebnis am fehlenden Verschulden. Die Behauptung, Schäden sowie Interes-senverletzungen seien erst gar nicht möglich, ist deshalb unzutreffend. Vielmehr stellt man fest, dass die Verletzung einer Schutzpflicht die Problematik des Verschuldens bzgl. der Verletzung der Leistungspflicht betrifft. Der Grund liegt darin, dass mit der Annahme einer Schutzpflicht zugleich die Frage der verkehrsüblichen Sorgfalt bezüglich des Mangels einhergeht. Die Feststellung von *Rust*, Das kaufrechtliche Gewährleistungsrecht, S. 188 f., bei sorgfaltsgemäßem Verhalten (hinsichtlich der Schutzpflicht) wären die Inte-ressen des Käufers vollständig gewahrt geblieben, stimmt also nicht. Es geht deswegen nicht darum, dass jede Sorgfaltswidrigkeit zu einem Sachmangel und infolgedessen zu einem entsprechenden Schaden führt; so *Rust*, Das kaufrechtliche Gewährleistungsrecht, S. 190. Vielmehr geht es darum, dass die

Verwunderlich an der aufgezeigten Auffassung ist der Umstand, dass die §§ 437, 634 BGB nicht auf § 282 BGB für den Schadensersatz statt der Leistung verweisen, obwohl es sich doch insofern um eine Spezialvorschrift für die Verletzung von Schutzpflichten handelt. Bei § 282 BGB geht es im Gegensatz zu § 281 BGB um nicht leistungsbezogene Nebenpflichten, die im Regierungsentwurf[785] erst als sonstige Pflichten bezeichnet und anschließend in Pflichten nach § 241 II BGB umbenannt wurden[786]. Der fehlende Verweis des besonderen Schuldrechts auf diese Norm könnte den Umkehrschluss zulassen, dass die gesetzliche Systematik für Mängel nicht an eine dort geregelte Schutzpflicht anknüpft.

Ein solcher Umkehrschluss könnte allerdings unzulässig sein, falls die Verletzung einer leistungsbezogenen Nebenpflicht als Teil der Leistungspflichten zum Regelungsbereich des § 281 BGB gehört[787]. Auf § 282 BGB müsste also nur verwiesen werden, wenn es sich bei der konkreten Schutzpflicht um die Verletzung einer nicht leistungsbezogenen Nebenpflicht handeln sollte. Bedenkt man, dass nach der hier dargestellten Ansicht die Verletzung einer Schutzpflicht in Rede steht, die eng in Zusammenhang mit dem Mangel steht und somit in Verbindung mit der Güterbewegung zu sehen ist, ist diesbezüglich von einer leistungsbezogenen Nebenpflicht auszugehen. Für eine solche sollte der Verweis auf § 281 BGB ausreichend sowie systemkonform und eine Bezugnahme auf § 282 BGB überflüssig sein. Gleichwohl müsste obige Auffassung ein Zugeständnis machen, weil sie sich an der klaren Zweiteilung zwischen Leistungs- und Schutzpflichten orientiert, diese aber nicht aufrechterhalten kann[788]. Denn unter Schutzpflichten wurden gemeinhin nur nichtleistungsbezogene Pflichten verstanden. Daher müsste man im Sinne der vorgetragenen Auffassung eher von der Verletzung einer leistungsbezogenen Nebenpflicht als der Verletzung einer Schutzpflicht sprechen[789].

Existenz der Schutzpflicht und ihre schuldhafte Verletzung die Sorgfaltswidrigkeit hinsichtlich des Vermeidens oder Herbeiführens einer mangelhaften Leistung bedeutet.

785 Vgl. zur letztlich nicht übernommen Terminologie der sonstigen Pflichten noch BT-Drs. 14/6040, S. 141, 7.

786 BT-Drs. 14/7052, S. 186; vgl. *Knoche/Höller*, ZGS 2003, 26 (28 f.).

787 Ausgenommen sind wegen § 283 BGB leistungsbezogene Nebenpflichten, deren Erfüllung nicht mehr möglich ist; a. A. Palandt-*Heinrichs*, 63. Aufl., § 280 Rn. 22.

788 Vgl. *Rust*, Das kaufrechtliche Gewährleistungsrecht, S. 47: „Die bürgerlichrechtlichen Pflichten sind einzuteilen in Leistungs- und Schutzpflichten." „Diese Begriffspaare sind als numerus clausus zu verstehen: Es gibt keine Pflichten, die weder Leistungs- noch Schutzpflichten sind".

789 Bisher hat sich eine einheitliche Terminologie für die Bezeichnung der verschiedenen Pflichten noch nicht durchgesetzt; Palandt-*Heinrichs*, 63. Aufl., § 280 Rn. 24.

Der Gesetzgeber hatte die Konstruktion der Verletzung einer mangelbezogenen Nebenpflicht eindeutig nicht im Sinn, als er die Regeln der Mängelhaftung neu gestaltete[790]. Es ist in § 281 I 1 BGB der Fall geregelt worden, dass der Schuldner die Leistung „nicht wie geschuldet erbringt", womit nach der Regierungsbegründung[791] gemeint ist, dass „die Leistung ... schlecht erbracht wird". Geschuldet ist die Erfüllung der Leistungspflicht und nur diese kann schlecht erbracht werden, woraus sich ergibt, dass der Gesetzgeber von der mangelhaften Leistung als Pflichtverletzung ausging. Andernfalls hätte er wahrscheinlich die Formulierung „nicht wie verpflichtet" gewählt. Führt man sich also unbefangen den Wortlaut des § 281 I 1 BGB vor Augen, knüpft dieser unmissverständlich an die Erbringung der Leistung an. Daher entspricht es Wortlaut und Historie, die mangelhafte Leistung selbst als Pflichtverletzung des § 281 I 1 BGB zu verstehen.

Diese konzeptionelle Grundvorstellung des Gesetzgebers ist nicht nur der Regierungsbegründung sowie dem Wortlaut des § 281 I 1 BGB zu entnehmen, sondern findet sich im systematischen Kontext wieder. Die Voraussetzungen von Fälligkeit und Fristsetzung können nämlich nur für den Mangel selbst sinnvoll erklärt werden. Ausschließlich die Pflicht zur mangelfreien Leistung wird je nach Vertragsvereinbarung fällig und eben die Erfüllung dieser Pflicht wird durch die Fristsetzung in Form der Nacherfüllung eingefordert. Weder Fälligkeit noch Fristsetzung gem. § 281 I BGB können sich sinnvoll auf die Verletzung einer mangelbezogenen Nebenpflicht beziehen. Würde man das Fristsetzungserfordernis auf die Einhaltung einer Schutzpflicht anwenden wollen, müsste man regelmäßig gem. § 281 III BGB zu dem Schluss kommen, dass eine Abmahnung angebracht sei. Hätte beispielsweise der Schuldner seine konkrete Schutzpflicht zur ordnungsgemäßen Herstellung der Sache verletzt, wäre eine Fristsetzung zur Einrichtung einer ordnungsgemäßen Produktion sinnwidrig; es käme allenfalls eine Abmahnung in Betracht. Ähnliche Schwierigkeiten bestehen im Hinblick auf eine ernsthafte und endgültige Verweigerung der Leistung nach § 281 II 1. Fall BGB, infolgedessen das Fristsetzungserfordernis entfällt. Nicht die Verweigerung der Einhaltung einer Schutzpflicht macht die Fristsetzung entbehrlich, sondern gerade die Verweigerung der Erfüllung der Leistungspflicht, weil sich die Fristsetzung auch nur auf die ausgebliebene Leistung bezieht. Ferner kann einzig die Erheblichkeit des Mangels für die Möglichkeit des großen Schadensersatzes gem. § 281 I 3 BGB entscheidend sein, nicht aber die

---

[790] Das räumen auch *Ehmann/Sutschet*, § 4, II., S. 64, Fn. 5 freimütig ein, wobei die Formulierungen des Gesetzgebers „auf einem völlig unzureichenden Vorverständnis beruhen" sollen. Ebenso vermutet *Schapp*, JZ 2001, 583 (587 f.) wohl zu Recht, dass der Gesetzgeber von der Fehlvorstellung geleitet war, der Begriff der Pflichtverletzung entspreche zwangsläufig dem der Nichterfüllung.

[791] BT-Drs. 14/6040, S. 138.

Erheblichkeit der Verletzung einer Schutzpflicht. Für die Liquidation mittels des Schadensersatzes statt der Leistung ist lediglich das Resultat der Verletzung der mangelbezogenen Nebenpflicht, also das Ausbleiben der Leistung von Bedeutung[792]. Der systematische Zusammenhang zeigt mithin ebenfalls, dass an die Verletzung der Pflicht zur mangelfreien Leistung als entscheidende Pflichtverletzung angeknüpft werden sollte.

Die angeführte Meinung überzeugt gewiss in punkto Genauigkeit bei der Prüfung des Verschuldens und eliminiert so die noch darzustellenden Probleme, falls man auf die erfolgsbezogene Leistungspflicht abstellt. Sie sieht sich aber zahlreichen Schwierigkeiten ausgesetzt, weil sie der gesetzgeberischen Konzeption an vielen Stellen zuwider läuft. Bedenkt man außerdem, dass sie die Prüfung der Pflichtverletzung enorm verkompliziert, indem sie eine dreistufigen Aufbau erforderlich macht, der einen Mangel, die Verletzung einer Schutzpflicht und ein Verschulden hinsichtlich der Schutzpflichtverletzung sowie der Kausalität zum Mangel beinhaltet[793], vermag die Ansicht nicht zu überzeugen.

b) Die Verletzung der Leistungspflicht

Folgt man der Absicht der Reformer[794], ist die Verletzung der Leistungspflicht Haftungsgrund des Schadensersatzes nach § 281 I 1 BGB. Dies korrespondiert mit den Regelungen des § 281 BGB in Abs. 1 S. 3 sowie in den Absätzen 2 und 3, wo unter Pflichtverletzung nur die Nichterfüllung der Pflicht zur mangelfreien Leistung verstanden werden kann und ersichtlich die Verletzung der Leistungspflicht als Haftungsgrund herangezogen wird. Ausweislich der Materialien sollte § 281 BGB der Paradefall sein, in dem der Gesetzgeber von der Nichterfüllung selbst als objektiver Pflichtverletzung ausging. Im Unterschied zu §§ 283, 311a BGB, wo nach der hier vertretenen Auffassung[795] nicht auf die Nichterfüllung selbst abgehoben werden kann, ist die Leistungspflicht im Bereich des § 281 BGB noch nicht erloschen. Sie besteht grundsätzlich bis zum Verlangen nach Schadensersatz statt der Leistung gem. § 281 IV BGB weiter und kann mithin als Pflichtverletzung herangezogen werden. Die Entwicklung von Schutzpflichten ist ursprünglich insbesondere angesichts der häufigen Schwierigkeiten mit nichtigen Verträgen oder aufgehobenen Leistungspflichten (wegen Rücktritt, Anfechtung) entstanden und angesichts der Frage, wie in solchen Konstellationen Ersatz für Begleitschäden verlangt werden kann[796]. Wo aber wirksame Leistungspflichten bestehen, sollte man sich nicht generell scheuen,

---

[792] Vgl. 4. Kapitel, A., III., 1., S. 180.
[793] So *Ehmann/Sutschet*, § 4, II., S. 64.
[794] BT-Drs. 14/6040, S. 135 f., 138, 94.
[795] 4. Kapitel, A., II., 1., c), S. 158 ff.; 4. Kapitel, A., III., 1., S. 177 ff.
[796] Hierzu ausführlich *Canaris*, JZ 1965, 475 (475 f.).

die Haftung auf ihrer Verletzung aufzubauen. Diese Auffassung entspricht dem Großteil der in der Literatur geäußerten Ansichten[797], die die Schlechterfüllung selbst als maßgebliche Pflichtverletzung ansehen. Der Befund liegt insofern nahe, als fortan sowohl im Kauf- als auch im Werkvertragsrecht die Mangelfreiheit gem. §§ 433 I 2, 633 I BGB ein Teil der Leistungspflicht ist und ihre Nichterfüllung zugleich eine Verletzung dieser Pflicht sein sollte[798]. Sieht man ferner die Eigenständigkeit der in den §§ 282, 283, 311a BGB geregelten Fälle des Schadensersatzes statt der Leistung, in denen Pflichtverletzung und Verletzung der Pflicht zur mangelfreien Leistung divergieren, steht doch bei § 281 BGB erkennbar der Mangel selbst im Blickfeld.

Der Schuldner hat seine Leistungspflicht nicht erfüllt, wenn er den Mangel nicht oder nicht vollständig beseitigt hat und die Leistungspflicht bei Ablauf der Nachfrist noch bestand[799]. Aber selbst wenn man mit der hier vertretenen Auffassung die Verletzung der Leistungspflicht heranzieht, ist immer noch ungeklärt, ob im Falle einer mangelhaften Leistung die Verletzung der Primärpflicht oder die Verletzung der Nacherfüllungspflicht die entscheidende Leistungspflichtverletzung ausmacht. Selbstverständlich resultiert die Nacherfüllungspflicht aus der nicht erfüllten Primärpflicht, wobei sie sich in ihrem Umfang decken, d. h. die Primärpflicht nicht durch die Nacherfüllungspflicht erweitert wird. Es treten zwar gewisse Nebenpflichten hinzu, ihr Umfang im Hinblick auf die Leistung ist indessen deckungsgleich. Trotzdem unterliegen beide Ansprüche unterschiedlichen Voraussetzungen[800], weshalb einige[801] zwischen der Pflichtverletzung wegen der mangelhaften Lieferung und dem Unterlassen der Nacherfüllung differenzieren. Eine solche Unterscheidung ist genauer als die reine Untersuchung der Verletzung einer Leistungspflicht und beachtet Feinheiten des Vertretenmüssens der Pflichtverletzung sowie der Kausalität

[797] Palandt-*Heinrichs*, 63. Aufl., § 280 Rn. 19; *Dauner-Lieb/Arnold/Dötsch/Kitz*, Fall 152, S. 306; *Faust* in Huber/Faust, Kapitel 3, Rn. 149; *Lorenz/Riehm*, Rn. 358; *Büdenbender*, DStR 2002, 312 (318); *Koppenfels*, JA 2002, 860 (863); *Lorenz*, NJW 2002, 2497 (2500); *Mayerhöfer*, MDR 2002, 549 (553); *Münch*, Jura 2002, 361 (365); *Röthel*, Jura 2002, 621 (623, 626); *Schulte-Nölke/Behren*, ZGS 2002, 33 (35); *Schwab*, JuS 2002, 1 (3); *v.Westphalen*, ZGS 2002, 154 (157); *v. Wilmowsky*, JuS 2002, Beil. zu H. 1, 1 (24); *Zimmer/Eckhold*, Jura 2002, 145 (151); wohl *Ball*, ZGS 2002, 49 (49); früher *Hensche*, Sachmängelgewährleistung, S. 7.

[798] Palandt-*Heinrichs*, 63. Aufl., § 280 Rn. 19.

[799] *Faust* in Huber/Faust, Kapitel 3, Rn. 149 f.; *Münch*, Jura 2002, 361 (365).

[800] 3. Kapitel, A., I., 2., b), aa), S. 45 f.; 3. Kapitel, C., IV., S. 97 f.

[801] *Lorenz*, JZ 2001, 742 (744); *ders.*, NJW 2002, 2497 (2500 ff.); *Wieser*, JR 2002, 269 (269 f.); krit. *Dauner-Lieb/Dötsch*, DB 2001, 2535 (2537 f.), die eine unterschiedliche Behandlung der beiden Pflichtverletzungen für wenig überzeugend halten und vor Wertungswidersprüchen warnen.

zwischen Pflichtverletzung und Schaden[802]. Ob ein bestimmter Schaden auf der Verletzung der Primärpflicht oder der Verletzung der Nacherfüllungspflicht beruht, ist eine Frage des Einzelfalls. In jedem Fall ist allerdings nach Gefahrübergang einzig die Verletzung der Pflicht zur Nacherfüllung möglich, da sich mit Gefahrübergang die Primärpflicht in die Pflicht zur Nacherfüllung mit den entsprechenden Modifikationen wandelt. Vor Gefahrübergang entstandene Schäden am Erfüllungsinteresse beruhen daher ebenso sicher auf der Verletzung der Primärpflicht. Nach Gefahrübergang muss allerdings unterschieden werden, ob sich die Verletzung der Primärpflicht in weiteren Schäden vertieft hat oder ob ein zusätzlicher Schaden durch die zusätzliche Verletzung der Nacherfüllungspflicht entstanden ist. Abhängig von der Pflichtverletzung, durch die der Schaden entstanden ist, muss das Vertretenmüssen des Schuldners entsprechend untersucht werden.

Verschwiegen werden soll jedoch nicht die berechtigte Kritik[803] gegenüber der Verletzung der Pflicht zur mangelfreien Leistung als entscheidende Pflichtverletzung im Rahmen des § 281 BGB. Über die bereits erwähnten, aber hier nicht geteilten sprachlichen Bedenken hinaus, dass eine Pflichtverletzung immer ein Verhalten voraussetze und eine rein erfolgsbezogene Pflichtverletzung nicht denkbar sei, liegen weitere Stolpersteine auf dem Weg zur Bestimmung des Verschuldens. Der Vorwurf lautet, der Vorstellung der Reformer folgend würde das Verschulden nach § 280 I 2 BGB die Rechtswidrigkeit entbehren, obwohl die Verschuldensformen von Vorsatz und Fahrlässigkeit ein rechtswidriges Verhalten als Unrechtstatbestand voraussetzen[804]. Dies soll untermauert werden durch ein Beispiel: Liefert ein Bauer infolge grober Fahrlässigkeit einen verkauften Ochsen nicht an seinen Käufer, ist auf dem Hof aber zugleich eine Maul- und Klauenseuche ausgebrochen, fehle es an der Rechtswidrigkeit der Nichterfüllung. Deswegen könne die Verletzung einer Leistungspflicht nicht Haftungsgrund einer Verschuldenshaftung, sondern nur die Nichterfüllung der Leistungspflicht Grund einer Garantiehaftung sein. Abgesehen davon, dass hier ein Fall einer Nichtleistung, nicht ein solcher einer mangelhaften Leistung vorgetragen wird, ist insofern zuzustimmen, als die Nichtleistung als solche im Ergebnis nicht rechtswidrig war und man demzufolge nicht von der Verletzung einer Leistungspflicht nur angesichts der Nichtleistung sprechen kann. Die

---

802 Nach *Wieser*, JR 2002, 269 (270) genügt das Vertretenmüssen der einen oder der anderen Pflichtverletzung. Im Ergebnis mag dies zumeist richtig sein, aber nichtsdestotrotz hat sich die ursprüngliche Pflicht in die Nacherfüllungspflicht gewandelt, was in Anbetracht der unterschiedlichen Voraussetzungen z. B. der Verjährung eine differenzierte Betrachtung notwendig macht.

803 Vor allem *Ehmann/Sutschet*, § 4, II., S. 64 ff., aber auch die bereits genannten Autoren der Gegenauffassung, 4. Kapitel, A., III., 2., a), S. 182.

804 *Ehmann/Sutschet*, § 4, II, S. 65.

Frage, ob eine verschuldete Verletzung einer Leistungspflicht vorliegt, muss aber nicht zwangsläufig lediglich unter dem Gesichtspunkt der Nichtleistung beantwortet werden, sondern richtet sich nach der Frage, warum die Lieferung nicht erfolgt ist. Der Grund für die Nichtleistung liegt in der ausgebrochenen Maul- und Klauenseuche, so dass es darauf ankommt, ob der Verkäufer des Ochsen den Ausbruch der Maul- und Klauenseuche verschuldet hat. Diesbezüglich kommen Vorsatz und Fahrlässigkeit in Betracht. Der Verkäufer hätte den Ausbruch der Maul- und Klauenseuche beispielsweise zu vertreten, wenn er eine Schutzpflicht hinsichtlich der Haltung seiner Ochsen verletzt und sich infolgedessen die Maul- und Klauenseuche auf seinem Hof ausgebreitet hätte. Beantwortet man die Frage des Verschuldens der Nichterfüllung der Leistungspflicht auf diesem Wege, wird letztendlich doch mit der Verletzung einer Nebenpflicht operiert, die die Nichterfüllung verursacht hat. Im Rahmen einer solchen Prüfung kann auch die Frage der Rechtswidrigkeit beantwortet werden. Unterschied und Vorteil gegenüber der zuerst vorgetragenen Meinung liegen aber darin, dass die objektive Pflichtverletzung die Nichterfüllung der Leistungspflicht bleibt und erst beim Punkt des Verschuldens inzident die schuldhafte Verletzung einer Nebenpflicht zu untersuchen ist, die die Nichterfüllung verursacht hat. Liegt eine solche Verletzung vor, wurde auch die Nichterfüllung der Leistungspflicht verschuldet. Dagegen könnte man zwar einwenden, dann knüpfe das Verschulden nicht an die Pflichtverletzung, sondern an eine andere (Neben)Pflichtverletzung an. Indes ist eine solche Vorgehensweise, nach der die schuldhafte Verletzung einer mangelbezogenen Nebenpflicht mit dem Verschulden im Hinblick auf die Leistungspflicht gleichgesetzt werden kann, eine verständige Würdigung einer erfolgsbezogenen Pflichtverletzung. Ein anderer Weg ist im Bereich einer Verschuldenshaftung, will man auf einer erfolgsbezogene Verletzung der Leistungspflicht aufbauen, auch gar nicht möglich. Pluspunkte dieser Auffassung, die letztendlich nur eine geringfügige aufbautechnische Abweichung von der ersten Meinung ist, sind die Harmonie mit dem Wortlaut und allen Absätzen des § 281 BGB, der gesetzgeberischen Intention sowie die Einfachheit für die Fälle einer Garantiehaftung. Des Weiteren ergibt sich eine Beweislastverteilung, die besser den gesetzgeberischen Ansinnen entsprechen dürfte. Wird nämlich die Verletzung der Nebenpflicht als Teil des Verschuldens der Leistungspflichtverletzung begriffen, trifft den Schuldner insofern die Beweislast für das Nichtbestehen und das sorgfältige Verhalten im Hinblick auf die Schutzpflichtverletzung. Nach ersterer Meinung müsste der Gläubiger zusätzlich beweisen, dass eine entsprechende Schutzpflicht des Schuldners bestand, was ihm mangels genaueren Einblicks in die Verhältnisse des Schuldners schwer fallen dürfte.

Im Ergebnis ist der Unterschied zwischen den beiden dargestellten Ansichten nicht so groß, wie vielleicht anfänglich befürchtet, wenn man mit der hier vertretenen Auffassung die Verletzung der Schutzpflicht in das Verschulden der Leistungspflicht einbezieht. Es bleibt jedenfalls für beide Auffassungen die Aussage richtig, dass der Schuldner Schadensersatz zu leisten hat, wenn die Nichterfüllung der Leistungspflicht durch eine schuldhafte Nebenpflichtverletzung verursacht wurde[805]. Es ist mehr eine dogmatische Geschmacksfrage, ob man – wie hier favorisiert – die Nebenpflichtverletzung in die Verschuldensprüfung hineinzieht, um eher der gesetzlichen Konzeption zu entsprechen, der man sich an anderen Stellen ohnehin nicht verweigern kann.

Nach der hier befürworteten Auffassung schließt sich eine Konkurrenzproblematik an: Es stellt sich die Frage, in welchem Umfang neben der auf einem behebbaren Mangel beruhenden Haftung auf das Erfüllungsinteresse eine solche für die Verletzung von leistungs- und nicht leistungsbezogenen Nebenpflichten in Frage kommt. Will man die besonderen Regeln der Mängelhaftung wie beispielsweise die §§ 438, 442, 445 BGB im Kaufrecht nicht untergraben, kann keine separate Haftung auf die mit dem Mangel zusammenhängende Verletzung einer Nebenpflicht gestützt werden. Der Verletzung dieser Pflicht, die das Ausbleiben der Erfüllung verantwortet hat, kommt nach hier vertretener Ansicht bereits Geltung im Rahmen des Verschuldens zu. Insofern geht normalerweise die Verletzung einer mangelbezogenen Nebenpflicht in der Verletzung der Leistungspflicht auf. Ausnahmen sind denkbar, wenn eine besondere Schutzpflicht hinzukommt, deren Verletzung eine zusätzliche Pflichtverletzung unabhängig vom Mangel darstellt[806]. Für solche Fälle kann die Verletzung der Pflicht zur mangelfreien Leistung mit einer Schutzpflichtverletzung konkurrieren[807], und es ist eine Haftung auf das Erfüllungsinteresse, gestützt auf zwei verschieden Pflichtverletzungen, einerseits wegen des Mangels, anderseits wegen der besonderen Schutzpflichtverletzung, möglich[808]. Wäre jede weitere Art von Pflichtverletzung neben einem Mangel gesperrt, würde es den Käufer im Ergebnis unbillig privilegieren, dass er eine mangelhafte Leistung erbracht hat. Deshalb können Verletzungen von besonderen Schutzpflichten, die nicht mit dem Mangel zusammenhängen, eine parallele Haftung auf das Erfüllungsinteresse nach den §§ 280, 282 BGB auslösen. Bedeutung kommt der

---

805 Schwab, JuS 2002, 1 (3).

806 Beispielhaft siehe BGH 47, 312 (315) zur Instruktionspflicht bzgl. einer Betonbereitungsanlage.

807 *Ernst*, AcP 199 (1999), 360 (362); wohl *Brors*, WM 2002, 1780 (1782 f.); vgl. auch das Beispiel von *Gebauer*, Naturalrestitution, S. 199 f.; a. A. *Dietborn*, Produzentenhaftung, S. 156, nach dem es generell keine Anspruchskonkurrenz von vertraglicher und außervertraglicher Haftung gibt. Der zugrunde liegende Sachverhalt sei niemals derselbe. Da wie gezeigt an zwei verschiedene Pflichtverletzungen angeknüpft wird, ist *Dietborn* Recht zu geben, weil die Pflichtverletzung sicherlich nicht dieselbe ist. Allerdings ist eine kumulative Haftung möglich, so dass sich die Frage einer Anspruchskonkurrenz sehr wohl stellt.

808 So wohl auch *Zimmer/Eckhold*, Jura 2002, 145 (151).

Verletzung einer solchen Schutzpflicht nicht nur zu, wenn keine speziellen Regeln für die entsprechende Leistungsstörung existieren[809], sondern auch wenn aufgrund der unterschiedlichen Voraussetzungen beispielsweise im Bereich der Verjährung Abweichungen im Ergebnis auftreten[810].

3. Der Schadensersatz nach §§ 280 II, 286 BGB wegen eines Mangels

Für den Verzögerungsschaden nach §§ 280 II, 286 BGB stellt sich die Problematik der Pflichtverletzung ebenfalls. Der Anspruch baut wie die §§ 281 ff. BGB auf dem Zentraltatbestand des § 280 I BGB auf und erfordert eine Pflichtverletzung in seinem Sinne. Während für § 281 BGB die Nichterfüllung der Leistungspflicht den Haftungsgrund bildet, ist dies für § 286 BGB die nicht rechtzeitige Erfüllung der Leistungspflicht[811]. Da die Erfüllung der Leistungspflicht zur Zeit des Verzuges noch möglich sein muss, kann wie bei § 281 BGB ebenfalls an die Nichterfüllung der Leistungspflicht als objektive Pflichtverletzung nach § 280 I 1 BGB angeknüpft werden[812]. Nimmt man mit der hier nicht geteilten Ansicht allerdings an, allein die Verletzung einer erfolgsbezogenen Pflicht könne die Haftung nicht begründen, vielmehr beruhe sie immer auf einem schuldhaften Verhalten, müsste auch der Verzug auf der Verletzung einer leistungsbezogenen Nebenpflicht beruhen[813]. Die verletzte Nebenpflicht dürfte dann die Pflicht sein, dafür Sorge zu tragen, dass die Leistung rechtzeitig zum Zeitpunkt der Fälligkeit erbracht wird. Entsprechend zu den Ausführungen im Rahmen des § 281 BGB ist aber auch beim Verzug die Nichterfüllung der Leistungspflicht im Zeitpunkt der Fälligkeit die objektive

---

809 In diesem Sinne *Lorenz/Riehm*, Rn. 358.

810 Dies gilt entsprechend für die Fälle eines unbehebbaren Mangels. Nicht zugestimmt werden kann dagegen *v. Wilmowsky*, JuS 2002, Beil. zu H. 1, 1 (27), wenn dieser in seinem Beispiel der Lieferung morscher Balken ausführt, eine Haftung aus § 282 BGB, sei auch ohne Verweis des § 437 BGB auf diese Norm stets neben der Mängelhaftung wegen der Verletzung einer Schutzpflicht möglich; ähnlich wohl *Büdenbender*, DStR 2002, 312 (317). Dadurch würde man das Recht des Schuldner zur Nacherfüllung genauso umgehen wie die besonderen Regeln der Mängelhaftung in den §§ 442, 445, 438 BGB, die *v. Wilmowsky* anscheinend analog anwenden will. Eine parallele Haftung aus § 282 BGB sollte deshalb auf die Verletzung einer von dem Mangel unabhängigen Schutzpflicht beschränk bleiben; vgl. schon *Canaris*, JZ 1965, 475 (477); *Thiele*, JZ 1967, 649 (650 f.), die bei der Lieferung einer fehlerhaften Sache die Verletzung zweier Pflichten für denkbar halten, nämlich der einer Leistungs- und zugleich einer Schutzpflicht.

811 *Anders*, ZIP 2001, 184 (188); *ders*., JA 2001, 252 (255), der allerdings die „Inkompatibilität von Pflichtverletzung und Schuldnerverzug" moniert; *Otto*, Jura 2002, 1 (5 f.); vgl. *Schimmel/Buhlmann*, MDR 2002, 609 (610).

812 *Lorenz/Riehm*, Rn. 285; sogar *Ehmann/Sutschet*, § 4, V., S. 113; *Krause*, Jura, 2002, 217 (218); *Zimmer*, NJW 2002, 1 (8); a. A. nur *Harke*, JJZiRW 2001, S. 29 (58 f., Fn. 132).

813 So wohl *Harke*, JJZiRW 2001, S. 29 (58 f., Fn. 132).

Pflichtverletzung[814]. Noch augenscheinlicher als § 281 BGB geht § 286 BGB von der nicht rechtzeitigen Leistung – auf den Fall eines Mangels übertragen also der nicht rechtzeitigen mangelfreien Leistung – als Pflichtverletzung aus. § 286 I 1 BGB ordnet den Verzug an, wenn der Schuldner auf eine Mahnung hin nicht leistet. Sowohl Fälligkeit als auch Mahnung beziehen sich folgerichtig auf diese Leistung. Für die Mahnung kann man dies deutlich daran erkenn, dass sie gem. § 286 II BGB entbehrlich ist, wenn für die Leistung eine Zeit nach dem Kalender bestimmt ist (Nr. 1), dieser Zeitpunkt von einem Ereignis ausgehend berechnet werden kann (Nr. 2) oder die Leistung ernsthaft und endgültig verweigert wird (Nr. 3).

Ausdrücklich richtet sich auch das Vertretenmüssen in § 286 IV BGB nach dem Ausbleiben der Leistung. Ob sich das Verschulden für einen Schadensersatz nach §§ 280, 286 BGB aus § 280 I 2 BGB oder aus § 286 IV BGB ergibt, ist allerdings fraglich. Als Sonderregelung des Verzugs, die zutreffend und unmissverständlich an das Ausbleiben der Leistung anknüpft, sollte man eher § 286 IV BGB heranziehen. Zwar hätte die Regelung auch bei Anwendung des § 280 I 2 BGB ihre Berechtigung für neben dem Schadensersatz angeordnete Folgen des Verzugs[815], indes überzeugt eine einheitliche Handhabung des Vertretenmüssens für den Verzug mehr[816]. Zugleich konkretisiert § 286 IV BGB den Zeitpunkt, für den der Entlastungsbeweis des Nichtvertretenmüssens zu führen ist, auf den Beginn des Verzugs[817]. Daher richtet sich das Vertretenmüssen im Rahmen des Verzugs immer nach der Spezialregelung des § 286 IV BGB. Mit dem Gesetzeswortlaut des § 286 IV BGB ist die Vorstellung allerdings kaum vereinbar, das Vertretenmüssen beziehe sich auf eine Nebenpflichtverletzung, wie es § 280 I 2 BGB noch anordnen könnte.

Somit ist die nicht rechtzeitige Erfüllung der Leistung als maßgebliche Pflichtverletzung ausgemacht. Wie schon zu § 281 BGB ausgeführt[818], sollte erst unter dem Punkt des Vertretenmüssens die Verletzung der mangelbezogenen Nebenpflicht, welche die verspätete Erfüllung der Leistungspflicht verursacht hat, untersucht werden. Diese Lösung hat gegenüber der Anknüpfung an die Verletzung einer Nebenpflicht erhebliche Vorteile, die in der Berücksichtigung des

---

814 *Anders*, JA 2001, 252 (254).

815 Die Notwendigkeit des § 286 IV BGB ergibt sich daraus, dass unabhängig vom Schadensersatz der Verzug gewisse Rechtsfolgen nach sich zieht, z. B. §§ 287, 288 I 1 BGB; vgl. BT-Drs. 14/6040, S. 148.

816 *Otto*, Jura 2002, 1 (6); a. A. *Krause*, Jura 2002, 217 (222).

817 Palandt-*Heinrichs*, 63. Aufl., § 286 Rn. 39.

818 Vgl. 4. Kapitel, A., III., 2., S. 190.

Wortlautes, der gesetzgeberischen Intention[819] sowie der Systematik und einer wünschenswerten Beweislastverteilung liegen.

4. Der Schadensersatz nach § 280 I BGB wegen eines Mangels

Schließlich bleibt die Frage nach der maßgeblichen Pflichtverletzung für die Fälle der mangelbedingten Verletzung des Erhaltungsinteresses, in denen allein § 280 I BGB die Anspruchsgrundlage bildet[820]. Verletzungen des Erhaltungsinteresses entstehen, wenn der Gläubiger an Rechtsgütern geschädigt wird, die unabhängig vom Vertrag bestehen. Die Pflicht, solche Rechtsgüter nicht zu verletzen, folgt nicht erst aus den vertraglichen Vereinbarungen und den daraus resultierenden Leistungs- oder auch Schutzpflichten, sondern ergibt sich schon aus dem allgemeinen Gebot, einen anderen nicht zu schädigen[821]. Weil die Pflicht schon aus einem beliebigen vertraglichen oder gesetzlichen Schuldverhältnis resultieren kann, ist das Schicksal der Leistungspflicht diesbezüglich sekundär. Es macht keinen Unterschied, ob im Einzelfall ein behebbarer Mangel oder ein anfänglich oder nachträglich unbehebbarer Mangel vorliegt. Denn die Pflicht, Rücksicht auf Rechte, Rechtsgüter und Interessen anderer zu nehmen, indem man sie nicht schädigt, besteht unabhängig von der Existenz einer Leistungspflicht und ist nicht an deren Wirksamkeitsvoraussetzungen gebunden ist.

Ähnlich der deliktischen Haftung existiert die Haftung für die Verletzung einer solchen Schutzpflicht neben der vertraglichen Haftung[822]. Für die Verletzung von absoluten Rechtsgütern, insbesondere Sach- und Personenschäden, kann die Schutzpflicht als absolute Schutzpflicht oder Verkehrssicherungspflicht direkt aus § 823 I BGB hergeleitet werden, der neben § 280 I BGB eine deliktische Haftung auslöst[823]. Die einzige Besonderheit ist dann, dass der Geschädigte zugleich Gläubiger einer Leistung ist. Allerdings erwirbt die schuldrechtliche Haftung aus § 280 I BGB ihre Existenzberechtigung in Anbetracht ihrer Vorteile gegenüber dem Deliktsrecht, die vor allem in § 278 BGB und einer für den Gläubiger günstigeren Beweislastverteilung begründet liegen. Überdies können besondere vertragliche Schutzpflichten, die sich erst aus dem Schuldverhältnis ergeben, eine Haftung zum Schutz des Erhaltungsinteresses auslösen[824]. Die

---

[819] BT-Drs. 14/6040, S. 145 ff.

[820] Zur Ermittlung der richtigen Anspruchsgrundlage über die Abgrenzung auf der Rechtsfolgenseite; siehe ausführlich 3. Kapitel, C., IV., S. 96 ff.; 3. Kapitel, D., S. 103 ff.

[821] *Reischl*, JuS 2003, 40 (47).

[822] Zur alten Rechtslage *Thiele*, JZ 1967, 649 (657).

[823] *U. Huber*, AcP 177 (1977), 281 (316 ff.); *Rust*, Das kaufrechtliche Gewährleistungsrecht, S. 183.

[824] Vgl. *U. Huber*, AcP 177 (1977), 281 (320 f.), der für Einzelfälle wie Arzt-, Krankenhaus-, Speditions- oder Frachtverträge eine Erweiterung des Schutzpflichtenprogramms einräumt.

Schutzpflichten i. S. d. § 241 II BGB treffen nur Schuldner und Gläubiger und schützen über die deliktische Haftung hinaus auch ihre Interessen. Im Gegensatz zu den Schutzpflichten gem. § 241 II BGB, die aus dem Schuldverhältnis folgen, begründen die deliktischen Verkehrssicherungspflichten erst das gesetzliche Schuldverhältnis[825].

Die Erfüllung der Leistungspflichten ist auf die Bedienung des Erfüllungsinteresses gerichtet und steht in keinem Zusammenhang zu Verletzungen des Erhaltungsinteresses. Scheinbar kann zwar die Verletzung einer Leistungspflicht kausal eine Verletzung des Erhaltungsinteresses auslösen, denn ohne eine mangelhafte Leistung wäre es nicht zu den entsprechenden Folgeschäden gekommen. Tatsächlich ist aber eine parallel daneben bestehende, allgegenwärtige Schutzpflichtverletzung der Grund des eingetretenen Schadens. Dies wird immer dann deutlich, wenn die Leistungspflicht nicht besteht, aber gleichwohl eine Haftung angezeigt ist. Insofern ergänzt die Schutzpflicht, den anderen nicht an vorhandenen Rechtsgütern zu schädigen, die Verpflichtung zur mangelfreien Leistung[826], mit deren Erfüllung ausschließlich die Bedienung des Erfüllungsinteresses einhergeht.

Diese Unterscheidung hat nicht nur eine theoretische Berechtigung, sondern kann auch im Ergebnis Relevanz erlangen, da sich das Verschulden nach zwei unterschiedlichen Pflichtverletzungen zu richten hat. Wurde die Leistungspflicht schuldhaft durch eine mangelhafte Leistung verletzt, kann es trotzdem am Verschulden hinsichtlich der allgemeinen Schutzpflicht, den anderen nicht zu schädigen, fehlen. Dies ist beispielsweise bei Entwicklungsschäden denkbar, d. h. Folgeschäden am Erhaltungsinteresse, die nach dem neuesten Stand der Technik nicht vorhergesehen werden konnten. Bei solchen Entwicklungsschäden liegt kein Verschulden im Hinblick auf die allgemeine Schutzpflicht vor[827]. Davon unabhängig kann der Schuldner aber schuldhaft seine Pflicht zur mangelfreien Leistung verletzt haben, wenn er z. B. den Mangel kannte. Konnte er aber die Folgeschäden des Mangels nicht voraussehen, hat er die allgemeine Schutzpflicht der Nichtschädigung nicht gleichzeitig schuldhaft verletzt[828]. Insofern kann also die Haftung für Mangel- und Mangelfolgeschaden auseinander fallen, da der Ersatz für Schäden am Erhaltungsinteresse nach § 280 I BGB immer auf der schuldhaften Verletzung der Schutzpflicht basiert[829], die Rechts-

---

825 *Schapp*, JZ 2001, 583 (584).

826 Vgl. *v. Wilmowsky*, JuS 2002, Beil. zu H. 1, 1 (20).

827 *Hofer*, AcP 201 (2001), 275 (289) mit umfangreichen Nachweisen.

828 Vgl. auch das Beispiel bei *v. Wilmowsky*, JuS 2002, Beilage H. 1, S. 20.

829 Dass sich die Ersatzfähigkeit von Mangelfolgeschäden immer kausal auf die Verletzung einer entsprechenden Schutzpflicht zurückführen lässt und somit im Einklang mit

güter des anderen nicht zu schädigen[830], während der Ersatz des Mangelschadens über den Schadensersatz statt der Leistung je nach Anspruchsgrundlage auf einer davon verschiedenen Pflichtverletzung beruht[831].

Mit dem gefundenen Ergebnis darf aber nicht die These gleichgesetzt werden, eine Verletzung einer Schutzpflicht könne immer nur das Integritätsinteresse verletzen[832], so wie die Verletzung einer Leistungspflicht nur das Äquivalenzinteresse beeinträchtigen kann. Allein die Existenz des § 282 BGB beweist, dass die Verletzung einer Schutzpflicht das Erfüllungsinteresse verletzen kann. Zu § 282 BGB gehören die Fälle schwerwiegender oder permanenter Schutzpflichtverletzungen, die das Verhältnis zwischen den Vertragsparteien derart zerrütten, dass dem Gläubiger die Erbringung der Leistung durch den Schuldner nicht mehr zumutbar ist[833]. Zuzugeben ist selbstverständlich, dass man bei der Verletzung von Schutzpflichten nicht gut davon sprechen kann, der Schadensersatzanspruch trete an die Stelle des Erfüllungsanspruchs. Ein Erfüllungsanspruch auf die Einhaltung der Schutzpflicht besteht ja gerade nicht; aber wie § 282 BGB zeigt, ist es ausnahmsweise möglich, dass die Verletzung einer Schutzpflicht das Erfüllungsinteresse verletzt und deswegen einen Anspruch auf Schadensersatz statt der Leistung nach sich zieht.

IV. Zusammenfassung

Die Normen der §§ 437, 634 BGB verweisen für das Werk- und das Kaufvertragsrecht auf die Regeln des allgemeinen Schuldrechts und sind Teil der

---

allgemeinen Kausalitätserwägungen steht, hat *Rust*, Das kaufrechtliche Gewährleistungsrecht, S. 187 bereits nachgewiesen.

830 Zutreffend *v. Wilmowsky*, JuS 2002, Beil. zu H. 1, 1 (5); vgl. *Lorenz/Riehm*, Rn. 354; a. A. etwa Palandt-*Heinrichs*, 63. Aufl., § 280 Rn. 19, *Grigoleit*, ZGS 2002, 78 (80), *Voppel*, BauR 2002, 843 (846), nach denen § 280 I BGB auch die Verletzung von Hauptpflichten – insbesondere in Form der mangelhaften Leistung – erfassen soll, was nur insofern richtig ist, als eine Haftung nach §§ 280, 281 BGB oder §§ 280, 286 BGB besteht. Zum alten Recht wie hier *Köpcke*, Typen der positiven Vertragsverletzung, S. 24, 29, 99, 103; a. A. wohl *Thiele*, JZ 1967, 649 (651), „nicht ein Entweder-Oder, sondern auch eine Überlagerung und Deckung beider" möglich.

831 Siehe 4. Kapitel, A., II., 1., c), S. 158 ff.; 4. Kapitel, A., III., 1.-2., S. 177 ff.

832 So aber *Keuk*, Vermögensschaden und Interesse, S. 110, 163; ebenso *Ernst*, AcP 199 (1999), 360 (364); *Rust*, Das kaufrechtliche Gewährleistungsrecht, S. 190; wohl auch *Lorenz/Riehm*, Rn. 354, nach denen Gegenstand der Schutzpflichten das Integritätsinteresse ist; anders zutreffend *U. Huber*, AcP 177 (1977), 281 (299 f.).

833 Der Gesetzgeber nennt den Fall, „dass der Schuldner die von ihm versprochene Leistung zwar an sich ordnungsgemäß erbringt, aber unter Begleitumständen, die für den Gläubiger nicht erträglich sind.". Als Beispiel führt er einen Maler an, der seine Malerarbeiten ordnungsgemäß erfüllt, aber immer wieder die Eingangstür und Einrichtungsgegenstände beschädigt; BT-Drs. 14/6040, S. 141.

Anspruchsgrundlage, weil sie die Grundvoraussetzung der Mängelhaftung aufstellen, die für alle Mängelrechte in der Existenz eines Mangels sowie eines Vertrages besteht.

Der Schuldner verletzt durch eine mangelhafte Leistung seine vertragliche Leistungspflicht, allerdings ist diese nicht zwangsläufig der Haftungsgrund des Schadensersatzes. Nur im Bereich des § 281 BGB und des § 286 BGB knüpft die Schadensersatzpflicht an diese Art der Pflichtverletzung an. Ob der Schuldner die Pflichtverletzung zu vertreten hat, richtet sich danach, ob ein schuldhaftes Verhalten vorliegt, das zu der mangelhaften Leistung geführt hat. In diesem Rahmen ist die Frage zu beantworten, ob der Schuldner eine Nebenpflicht schuldhaft verletzt hat, die kausal zu der Verletzung der Leistungspflicht geführt hat.

In den Fällen eines unbehebbaren Mangels hingegen kann die Verletzung der Leistungspflicht nicht Grundlage des Schadensersatzes sein, weil die Leistungspflicht nach § 275 BGB noch nie bestand oder erloschen ist. Zwar muss das Resultat der ausschlaggebenden Pflichtverletzung ein unbehebbarer Mangel sein, der nach § 311a BGB anfänglicher und nach § 283 BGB nachträglicher Art ist, der Schadensersatz folgt aber unmittelbar aus der Verletzung einer leistungsbezogenen Nebenpflicht. Für § 283 BGB ist entscheidend die Pflicht, den Eintritt des unbehebbaren Mangels zu verhindern, während für § 311a BGB die Abgabe eines Leistungsversprechens, welches auf eine wegen eines unbehebbaren Mangels (zumindest teilweise) unmögliche Leistung gerichtet ist, den Haftungsgrund bildet. Trotzdem erklärt sich die Rechtsfolge des § 311a BGB in Form des Schadensersatzes statt der Leistung nur über eine Garantiehaftung, die durch das Nichtvorliegen eines schuldlosen Irrtums über die eigene Leistungsfähigkeit nach § 311 II 2 BGB bedingt ist. Für § 280 I BGB schließlich stellt nicht der Mangel, sondern schon die Verletzung der allgemeinen Schutzpflicht, die Rechte und Rechtsgüter des anderen nicht zu schädigen, die Grundlage der Haftung auf das Erhaltungsinteresse dar.

Deutlich zu Tage tritt, dass die nach § 280 I BGB erforderliche Pflichtverletzung mitnichten stets mit dem Mangel selbst gleichgesetzt werden kann. Ergeben sich aus unterschiedlichen Schadenstypen mehrere Anspruchsgrundlagen, die den jeweiligen Schaden erfassen, darf die Pflichtverletzung somit nicht über einen Kamm geschoren werden. Spätestens vor der Untersuchung des Verschuldens muss der maßgebliche Bezugspunkt, der in der jeweiligen Pflichtverletzung liegt, exakt herausgearbeitet sein. Somit ist durch die Schuldrechtsreform die Analyse der Haftungsgrundlage wesentlich aufwendiger geworden als sie früher war. Ein großer Vorteil liegt jedoch darin, dass die gefundenen Differenzierungen nicht nur für die Mängelhaftung, sondern auch für das allgemeine

Schuldrecht Geltung beanspruchen. Gelungen ist dem Gesetzgeber insofern die Anbindung des besonderen an das allgemeine Schuldrecht. In Kauf nehmen muss man dafür den mühseligen Verweisungsapparat der §§ 437, 634 BGB.

B. Der Tatbestand des Schadensersatzes im Kaufrecht

Nachdem im vorherigen Kapitel die einzelnen Anspruchsgrundlagen des Schadensersatzes für einen Mangel vor allem im Hinblick auf die durch den allgemeinen Teil vorgegebenen Voraussetzungen der Pflichtverletzung und des Verschuldens untersucht wurden, sollen nun die Besonderheiten des Kaufrechts unter die Lupe genommen werden.

I. Der Mangelbegriff im Kaufrecht

Dem Käufer stehen die Mängelrechte des § 437 BGB nur zu, wenn der Verkäufer seine vertragliche Pflicht nach § 434 I 2 BGB verletzt, dem Käufer die Sache frei von Sach- und Rechtsmängeln zu verschaffen. Der Zentralbegriff der kaufrechtlichen Mängelrechte ist daher der Mangel[834], welcher in Form eines Sach- oder Rechtsmangels auftreten kann.

1. Der Sachmangel

Der jedenfalls quantitativ für die Praxis bedeutsamere Fall eines Mangels ist sicherlich der Sachmangel[835], dessen Voraussetzungen in § 434 BGB verankert wurden. Der Ausgangspunkt der Haftung des Verkäufers für einen solchen Sachmangel ist sowohl in Übereinstimmung mit den Vertretern der Gewährleistungs- als auch der Nichterfüllungstheorie schon zur alten Rechtslage darin gesehen worden, dass die Kaufsache qualitativ die vertraglichen Vereinbarungen verfehlt und dadurch das mit der Erfüllung des Kaufvertrages bestimmte Interesse stört[836]. Aus dieser vertraglichen Grundlage folgt zwangsläufig eine subjektive Ausrichtung des Mangelbegriffs, die auch Art. 2 Abs. 1 und 2 i. V. m. Art. 3 Abs. 1 VerbrGK-RiL mit der Anknüpfung an die „Vertragswidrigkeit“ entspricht[837]. Nach § 434 I 1 BGB ist die Sache frei von Sachmängeln, wenn sie bei Gefahrübergang die vereinbarte Beschaffenheit hat. Dem Sachmangel wird also

---

[834] Einschränkend aber *v. Wilmowsky*, JuS 2002, Beil. zu H. 1, 1 (18).

[835] Umfangreiche Nachweise bei Palandt-*Putzo*, 63. Aufl., § 434 Rn. 60 ff.

[836] *Raape*, AcP 150 (1949), 481 (484); Soergel-*Huber*, 12. Aufl., § 459 Rn. 19 f.; *Jorden/ Lehmann*, JZ 2001, 952 (953).

[837] Obwohl sich die Verpflichtung zur Umsetzung der Richtlinie nur auf den Verbrauchsgüterkauf bezog, kommt der Richtlinie durch ihre überschießende Umsetzung mittel einer neuen einheitlichen Festschreibung des Mangels in § 434 BGB über den Bereich des Verbrauchsgüterkaufs hinaus, bei jeder Auslegung des Mangelbegriffs Bedeutung zu; vgl. *Dörner* in Schulze/Schulte-Nölke, S. 177 (185).

ein subjektiver Maßstab zugrunde gelegt, indem in erster Linie auf die Beschaffenheitsvereinbarung der Parteien abgestellt wird. Einem solchen, vornehmlich subjektiven Mangelbegriff kommen zwei wesentliche Vorteile zugute, die darin liegen, dass er einerseits die privatautonomen Entscheidungen der Vertragsparteien respektiert und dass andererseits durch seine Anknüpfung an die Parteivereinbarung stets eine Anpassung des Rechts an veränderte Gegebenheiten erfolgen kann, womit die Funktionalität des Sachmangeltatbestandes dauerhaft gewahrt ist[838].

Lediglich soweit die Beschaffenheit nicht vereinbart wurde, wird der Sachmangel subsidiär nach den Vorschriften des § 434 I 2, II BGB bestimmt, die insbesondere in § 434 I 2 Nr. 2 mit dem Kriterium der Geeignetheit für die gewöhnliche Verwendung ein objektives Element aufweisen. Schon zu § 459 BGB a. F. versuchte der vorherrschende subjektiv-objektive Fehlerbegriff den Fehler erst objektiv zu bestimmen, wenn sich im Kaufvertrag keine konkreten Angaben über die Beschaffenheit der Sache und keine Hinweise auf den Verwendungszweck des Käufers fanden[839]. Der neue Sachmangeltatbestand des § 434 I BGB betont durch sein deutliches Stufenverhältnis, welches in der sukzessiven Ersetzung subjektiver Kriterien durch hilfsweise objektive besteht, stärker als die alte Regelung den subjektiv-objektiven Fehlerbegriff[840], wobei das Fehlen einer zugesicherten Eigenschaft keine eigenständige Bedeutung mehr wie noch in § 459 II BGB a. F. hat.

Weggefallen ist die aus § 459 I 2 BGB a. F. bekannte Bagatellgrenze, so dass nunmehr auch unerhebliche Mängel die tatbestandlichen Voraussetzungen des § 434 BGB erfüllen. Nach der zutreffenden Ansicht des Gesetzgebers ist kein Grund ersichtlich, warum der Käufer einen auch nur geringfügigen Mangel hinnehmen soll[841]. Infolgedessen sind auch geringfügige Abweichungen der Ist-Beschaffenheit von der Soll-Beschaffenheit rechtlich erhebliche Mängel bis zur Grenze unvermeidbarer Toleranzen[842]. Eine Einschränkung besteht allerdings mit den Vorschriften der §§ 281 I 3, 323 V 2 BGB auf der Rechtsfolgenseite[843].

---

838 Soergel-*Huber*, 12. Aufl., Vor § 459 Rn. 36.

839 Zum subjektiv-objektiven Fehlerbegriff siehe etwa Staudinger-*Honsell*, 13. Aufl., § 459 Rn. 18 ff.; MK-*Westermann*, 3. Aufl., § 459 Rn. 8 ff.; *Fikentscher*, SchR, 9. Aufl., § 69 II 2, Rn. 704; *Marburger*, JuS 1983, 1 (2).

840 BT-Drs. 14/6040, S. 212; Palandt-*Putzo*, 63. Aufl., § 434 Rn. 1; *Boerner*, ZIP 2001, 2264 (2266); *Haas*, BB 2001, 1313 (1314); *Jorden/Lehmann*, JZ 2001, 952 (953 ff.); *Schubel*, JuS 2002, 313 (315); *Westermann*, JZ 2001, 530 (532); *Zimmer/Eckhold*, Jura 2002, 145 (147).

841 BT-Drs. 14/6040, S. 231.

842 Wie z. B. ein minimaler Webfehler im Sitzbezug eines PKW; *Reinking*, DAR 2002, 15 (16).

843 BT-Drs. 14/6040, S. 216 f.; *Jorden/Lehmann*, JZ 2001, 952 (957).

Der Sachmangel ist für das gesamte Kaufrecht einheitlich in drei Stufen unterteilt[844], die in der Anknüpfung an die vereinbarte Beschaffenheit nach § 434 I 1 BGB, die Eignung zur nach dem Vertrag vorausgesetzten Verwendung gem. § 434 I 2 Nr. 1 BGB und die Eignung zur gewöhnlichen Verwendung nach § 434 I 2 Nr. 2 BGB bestehen[845]. Diese drei Stufen werden im Folgenden dargestellt:

a) Die vereinbarte Beschaffenheit

Der Ausgangsfall eines Sachmangels ist nach Maßgabe des § 434 I 1 BGB weiterhin das negative Abweichen der Ist-Beschaffenheit von der vertraglich vereinbarten Soll-Beschaffenheit[846]. Den Kern des Sachmangels machen also die Parteivereinbarung und der Begriff der Beschaffenheit aus.

Sowohl die subjektive Äquivalenz von Leistung und Gegenleistung als auch der wirtschaftliche Zweck des Vertrages hängen typischerweise von der durch die Parteien vereinbarten oder von ihnen erwarteten Soll-Beschaffenheit ab. Ökonomisch betrachtet erwartet der Käufer ein nutzenstiftendes „Bündel an Eigenschaften, das durch die Kaufsache verkörpert"[847] und durch den Kaufpreis abgegolten wird. Nach der Beschaffenheit der Kaufsache richten sich unter Annahme des Äquivalenzgedankens vor allem die Preisbildung und infolgedessen auch der Abschluss des Kaufvertrages. Bei Gattungskäufen kann überdies erst mittels der Beschaffenheit der konkret gelieferten Sache ihre Erfüllungstauglichkeit ermittelt werden[848]. Weil die Bestimmung der Beschaffenheit somit weitreichende Auswirkungen hat, ist es für den Sachmangeltatbestand von grundlegender Bedeutung, die vertragswesentliche Beschaffenheit von rein subjektiven Erwartungen zu trennen.

---

844 *Roth*, JZ 2001, 543 (547); *Teichmann*, ZfBR 2002, 13 (14); vgl. *Jorden/Lehmann*, JZ 2001, 952 (954).

845 Da man die Fälle einer unsachgemäßen Montage und einer mangelhaften Montageanleitung der letzten Stufe zuordnen kann und nach § 434 III BGB aliud und Minderlieferung einem Sachmangel lediglich gleichstehen, ist eine feinere Aufteilung eher hinderlich als förderlich; anders Palandt-*Putzo*, 63. Aufl., § 434 Rn. 7 mit sieben Fallgruppen sowie *Ehmann/Sutschet*, § 7, III., S. 193 f. mit 9 Unterteilungen.

846 Etwas unglücklich ist die negative Formulierung dessen, was ein Mangel nicht ist, anstatt einen solchen positiv zu definieren; vgl. *Ehmann/Sutschet*, § 7, III., S. 194. Eine positive Definition des Mangels hätte insbesondere in § 434 I 2 BGB deutlich gemacht, ob eine Sache auch dann mangelhaft ist, wenn sie sich zur gewöhnlichen Verwendung eignet, aber nicht die gewöhnlichen Beschaffenheitsmerkmale hat, die der Käufer erwarten kann.

847 *Grigoleit/Herresthal*, JZ 2003, 118 (121).

848 *Grigoleit/Herresthal*, JZ 2003, 118 (121).

Der Gesetzgeber hat von einer Definition des Beschaffenheitsbegriffs gleichwohl ausdrücklich abgesehen[849]. Damit wollte er vornehmlich vermeiden, sich hinsichtlich der Frage festlegen zu müssen, ob die Beschaffenheit nur solche Eigenschaften beinhaltet, „die der Kaufsache unmittelbar physisch anhaften oder ob auch Umstände heranzuziehen sind, die außerhalb der Sache selbst liegen"[850]. Schon früher war nämlich das Verhältnis von § 459 I BGB a. F. zu § 459 II BGB a. F. dahingehend umstritten, ob jede zusicherungsfähige Eigenschaft zugleich eine Beschaffenheit sein konnte. Die Vertreter des subjektiven Fehlerbegriffs in der Literatur bejahten dies größtenteils[851], während nach der ständigen Rechtsprechung eine Beschaffenheit der Kaufsache nur Umstände und Verhältnisse erfassen sollte, die der Sache ohne weiteres (unmittelbar) anhaften, sich aus der Sache selbst ergeben bzw. ihr unmittelbar innewohnen[852]. Der umfassendere Begriff der Eigenschaften hingegen sollte sowohl die physischen Merkmale als auch alle tatsächlichen und rechtlichen Verhältnisse beinhalten können, welche die Beziehung der Sache zur Umwelt betreffen und wegen ihrer Art oder Dauer die Brauchbarkeit oder den Wert beeinflussen[853]. Umstände außerhalb der Kaufsache konnten keine Eigenschaft, geschweige denn eine Beschaffenheit der Kaufsache sein[854]. Zwar ging der Gesetzgeber davon aus, dass die Definition des Beschaffenheitsbegriffs an Sprengstoff verloren habe, weil die Unterschiede der Mängelhaftung gegenüber dem allgemeinen Schuldrecht nachgelassen haben[855], trotzdem bestehen weiterhin zahlreiche rechtliche Divergenzen[856]. Deshalb ist eine exakte Bestimmung der Reichweite des Beschaffenheitsbegriffs als Kern des Sachmangels unerlässlich.

Obwohl in § 434 I 3 BGB noch der Begriff „Eigenschaften" zu finden ist, kann es eine Differenzierung zwischen Eigenschaft und Beschaffenheit wie noch in § 459 BGB a. F. nicht mehr geben, da der Sachmangeltatbestand des § 434 BGB

[849] BT-Drs. 14/6040, S. 213; schon Abschlußbericht, S. 202.

[850] BT-Drs. 14/6040, S. 213.

[851] Etwa Erman-*Grunewald*, 10. Aufl., § 459 Rn. 34; Soergel-*Huber*, 12. Aufl., Vor § 459 Rn. 227; *Larenz*, SchR BT/1, § 41 I b), S. 42; *Flume*, Eigenschaftsirrtum und Kauf, S. 188 f.; a. A. die ständige Rechtsprechung vgl. nur BGH, NJW 1970, 653 (655); BGH, NJW 1977, 1538 (1539); BGH, NJW 1980, 1456 (1457); BGH 88, 130 (133 f.).

[852] BGH, NJW 1970, 653 (655); NJW 1980, 1456 (1457); NJW 1992, 2564 (2565).

[853] So sollte beispielsweise die Ertragsfähigkeit eines Unternehmens keine Beschaffenheit aber eine zusicherungsfähige Eigenschaft desselben sein; vgl. BGH 79, 183 (185); BGH 87, 302 (307); BGH, NJW 1995, 1547 (1547 ff.); vgl. auch BGH 88, 130 (137).

[854] BGH 70, 47 (49); 111, 75 (78); BGH, NJW 1992, 2564 (2565); insgesamt krit. zur Unterscheidung der Rechtsprechung *Singer* in 50 Jahre Bundesgerichtshof (Hrsg.: Canaris), Bd. I, S. 388 ff. m. w. N.

[855] BT-Drs. 14/6040, S. 213.

[856] Beispielhaft seien genannt das Recht zur Minderung, die kürzere Verjährung des § 438 BGB sowie die Sonderregeln der §§ 442, 445 BGB.

insgesamt auf den Begriff der Beschaffenheit abstellt. Infolgedessen muss eine einheitliche Definition der Beschaffenheit gefunden werden, wie es auch der Wille des Gesetzgebers war[857]. Es tritt somit jedenfalls an die Stelle eines dreigliedrigen Systems im Sinne der höchstrichterlichen Rechtsprechung ein zweigliedriges, das fortan Eigenschaften lediglich danach unterscheidet, ob sie eine Beschaffenheit der Kaufsache sind oder nicht[858].

aa) Der weite Beschaffenheitsbegriff

Manche Stimmen in der Literatur[859] wollen den Sachmangel auf jede Abweichung von der vertraglichen Vereinbarung erstrecken, indem sie den Begriff der Beschaffenheit über den Eigenschaftsbegriff des § 459 II BGB a. F. hinaus verstehen. Es soll vor allem in Folge eines Umkehrschlusses zu § 443 BGB, der eine Haltbarkeitsgarantie „für eine bestimmte Dauer“ einer bestimmten Beschaffenheit regelt, weder auf die Dauerhaftigkeit einer Eigenschaft ankommen noch darauf, ob diese ihren Grund in der Sache selbst hat[860]. Unter Berücksichtigung des Parteiwillens, der in § 434 I BGB besondere Betonung erfahren hat, könne jede Parteivereinbarung einen Sachmangel begründen. Zudem hänge die Geeignetheit einer Sache zur gewöhnlichen Verwendung im Sinne des § 434 I 2 Nr. 2 BGB nicht per se mit der Sache physisch anhaftenden Eigenschaften zusammen[861]. Auch nach Art. 2 Abs. 2 VerbrGK-RiL sei von einer vertragsgemäßen Lieferung die Rede, was bereits eine entsprechende europarechtlich bindende Auslegung des Beschaffenheitsbegriffs mit sich bringe[862]. Die Ausdehnung der Mängelhaftung mache damit die Anwendung der c.i.c. größtenteils entbehrlich und lasse ausschließlich die sachgerechten Rechtsfolgen der Mängelhaftung Platz greifen, deren Schwächen im alten Recht größtenteils ausgemerzt werden sollten[863]. Mit diesem Ziel sei die Bagatellgrenze des § 459 I 2 BGB a. F. ebenso wie die Sonderregelung des § 306 BGB gestrichen, die Verjährung verkürzt und eine kaufrechtliche Haftung für Fahrlässigkeit, eine

---

857 BT-Drs. 14/6040, S. 212 f.

858 *Grigoleit/Herresthal*, JZ 2003, 118 (122); *Gruber*, MDR 2002, 433 (434); *Hilgard/Kraayvanger*, MDR 2002, 678 (679); früher schon *v. Caemmerer*, FS M. Wolff, S. 3 (18).

859 AK-*Krebs*, § 311 Rn. 34 f.; *Lorenz/Riehm*, Rn. 578; *Gaul*, ZHR 166, 35 (46 f.); *Barnert*, WM 2003, 416 (418 f.); *Dauner-Lieb/Thiessen*, ZIP 2002, 108 (110); *Häublein*, NJW 2003, 389 (390 f.); *Knott*, NZG 2002, 249 (251); *Seibt/Reiche*, DStR 2002, 1135 (1138); *Triebel/Hölzle*, BB 2002, 521 (525); *Wolf/Kaiser*, DB 2002, 411 (412, 414); wohl auch Westermann-*Buck*, S. 121; *Hilgard/Kraayvanger*, MDR 2002, 678 (679).

860 Vgl. *Wolf/Kaiser*, DB 2002, 411 (414).

861 *Wolf/Kaiser*, DB 2002, 411 (412).

862 *Häublein*, NJW 2003, 388 (390); wohl auch *Vorwerk*, BauR 2003, 1 (4, Fn. 38).

863 *Triebel/Hölzle*, BB 2002, 521 (533); *Wolf/Kaiser*, DB 2002, 411 (416 f.); a. A. *Barnert*, WM 2003, 416 (424 f.); *Häublein*, NJW 2003, 388 (391 ff.), die für eine Anspruchskonkurrenz zwischen c. i. c. und Mängelhaftung eintreten.

Schätzungsmöglichkeit der Minderungshöhe sowie ein vorrangiger Nacherfüllungsanspruch eingeführt worden[864].

Wollte man diesem weiten Verständnis des Beschaffenheitsbegriffs folgen, müsste man allerdings den aus der Rechtsprechung bekannten Fall, dass ein Trockner nicht an den unpassenden Kamin des Käufers angeschlossen werden kann, als Beschaffenheit des Trockners auslegen[865]. Gleichermaßen müsste es dann eine Beschaffenheit des Kamins sein, dass dieser mit dem Trockner inkompatibel ist. Der Wortlaut der Beschaffenheit zeigt jedoch deutlich einen festen Bezug der Eigenschaft zu der Sache auf, weshalb nicht beliebige Umweltbeziehungen in den Beschaffenheitsbegriff des § 434 BGB hineingezogen werden können[866]. Der Wille des Gesetzgebers wird insofern überstrapaziert. Zwar wollte er den Beschaffenheitsbegriff nicht definieren, aber doch wohl nicht über die Grenze einer zusicherungsfähigen Eigenschaft nach § 459 II BGB a. F. hinaus auslegen und so den Bezug zur Sache völlig verlieren. Für die Fälle, in denen es nicht um eine Eigenschaft der Kaufsache geht, kann weiterhin auf eine Haftung nach den Grundsätzen der c.i.c. zurückgegriffen werden, weshalb Haftungslücken nicht zu befürchten sind. Andernfalls läge nahezu eine allgegenwärtige Anwendbarkeit der Mängelhaftung vor, was der c.i.c kaum Raum beließe. Damit könnte die angeführte Meinung zwar eine Rechtssicherheit hinsichtlich des Beschaffenheitsbegriffs anführen, erhöhte allerdings zugleich die Unsicherheit für den Anwendungsbereich der c.i.c[867]. Eine ausgedehnte Anwendung der Mängelhaftung für jede Umweltbeziehung hätte auch im Ergebnis bedenkliche Folgen: Die Pflicht des Verkäufers zur mangelfreien Leistung nach § 433 I 2 BGB würde sich auf die vollständige Behebung störender Umwelteinflüsse erstrecken. Könnte in dem angeführten Beispiel der Trockner nicht umgebaut werden, müsste der Verkäufer möglicherweise den Kamin neu- oder umbauen, um den Mangel zu beheben. Außerdem könnte der Käufer stets die verschuldensunabhängigen Rechtsbehelfe der Minderung und des Rücktritts geltend machen, ohne an die für eine Aufklärungspflichtverletzung maßgeblichen Einschränkungen in §§ 324, 282 BGB gebunden zu sein. Hinsichtlich der kurzen Verjährung des § 438 BGB wäre der schuldhaft handelnde Verkäufer hingegen ungerechtfertigt privilegiert[868]. Eine Auslegung im Sinne der angeführten Ansicht ist schließlich auch nicht durch die Verbrauchsgüterkaufricht-

---

864 Vgl. *Hilgard/Kraayvanger*, MDR 2002, 678 (679); *Triebel/Hölzle*, BB 2002, 521 (525).

865 Eine Beschaffenheit des Trockners insofern ablehnend BGH, NJW 1985, 2472 (2473); vgl. auch BGH, NJW 1962, 1196 (1197).

866 Überzeugend *Kindl*, WM 2003, 409 (411), nach dem der Begriff der Beschaffenheit „jegliche Kontur verlieren“ würde; vgl. auch *Grigoleit/Herresthal*, JZ 2003, 118 (123 f.).

867 Vgl. zu den Konkurrenzproblemen *Barnert*, WM 2003, 416 (424 f.).

868 Dies räumt *Häublein*, NJW 2003, 388 (391 f.) selbst ein, der dies aber durch eine konkurrierende Anwendung der c. i. c. ausgleichen möchte.

linie vorgegeben, da die Begriffe „Eigenschaft“ (lit. a, d) und „Beschaffenheit“(lit. d) lediglich verwendet, aber nicht näher erläutert werden. Daher können sie auch unter Zugrundelegung eines anderen Verständnisses in zulässiger Weise den aus Art. 2 Abs. 1, 2, Art. 3 Abs. 1 VerbrGK-RiL vorgegebenen Begriff der Vertragsmäßigkeit ausfüllen und mit ihm gleichgesetzt werden[869].

bb) Der enge Beschaffenheitsbegriff

Das konträre Extrem sieht eine andere Auffassung[870] vor, nach der nur physische Eigenschaften der Sache eine Beschaffenheit sein können. Der Wortlaut des § 434 BGB mit dem Begriff der Beschaffenheit und die Festlegung der vertraglichen Pflichten sollen nur auf der Sache physisch anhaftende Eigenschaften bezogen sein können. Nur wegen dieser Eigenschaften werde ein gewisser Preis bezahlt (Äquivalenzgedanke), bestehe eine spezifische Kontrollpflicht des Verkäufers (Kontrollgedanke) sowie ein Bedürfnis zur Standardisierung von Massengeschäften (Vereinfachungsgedanke)[871]. Für alle anderen Fälle seien die Regeln der c.i.c. im Zuge einer vorvertraglichen Informationshaftung angebracht.

Der Auffassung muss aber entgegengehalten werden, dass auch Umweltbeziehungen für die Preisbildung maßgebliche Bedeutung haben können. Gerade der Preis eines Spekulationsobjekts, das einzig aus dem Motiv eines Kapitalertrags heraus gekauft wird, hängt in erster Linie von äußeren Einflüssen – insbesondere vom Wechselspiel zwischen Angebot und Nachfrage – ab, die seinen Wert beeinflussen. Eine Sache wird nur in seltenen Fällen ausschließlich wegen seiner Eigenschaften selbst gekauft werden, sondern vornehmlich wegen seiner Verwendung in spezifischer oder gewöhnlicher Weise. Diese Verwendungsmöglichkeit hängt aber nicht nur mit der physischen Beschaffenheit, sondern oftmals mit Umweltbeziehungen zusammen. Dass Umweltbeziehungen zum Teil in den Sachmangelbegriff einfließen, kann man systematisch aus der Tatsache ableiten, dass in § 434 I 2 Nr. 1, 2 1. Fall BGB auf die Geeignetheit zur Verwendung, nicht aber auf die Beschaffenheit selbst abgestellt wird. Mit der Aufhebung von § 459 I und II BGB a. F. und der Streichung des Begriffes Fehler beabsichtigte der Gesetzgeber jedenfalls keine Einengung der Garantiemöglichkeiten, auch wenn er den Beschaffenheitsbegriff offen ließ. Beschränkt

---

869 *Grigoleit/Herresthal*, JZ 2003, 118 (120); *Kindl*, WM 2003, 409 (411); vgl. auch *Honsell*, JZ 2001, 278 (279), der meint, die Formulierung des Art 2 VerbrGK-RiL ist „weitschweifig, enthält überflüssige Adjektive, ist stilistisch mangelhaft und in der Sache unpräzis“.

870 *Grigoleit/Herresthal*, JZ 2003, 118 (124 ff.); *Mundt*, NZBau 2003, 71 (73); wohl auch *Huber*, AcP 202, 178 (211 ff., 225 f.).

871 *Grigoleit/Herresthal*, JZ 2003, 118 (121).

man aber den Beschaffenheitsbegriff auf die der Sache physisch anhaftenden Eigenschaften, könnten auch nur für diese Garantien abgegeben werden, da die Garantie in § 443 BGB ebenfalls auf die Beschaffenheit der Sache rekurriert. Daher ist entgegen der vorgetragenen Ansicht davon auszugehen, dass unter Beschaffenheit zumindest zum Teil Umweltbeziehungen gehören[872].

cc) Die Beschaffenheit im Sinne einer Eigenschaft

Berücksichtigt man den letzten Punkt, dass die Garantiemöglichkeiten des Verkäufers und der Anwendungsbereich der Mängelhaftung zur Stärkung des Verbraucherschutzes nicht eingeschränkt werden sollten, muss der Beschaffenheitsbegriff umfänglich mindestens dem der Eigenschaft entsprechen[873]. Zu der Frage einer zusicherungsfähigen Eigenschaft hat die Rechtsprechung bereits eine dezidierte Kasuistik entwickelt, die insofern in den neuen Sachmangeltatbestand des § 434 BGB einzieht. Sie hielt in ständiger Rechsprechung den Begriff der Eigenschaft in § 459 II BGB a. F. für etwas weiter als den der Beschaffenheit[874]. Nur solche Beziehungen der Kaufsache zur Umwelt sollten Eigenschaften derselben sein, die nach der Verkehrsanschauung für die Brauchbarkeit und den Wert der Sache von Bedeutung waren. Diese Beziehungen mussten in der Sache selbst ihren Grund haben, von ihr ausgehen, ihr auch auf gewisse Dauer anhaften und nicht lediglich durch Heranziehung von Umständen in Erscheinung treten, die außerhalb der Sache lagen[875]. Allerdings galt das Kriterium der Dauerhaftigkeit nur für vergangene Zustände, die den gegenwärtigen Zustand nicht mehr beeinflussten, für gegenwärtige Zustände selbst indes nicht[876].

---

[872] *Eidenmüller*, ZGS 2002, 290 (295); vgl. *Gronstedt/Jörgens*, ZIP 2002, 52 (55).

[873] Ebenso OLG Hamm, ZGS 2003, 394 (394 f.); KK-*Tonner/Echtermeyer*, § 434 Rn. 11 f.; Palandt-*Putzo*, 63. Aufl., § 434 Rn. 10 f.; *Jaques*, BB 2002, 417 (418); *Kindl*, WM 2003, 409 (411); *Reischl*, JuS 2003, 1075 (1079); ähnlich *Weitnauer*, NJW 2002, 2511 (2514); mit Ausnahme des Kriteriums der Dauerhaftigkeit auch *Haas* in Haas/Medicus/Rolland/Schäfer/Wendtland, Kapitel 5, Rn. 549; *Eidenmüller*, ZGS 2002, 290 (295); *Gruber*, MDR 2002, 433 (437); wohl auch *Barnert*, WM 2003, 416 (421 ff.); *Brors*, WM 2002, 1780 (1782); *Gronstedt/Jörgens*, ZIP 2002, 52 (55).

[874] Vgl. die Nachweise bei Soergel-*Huber*, 12. Aufl., § 459 Rn. 34 ff., 38 ff.; *Zimmer*, NJW 1997, 2345 (2346 f.) mit Meinungsbild des Schrifttums.

[875] BGH, NJW 1985, 2472 (2473).

[876] *Dauner-Lieb/Arnold/Dötsch/Kitz*, Fall 87, S. 177 f. (für „aktuelle Umsatzzahlen"); *Eidenmüller*, ZGS 2002, 290 (295). Als Beschaffenheit eines Unternehmens kommen somit nach Auffassung dieser Autoren auch der aktuelle Umsatz, Ertrag oder Schuldenstand in Betracht, da diese Faktoren den gegenwärtigen Zustand betreffen; mit generellem Verzicht auf die Dauerhaftigkeit *Gruber*, MDR 2002, 433 (437).

Wie gezeigt, lässt sich eine solche Definition am ehesten dem Wort der Beschaffenheit entnehmen, da es einen besonderen Bezug des Umwelteinflusses zur Kaufsache einschließt. Zumindest solche Umweltbeziehungen wirken sich auch maßgeblich auf die Preisbildung aus und sollten deshalb den vertraglichen Pflichtenkreis des Verkäufers nach § 433 I 2 BGB ergänzen und entsprechende Folgen der Mängelhaftung auslösen. Durch die von der Rechtsprechung klar herausgearbeiteten Kriterien ist schließlich auch eine rechtssichere Abgrenzung zwischen Mängelhaftung und c.i.c. durchführbar. Gemeint sind mit der Beschaffenheit einer Sache somit weiterhin nicht nur die wertbildenden physischen Eigenschaften, sondern auch die tatsächlichen und rechtlichen Beziehungen der Sache zur Umwelt, soweit sie in der Sache selbst wurzeln[877]. Insoweit kann auf die bekannten Ausführungen zu Eigenschaftsvereinbarungen zurückgegriffen werden[878].

b) Die Eignung für die nach dem Vertrag vorausgesetzte Verwendung

Oberster Maßstab zur Bestimmung eines Mangels ist die Beschaffenheitsvereinbarung. Nur soweit die Beschaffenheit nicht vereinbart wurde, beanspruchen die subsidiären Kriterien der § 434 I 2 BGB Geltung[879]. In konsequenter Fortführung des subjektiven Fehlerbegriffs ist die Kaufsache nach § 434 I 2 Nr. 1 BGB mit einem Sachmangel behaftet, wenn sie sich nicht für die nach dem Vertrag vorausgesetzte Verwendung eignet. Weil eine subjektive Beschaffenheitsvereinbarung nicht stattgefunden hat, wird aus der subjektiv beabsichtigten Verwendung des Käufers, die dem Verkäufer erkennbar gewesen sein muss, die Mangelhaftigkeit der Sache gefolgert. Die für die nach dem Vertrag vorausgesetzte Verwendung notwendige Qualität der Sache muss somit wenigstens die Voraussetzungen einer Geschäftsgrundlage erfüllen[880]. Unter § 434 I 2 Nr. 1 BGB sollen damit die Fälle fallen, in denen zwar eine Beschaffenheit nicht konkret besprochen, aber gleichsam im Vorfeld des Vertrages selbstverständlich zugrunde gelegt wurde. Gleichwohl sind die für den Verwendungszweck vorausgesetzte Beschaffenheit und die Eignung zur nach dem Vertrag vorausgesetzten Verwendung nicht kongruent. Obwohl sich die Sache zur vertraglich vorausgesetzten Verwendung eignet, können ihr trotzdem vorausgesetzte Beschaffenheitsmerkmale fehlen, wenn auch eine qualitativ minderwertigere oder andersartige Sache für die anvisierte Verwendungsweise

---

877 Palandt-*Putzo*, 63. Aufl., § 434 Rn. 11.

878 Vgl. BGH 34, 32 (41); 67, 134 (135 ff.); 70, 47 (49); 98, 100 (104); 111, 75 (78); 114, 263 (266 ff.) m. w. N.

879 *Ehmann/Sutschet*, § 7, III., S. 195; *Jorden/Lehmann*, JZ 2001, 952 (953, 956); *Westermann*, NJW 2002, 241 (243).

880 *Büdenbender* in Dauner-Lieb/Heidel/Lepa/Ring, § 8, Rn. 29; *Jorden/Lehmann*, JZ 2001, 952 (956); offen lassend BT-Drs. 14/6040, S. 213.

ausreicht. Im Umkehrschluss zu § 434 I 2 Nr. 2 BGB, wo zusätzlich auf das Vorliegen der üblichen Beschaffenheit rekurriert wird, ist für § 434 I 2 Nr. 1 BGB in Übereinstimmung mit dem Gesetzeswortlaut allerdings wohl nicht das Vorliegen einer bestimmten Beschaffenheit, sondern die Eignung für die nach dem Vertrag vorausgesetzte Verwendung maßgeblich[881]. Nicht außer Acht gelassen werden darf aber, dass § 434 I 2 Nr. 1 BGB eine Variante des Sachmangeltatbestandes ist. Deshalb kommt ein Mangel nur in Frage, soweit die Kaufsache für den vertraglich vorausgesetzten Verwendungszweck infolge einer unzureichenden Beschaffenheit ungeeignet ist, nicht aber falls die fehlende Eignung auf einem außerhalb des Beschaffenheitsbegriffs liegenden Umstand beruht[882]. Wird beispielsweise nach dem Vertrag von den Parteien vorausgesetzt, dass ein Feuerzeug als Flaschenöffner von Kronkorkenverschlüssen dienen soll, stellt sich aber heraus, dass das Feuerzeug aufgrund der eigenwilligen Form einer Flaschesorte nicht zum Öffnen derselben geeignet ist, stellt diese fehlende Eignung zum vorausgesetzten Verwendungszweck keinen Sachmangel gem. § 434 I 2 Nr. 1 BGB dar.

Oftmals ist man sicherlich geneigt, aus der nach dem Vertrag vorausgesetzten Verwendung eine konkludente Beschaffenheitsvereinbarung abzuleiten[883] oder die gewöhnliche Verwendung auch als die stillschweigend nach dem Vertrag vorausgesetzte Verwendung zu verstehen[884]. Bei einer solchen Vorgehensweise gestaltet sich eine Abgrenzung der verschiedenen Tatbestände des § 434 BGB jedoch äußerst schwierig, weshalb man von Unterstellungen einer konkludenten Beschaffenheitsvereinbarung oder einer konkludent nach dem Vertrag vorausgesetzten Verwendung weitestgehend Abstand nehmen sollte. Andernfalls bliebe für § 434 I 2 Nr. 2 BGB kaum ein Anwendungsbereich. Unter einer nach dem Vertrag vorausgesetzten Verwendung nach § 434 I 2 Nr. 1 BGB sollte daher nur eine über die übliche Verwendung hinausgehende, ausdrücklich vorausgesetzte Verwendung verstanden werden.

---

881 Von einem Mangel in dem Fall, dass ein Auto zuverlässig fährt, aber „klappert und stinkt", gehen *Ehmann/Sutschet*, § 7, III., S. 194 aus. In dem aufgeführten Beispiel wird man aber wohl schon die Eignung zur gewöhnlichen Verwendung ablehnen könne, wenn das Auto klappert und stinkt, so dass der Fall nicht wirklich zur Dokumentation des Problems tauglich ist. Stellt man auf den Wortlaut des § 434 I 2 BGB ab, wird es wohl primär auf die Eignung zur Verwendung nicht auf bestimmte Beschaffenheitsmerkmale wie in § 434 I 1 BGB ankommen; ebenso *Mundt*, NZBau 2003, 71 (76). Gleichwohl ist zumindest in § 434 I 2 Nr. 2 BGB auch die Beschaffenheit als eigenständige Variante aufgeführt, so dass das Problem nur für § 434 I 2 Nr. 1 BGB relevant wird; vgl. *Thode*, NZBau 2002, 297 (304).

882 Ebenso wohl *Thode*, NZBau 2002, 297 (304); anders *Mundt*, NZBau 2003, 71 (75), der Beschaffenheit und Verwendungszweck losgelöst voneinander betrachtet.

883 *Ehmann/Sutschet*, § 7, III., S. 195.

884 In diesem Sinne wohl AG Zeven, ZGS 2003, 158 (159).

c) Die Eignung für die gewöhnliche Verwendung, die übliche sowie die zu erwartende Beschaffenheit

In § 434 I 2 Nr. 2 BGB findet sich das auch durch die Verbrauchsgüterkaufrichtlinie in Art. 2 Abs. 2 lit. c) vorgegebene objektive Element des subjektiv-objektiven Mangelbegriffs wieder, das gegenüber den zuvor genannten Kriterien subsidiär ist[885]. Fehlt sowohl eine Beschaffenheitsvereinbarung als auch eine besondere nach dem Vertrag vorausgesetzte Verwendung, tritt an die Stelle dieser subjektiven Kriterien eine objektive Bestimmung der Beschaffenheit, die sich nach der Verkehrsanschauung richtet. Kumulativ setzt § 434 I 2 Nr. 2 BGB drei Bedingungen für die Sachmangelfreiheit der Kaufsache voraus: Diese muss für die gewöhnliche Verwendung geeignet sein, die Beschaffenheit aufweisen, die bei Sachen der gleichen Art üblich ist und die Beschaffenheit haben, die der Käufer nach der Art der Sache erwarten kann. Die Eignung für die gewöhnliche Verwendung hängt also nicht von einer insgeheimen Erwartung des Käufers ab, denn eine solche fällt in seinen typischen Risikobereich und kann die übliche Beschaffenheit nicht definieren[886]. Für die Erwartungen des Käufers sind vielmehr diejenigen eines Durchschnittskäufers ausschlaggebend, um die Subjektivität von Erwartungen zu objektivieren[887].

aa) Die öffentlichen Äußerungen

Um ein vollkommen neues Kriterium, das durch Art. 2 Abs. 2 lit. d) VerbrGK-RiL vorgezeichnet war, ist der Sachmangeltatbestand in § 434 I 3 BGB erweitert worden[888]. Danach zählen zu der üblichen Beschaffenheit der Kaufsache im Sinne des § 434 I 2 Nr. 2 BGB auch solche Eigenschaften, die der Käufer nach den öffentlichen Äußerungen des Verkäufers, des Herstellers oder seines Gehilfen, insbesondere in der Werbung oder bei der Kennzeichnung über bestimmte Eigenschaften der Sache, erwarten kann.

Schon im alten Gewährleistungsrecht diskutierte die Lehre rege über eine Haftung für Werbeangaben und Anpreisungen[889], wobei die Rechtsprechung das Problem vor der Schuldrechtsreform traditionell über eine Zusicherung gem.

---

885 *Büdenbender* in Dauner-Lieb/Heidel/Lepa/Ring, § 8, Rn. 30; *Jorden/Lehmann*, JZ 2001, 952 (953, 956); *Lehmann*, DB 2002, 1090 (1091); *Tonner*, VuR 2001, 87 (89).

886 *Schellhammer*, MDR 2002, 241 (244).

887 BT-Drs. 14/6040, S. 214; Palandt-*Putzo*, 63. Aufl., § 434 Rn. 30.

888 *Jorden/Lehmann*, JZ 2001, 952 (954); *Westermann*, JZ 2001, 530 (533).

889 Zu früheren Lösungsansätzen vgl. *Köndgen*, Selbstbindung ohne Vertrag, S. 341 ff.; *Lehmann*, Vertragsanbahnung durch Werbung, 1981; *Herrmann*, AcP 183 (1983), 248 (262 ff.); *Reich/Tonner*, JuS 1976, 576 (578 ff.); *Schack*, AcP 185 (1985), 333 (344 ff.). Zum DE unter diesem Gesichtspunkt *Ehmann/Rust*, JZ 1999, 853 (856); krit. *Wolf*, RIW 1997, 899 (900 f.); lobend *Lehmann/Dürrschmidt*, GRUR 1997, 549 (551); *Staudenmayer*, NJW 1999, 2393 (2394).

§ 459 II BGB a. F. löste, wenn ein entsprechender Garantiewille des Verkäufers vorlag[890]. Eine Zusicherung unterlag allerdings engen Voraussetzungen und wurde definiert als die Übernahme der Gewähr für das Vorhandensein einer Eigenschaft und das Versprechen, für alle Folgen einstehen zu wollen, die durch das Fehlen dieser Eigenschaft entstehen[891]. Um Haftungslücken zu vermeiden, wurde vornehmlich im Gebrauchtwagenhandel häufig mit stillschweigenden Zusicherungen operiert[892]. Allgemeine Anpreisungen genügten demgegenüber in der Regel für eine Zusicherung genauso wenig wie die reine Bewerbung einer Ware. Gerade Eigenschaften, die für eine Gattung untypisch waren, aber durch eine Werbung herausgestellt wurden, konnten somit ohne eine besondere Parteivereinbarung auch nicht mit dem objektiven Fehlerbegriff als geschuldete Beschaffenheit aufgefasst werden[893]. Denn nach dem Grundsatz des „caveat emptor" hatte der Käufer stets die Möglichkeit, beim Verkäufer nachzufragen und sich über bestimmte Eigenschaften zu vergewissern.

Nunmehr bestimmen öffentliche Äußerungen, mit denen zuvörderst Werbeangaben gemeint sind, gem. § 434 I 3 BGB die übliche und die vom Käufer zu erwartende Beschaffenheit einer Kaufsache, wenn weder eine Beschaffenheit vereinbart wurde, was regelmäßig bei Werbeangaben des Verkäufers der Fall sein wird, noch die Sache sich nicht zu der vertraglich vorausgesetzten Verwendung eignet[894]. Praktische Bedeutung kommt der Norm daher vor allem für Werbeangaben eines am Vertrag unbeteiligten Dritten wie z. B. dem Hersteller, einem EU-Importeur oder einem sonstigen Absatzgehilfen eventuell in Form einer Werbeagentur zu[895]. Hinter der Norm steht das rechtspolitische Idealbild eines Käufers, der von seiner Vertragsfreiheit nur in richtig informierter Selbstbestimmung Gebrauch macht, und gleichzeitig eines Werbenden, der durch die Sanktion einen Anreiz zu sorgsamerer Informationsverteilung

---

890 BGH 48, 118 (122); BGH, NJW 1959, 1489 (1489); BGH, NJW 1981, 1268 (1269); BGH, NJW 1997, 2318 (2318 f.).

891 RG 161, 330 (337).

892 BGH, NJW 1980, 2127 (2128); krit. *Köndgen*, Selbstbestimmung ohne Vertrag, S. 333.

893 *Pfeifer*, JR 2001, 265 (266); vgl. aber auch BGH 132, 55 (60); BGH, NJW 1997, 2590 (2591), wo der durch den Hersteller unzutreffend angegebene Kraftstoffverbrauch als Sachmangel aufgefasst wurde.

894 BT-Drs. 14/6040, S. 214; *Jorden/Lehmann*, JZ 2001, 952 (956); problematisch ist allerdings das Verhältnis von Individualabreden und konfligierenden Werbeaussagen. *Lehmann*, DB 2002, 1090 (1091 f.) will in diesem Spannungsverhältnis bis zur Grenze der positiven Kenntnis des Käufers i. S. d. § 442 BGB eine Mängelhaftung annehmen. Angesichts der Subsidiarität des § 434 I 3 BGB sollte aber wohl eher der Parteivereinbarung Vorrang eingeräumt werden, so dass die Werbeangaben insofern irrelevant sind.

895 Palandt-*Putzo*, § 434 Rn. 36; *Boerner*, ZIP 2001, 2264 (2266); *Lehmann*, DB 2002, 1090 (1091).

erhält[896]. Methodisch wird das gesetzgeberische Vorhaben umgesetzt, indem die Beschaffenheitsvereinbarung im Sinne des objektiven Fehlerbegriffs (übliche Beschaffenheit) unter Zugrundelegung wettbewerbsrechtlicher Maßstäbe[897] auf die Äußerungen der Werbung ausgedehnt wird[898]. Damit kann im Bereich der Werbung eine invitatio ad offerendum zu einer verbindlichen Beschaffenheit der Kaufsache führen[899]. Für den Verkäufer folgen daraus Pflichten zur Beobachtung und Information hinsichtlich ihn betreffender, fremder Werbeaussagen, weil er für Drittverhalten in Form öffentlicher Äußerungen haftet[900].

Die öffentlichen Äußerungen müssen sich allerdings auf bestimmte Eigenschaften und nicht abstrakte Vorzüge beziehen, das heißt ein Versprechen von Freiheit und Abenteuer genügt nicht[901]. Der Käufer kann nämlich nur Eigenschaften erwarten, die zuvor konkret beschrieben wurden. Der inhaltliche Bestimmtheitsgrad sollte insofern dem einer vertraglichen Vereinbarung entsprechen[902]. Zudem kann der Käufer nur erwarten, was ein Durchschnittskäufer aufgrund der öffentlichen Äußerungen in der jeweiligen Situation erwarten durfte, so dass nicht jede Leichtgläubigkeit, Hoffnung oder Fantasie tatbestandsrelevant wird[903]. Umstände, die wie z. B. der Preis der Kaufsache keine Beschaffenheit der Sache sind, werden auch nicht durch eine Bewerbung zu einer solchen und können somit keinen Sachmangel darstellen[904].

Die Öffentlichen Äußerungen fließen nicht in die Bestimmung der üblichen und zu erwartenden Beschaffenheit ein, wenn der Verkäufer die Äußerung nicht kannte und auch nicht kennen musste, sie zum Zeitpunkt des Vertragsschlusses in gleichwertiger Weise berichtigt war oder die persönliche Kaufentscheidung des jeweiligen Käufers nicht beeinflussen konnte. Musste die Kaufentscheidung eines Durchschnittskäufers von den öffentlichen Äußerungen unbeeinflusst erfolgen, wirken sich diese ebenfalls nicht auf die Bestimmung der üblichen und

---

896 BT-Drs. 14/6040, S. 214; Busche, Privatautonomie und Kontrahierungszwang, S. 106; *Drexl*, Die wirtschaftliche Selbstbestimmung des Verbrauchers, S. 9; *Canaris*, AcP 200 (2000), 273 (286 f.); *Pfeifer*, JR 2001, 265 (269) m. w. N.

897 Die neuartigen Fragestellungen des § 434 I 3 BGB können häufig durch Anleihen an die Erkenntnisse zur irreführenden Werbung gem. den §§ 1, 3 UWG beantwortet werden.

898 *Pfeifer*, JR 2001, 265 (268); *Schlechtriem*, JZ 1997, 441 (444).

899 *Bernreuther*, MDR 2003, 63 (65).

900 *Büdenbender* in Dauner-Lieb/Heidel/Lepa/Ring, § 8, Rn. 32.

901 BT-Drs. 14/6040, S. 214; *Lehmann*, DB 2002, 1090 (1092); vgl. die Werbeslogans bei *Bernreuther*, MDR 2003, 63 (64).

902 *Lehmann*, DB 2002, 1090 (1092).

903 *Bernreuther*, MDR 2003, 63 (66); *Pfeifer*, JR 2001, 265 (268).

904 *Bernreuther*, MDR 2003, 63 (65); an die Stelle der Sachmängelhaftung kann die c. i. c. treten.

zu erwartenden Beschaffenheit der Kaufsache aus. Für diese Ausnahmetatbestände trifft den Verkäufer die Beweislast[905].

bb) Die Montageklausel

Ebenso neu ist die sogenannte IKEA- Klausel[906] in § 434 II BGB, die einen Sachmangel infolge einer unsachgemäßen Montage in § 434 II 1 BGB und infolge einer mangelhaften Montageanleitung in § 434 II 2 BGB regelt. Da der Verkäufer aus dem Kaufvertrag eine mangelfreie Leistung schuldet und nach § 434 II BGB sowohl eine fehlerhafte Montage als auch eine fehlerhafte Montageanleitung Teil des Sachmangeltatbestandes sind, nahm der Gesetzgeber diese Pflichten in den Kreis der vertraglichen Hauptleistungspflichten auf[907]. Auf diesem Weg wird zu Recht eine mangelhafte Montage des Verkäufers vor Vertragsschluss mit einer mangelhaften Montage nach Vertragsschluss durch den Verkäufer oder infolge einer mangelhaften Montageanleitung durch einen Dritten gleichgestellt[908].

Zur Montage der Kaufsache gehört jedwede Handlung, die zur Aufnahme der vertragsgemäßen oder üblichen Verwendung notwendig ist, insbesondere der Zusammenbau von Einzelteilen, der Anschluss, das Aufstellen oder der Einbau am vereinbarten Ort[909]. Unsachgemäß ist eine Montage nach der Regel in § 434 I BGB, soweit sie nicht den Vereinbarungen entspricht oder die nach dem Vertrag vorausgesetzte oder übliche Verwendung nicht ermöglicht[910].

Eine Montageanleitung ist mangelhaft, wenn sie einen durchschnittlichen Käufer nicht in die Lage versetzt, die Kaufsache ordnungsgemäß zu montieren[911]. In erster Linie muss eine Montaganleitung als Schlüssel zur

---

905 BT-Drs. 14/6040, S. 214.

906 Teilweise wird auch nur § 434 II 2 BGB als „IKEA-Klausel" bezeichnet; vgl. *Brandt*, ZGS 2003, 96 (96).

907 Palandt-*Putzo*, 63. Aufl., § 434 Rn. 40; *Brandt*, ZGS 2003, 96 (96) m. w. N.; vgl. schon *Ernst/Gsell*, ZIP 2000, 1410 (1415); a. A. *Westermann*, JZ 2001, 530 (533), der von einer speziell geregelten, leistungsbezogenen Nebenpflicht ausgeht.

908 Vgl. *Büdenbender* in Dauner-Lieb/Heidel/Lepa/Ring, § 8, Rn. 34. Sobald allerdings die Montage den Schwerpunkt des Vertrages bildet, sollte nach alter Rechtslage Werkvertragsrecht anwendbar sein; vgl. BGH, NJW 1998, 3197 (3198) m. w. N.

909 Palandt-*Putzo*, 63. Aufl., § 434 Rn. 42.

910 Palandt-*Putzo*, 63. Aufl., § 434 Rn. 44.

911 *Dauner-Lieb/Arnold/Dötsch/Kitz*, Fall 61, S. 132; *Brandt*, ZGS 2003, 96 (97) mit zahlreichen Beispielen. Bei einer mangelhaften Montageanleitung soll sich nach der Wertung des § 434 II 2 BGB der Nacherfüllungsanspruch nicht nur auf die Montageanleitung, sondern auch auf die einzelnen Montageteile beziehen; vgl. Palandt-*Putzo*, 63. Aufl., § 434 Rn. 51; *Gruber*, VuR 2002, 120 (123); *Röthel*, Jura 2002, 621 (624). Das dürfte jedoch wohl bei *Röthel* eine Ausnahme des dargestellten Falles sein, in

Nutzung der Sache verstanden werden und damit die auch für eine Garantieerklärung maßgeblichen Kriterien der Einfachheit und Verständlichkeit erfüllen, die sich selbstverständlich nicht auf die rechtliche Situation, sondern auf die Durchführung der Montage beziehen. A maiore ad minus stellt auch das völlige Fehlen einer Montageanleitung einen Sachmangel dar[912]. Dabei handelt es sich aber schon um einen solchen nach § 434 I 2 Nr. 2 BGB, ohne dass es auf § 434 II BGB ankommt[913]. Eine negative Voraussetzung eines Sachmangels nach § 434 II 2 BGB, für die den Verkäufer die Beweislast trifft, ist der Umstand, dass dem Käufer die Montage doch gelungen ist[914]. Entsprechend einer mangelhaften Montageanleitung ist schließlich eine mangelhafte Bedienungsanleitung zu behandeln, für die § 434 II 2 BGB analoge Anwendung findet[915], da die Situation eines Mangels infolge einer falschen Bedienungsanleitung, mit der einer mangelhaften Montageanleitung wertungsmäßig vergleichbar ist.

2. Das aliud und die Minderlieferung

Durch das Schuldrechtsmodernisierungsgesetz werden für den Kaufvertrag in § 434 III BGB die Falsch- und die Minderlieferung einem Sachmangel gleichgestellt. Begrifflich sind somit weder aliud noch Minderlieferung ein Sachmangel, werden allerdings rechtlich wie ein solcher behandelt[916].

a) Das aliud

Nach Art. 2 Abs. 1 VerbrGK-RiL fällt die Lieferung eines aliud unter den Tatbestand der Lieferung eines vertragswidrigen Verbrauchsgutes, so dass der Gesetzgeber für diese Fälle gleichermaßen die in Art. 3 Abs. 2 VerbrGK-RiL

---

dem sich der Mangel der Montageanleitung im Sinne eines Verschlechterungsschadens auf die geschuldeten Montageteile ausgedehnt hat. Die vertragliche Leistungspflicht des Verkäufers bleibt auch für den Nacherfüllungsanspruch als Grenze bestehen; wie hier *Brandt*, ZGS 2003, 96 (98 f.).

912 *Röthel*, Jura 2002, 621 (624, Fn. 24); zur Problematik nach altem Recht vgl. BGH, WM 1989, 1574 (1578); Soergel-*Huber*, 12. Aufl., § 459 Rn. 331.

913 Palandt-*Putzo*, 63. Aufl., § 434 Rn. 48; *Haas* in Hass/Medicus/Rolland/Schäfer/Wendtland, Kapitel 5, Rn. 121; *Brandt*, ZGS 2003, 96 (97).

914 BT-Drs. 14/6040, 216; zu der hiermit in zweifacher Weise überschießenden Umsetzung gegenüber der Richtlinie siehe ausführlich *Brandt*, ZGS 2003, 96 (99 ff.).

915 *Büdenbender* in Dauner-Lieb/Heidel/Lepa/Ring, § 8, Rn. 37; *ders.*, DStR 2002, 361 (362); *Anders* in Schimmel/Buhlmann, Kapitel E, Rn. 46; wohl *Boerner*, ZIP 2001, 2264 (2267); *Brüggemeier*, WM 2002, 1376 (1378); a. A. Palandt-*Putzo*, 63. Aufl., § 434 Rn. 48; *Brox/Walker*, SchR BT, 1. Kapitel, Rn. 25; Westermann-*Buck*, S. 117; *Brandt*, ZGS 2003, 96 (97); *Gruber*, VuR 2002, 120 (122); vgl. zur Diskussion auch *Honsell*, JZ 2001, 278 (279 f.); *Westermann* in Schulze/Schulte-Nölke, S. 109 (117 f.).

916 Palandt-*Putzo*, 63. Aufl., § 434 Rn. 52 ff.; *Malzer* in Hoeren/Martinek, § 434 Rn. 92 ff.

vorgesehenen Mängelrechte kodifizieren musste[917]. Die Regelung des § 434 III BGB soll ausweislich der Gesetzesmaterialien die diffizile Abgrenzung zum Sachmangel endgültig einebnen, was sie anscheinend durch eine ausnahmslose Gleichstellung auch bewerkstelligt[918].

Diese Gleichstellung führt jedoch zu erheblichen Schwierigkeiten, wenn einerseits (vorsätzlich) eine zur Erfüllung völlig untaugliche Sache geliefert wird oder andererseits der Käufer irrtümlich vom Verkäufer eine nicht geschuldete (wertvollere) Sache erhält, die er anschließend behalten will und deshalb keine Rechte aus § 437 BGB geltend macht. Diese beiden Problemkonstellationen haben eine lebhafte Diskussion über eine ungeschriebene Grenze der in § 434 III BGB statuierten Gleichstellung ausgelöst.

aa) Die Einschränkung nach der Genehmigungsfähigkeit

Einzelne Literaturstimmen[919] versuchen, um Ergebnisgerechtigkeit bemüht, das Merkmal der Genehmigungsfähigkeit in die Norm des § 434 III BGB hineinzulesen mit der Folge, dass nicht genehmigungsfähige Leistungen aus dem Sachmangeltatbestand ausgeklammert werden. Beim beiderseitigen Handelskauf war eine Sache nach § 378 HGB a. F. nicht genehmigungsfähig, wenn die gelieferte Ware offensichtlich so erheblich von der Bestellung abwich, dass der Verkäufer bei objektiver Betrachtungsweise schlechterdings nicht erwarten konnte, der Käufer werde sie als Erfüllung akzeptieren[920]. Ehmann/Sutschet[921] greifen für die Übernahme dieser Einschränkung aus dem alten Handelsrecht auf die Gesetzesbegründung zurück[922], nach der Nichterfüllung anzunehmen sei, wenn „auf Grund einer anderen Verbindlichkeit" geleistet worden sei. Allgemein könne daraus der Gedanke abgeleitet werden, dass eine evident erfüllungsuntaugliche Sache nicht zur Erfüllung der in Rede stehenden Verbindlichkeit geleistet werde, sondern wohl auf Grund einer anderen, woraus in Übereinstimmung mit den Materialien der Charakter der Nichterfüllung folge. Die Mängelhaftung sei zudem durch die Aufnahme des § 433 I 2 BGB, der die Pflicht des Käufers fest-

---

917 *Anders*, ZRP 2000, 293 (294); *Jorden/Lehmann*, JZ 2001, 952 (952).

918 BT-Drs. 14/6040, S. 216.

919 *Ehmann/Sutschet*, § 7, X., S. 221; wohl auch *Malzer* in Hoeren/Martinek, § 434 Rn. 101; ähnlich mit Ausnahme des Kriteriums der Erkennbarkeit auch *Büdenbender* in Dauner-Lieb/Heidel/Lepa/Ring, § 8, Rn. 38.

920 Vgl. BGH, NJW 1968, 640 (640); BGH, NJW 1989, 218 (219). Nach h. M. wurde eine nicht genehmigungsfähige Falschlieferung wie eine Nichterfüllung behandelt; vgl. BGH, NJW 1979, 811 (811); *Müller* in Ebenroth/Boujong/Joost, § 378 Rdnr. 1; *Marburger*, JuS 1983, 1 (8); *Schultz*, NJW 1980, 2172 (2173) jeweils m. w. N.; a. A. *Kramer* NJW 1979, 2033 (2023 f.).

921 *Ehmann/Sutschet*, § 7, X., S. 221.

922 BT-Drs. 14/6040, 216.

schreibt, eine Sache frei von Sach- und Rechtsmängeln zu liefern, der früheren Rechtsmängelhaftung angepasst worden. Danach behielt der Käufer seinen ursprünglichen Erfüllungsanspruch, wenn eine rechtsmangelbehaftete Sache geliefert wurde. Die vollständige Gleichstellung von aliud und Sachmangel gem. § 434 III BGB hätte stattdessen zur Folge, dass der Käufer seinen ursprünglichen Erfüllungsanspruch mit Lieferung irgendeiner Sache verlöre[923]. Der Käufer sollte aber vor dem Verlust seines Erfüllungsanspruchs durch die Lieferung eines nicht genehmigungsfähigen aliud geschützt werden, da für den Nacherfüllungsanspruch gegenüber dem Erfüllungsanspruch die Besonderheiten der §§ 438, 439, 442, 445 BGB gelten und er somit bei einer überhaupt nicht erfolgten Lieferung besser stünde.

In dem vom Bundesjustizministerium vorgelegten Diskussionsentwurf für eine Schuldrechtsmodernisierung war die Vorgängervorschrift des § 434 III DE (§ 435 II KE) noch wie folgt formuliert: „Einem Sachmangel steht es gleich, wenn der Verkäufer eine andere Sache oder eine zu geringe Menge liefert, es sei denn, dass sie als Erfüllung offensichtlich nicht in Betracht kommt". Die dort zu findende Einschränkung für offensichtlich erfüllungsuntaugliche Leistungen ist in der verabschiedeten Form des § 434 III BGB nicht erhalten geblieben. Dem Wortlaut der Vorschrift nach gilt die Gleichstellung ausnahmslos[924], und der Gesetzgeber hat von einer zunächst vorgesehenen Einschränkung bewusst Abstand genommen. An einer entsprechenden Begrenzung war nämlich Kritik laut geworden im Hinblick auf die Konformität mit der Verbrauchsgüterkaufrichtlinie[925] sowie den aus dem Handelsrecht bekannten Abgrenzungsproblemen in § 378 HGB a. F. zwischen genehmigungsfähigem und nichtgenehmigungsfähigem aliud[926]. Die Unterscheidung nach § 378 HGB a. F., ob eine Falschlieferung genehmigungsfähig ist, sollte nicht übernommen werden, insbesondere da der Grund für diese Differenzierung in der handelsspezifischen, stark belastenden Rügeobliegenheit lag[927]. Um die Rechtsanwendung nicht mit unnötigen Abgrenzungen zu belasten, wählte der Gesetzgeber schließlich eine Formulierung ohne eine entsprechende Einschränkung, obschon bereits in einem sehr frühen Stadium des Gesetzgebungsverfahrens auf die damit zusammenhängenden Folgeprobleme nachdrücklich hingewiesen wurde[928]. Überdies ist die

[923] Siehe auch das Beispiel bei *Ehmann/Sutschet*, § 7, X., S. 222.
[924] *Medicus*, BR, Rn. 288.
[925] *Gsell*, JZ 2001, 65 (66 f.); vgl. *Schwartze*, Europäische Sachmängelgewährleistung, S. 115 f. m. w. N.
[926] *Zimmer* in Ernst/Zimmermann, S. 191 (198); *U. Huber*, Gutachten, Bd. I, S. 870.
[927] BT-Drs. 14/6040, S. 216.
[928] *Wilhelm*, JZ 2001, 861 (868) im Anschluss an eine krit. Internetpublikation von *Dauner-Lieb* in Bezug auf die KF; Bedenken auch bei *Westermann*, JZ 2001, 530 (534); *ders.*, NJW 2002, 241 (246).

Norm des § 378 HGB a. F. ersatzlos gestrichen worden, so dass der gesetzgeberische Wille in doppelter Hinsicht ad absurdum geführt würde, läse man dessen Wertungen in § 434 III BGB hinein. Die Gegenansicht ignoriert die Veränderungen im Laufe des Gesetzgebungsverfahrens, wobei die historische Auslegung zweifelsohne nur eines der Kriterien darstellt und keinesfalls als alleinverbindlich anerkannt werden kann[929]. Die Gesetzesbegründung gibt lediglich Auskunft über die Regelungsabsicht des Gesetzgebers, wobei zu § 434 III BGB größtenteils die alten Ausführungen der Schuldrechtskommission[930] übernommen wurden, ohne auf die gestrichene Einschränkung und die damit verbundene Regelungsabsicht deutlich einzugehen, wodurch das Auslegungskriterium zugegebenermaßen an Gewicht verliert. Jedenfalls kann der historischen Auslegung nicht entnommen werden, nicht genehmigungsfähige Leistungen seien nicht von § 434 III BGB erfasst, eher das Gegenteil ist aus der unklaren Regierungsbegründung in Verbindung mit der Entwicklungsgeschichte der Schuldrechtsreform abzuleiten. Bedenkt man zudem, dass eine Unterscheidung, wie sie noch § 378 HGB a. F. bereithielt, in Anbetracht der erheblichen Abgrenzungsschwierigkeiten ersatzlos gestrichen wurde, kann die Genehmigungsfähigkeit nicht mehr methodisch überzeugend zur Eingrenzung des § 434 III BGB dienen[931]. Die teilweise unbefriedigenden Ergebnisse allein können die vorgetragene Ansicht nicht stützen, vielmehr sind andere Wege der Ergebniskorrektur zu überprüfen.

bb) Die Beschränkung auf den Gattungskauf

Zum Teil[932] wird die Auffassung vertreten, der Anwendungsbereich des § 434 III BGB sei auf den Gattungskauf zu beschränken, so dass bei einem Stückkauf die Lieferung eines aliud stets eine vollkommene Nichterfüllung darstelle. Nur für Gattungsschulden stellen sich die bekannten Abgrenzungsprobleme innerhalb verschiedener Gattungsarten, so dass eine Gleichstellung zwischen Sachmangel und aliud beim Stückkauf weder notwendig noch beabsichtigt gewesen sei[933].

---

929 *Larenz/Canaris*, Methodenlehre, 3. Aufl., S. 150 ff.

930 Abschlußbericht, S. 199 ff.

931 Ebenso Palandt-*Putzo*, 63. Aufl., § 434 Rn. 52a; *Canaris*, Schuldrechtsmodernisierung 2002, Einführung, S. XXIII; *Däubler*, NJW 2001, 3729 (3732); *Haas*, BB 2001, 1313 (1315); *Lettl*, JuS 2002, 866 (868); *Westermann*, JZ 2001, 530 (534).

932 *Kropholler*, § 434 Rn. 11; *Köhler/Fritzsche*, Fall 13, Rn. 3, S. 142; *Lettl*, JuS 2002, 866 (871); *Schulze*, NJW 2003, 1022 (1022 f.); unklar Westermann-*Buck*, S. 118; krit. zum KE schon *Flume*, AcP 193 (1993), 89 (94); *Rust*, Das kaufrechtliche Gewährleistungsrecht, S. 102 f.

933 *Schulze*, NJW 2002, 1022 (1022).

Eine Abgrenzung zwischen Falschlieferung und Sachmangel war nämlich schon im alten Recht lediglich beim Gattungskauf nicht nur schwierig zu treffen, sondern sie konnte es streng begrifflich und logisch gar nicht geben, da § 243 I BGB den Verkäufer zur Lieferung einer Sache „mittlerer Art und Güte" verpflichtet. Die Lieferung einer Sache minderer Art und Güte konnte daher keine Konkretisierung der Gattungsschuld im Sinne des § 243 II BGB herbeiführen, so dass eine lediglich fehlerhafte Gattungssache mit dem subjektiven Fehlerbegriff nicht in Einklang zu bringen war[934]. Nach der Rechtsprechung handelte es sich nichtsdestotrotz dann um eine Falschlieferung, wenn der Verkäufer nach Maßgabe des im Kaufvertrag erklärten Parteiwillens eine Ware aus einer anderen als der vereinbarten Gattung lieferte[935]. Beim Stückkauf hingegen war ein (Identitäts-)aliud nur denkbar, wenn eine andere Sache als die vertraglich geschuldete geliefert wurde, was ohne Abgrenzungsschwierigkeiten festgestellt werden konnte.

Die Vorschrift des § 434 III BGB sei deswegen auf die Fälle eines Gattungskaufs teleologisch zu reduzieren[936]. Die Mängelrechte seien nicht auf den Fall eines Identitätsaliuds zugeschnitten und infolgedessen sei auch der Gesetzgeber ausweislich der Materialien davon ausgegangen, dass „neben dem Erfüllungsanspruch auf Lieferung der gekauften Sache ein davon verschiedener Nacherfüllungsanspruch nicht in Betracht" komme[937].

Die Passage in der Regierungsbegründung könnte davon abweichend allerdings auch so zu verstehen sein, dass neben dem Erfüllungsanspruch der Nacherfüllungsanspruch bereits deshalb nicht in Frage kommt, weil die beiden zwar

---

[934] *V. Caemmerer*, FS M. Wolff, S. 3 (16 f.); *Jakobs*, Leistungsstörungsrecht, S. 90 ff., 190 f.; *Raape*, AcP 150 (1949), 481 (492 f.); *Flume*, AcP 193 (1993), 89 (94 f.).

[935] BGH, NJW 1989, 218 (219); NJW 1994, 2230 (2230 f.); NJW 1997, 1914 (1915); BGH 115, 286 (292); Jauernig-*Vollkommer*, 9. Aufl., § 459 Rn. 13; *ders.*, § 480 Rn. 11; MK-*Westermann*, 3. Aufl., § 459 Rn. 20 f.; *Emmerich*, SchR BT, § 4 VI 2, 9. Aufl., Rn. 50 ff.; vgl. *Schellhammer*, MDR 2002, 241 (245) mit weiteren, zahlreichen Beispielen aus der Rechtsprechung. Die überwiegende Literatur behandelte im Zuge eines erweiterten Fehlerbegriffs nach § 378 HGB a. F. auch für den bürgerlich rechtlichen Kaufvertrag das aliud beim Gattungskauf nach den §§ 459 ff. BGB; vgl. Staudinger-*Honsell*, 13. Aufl., § 459 Rn. 47 ff.; *Larenz*, SchR BT/1, § 41 III, S. 80; *Medicus*, BR, 18. Aufl., Rn. 336, 338; *Emmerich*, JuS 1997, 98 (102), während die Rechtsprechung das allgemeine Leistungsstörungsrecht infolge einer Nichterfüllung heranzog. Soweit ein Handelkauf vorlag, wendete die ganz h. M. auf das genehmigungsfähige aliud die kaufrechtlichen Gewährleistungsregeln an; BGH 115, 286 (294 ff.); MK-*Westermann*, 3. Aufl., § 459 Rn. 22 f. m. w. N.

[936] *Köhler/Fritzsche*, Fall 13, Rn. 3, S. 142; *Lettl*, JuS 2002, 866 (871).

[937] BT-Drs. 14/6040, S. 216.

nicht dogmatisch, wohl aber inhaltlich identisch sind[938]. Unstreitig besteht der Erfüllungsanspruch neben dem Nacherfüllungsanspruch nicht fort, sondern wandelt sich mit der Lieferung einer mangelhaften Sache in diesen um[939]. Damit hat der Nacherfüllungsanspruch den Charakter eines Erfüllungsanspruchs, der aber den Modifikationen der §§ 437 ff. BGB, insbesondere dem Verjährungsregime der §§ 437 Nr. 1, 438 BGB untersteht[940]. Die Auslegung, der Gesetzgeber habe mit dem Erfüllungsanspruch tatsächlich den Nacherfüllungsanspruch gemeint, vermag jedoch nicht zu überzeugen, weil in der Begründung an anderer Stelle exakt zwischen dem ursprünglichen Erfüllungsanspruch und dem Nacherfüllungsanspruch differenziert wird[941]. Es kann kaum angenommen werden, im Rahmen des § 434 III BGB sei er sich der andernorts verwendeten Unterscheidung nicht bewusst gewesen und er habe nur eine unsaubere Wortwahl gebraucht.

Die Beschränkung des § 434 III BGB auf den Gattungskauf ist indes nicht mit der vom Gesetzgeber geplanten Vereinheitlichung der Regeln über den Stück- und den Gattungskauf vereinbar[942]. Entgegen der alten Rechtslage ist eine Trennung zwischen kaufrechtlichen Vorschriften für die Stück- und Gattungsschuld an keiner Stelle des Gesetzestextes erkennbar. Zweifelsohne zieht die unterschiedliche Natur der Schuld weiterhin unterschiedliche Rechtsfolgen nach sich[943], gleichwohl besteht für eine allgemeine tatbestandliche Trennung kein Ansatzpunkt. Da in den Materialien die Rechtsfolgen der Lieferung eines aliud diskutiert werden, kann vielmehr angenommen werden, dass auch der Gesetzgeber von einer Einbeziehung der Fälle des Identitätsaliuds ausgegangen ist[944]. Zudem bietet die Regierungsbegründung keinen Anlass für die These, dass

---

[938] *Canaris*, Schuldrechtsmodernisierung 2002, Einführung, S. XXV; *Lorenz/Riehm*, Rn. 504; *Dauner-Lieb/Arnold*, JuS 2002, 1175 (1175); *Lorenz*, JuS 2003, 36 (38 f.).

[939] Palandt-*Putzo*, 63. Aufl., § 434 Rn. 54; *Brors*, JR 2002, 133 (134).

[940] *Büdenbender* in Dauner-Lieb/Heidel/Lepa/Ring, § 8, Rn. 47 ff.; *Haas* in Haas/Medicus/Rolland/Schäfer/Wendtland, Kapitel 5, Rn. 124; *P. Huber* in Huber/Faust, Kapitel 13, Rn. 11, 44 f.; vgl. 3. Kapitel, A., I., 2., b), aa), S. 45 f.; 3. Kapitel, C., IV., S. 97 f.

[941] BT-Drs. 14/6040, S. 225, nach der Vorstellung des Gesetzgebers soll nur der durch die Verzögerung der Nacherfüllung entstandene Schaden über §§ 437, 280, 286 BGB ersetzt werden, wohingegen für die Verzögerung des ursprünglichen Erfüllungsanspruchs schon aus §§ 437, 280 I BGB gehaftet werden soll; siehe 3. Kapitel, D., X., 1., S. 128.

[942] BT-Drs. 14/6040, S. 230; vgl. *Dauner-Lieb/Arnold*, JuS 2002, 1175 (1176); *Schellhammer*, MDR 2002, 241 (241).

[943] Beispielsweise erstreckt sich die Pflicht zur Nacherfüllung nach hier vertretener Auffassung nicht auf die Ersatzlieferung einer anderen als der vertraglich geschuldeten Sache, auch wenn es sich um eine vertretbare Sache handelt, siehe 3. Kapitel, D., XII., S. 146. Daher kommt für den Stückkauf eine Nachlieferung in der Regel nicht in Frage, was auch *Lettl*, JuS 2002, 866 (871) BGB anführt.

[944] *Musielak*, NJW 2003, 89 (90); *P. Huber* in Huber/Faust, Kapitel 12, Rn. 63; *Lorenz/Riehm*, Rn. 494.

durch § 434 III BGB lediglich die Abgrenzungsschwierigkeiten innerhalb der Gattungsschuld ausgeräumt werden sollten. Denn der Gesetzgeber betont[945], dass die Gleichstellung der Falschlieferung mit einem Sachmangel auch im Hinblick auf die Verjährung generell als sachgerecht erscheine, weil für beide Fälle fortan „die Verjährungsregelung die Interessen beider Seiten in angemessener Weise zum Ausdruck bringt". Zwar ist der Anspruch des Käufers auf Nacherfüllung in Form der Nachlieferung nach § 439 I BGB typischerweise auf den Gattungskauf zugeschnitten und lehnt sich insofern an § 480 I BGB a. F. an, allerdings kommt gerade bei einer Identitätsabweichung im Rahmen eines Stückkaufs ebenfalls eine Nachlieferung durch Übergabe der nach dem Vertrag geschuldeten Sache in Betracht. Folglich kann nicht der Schluss gezogen werden, die Mängelrechte an sich seien nur für die Falschlieferung bei einem Gattungskauf sinnvoll[946]. Im Ergebnis wäre mit einer Begrenzung auf den Gattungskauf nicht viel gewonnen, da die oben geschilderten Problemkonstellationen auch für den Bereich einer Gattungsschuld relevant werden können. Daher kann dem Anwendungsbereich des § 434 III BGB, der seinem Wortlaut nach keinerlei Begrenzung auf den Gattungskauf vorsieht, auch nach den sonstigen Auslegungskriterien keine entsprechende Beschränkung entnommen werden[947].

cc) Die absolute Gleichstellung

Ein beträchtlicher Teil der Literatur[948] sieht im Sinne des gesetzgeberischen Anliegens eine absolute Gleichstellung zwischen aliud und Sachmangel durch § 434 III BGB verankert. Die Gleichstellung zwischen Sachmangel und Falschlieferung gelte ohne Einschränkung ausnahmslos, so dass auch Extremabweichungen nach den Vorschriften eines Sachmangels zu behandeln seien. Gestützt werden kann diese Meinung auf den scheinbar eindeutigen Wortlaut und das gesetzgeberische Ansinnen, jegliche Abgrenzungsschwierigkeiten zu beseitigen[949]. Rational handelnde Vertragsparteien hätten keine Veranlassung, eine andere Sache als die geschuldete zu liefern, da ein solches Verhalten keinerlei Vorteile verspreche. Die Umwandelung des ursprünglichen

---

945 BT-Drs. 14/6040, S. 216.

946 *Dauner-Lieb/Arnold*, JuS 2002, 1175 (1176).

947 Ebenso *Brors*, JR 2002, 133 (134); *Dauner-Lieb/Arnold*, JuS 2002, 1175 (1176); *Musielak*, NJW 2003, 89 (92).

948 KK-*Tonner/Echtermeyer*, § 434 Rn. 31; Palandt-*Putzo*, 63. Aufl., § 434 Rn. 52 ff.; *Oetker/Maultzsch*, S. 74 f.; *Dauner-Lieb/Arnold/Dötsch/Kitz*, Fall 58, S. 127 f.; *Brors*, JR 2002, 133 (134 ff.); *dies.*, JuS 2002, 355 (358); *Boerner*, ZIP 2001, 2264 (2268); *Brüggemeier*, WM 2002, 1376 (1378, 1384); *Dauner-Lieb/Arnold*, JuS 2002, 1175 (1176); *Haas*, BB 2001, 1313 (1315); *Reinking*, DAR 2002, 15 (17); wohl auch *P. Huber*, NJW 2002, 1004 (1006); *Jorden/Lehmann*, JZ 2001, 952 (957).

949 *Dauner-Lieb/Arnold*, JuS 2002, 1175 (1175 f.).

Erfüllungsanspruchs in den modifizierten Nacherfüllungsanspruch stelle für den Käufer keinen Nachteil dar. Gerade bei offensichtlichen Falschlieferungen sei auch die verkürzte Verjährungsfrist des § 438 BGB eine ausreichende Zeitspanne zur Geltendmachung der Mängelrechte[950]. Schließlich sei wegen § 433 I 2 BGB jede mangelhafte Leistung eine Nichterfüllung, die trotzdem die Mängelrechte auslöse, insofern trage das alte Argument, es handele sich bei einem offensichtlichen aliud nicht einmal um einen Erfüllungsversuch, nicht[951].

Die Diskussion, ob offensichtliche Abweichungen dem Gewährleistungsrecht zu unterstellen sind, ist ein ausgiebig erörtertes Problem, das schon auf die dreißiger Jahre des letzten Jahrhunderts zurückgeht[952]. Eine Einbeziehung solcher offensichtlicher Falschlieferungen kann zu untragbaren Ergebnissen führen, wenn die aufgezeigten Problemkonstellationen eingreifen. Bestellt jemand einen Gebrauchtwagen eines bestimmten Modells im Wert von € 5.000,-, bekommt aber versehentlich das neue Spitzenmodell derselben Marke im Wert von € 30.000,- geliefert, möchte der Verkäufer sicherlich den Neuwagen zurück. Auch im umgekehrten Fall kann der Verkäufer ein Interesse daran haben, das gelieferte minderwertige aliud herausverlangen zu können, weil er beispielsweise einem Dritten gegenüber zur Lieferung verpflichtet ist. In beiden Fällen hätte der Verkäufer nach der vorgetragenen Ansicht ernsthafte Schwierigkeiten den fälschlich gelieferten PKW zurückzuerhalten[953].

Es steht nämlich im Belieben des Inhabers eines Rechts, also des Käufers, ob er von seinen Mängelrechten Gebrauch macht. Dies ergibt sich eindeutig aus der Überschrift des § 437 BGB und der dort verwendeten Formulierung „kann der Käufer"... „verlangen". Eine Pflicht des Käufers, auf die Falschlieferung zu reagieren und seinen Anspruch auf Nacherfüllung geltend zu machen, existiert nicht. Es gilt zwar das Prinzip des Vorrangs der Nacherfüllung, aber nicht in der Form, dass der Verkäufer stets einen zweiten Erfüllungsversuch unternehmen und ein allgemeines Recht zur zweiten Andienung gegen den Willen des Käufers durchsetzen kann[954]. Vielmehr ergibt sich aus einem Umkehrschluss zu §§ 439 IV, 346 BG, dass der Verkäufer erst infolge eines Nacherfüllungsverlangens des Käufers und nach anschließender mangelfreier Leistung berechtigt

---

[950] *Brors*, JR 2002, 133 (135).

[951] *Brors*, JR 2002, 133 (135).

[952] Vgl. zur Diskussion: für eine Ausnahme offensichtlicher Falschlieferungen *v. Caemmerer*, FS M.Wolff, S. 3 (17 f.) m. w. N.; dagegen *Flume*, Eigenschaftsirrtum und Kauf, S. 127; *Raape*, AcP 150 (1949), 481 (493); *Singer*, ZIP 1992, 1058 (1066 f.).

[953] Vgl. auch die Beispiel von *Dauner-Lieb/Arnold/Dötsch/Kitz*, Fall 59, S. 128 f.; *Medicus*, BR, Rn. 288.

[954] *Lettl*, JuS 2002, 866 (867); *Musielak*, NJW 2003, 89 (89, 91); *Westermann*, JZ 2001, 530 (536); a. A. Palandt-*Putzo*, 63. Aufl., § 439 Rn. 15; *Bitter/Meidt*, ZIP 2001, 2114 (2119); wohl auch *Boerner*, ZIP 2001, 2264 (2269, Fn. 58); *Krebs*, DB 2000, Beil. Nr. 14, 1 (19).

sein soll, die Rückgewähr eines gelieferten aliud aus den kaufrechtlichen Vorschriften zu fordern[955].

Nähme man offensichtliche Falschlieferungen aus dem Anwendungsbereich heraus, wäre ein Herausgabeanspruch problemlos über eine Leistungskondiktion möglich. Teilweise[956] wird dem Verkäufer, obwohl ein aliud nach § 434 III BGB wie ein Sachmangel zu behandeln ist, ein solcher Anspruch aus § 812 I 1 1. Fall BGB trotz der Gleichstellung in § 434 III BGB zugestanden. Die tatbestandliche Gleichstellung sei auf die Mängelrechte begrenzt, um dortige Abgrenzungsprobleme zu entschärfen, trotzdem werde der rechtliche Grund nicht auf das aliud erweitert[957]. Es ergebe sich aus § 434 III BGB „weder ein Recht des Verkäufers, ein aliud liefern zu dürfen, noch ein Rechtsgrund für den Käufer, das aliud behalten zu dürfen“[958]. Wie zur alten Rechtslage für eine Falschlieferung anerkannt war, stelle der Kaufvertrag keinen Rechtsgrund dar[959]. Aus der neuen Gleichstellung zum Sachmangel ergebe sich nichts anderes, um die notwendige Flexibilität der Rückabwicklung zu erhalten[960]. Unter Konkurrenzgesichtspunkten werde das Bereicherungsrecht nicht verdrängt, weil die Mängelhaftung keine Verkäuferrechte regelt. Leiste der Verkäufer bewusst ein aliud, stehe einer Herausgabe die Kondiktionssperre des § 814 BGB entgegen[961].

Wenn ein aliud jedoch einem Sachmangel wirklich gleichstehen und eine Abgrenzung im Einklang mit den gesetzgeberischen Zielen nicht mehr erforderlich sein soll, muss genau wie bei einem Sachmangel für den Käufer der Kaufvertrag einen Grund für das Behaltendürfen bilden. Insofern kommt der Falschlieferung

---

955 *Lettl*, JuS 2002, 866 (869).

956 *Dauner-Lieb/Arnold/Dötsch/Kitz*, Fall 59, S. 129; Westermann-*Buck*, S. 119; *Lettl*, JuS 2002, 866 (869 ff.); wohl auch *Brüggemeier*, WM 2002, 1376 (1379); differenzierend *Lorenz/Riehm*, Rn. 493; *Lorenz*, JuS 2003, 36 (39 f.), die für die Lieferung eines wertvolleren aliud eine Leistungskondiktion für möglich halten, während dem Schuldner bei einem minderwertigeren aliud die Rückforderung gegen Neulieferung der geschuldeten Sache zumindest solange gestattet sein müsse, als er zur Nacherfüllung gem. § 439 BGB berechtigt sei.

957 *Dauner-Lieb/Arnold/Dötsch/Kitz*, Fall 59, S. 129; *Lettl*, JuS 2002, 866 (869).

958 *Lorenz*, JuS 2003, 36 (40).

959 Staudinger-*Lorenz*, 14. Aufl., § 812 Rn. 78, 89.

960 *Lorenz*, JuS 2003, 36 (39); *Oetker/Maultzsch*, S. 76; a. A. *Musielak*, NJW 2003, 89 (90); wohl auch *Canaris*, Schuldrechtsmodernisierung 2002, Einführung, S. XXIII, der eine Kondiktion beim Qualifikationsaliud im Ergebnis gerade wegen der Gleichsetzung von Sachmangel und aliud ablehnt. Schließlich dürfe der Käufer auch eine mangelhafte Sache behalten. *Canaris* räumt aber „gewisse dogmatische Schwierigkeiten“ bei der Frage der Rechtsgrundlosigkeit ein.

961 *Lorenz*, JuS 2003, 36 (39).

auch eine Erfüllungswirkung zu[962]. Verweise auf die kondiktionsrechtlichen Grundsätze für eine Zuviellieferung vermögen von vorneherein nicht zu tragen, da diese gerade nicht in den Anwendungsbereich des § 434 III BGB fällt. Die Rechtsbeziehungen zwischen den Parteien sind, wie für eine mangelhafte Sache in den §§ 434 ff. BGB vorgesehen, vornehmlich auf der Grundlage des zwischen ihnen geschlossenen Vertrags abzuwickeln, was aufgrund der Regelung des § 434 III BGB auch für eine Falschlieferung gelten muss[963]. Die überwunden geglaubten Probleme einer Abgrenzung zwischen Mangel und aliud für den Gattungskauf würden andernfalls tatbestandlich im Rahmen der Leistungskondiktion wieder auftauchen. Der Behauptung, das Kaufrecht beinhalte keine Verkäuferrechte, kann eingedenk der §§ 438 IV 3, 439 III 1, IV BGB allgemeingültig nicht zugestimmt werden. Jedenfalls wenn der Käufer die Nacherfüllung verlangt, müsste ein Anspruch aus § 812 BGB angesichts der vorrangigen Regelung des §§ 439 IV, 346 BGB ausgeschlossen sein. Warum dies erst nach einem entsprechenden Verlangen gelten soll, bliebe ein Rätsel. Außerdem wäre das Wahlrecht des Käufers, welcher Mängelrechte er sich aus dem Katalog des § 437 BGB bedienen möchte, genauso beeinträchtigt wie im Fall einer nach § 119 II BGB gesperrten Anfechtung. Wird dem Käufer ein minderwertiges aliud geliefert, wäre bei einer Herausgabepflicht nach § 812 BGB zumindest eine Minderung grundsätzlich nicht mehr durchführbar[964]. Möglicherweise könnte der Verkäufer sogar nach Verjährung der Ansprüche aus § 437 BGB noch bereicherungsrechtlich vorgehen und so die kaufrechtlichen Mängelrechte aushebeln. Zudem stehen Bedenken[965] wegen § 241a BGB einer Leistungs-

---

962 Vgl. *Reischl*, JuS 2003, 865 (868 f.); a. A. *Dauner-Lieb/Arnold/Dötsch/Kitz*, Fall 59, S. 129.

963 Zutreffend *Musielak*, NJW 2003, 89 (90 f.); *Reischl*, JuS 2003, 865 (869).

964 Ebenso *Lorenz*, JuS 2003, 36 (39).

965 Nach *Wrase/Müller-Helle*, NJW 2002, 2537 (2538 f.) soll § 241a BGB für jedes aliud einschlägig sein und alle Herausgabeansprüche ausschließen; a. A. *Lorenz*, JuS 2003, 36 (40), nach dessen Auffassung die Sache nicht unbestellt sei, weil ein Kaufvertrag vorliege. Bei einem völlig erfüllungsuntauglichen aliud ändert sich die Interessenlage nicht dadurch, dass auch ein Kaufvertrag vorliegt, der eine völlig abweichende Leistung zum Gegenstand hat. Daher ist nach der hier vertretenen Ansicht § 241a BGB jedenfalls für solche Extremabweichungen anwendbar und kann insofern Herausgabeansprüche für Verbraucherverträge ausschließen, 4. Kapitel, B., I., 2., a), dd), S. 223 ff. Anliegen der Schuldrechtsreform war es sicherlich nicht, den Verbraucherschutz zu schwächen, sondern gerade durch die §§ 474 ff. BGB zu stärken. Dass der Verbraucher dann möglicherweise auch eine höherwertige Sache behalten darf, deckt sich mit den zu § 241a BGB bekannten Ergebnissen. Fällt die Falschlieferung hingegen in den Anwendungsbereich des § 434 III BGB und ist wie ein Sachmangel zu behandeln, ist die Sache nicht als unbestellt zu qualifizieren, da sie zur (teilweisen) Erfüllung der kaufvertraglichen Verpflichtung geliefert wurde. § 241a BGB schließt damit niemals einen Rückgabeanspruch aus §§ 439, 346 BGB aus; unzutreffend insofern *Wrase/Müller-Helle*, NJW 2002, 2537 (2539). Die Anwendungsbereiche von § 241a BGB und

kondiktion des Verkäufers im Wege. Daher muss eine Leistungskondiktion für alle Fälle, in denen eine Falschlieferung wie ein Sachmangel nach § 434 III BGB zu behandeln ist, generell ausgeschlossen sein. Eine unbillige Rechtslosstellung des Verkäufers ist auch im Ergebnis für eine Falschlieferung nicht zu befürchten, wenn man schon den Tatbestand des § 434 III BGB zutreffend eingrenzt[966].

Das heißt, dass bei Befürwortung einer absoluten Gleichstellung von aliud und Sachmangel keine Möglichkeit bestünde, in dem aufgeführten Beispiel das wertvollere aliud herauszuverlangen.

Vergegenwärtigt man sich die zweite Problemkonstellation, könnte der Käufer eines Spitzenmodells im Wert von € 30.000,- durch die Lieferung eines gebrauchten Autos im Wert von € 5.000,- nach der vorgetragenen Meinung seinen ursprünglichen Erfüllungsanspruch verlieren. Durch die Lieferung des offensichtlich untauglichen aliud, wandelt sich der Erfüllungsanspruch in den modifizierten Nacherfüllungsanspruch, sofern der Käufer die Annahme nicht berechtigt verweigert. Obwohl der Gesetzgeber anzunehmen schien, dass sich der Nacherfüllungsanspruch nicht wesentlich vom Erfüllungsanspruch mit Ausnahme des § 439 III BGB sowie der kürzeren Verjährung des § 438 BGB unterscheidet[967], erfährt der Käufer durch den Verlust seines Erfüllungsanspruchs eine erhebliche Schlechterstellung: Die Mängelrechte sind neben den vom Gesetzgeber eingeräumten Nachteilen durch die Ausschlussgründe der §§ 442, 445 BGB eingeschränkt und der Käufer kann infolge einer Nachlieferung überdies dem Anspruch des Verkäufers aus 439 IV BGB ausgesetzt sein. Demzufolge kann der Behauptung nicht beigepflichtet werden, es bestünde per se kein Anlass für einen rational handelnden Verkäufer eine erfüllungsuntaugliche Sache zu liefern[968].

---

§ 434 III BGB überschneiden sich in keinem Fall, weshalb es nicht auf eine Spezialität des § 434 III BGB ankommt, die angesichts des europarechtlich verpflichtend vorgegebenen Schutzzweckes des § 241a BGB auch höchst bedenklich wäre; in diese Richtung aber Palandt-*Putzo*, 62. Aufl., § 434 Rn. 52. Andernfalls könnte wettbewerbswidriges Verhalten nicht mehr durch § 241a BGB sanktioniert werden, sobald ein beliebiger Kaufvertrag zwischen Verbraucher und Unternehmer besteht, da jede noch so abwegige Lieferung ein aliud wäre.

966 Insofern gehen *Dauner-Lieb/Arnold/Dötsch/Kitz*, Fall 59, S. 129 fälschlich davon aus, eine adäquate Lösung könne für ein höherwertiges aliud immer nur über das Bereicherungsrecht gefunden werden.

967 BT-Drs. 14/6040, S. 216.

968 Auch *Knütel*, NJW 2001, 2519 (2521) kritisiert, eine absolute Gleichstellung nach § 434 III BGB sei „kein Fortschritt für den Verbraucher!“.

Der entscheidende Unterschied zwischen einer völlig erfüllungsuntauglichen Sache und einem gewöhnlichen aliud ist, dass die Leistung nicht als Erfüllungsversuch gewertet werden kann, der die Umwandelung des Erfüllungsanspruchs in den Nacherfüllungsanspruch erklären könnte. Auch wenn eine mangelhafte Leistung ebenso wie eine Falschlieferung immer eine (teilweise) Nichterfüllung ist, kann der Primäranspruch trotzdem zu einem gewissen Teil bereits erfüllt worden sein, so dass der unternommene Erfüllungsversuch zumindest teilweise erfolgreich war. Die Lieferung einer völlig erfüllungsuntauglichen Sache hat hingegen wie eine Nichtleistung keinerlei Erfüllungswirkung und kann mithin nicht als Erfüllungsversuch des Verkäufers bewertet werden, insbesondere wenn die Falschlieferung vorsätzlich erfolgte.

dd) Eigene Ansicht

Richtiger Ausgangspunkt der zuvor behandelten Meinung ist die grundsätzliche Gleichstellung von aliud und Sachmangel, die ohne ausdrückliche Ausnahme in § 434 III BGB kodifiziert wurde. Dem generellen Streben nach Vereinheitlichung läuft aber in den aufgezeigten Problemkonstellationen der Konflikt mit Sachgesetzlichkeiten zuwider, denen der Vorzug eingeräumt werden muss. Eine Einschränkung für Extremabweichungen kann deswegen dem Wort „liefert“ im Kontext mit dem Sachmangeltatbestand entnommen werden[969]. Eine Lieferung eines rational handelnden Verkäufers kann nur dann vorliegen, wenn er damit seine kaufvertraglichen Verpflichtungen erfüllen will[970]. Wird eine andere Sache als die vertraglich geschuldete geliefert, kann eine Erfüllung allerdings nur eintreten, falls der Käufer die Falschlieferung als Angebot für eine (teilweise) Leistung an Erfüllungs Statt halten kann. Eine Erfüllung nach § 362 I BGB kann durch eine Falschlieferung nie erreicht werden, da nicht die geschuldete Leistung erbracht wurde. Die herrschende Auffassung[971] wertet die Leistungsbewirkung als einen realen Vorgang, der kein subjektives Element, sondern nur das Bewirken der Leistung erfordert, das objektiv einem bestimmten Schuldverhältnis zugeordnet werden können muss. Demzufolge ist lediglich geliefert worden, wenn gem. §§ 133, 157 BGB analog aus dem Empfängerhorizont nach dem objektiven Erklärungswert des Verhaltens angenommen werden konnte, der Gegenstand solle an die Stelle des geschuldeten treten und ganz oder

---

[969] Ähnlich mit einer Einschränkung über den Leistungsbegriff *P. Huber* in Huber/Faust, Kapitel 12, Rn. 59 ff.; *Lorenz/Riehm*, Rn. 494 f.

[970] Die Lieferung ist damit genau die Kehrseite des Merkmals „unbestellt“ in § 241a BGB, so dass es nicht zu Diskrepanzen zwischen § 434 III BGB und § 241a BGB kommen kann.

[971] BGH, NJW 1991, 1294 (1295); NJW 1992, 2698 (2699); BAG, NJW 1993, 2397 (2398); Palandt-*Heinrichs*, 61. Aufl., § 362 Rn. 5; Jauernig-*Stürner*, 9. Aufl., § 362 Rn. 2; Staudinger-*Olzen*, 14. Aufl., Vorb. §§ 362 ff. Rn. 10 f., 14; *Larenz* SchR AT, § 18 I 5, S. 238 ff.; MK-*Wenzel*, 4. Aufl., Bd. 2a, § 362 Rn. 10 ff. m. w. N.

teilweise Erfüllung herbeiführen[972]. Da nach der Theorie der realen Leistungsbewirkung eine ausdrückliche Leistungsbestimmung möglich bleibt, kann sich der Erfüllungscharakter auch hieraus ergeben[973].

Auf den Fall eines Stückkaufs beispielhaft übertragen bedeutet das: Selbst wenn eine Sache mit der gleichen Beschaffenheit wie das geschuldete Stück geliert wird, es sich aber nicht um den Kaufgegenstand handelt (Identitätsaliud), kann keine Erfüllung nach § 362 I BGB eintreten. Liefert der Verkäufer eine andere Sache, kann dies immer nur als Angebot zur Änderung der vertraglich bedungenen Leistung verstanden werden, das der Käufer annehmen aber auch ablehnen kann[974]. § 434 III BGB setzt allerdings die Falschlieferung generell einem Sachmangel gleich, womit das Gesetz nicht nur den Weg zu den Mängelrechten nach § 437 BGB eröffnet, sondern zugleich eine Ersetzungsbefugnis nach dem Vorbild des § 364 BGB anordnet. Der Käufer kann nämlich das aliud behalten und als (teilweise) vertragliche Erfüllung akzeptieren, indem er Minderung, Nacherfüllung in Form der Nachbesserung oder keinerlei Mängelrechte geltend macht. Ist jedoch aus dem objektiven Empfängerhorizont oder durch eine subjektive Leistungsbestimmung erkennbar, dass die Falschlieferung keinesfalls der Erfüllung der vertraglichen Verpflichtung dient, ist keine Lieferung im Sinne des § 434 III BGB gegeben mit der Folge, dass eine solche Falschlieferung nicht einem Sachmangel gleichzustellen ist. Eine solche nicht erfüllungstaugliche Lieferung ist wie eine Nichtleistung zu beurteilen[975].

---

972 *Lorenz*, JuS 2003, 36 (37); wohl auch Westermann-*Buck*, S. 118; ähnlich *Reischl*, JuS 2003, 865 (868) missverständlich AK-*Büdenbender*, § 434 Rn. 20, der einen Erfüllungswillen fordert. Ein solcher ist indes nicht zwangsläufig notwendig, falls schon eine objektive Auslegung der Falschlieferung auf eine Erfüllung schließen lässt. Darüber hinaus kann eine ausdrückliche Leistungsbestimmung den Erfüllungswillen des Verkäufers dokumentieren; vgl. *P. Huber* in Huber/Faust, Kapitel 12, Rn. 62.

973 Infolgedessen sind die Unterschiede zur Theorie der finalen Leistungsbewirkung, die eine Leistungszweckbestimmung stets für notwendig erachten, minimal; vgl. *Beuthien*, JZ 1968, 323 (326); *Bülow*, JuS 1991, 529 (531); *Muscheler/Bloch*, JuS 2000, 729 (732 f.). Der finalen Theorie wird vorgeworfen, sie könne keine zufrieden stellenden Ergebnisse liefern, wenn der Schuldner ohne eine subjektive Einstellung seine Leistung erbracht habe; MK-*Wenzel*, 4. Aufl., Bd. 2a, § 362 Rn. 13; dagegen *Muscheler/Bloch*, JuS 2000, 729 (732 f.), die auf die Divergenzen zur bereicherungsrechtlichen Leistungsbestimmung hinweisen.

974 Früher wurde die Vereinbarung einer Leistung an Erfüllungs Statt mit Blick auf die Regelung des § 365 BGB überwiegend als Austauschvertrag verstanden; BGH 46, 338 (342); vgl. Staudinger-*Olzen*, 14. Aufl., § 364 Rn. 7 m. w. N., wohingegen neuerdings von der h. M. ein Hilfsgeschäft angenommen wird, das die Schuld ersetzt, aber den Rechtsgrund unberührt lässt; BGH 89, 126 (133); Palandt-*Heinrichs*, 63. Aufl., § 364 Rn. 2; Jauernig-*Stürner*, 9. Aufl., § 364 Rn. 1; Soergel-*Zeiss*, 12. Aufl., § 364 Rn. 2.

975 Ebenso wohl *Lorenz*, JuS 2003, 36 (38): „Bei Totalabweichungen liegt deshalb überhaupt keine Leistung vor.“

Damit ist die erste Problemkonstellation adäquat und auf dem Wortlaut des § 434 III BGB aufbauend entschärft. Liefert der Verkäufer, wie in dem obigen Beispiel dargestellt, eine wesentlich wertvollere oder wesentlich minderwertigere Sache als geschuldet, konnte der Käufer aus dem Empfängerhorizont nicht annehmen, dass dies zur Erfüllung geschehe. § 434 III BGB greift nicht ein, so dass der Verkäufer die Sache über das Bereicherungsrecht zurückverlangen kann[976]. Einen geringen Mehr- oder Minderwert der Falschlieferung wird der Käufer in der Regel gleichwohl noch als zur Erfüllung geliefert ansehen dürfen. Oftmals wird der Verkäufer dem Käufer nämlich aus Kulanz eine etwas wertvollere Sache oder aus Not eine etwas minderwertigere Sache als Erfüllung anbieten, wenn die vertraglich geschuldete nicht verfügbar ist. Eine solche Falschlieferung könnte der Verkäufer mithin nicht herausverlangen, was mit den Wertungen des § 241a BGB Hand in Hand geht.

Liefert der Verkäufer andererseits – wie im zweiten Beispiel erwähnt – eine völlig untaugliche Sache, konnte der Käufer nicht annehmen, diese sei zur Erfüllung geliefert. Lediglich durch eine zusätzlich ausdrückliche Leistungsbestimmung des Verkäufers ist aus dem Empfängerhorizont eine solche Falschlieferung möglich. Häufig wird der Käufer die Sache in einem solchen Fall direkt zurückweisen[977]. Nimmt er die Sache aber an, hätte er seinen ursprünglichen Erfüllungsanspruch verloren, da sich dieser infolge der Lieferung wegen § 434 III BGB in einen Nacherfüllungsanspruch wandelt. Entstehen für diesen praktisch seltenen Bereich dem Käufer Nachteile daraus, dass der Verkäufer vorsätzlich eine objektiv erfüllungsuntaugliche Sache mit einer ausdrücklichen Leistungsbestimmung versehen hat, kann über § 242 BGB der Grundsatz des dolo agit fruchtbar gemacht werden[978]. Folglich kann auch die zweite Problemkonstellation befriedigenden Ergebnissen zugeführt werden.

In der nahezu von jeder Ansicht herangezogenen missverständlichen Begründung des Schuldrechtsmodernisierungsgesetzes kann man lesen[979]: „Voraussetzung für die Gleichstellung von Falsch- und Zuweniglieferung mit Sachmängeln ist, dass der Verkäufer die Leistung als Erfüllung seiner Pflicht erbringt. Für den Käufer muss erkennbar dieser Zusammenhang zwischen Leistung und Verpflichtung bestehen, und es darf sich nicht um eine Teilleistung oder eine Leistung auf Grund einer anderen Verbindlichkeit handeln". Den

---

976 § 241a BGB schließt einen Herausgabeanspruch nicht aus, da der Empfänger die Falschlieferung im Sinne des § 241a II BGB jedenfalls erkennen konnte.

977 Vgl. *P. Huber* in Huber/Faust, Kapitel 12, Rn. 63, Fn. 63.

978 Ähnlich *Musielak*, NJW 2003, 89 (92), der unbefriedigende Ergebnisse mit § 242 BGB und einem treuwidrigen Verhalten korrigieren will; auch *Becker*, Vertragliche Schuldverhältnisse, Rn. 1028.

979 BT-Drs. 14/6040, S. 216.

gesetzgeberischen Hinweis auf das Erfordernis der Erkennbarkeit des Zusammenhangs zwischen Leistung und Verpflichtung sowie die Leistung des Verkäufers als Erfüllung seiner Pflicht kann man für die hier vertretene Ansicht ausgezeichnet verwenden und als Hinweis auf die Grundsätze von Leistung und Erfüllung verstehen. Denn ist ein Zusammenhang zwischen Leistung und Verpflichtung in der Weise nicht erkennbar, dass eine Erfüllung durch die Falschlieferung nicht in Betracht kommt, ist das aliud nicht dem Sachmangel gleichzustellen.

Das Hauptargument des alten Rechts, der Vertrag könne bei Lieferung eines aliud nicht von vorneherein nur auf Wandelung und Minderung beschränkt sein, vermag sicher nicht mehr zu tragen, weil eine Erfüllung weiterhin durch den Anspruch auf Nacherfüllung begehrt werden kann[980]. Dass die bloße Lieferung eines erfüllungstauglichen, aber minderwertigen aliud zu einer Schlechterstellung des Käufers, insbesondere einer kürzeren Verjährung des Nacherfüllungsanspruchs führen kann, entspricht dem Prinzip der gesamten Mängelhaftung. Für die nach § 434 III BGB einschlägigen Fälle ist die Falschlieferung wie eine mangelhafte Leistung als Erfüllungsversuch zu begreifen, der zu der Umwandelung des Erfüllungsanspruchs führt. Damit entfallen die alten Abgrenzungsprobleme, und bei Ausklammerung von Extremabweichungen ausgehend vom Merkmal der Lieferung ist auch eine verhältnismäßige Minderung des Kaufpreises überzeugend durchführbar.

b) Die Minderlieferung

Nach § 434 III BGB sind auch Minderlieferungen rechtstechnisch wie ein Sachmangel zu behandeln. Eine solche Minderlieferung definiert sich als Leistung, die in ihrem Umfang hinter der geschuldeten zurückbleibt. Bei unteilbaren Sachen allerdings ist eine Minderlieferung regelmäßig schon ein Sachmangel[981].

Was für das Merkmal „liefert“ bei der Falschlieferung seine Gültigkeit hat, gilt entsprechend für die Minderlieferung, so dass lediglich Minderlieferungen, die von vorneherein nicht als Erfüllung verstanden werden können, nicht in den

[980] So BGH, NJW 1979, 811 (811); zutreffend *Dauner-Lieb/Arnold*, JuS 2002, 1175 (1176); *Musielak*, NJW 2003, 89 (90).

[981] Vgl. die Beispiele bei *Ehmann/Sutschet*, § 7, X., S. 219, wenn zu kurz geschnittene Bretter geliefert werden, und bei *Honsell*, JZ 2001, 278 (280), wenn zu kurzes Tuch geliefert wird, aus dem sich kein Anzug schneidern lässt; siehe auch § 468 BGB a. F. für Grundstücke.

Anwendungsbereich des § 434 III BGB fallen[982]. Da Zuviellieferungen tatbestandlich ebenfalls nicht erfasst sind und nach den allgemeinen Regeln behandelt werden[983], verliert diese Einschränkung für die Minderlieferung an praktischer Bedeutung. Trotzdem kann der Verkäufer nicht die Umwandlung des Erfüllungsanspruchs in den Nacherfüllungsanspruch herbeiführen, wenn er eine Mindermenge liefert, die aus Sicht des Käufers nicht als (teilweise) Erfüllung der kaufvertraglichen Verpflichtung verstanden werden kann[984]. Hat beispielsweise jemand 1000 Flaschen Wein der gleichen Sorte bestellt, kann sich der Verkäufer nicht darauf berufen, er habe dem Käufer doch schon bei der Bestellung eine Flasche mitgegeben und dadurch eine Minderlieferung erbracht[985].

Soll die Minderlieferung nach § 434 III BGB einem Sachmangel vollkommen gleichstehen, müsste diese Vereinheitlichung im allgemeinen Schuldrecht ebenso durchgehalten werden. Dementsprechend wendet eine Literaturmeinung[986] wie für einen Sachmangel die Regeln der §§ 281 I 3, 323 V 2, 326 I 2 BGB für eine nicht vertragsgemäße bzw. nicht wie geschuldet erbrachte Leistung an, wohingegen die speziellen Vorschriften für Teilleistungen in den §§ 281 I 2, 323 V 1, 326 I 1 2.HS BGB unbeachtet bleiben sollen. Eine Teilleistung könne häufig nicht scharf von einer Schlechtleistung unterschieden werden. Es mache für den Käufer keinen Unterschied, ob von 100 gekauften Flaschen Wein 20 verdorben oder überhaupt nicht geliefert worden seien. Deshalb habe der

---

[982] Die Passage der Regierungsbegründung, BT-Drs. 14/6040, S. 216, nach der eine Nacherfüllung einer Minderlieferung Fliesen nur in Form einer kompletten Neulieferung erfolgen könne, sollte nicht derart verstanden werden, dass der ursprüngliche Erfüllungsanspruch erhalten bleibt. Wegen der Gleichstellung des § 434 III BGB wandelt sich dieser vielmehr auch bei einer Minderlieferung in den Nacherfüllungsanspruch, der grundsätzlich Nachlieferung als auch Nachbesserung vorsieht. Dies kann auch mittels einer teilweisen Nachlieferung erfolgen; zutreffend *Brors*, JR 2002, 133 (136).

[983] Palandt-*Putzo*, 63. Aufl., § 434 Rn. 53; *Haas* in Haas/Medicus/Rolland/Schäfer/Wendtland, Kapitel 5, Rn. 129; *Lettl*, JuS 2002, 866 (870).

[984] Enger *Lorenz/Riehm*, Rn. 496; *Haas* in Haas/Medicus/Rolland/Schäfer/Wendtland, Kapitel 5, Rn. 127, wonach erforderlich sei, dass eine Teilleistung erbracht werde, die erkennbar zur Erfüllung der ganzen Verbindlichkeit diene. Zutreffender dürfte jedoch wohl sein, auch geringere Teilleistungen unter § 434 III BGB zu subsumieren, um die Mängelrechte zu eröffnen, denn auch solche Leistungen kann der Verkäufer als Erfüllung seiner Pflicht erbringen; vgl. BT-Drs. 14/6040, S. 216.

[985] Vgl. i. E. ebenso *Ehmann/Sutschet*, § 7, X., S. 220, die die Schlechterstellung des Käufers durch die Anwendung des § 434 III BGB im Falle der Lieferung von 10 l Heizöl bei einer Gesamtmenge von 30000 l für schlechthin ausgeschlossen halten und deswegen eine Nichterfüllung annehmen.

[986] So *P. Huber* in Huber/Faust, Kapitel 12, Rn. 65; Westermann-*Buck*, S. 118, 145; zweifelnd *Kropholler*, § 434 Rn. 11.

Gesetzgeber durch § 434 III BGB eine ausnahmslose Gleichstellung auch im allgemeinen Teil anordnen wollen[987].

Gewichtige Stimmen in der Literatur[988] geben aber zu bedenken, dass die Minderlieferung ihrer Rechtsnatur nach zugleich weiterhin eine Teilleistung sei, weshalb die für diese Situation und Interessenlage speziell existierenden Vorschriften des allgemeinen Teils trotz § 434 III BGB einschlägig sein sollen. Im weiteren Verlauf des Gesetzgebungsverfahrens relativierte auch der Gesetzgeber seine ehemals strenge Auffassung und hielt schlussendlich die Gleichstellung für das allgemeine Schuldrecht nicht für zwingend[989].

Nach beiden Ansichten wird jedenfalls im Rahmen des Kaufrechts eine Minderlieferung einem Sachmangel vollständig gleichgestellt mit der Folge, dass dem Käufer die Mängelrechte des §§ 437 BGB, vor allem auch eine Minderung zustehen[990]. Fraglich ist aber, ob Wortlaut, systematische Stellung sowie Sinn und Zweck des § 434 III BGB eine Auslegung zulassen, die die Gleichstellung auf die Mängelhaftung im Sinne der zweiten Ansicht beschränkt. Da das allgemeine Schuldrecht nicht unmittelbar an den Sachmangel anknüpft, sondern an eine nicht wie geschuldet erbrachte oder nicht vertragsmäßige Leistung, ist der Wortlaut offen. Die systematische Überlegung, die Vorschriften der §§ 323 V 1, 281 I 2 BGB wären bei ausnahmsloser Gleichstellung funktionslos[991], führt nicht weiter, da sie wenigstens für andere Schuldverhältnisse ihre Berechtigung behielten. Das mit § 434 BGB intendierte Ziel, Abgrenzungsschwierigkeiten zu vermeiden, läuft für eine Minderlieferung nahezu leer und kann insofern ebenfalls nicht fruchtbar gemacht werden, da sich eine Differenzierung regelmäßig nach Zahl und Gewicht bestimmen lässt. Wird eine Sachgesamtheit verkauft, ist die Unterscheidung zwar schwieriger zu treffen, kann aber unter Berücksichtigung der Verkehrsauffassung und der (funktionalen) Verknüpfung der verschiedenen Sachen ermittelt werden[992]. Bedenkt man allerdings die unterschiedliche Interessenlage bei einer Teilleistung und einer Schlechtleistung, ist bei ersterer das Erfüllungsinteresse zumeist anteilig befriedigt und kann häufig im Übrigen anderweitig bedient werden. Demgegenüber wird das Erfüllungsinteresse durch eine Schlechtleistung oftmals kaum befriedigt, weshalb eine Rückabwicklung zu Lasten des Verkäufers unter leichteren Voraussetzungen möglich ist als bei einer Teilleistung. Eine Gesamtabwicklung bei einer Schlechtleistung erfordert daher

---

987 BT-Drs. 14/6040, S. 186 f.

988 *Dauner-Lieb/Arnold/Dötsch/Kitz*, Fall 60, S. 131; *Lorenz/Riehm*, Rn. 219; *Canaris*, Schuldrechtsmodernisierung 2002, Einführung, S. XX II f.; *ders.*, ZRP 2001, 329 (334 f.).

989 Siehe die Ausführungen des Rechtsausschusses in BT-Drs. 14/7052, S. 185.

990 Hierin lag das Hauptanliegen des Gesetzgebers, BT-Drs. 14/6040, S. 216.

991 *Lorenz/Riehm*, Rn. 219; *Canaris*, ZRP 2001, 329 (334 f.); *Reischl*, JuS 2003, 453 (458).

992 *Grigoleit/Riehm*, ZGS 2002, 115 (119).

nach den §§ 281 I 3, 323 V 2 BGB nur eine Erheblichkeit der Pflichtverletzung, wohingegen bei einer Teilleistung nach §§ 281 I 2, 323 V 1 BGB ein Interessenfortfall des Gläubigers an der restlichen Leistung existieren muss. Dieser Gedanke konnte schon § 469 BGB a. F. entnommen werden und wird durch den ökonomischen Hintergrund des § 434 III BGB erklärt, der in der effizienten Verteilung und Vermeidung von Transaktionskosten (insbesondere einer Rückabwicklung) liegt[993]. Diese Wertung stand bereits hinter dem bewährten Regelungsmodell der §§ 280 II, 325 I 2, 326 I 3 BGB a. F., das zu keiner Phase der Schuldrechtsmodernisierung in Frage gestellt wurde. Aus diesem Grund heraus sollten die besonderen Regeln für die Teilleistung im allgemeinen Schuldrecht für die Minderlieferung ebenfalls Anwendung finden[994].

Das heißt aber nicht zwangsläufig, dass die Regeln für einen Sachmangel im allgemeinen Teil unanwendbar sind. Zwar gelten die Regeln für Teilleistungen, jedoch sind wegen der Gleichstellung in § 434 III BGB auch die sachmangelbezogenen Vorschriften einschlägig. Die Minderlieferung im Kaufrecht ist vielmehr ein janusköpfiges Gebilde, das einerseits Sachmangel und andererseits Teilleistung ist. Daher müssen nach der hier vertretenen Ansicht beide Regelungen kumulativ herangezogen werden mit der Folge, dass stets die höhere Voraussetzungen aufstellende Regelung ausschlaggebend ist. Dies heißt im Ergebnis, dass die §§ 281 I 2, 323 V 1 BGB wegen des Charakters als Teilleistung und die Norm des § 326 I 2 BGB wegen der Gleichstellung mit dem Sachmangel gelten müssen. Fasst man die Minderlieferung nur wie einen Sachmangel auf, könnte der Käufer unter zu leichten Voraussetzungen die vollständige Rückabwicklung des Vertrages herbeiführen. Betont man aber ausschließlich die in der Minderlieferung liegende Teilleistung, hätte diese eine automatische Minderung nach § 326 I 1 2. HS BGB zur Folge, die der Gesetzgeber durch § 326 I 2 BGB gerade verhindern wollte, um nicht der Ausübung von Mängelrechen vorzugreifen[995].

3. Der Rechtsmangel

Auf eine mit einem Rechtsmangel behaftete Leistung kann der Käufer mit denselben Rechten wie im Rahmen der Sachmängelhaftung reagieren, weil jedwede Differenzierung zwischen den beiden Mangelarten in § 437 BGB

---

[993] Ausführlich *Grigoleit/Riehm*, ZGS 2002, 115 (117 ff.).

[994] *Grigoleit/Riehm*, ZGS 2002, 115 (120); *Lorenz*, NJW 2003, 3097 (3098 f.); *Reischl*, JuS 2003, 453 (458). Dies gilt zutreffend auch für den Sonderfall einer teilweisen Schlechtleistung; vgl. hierzu *Lorenz/Riehm*, Rn. 221; *Canaris*, ZRP 2001, 329 (335); *Grigoleit/Riehm*, ZGS 2002, 115 (120 f.).

[995] BT-Drs. 14/6040, S. 189.

fehlt[996]. Nach § 435 S. 1 BGB besteht ein Rechtsmangel, wenn ein Dritter gegen den Käufer in Bezug auf die Kaufsache über die Regelungen im Kaufvertrag hinaus Rechte geltend machen kann, im Paradefall ein beschränktes dingliches Recht[997]. Gem. § 435 S. 2 BGB steht es einem Rechtsmangel gleich, wenn im Grundbuch nicht bestehende Rechte eingetragen sind. Durch die Wendung „Rechte" gegen den Käufer „geltend machen können" wird deutlich gemacht, dass nur ein tatsächlich bestehendes, nicht hingegen ein nur behauptetes Recht einen Rechtsmangel darstellt[998].

Indem die Pflicht zur sachmangelfreien Lieferung in § 433 I 2 BGB i. S. d. Nichterfüllungstheorie kodifiziert wurde, hat sich die Sachmängelhaftung der Rechtsmängelhaftung, für die schon im alten Recht das allgemeine Leistungsstörungsrecht maßgeblich war, angenähert[999]. Auf der Tatbestandsseite hat sich, wie es vom Gesetzgeber vorgesehen war[1000], für den Rechtsmangel nicht viel geändert[1001]. Der ehemals bedeutsamen Differenzierung zwischen Sach- und Rechtsmangel wurde wegen der Gleichschaltung der Rechtsfolgen damit die Brisanz genommen[1002]. Dennoch zieht die Gleichstellung mit dem Sachmangel auf der Rechtsfolgenseite einige Neuerungen für die Rechtsmängelhaftung nach sich, da der Käufer bei einer rechtsmangelbehafteten Leistung alle Mängelrechte aus § 437 BGB geltend machen kann: Er hat also insbesondere ein Recht zur

---

996 Statt aller Palandt-*Putzo*, 63. Aufl., § 435 Rn. 1; *P. Huber* in Huber/Faust, Kapitel 12, Rn. 67; *Lorenz/Riehm*, Rn. 570.

997 Vgl. *Schellhammer*, MDR 2002, 485 (486); zu Immaterialgüterrechten eines Dritten als Rechtsmangel siehe ausführlich *Laub/Laub*, GRUR 2003, 654 (654 ff.).

998 Siehe BT-Drs. 14/6040, S. 218, wo sich der Gesetzgeber bewusst gegen die Regelung des Art. 41 CISG entscheidet. Keine Vorschrift der Rechtsmängelhaftung ist § 436 BGB, der den Verkäufer verpflichtet, öffentliche Lasten zu tragen; vgl. *P. Huber* in Huber/Faust, Kapitel 12, Rn. 73 ff.; Westermann-*Buck*, S. 120, Fn. 51.

999 *Lorenz/Riehm*, Rn. 569.

1000 BT-Drs. 14/6040, S. 217.

1001 Palandt-*Putzo*, 63. Aufl., § 435 Rn. 1; Westermann-*Buck*, S. 120; *Haas* in Haas/Medicus/ Rolland/Schäfer/Wendtland, Kapitel 5, Rn. 134. Der Rechtsmangel ist entgegen dem Sachmangel weiterhin objektiv zu verstehen. Neu ist lediglich, dass eine verschuldensunabhängige Haftung für anfängliches Unvermögen nur ausnahmsweise über eine Garan-tie nach § 276 BGB anzunehmen ist und die kaufrechtlichen Sonderregeln der §§ 442, 444 BGB sowie das Recht zur Minderung für die Rechtsmängelhaftung gelten; vgl. *Lorenz/Riehm*, Rn. 570; *Haas* in Haas/Medicus/Rolland/ Schäfer/Wendtland, Kapitel 5, Rn. 136.

1002 Angesichts dieser Gleichstellung auf der Rechtsfolgenseite mit einem Sachmangel kann die schon früher fragwürdige Behandlung von nachbarrechtlichen Beschränkungen des Grundeigentums aus § 912 BGB (Überbau) und § 917 BGB (Notweg) als Rechtsmangel neu überdacht werden; vgl. BGH, NJW 1981, 1362 (1362) m. w. N. Die Unterscheidung zwischen öffentlich-rechtlichen und privatrechtlichen Bau- und Nutzungsbeschränkungen ist i. E. auch weitestgehend überflüssig; vgl. dazu BGH, NJW 2001, 65 (65).

Minderung[1003] und muss bei einer noch möglichen Nacherfüllung zunächst eine angemessene Frist setzen. Der Anspruch auf Nacherfüllung kann allerdings nur in der Form bestehen, dass der Verkäufer die Belastung beseitigt, was typischerweise unmöglich sein wird[1004]. Im Übrigen ist die Rechtsmängelhaftung im Wesentlichen unverändert geblieben, so dass auf altbekannte Ausführungen zurückgegriffen werden kann[1005].

II. Der Kauf von Rechten und sonstigen Gegenständen

Auf den Kauf von Rechten und sonstigen Gegenständen finden die Vorschriften über den Kauf von Sachen nach § 453 I BGB entsprechende Anwendung[1006]. Damit trifft den Verkäufer eines Rechtes gem. §§ 433 I 2 BGB analog die Pflicht, sach- und rechtsmangelfrei zu leisten[1007]. Wird diese Pflicht verletzt, kann der Käufer die Mängelrechte aus § 437 BGB geltend machen. Die nach bisherigem Recht bestehende verschuldensunabhängige Haftung für die Verität eines Rechtes[1008] könnte im Ergebnis nur noch durch eine diesbezügliche (konkludente) Garantie erhalten werden[1009]. Weil die Nichtexistenz des verkauften Rechtes für den Verkäufer nicht zwangsläufig zu erkennen ist, bietet eine Haftung für vermutetes Verschulden gleichwohl ein flexibleres Instrument, um

---

1003 Die frühere Konstruktion eines Rückzahlungsanspruchs aus c. i. c. wird durch die Minderung entbehrlich; vgl. BGH, NJW 2001, 2875 (2877).

1004 Auch wenn der Dritte zu einem bestimmten Preis sein Recht aufgeben wird, kommt häufig eine Einrede gem. §§ 275 II, 439 III BGB in Frage, vgl. *Ehmann/Sutschet*, § 9, III., S. 238 f. Sinnvoll ist der Nacherfüllungsanspruch gleichwohl für die Beseitigung von Buchrechten nach § 435 S. 2 BGB.

1005 Grundlegend *Rabel*, Die Haftung des Verkäufers wegen Mangels im Rechte; *Vogt*, Gewährleistung für Rechtsmängel und Gefahrübergang beim Kauf beweglicher Sachen.

1006 Vgl. OLG Köln, ZGS 2003, 392 (293 ff.); die ehemaligen Sondervorschriften für den Viehkauf sind ersatzlos entfallen, so dass die Regeln für den Kauf von Sachen über § 90a S. 3 BGB entsprechende Anwendung finden; vgl. *Adolphsen*, AgrarR 2001, 203 ff.; *Brückner/Böhme*, MDR 2002, 1406 ff. Für den Schiffskauf ordnet § 452 BGB eine entsprechende Anwendung der kaufrechtlichen Vorschriften für Grundstücke an.

1007 Die entsprechende Anwendung macht eine verständige Würdigung der Besonderheiten des Rechtskaufs erforderlich: Da Rechte nicht übergeben werden können, sind sie nur zu verschaffen im Sinne von § 433 I 1 BGB; vgl. *Schellhammer*, MDR 2002, 485 (487). Ein Sachmangel kann einem veräußerten Recht generell nicht anhaften, allerdings kann die Beschaffenheit des Rechtes hinter der üblichen Beschaffenheit zurückbleiben; vgl. das Beispiel von *Eidenmüller*, ZGS 2002, 290 (290 f.); a. A. *Grigoleit/Herresthal*, JZ 2003, 118 (124 f.). Die Zahlungsunfähigkeit des Schuldners gehört demgegenüber nicht zur Beschaffenheit eines Rechtes.

1008 Vgl. etwa *Larenz*, SchR BT/1, § 45 I, S. 160.

1009 Dies bleibt für den Einzelfall zweifelsohne möglich; *Haas*, BB 2001, 1313 (1317); *Westermann*, JZ 2001, 530 (532); im Anschluss an *Zimmer* in Ernst/Zimmermann, S. 191 (196); ebenso die Gegenäußerung der Bundesregierung BT-Drs. 14/6857, S. 54.

sachgerechte Ergebnisse zu erzielen, so dass von der alten Garantiehaftung Abstand zu nehmen ist[1010].

Der Begriff der sonstigen Gegenstände soll nach der gesetzgeberischen Intention neben ungeschützten Erfindungen, technischem Know-how, Elektrizität und Fernwärme insbesondere auch Unternehmen erfassen[1011]. War im alten Recht ein Unternehmen Vertragsgegenstand, musste zwischen dem asset deal und dem share deal unterschieden werden. Während beim asset deal im Wege der Einzelübertragung alle vom Unternehmen umfassten Vermögensgüter übertragen werden, werden beim share deal Unternehmensbeteiligungen veräußert. Die h. M.[1012] stufte den asset deal mittels der §§ 445, 493 BGB a. F. als Sachkauf ein, während für den share deal die Vorschriften des Rechtskaufs galten, wenn nicht ausnahmsweise (nahezu) alle Unternehmensanteile veräußert wurden. Eine Haftung für Mängel am Unternehmen ist nur denkbar, wenn durch den Kauf wenigstens die Leitungsmacht übernommen wurde[1013]; eine Minderheitsbeteiligung genügt nicht[1014]. Nach weiterhin zutreffender, früherer h. M.[1015] ist der Erwerb aller bzw. fast aller Anteile notwendig, um Rechte wegen eines Mangels am Unternehmen geltend machen zu können. Mängel an einzelnen Sachen oder Rechten eines Unternehmens führen nur unter dieser und der zusätzlichen Voraussetzung, dass der Mangel des einzelnen Gegenstands auf den Wert bzw. die Tauglichkeit des Unternehmens im Ganzen durchschlägt, zur Anwendbarkeit der Sachmängelhaftung[1016]. Dabei muss die wirtschaftliche Grundlage des Unternehmens berührt oder eine wesentliche Abweichung des tatsächlichen Zustandes vom vertraglich vereinbarten Zustand entstanden sein[1017]. Über § 453 BGB hat man fortan die Möglichkeit, das Unternehmen als funktionale Einheit, die alle Teile des Unternehmens als Dach überdeckt, einem einzelnen kaufrechtlichen Geschäft zuzuführen[1018].

1010 *P. Huber* in Huber/Faust, Kapitel 16, Rn. 2; *Eidenmüller*, ZGS 2002, 290 (292); anders wohl *Canaris*, Schuldrechtsmodernisierung 2002, Einführung, S. XIV.

1011 BT-Drs. 14/6040, 242.

1012 *Hiddemann*, ZGR 1982, 435 (438).

1013 Palandt-*Putzo*, 61. Aufl., Vorbem v § 459 Rn. 18; *Müller*, ZIP 2000, 817 (820 f.) m. w. N.; a. A. *Hommelhoff* ZHR 140 (1976), 271 (283 ff., 293), nach dem eine satzungsändernde Mehrheit genügt.

1014 Anders *Haas* in Haas/Medicus/Rolland/Schäfer/Wendtland, Kapitel 5 Rn. 555 ff.

1015 BGH 138, 195 (200, 204 f.); BGH, NJW 2001, 2163 (2164) m. w. N.

1016 BGH, NJW 1979, 33 (33); *Haas* in Haas/Medicus/Rolland/Schäfer/Wendtland, Kapitel 5, Rn. 536.

1017 Nach dem Verzicht auf die Bagatellgrenze des § 459 I 2 BG a. F. erfolgt für unerhebliche Mängel eine Einschränkung lediglich auf der Rechtsfolgenseite.

1018 *Wolf/Kaiser*, DB 2002, 411 (411 f.).

Soweit Unternehmenskennzahlen eine Beschaffenheit des Unternehmens ausmachen[1019], richtet sich eine Haftung hierfür nach den Rechten in § 437 BGB[1020]. Im Kern geht es sicherlich um ein Informationsproblem, das bisher mittels der c.i.c. im Ergebnis zufrieden stellend gelöst werden konnte[1021], aber im Gegensatz zum alten Gewährleistungsrecht halten die §§ 433 ff. BGB nunmehr auch für den Unternehmenskauf ein adäquates Haftungssystem bereit, vor allem da die kurze Verjährung des § 478 BGB a. F. auf zwei Jahre verlängert wurde[1022], der Vorrang der Nacherfüllung besteht und Schadensersatz schon bei einfacher Fahrlässigkeit möglich ist[1023]. Zwar passt der Begriff der üblichen Beschaffenheit in § 434 I 2 Nr. 2 BGB nicht sonderlich für den Betrieb eines Unternehmens, bei entsprechender Anwendung werden aber die üblichen Betriebsmittel und der Geschäftsablauf jedenfalls eine Leitlinie darstellen[1024]. Entgegen einigen Befürchtungen in der Literatur bereitet auch die Anwendung des § 444 BGB, der § 11 Nr. 11 AGB a. F. auf einzelvertragliche Vereinbarungen ausdehnt, keine großen Schwierigkeiten, wenn man den Anwendungsbereich unter Berücksichtigung des Grundgedankens des venire contra factum proprium auf die beschränkte Garantie erstreckt[1025] oder selbständige Garantien von vorneherein aus dem Anwendungsbereich herausnimmt[1026]. Wendet man die kaufrechtliche Mängelhaftung mit der hier vertretenen Ansicht grundsätzlich auf

1019 Vgl. zum neuen Beschaffenheitsbegriff 4. Kapitel, B., I., 1., a), cc), S. 205 f. Nur innerhalb des Unternehmens wurzelnde Umstände kommen als Beschaffenheit in Frage.

1020 *Gaul* ZHR 166 (2002), 35 (48); *Gruber*, MDR 2002, 433 (435 f.); *Schellhammer*, MDR 2002, 485 (488).

1021 Für eine fortgeführte Haftung über die c. i. c. im Ergebnis *Eidenmüller*, ZGS 2002, 290 (295); *Huber*, AcP 202 (2002), 179 (212 ff.); *Kindl*, WM 2003, 409 (412 f.).

1022 Der BGH 65, 246 (253) machte selbst zuweilen deutlich, dass die Bevorzugung der Lösung über eine c. i. c. wesentlich von der als zu kurz empfundenen Gewährleistungsfrist des § 477 BGB a. F. abhing.

1023 BT-Drs. 14/6040, S. 242; *Gruber*, MDR 2002, 433 (435 f.); *Westermann*, JZ 2001, 530 (532); krit. *Huber* AcP 202 (2002), 179 (231 ff.); *Kindl*, WM 2003, 409 (412).

1024 Wie hier *Eidenmüller*, ZGS 2002, 290 (295); *Wunderlich*, WM 2002, 981 (984, Fn. 42a); a. A. *Gaul*, ZHR 166 (2002), 35 (48); *Huber*, AcP 202 (2002), 179 (212 f.); *Kindl*, WM 2003, 409 (412); *Weitnauer*, NJW 2002, 2511 (2514).

1025 So mit Hinweis auf die auch in § 443 I BGB zu findende Bezugnahme auf die „angegebenen Bedingungen" der Garantie, *Dauner-Lieb/Thiessen*, ZIP 2002, 108 (113 f.); Palandt-*Putzo*, 63. Aufl., § 444 Rn. 12; *Haas* in Haas/Medicus/Rolland/Schäfer/Wendtland, Kapitel 5, Rn. 289; *Faust*, ZGS 2002, 271 (272 ff.); *Müller*, NJW 2002, 1026 (1026); vgl. auch *Triebel/Hölzle*, BB 2002, 521 (530 ff.).

1026 So *Huber*, AcP 202 (2002), 179 (238 f.); *Eidenmüller*, ZGS 2002, 292 (296); *Gronstedt/Jörgens*, ZIP 2002, 53 (58); *Hilgard/Kraayvanger*, MDR 2002, 678 (681); *Knott*, NZG 2002, 249, (255); *Seibt/Reiche*, DStR 2002, 1181 (1181); *Weitnauer*, NJW 2002, 2511 (2517); *Kindl*, WM 2003, 409 (415) m. w. N.; wohl auch *Gaul*, ZHR 166 (2002), 35 (65).

jeden Unternehmenskauf an, so geht im Ergebnis damit gegenüber der alten Rechtslage eine Verschärfung der Haftung einher[1027].

III. Die Besonderheiten des Verbrauchsgüterkaufs

Auslöser einer umfassenden Reformierung des Schuldrechts waren die europarechtlich vorgegebenen Änderungen für den Verbrauchsgüterkauf. Für diesen Kaufvertrag zwischen einem Unternehmer als Verkäufer und einem Verbraucher als Käufer einer beweglichen Sache sind in den §§ 474 ff. BGB einige Besonderheiten im Vergleich zu den anderen Fällen eines Kaufvertrages zu finden, die den Verbraucher gegenüber dem Unternehmer hinsichtlich seiner Mängelrechte privilegieren und zu einem verstärkten Schutz seiner Rechtsposition beitragen. Nach § 475 I BGB ist jede für den Käufer einzelvertragliche Abänderung der Mängelrechte unwirksam[1028]. Ausgenommen von dieser Grundregel ist nach § 475 III BGB allerdings der Ausschluss oder die Beschränkung des Schadensersatzes. Für den hier vornehmlich thematisierten Schadensersatz sind daher nur einige Vorschriften relevant:

Zur Geltendmachung der Mängelrechte kommt dem Verbraucher nach § 476 BGB die Beweislastumkehr zugute, dass der Mangel bereits bei Gefahrübergang bestanden hat, wenn dieser innerhalb von sechs Monaten seit Gefahrübergang aufgetreten ist. Die Beweislastumkehr greift lediglich dann nicht, falls die Vermutung mit der Art der Sache oder des Mangels unvereinbar ist[1029].

§ 477 I BGB enthält verschärfte Sonderbestimmungen für Garantieerklärungen, die einfach und verständlich sein, einen Hinweis auf die uneingeschränkten gesetzlichen Rechte des Verbrauchers sowie eine Erklärung des Inhalts der Garantie und aller wesentlichen Angaben zu ihrer Geltendmachung enthalten müssen. Zudem hat der Verbraucher nach § 477 II BGB einen Anspruch auf Mitteilung der Garantie in Textform. Die Garantie bleibt trotz etwaiger Verstöße

---

1027 *Gruber*, MDR 2002, 433 (436); vgl. ausführlich zu den unternehmensspezifischen Fragen *Bergjan*, Die Auswirkungen der Schuldrechtsreform 2002 auf den Unternehmenskauf; *Larisch*, Gewährleistungshaftung beim Unternehmens- und Beteiligungskauf.

1028 Vgl. LG Bad Kreuznach, VuR 2003, 80 (80 f.).

1029 Dies soll nach BT-Drs. 14/6040, S. 245 z. B. bei gebrauchten Sachen und Tierkrankheiten denkbar sein, kommt aber auch bei kurzlebigen Verbrauchsgütern und Verschleißteilen in Frage, *Büdenbender* in Dauner-Lieb/Heidel/Lepa/Ring, § 8, Rn. 41; für eine generelle Anwendung des § 476 BGB auch bei gebrauchten Sachen OLG Köln, ZGS 2004, 40 (40); AG Marsberg, ZGS 2003, 119 (119 f.); AG Zeven, ZGS 2003, 158 (160); *Reinking*, ZGS 2003, 105 (106).

gegen § 477 BGB bestehen und kann eine eigene Schadensersatzhaftung auslösen[1030].

Der Rückgriff des Letztverkäufers im Rahmen von Verbrauchsgüterkäufen ist in den §§ 478, 479 BGB speziell geregelt[1031]. Sinn und Zweck dieser Normen ist es, den letztverkaufenden Unternehmer hinsichtlich seiner Regeressansprüche gegenüber seinem Lieferanten zu schützen, wenn der Mangel der Kaufsache nicht in seinem Bereich entstanden ist. Die Nachteile des durch die §§ 474 ff. BGB verbesserten Verbraucherschutzes sollen denjenigen treffen, aus dessen Sphäre der Mangel stammt. Um dies zu gewährleisten, erleichtern die §§ 478, 479 BGB den Regress des Letztverkäufers gegenüber seinem Lieferanten auf der Basis der vertraglichen Mängelhaftung: Der Letztverkäufer muss gegenüber seinem Lieferanten nach § 478 I BGB keine Frist zur Nacherfüllung setzen. Zudem kommt ihm eine Beweislastumkehr hinsichtlich des Vorliegens des Mangels bei Gefahrübergang nach § 478 III BGB zugute und ihm gegenüber sind den Regress einschränkende Vereinbarungen im Rahmen des § 475 IV BGB unwirksam. Schließlich hat der Letztverkäufer einen verschuldensunabhängigen Anspruch auf Aufwendungsersatz gegen seinen Lieferanten aus § 478 II BGB, der in zwei Jahren ab Ablieferung der Sache vom Lieferanten auf den Letztverkäufer verjährt. Um einer etwaigen Verjährung der Regressansprüche des Letztverkäufers vorzubeugen, sieht § 479 III BGB zusätzlich eine Ablaufhemmung bis zwei Monate nach Erfüllung der Ansprüche des Verbrauchers vor. Diese für das Verhältnis Letztverkäufer und Lieferant bedeutsamen Sonderbestimmungen gelten entsprechend für alle Käufe in der gesamten Lieferkette, soweit der Schuldner Unternehmer ist, §§ 478 V, 479 III BGB.

IV. Zusammenfassung

Die Vorschriften für die Mängelhaftung haben durch die Schuldrechtsreform in beträchtlicher Weise an Bedeutung gewonnen. Zum einen ist der Begriff der Beschaffenheit in dem weiteren Sinne einer Eigenschaft zu verstehen, die ihren Ursprung in der Sache selbst hat und zum anderen wurde der Sachmangeltatbestand durch die §§ 434 I 3, II BGB merklich ausgedehnt. Zudem richtet sich die Haftung sowohl für einen Rechtsmangel als auch gem. § 434 III BGB für Falsch- und Minderlieferung nach den Regeln der Mängelhaftung. Unter einem von § 434 III BGB betroffenen aliud ist allerdings lediglich eine Falschlieferung zu verstehen, die aus der Perspektive des Empfängers eine Erfüllung der vertraglichen Verpflichtung bedeuten konnte. Kaufrechtliche Minderlieferungen, die

---

[1030] § 477 BGB hängt somit nicht direkt mit der Mängelhaftung zusammen, sondern ist eine Spezialregelung zu § 443 BGB.

[1031] Ausführlich zu §§ 478, 479 BGB: *Ernst/Gsell*, ZIP 2001, 1389 (1393 ff.); *Matthes*, NJW 2002, 2505 ff.; *v. Sachsen-Gessaphe*, RIW 2001, 721 ff.; *Schubel*, ZIP 2002, 2061 ff.

ebenfalls zur Erfüllung geliefert worden sein müssen, sind angesichts der Gleichstellung des § 434 III BGB im allgemeinen Schuldrecht sowohl als Teilleistung als auch als nicht vertragsgemäße Leistung zu verstehen, woraus eine kumulative Anwendung der jeweiligen Vorschriften resultiert. Auch der Kauf von Rechten und sonstigen Gegenständen, der zu einem Teil den Kauf von Unternehmen regelt, orientiert sich gem. § 453 I BGB an der kaufrechtlichen Mängelhaftung. Die neu eingefügten Vorschriften für den Verbrauchsgüterkauf haben auf die Schadensersatzhaftung des Verkäufers nur geringen Einfluss. Hauptsächlich wird die Beweislast für den Zeitpunkt des Mangels nach § 476 BGB auf die Schultern des Unternehmers gelegt wird. Durch diese Vereinheitlichung des Haftungssystems, das in den Vorschriften für einen Sachmangel seinen Mittelpunkt hat, entfaltet die Abgrenzung zwischen Mangel- und Mangelfolgeschaden in weitreichendem Maße Wirkung.

C. Der Tatbestand des Schadensersatzes im Werkvertragsrecht

Im Anschluss an die durch die Schuldrechtsreform veränderten Eigentümlichkeiten der kaufrechtlichen Schadensersatzhaftung wegen eines Mangels sollen die Besonderheiten im Werkvertragsrecht veranschaulicht werden. Dieses war schon zuvor mit dem „Gesetz zur Beschleunigung fälliger Zahlungen“ vom 30.02.2000 teilweise reformiert worden und wies angesichts der bereits erfolgten Änderungen im Bereich der Abnahme, der Fertigstellungsbescheinigung, der Einführung eines gesetzlichen Anspruchs auf Abschlagzahlung und der Erweiterung der Verpflichtung des Bestellers, Sicherheit zu leisten, einen geringeren Modernisierungsbedarf als die kaufvertraglichen Regelungen auf[1032].

I. Das Verhältnis der werkvertraglichen Vorschriften zum neuen Kaufrecht

Die neue Form der Vorschriften für den Werkvertrag offenbart in weiten Teilen Parallelen zum Kaufrecht und sollte nach dem Willen des Gesetzgebers[1033] für eine Harmonisierung dieser beiden Teilgebiete sorgen[1034]. Bemerkenswert ist, dass sich die Annäherung nicht – wie vielfach angenommen[1035] – vom Werkvertragsrecht zum Kaufrecht, sondern im Einklang mit neueren Entwicklungen

1032 Vgl. BT-Drs. 14/6040, S. 87 f., 260; Abschlußbericht, S. 33, wo nur einzelne Problembereiche für reformbedürftig gehalten werden; zu älteren Reformüberlegungen siehe *Küpper*, Der Werkvertrag in der Schuldrechtsreform, S. 27 ff.

1033 BT-Drs. 14/6040, S. 95.

1034 Statt aller *Meub*, DB 2002, 131 (131); *Roth*, JZ 2001, 543 (544); *Westermann*, JZ 2001, 530 (530).

1035 *Dauner*-Lieb, JZ 2001, 8 (14); *Preussner*, BauR 2002, 231 (231); *Raiser*, NZBau 2001, 598 (599).

in der Rechtsprechung[1036] genau in die entgegengesetzte Richtung vollzog[1037]. Für den Werkunternehmer[1038] bestand bereits vor der Schuldrechtsmodernisierung eindeutig eine Primärpflicht zur Herstellung eines mangelfreien Werkes. Zudem waren im Werkvertragsrecht in den §§ 633 II 1, 634 I 1 BGB a. F. schon immer eine Nachbesserung und eine Fristsetzung etabliert, so dass die Einführung eines allgemeinen Prinzips des Vorrangs der Nacherfüllung gem. §§ 635, 634 BGB keine elementare Änderung beinhaltet. Das bisherige Recht auf Nachbesserung wird lediglich erweitert zu einem der Rechtsfolge nach umfassenderen Anspruch auf Nacherfüllung, der ebenfalls auf Neuherstellung des Werkes gerichtet sein kann. Der Schadensersatz nach § 635 BGB a. F. setzte schon vor der Schuldrechtsreform in der Regel eine vorherige Fristsetzung sowie ein fahrlässiges oder vorsätzliches Verschulden voraus und maß im Unterschied zu §§ 463, 480 II BGB der Voraussetzung der Zusicherung oder Arglist keine der kaufrechtlichen Situation entsprechende Bedeutung bei. Auch die nun nach § 280 I 2 BGB im allgemeinen Teil befindliche Verschuldensvermutung zulasten des Schuldners ergab sich für den Werkunternehmer bereits nach alter Rechtslage zumeist aus der Beweislastverteilung nach Gefahrenbereichen[1039]. Der in § 634 III BGB a. F. normierte werkvertragliche Ausschluss der Wandelung für unerhebliche Mängel ist nunmehr für den Rücktritt sogar als allgemeine Vorschrift in § 323 V 2 BGB verankert worden, wohingegen eine Minderung nach § 638 BGB auch bei unerheblichen Mängeln möglich bleibt. Die fünfjährige Verjährungsfrist des § 438 I Nr. 2 BGB ist ebenfalls dem Werkvertragsrecht entliehen. Das alte Werkvertragsrecht entsprach also zu einem gehörigen Teil bereits dem modernisierten Kaufrecht. Weil ferner weder ein werkvertraglicher Umsetzungszwang bestand[1040], noch die weiteren Reformziele wie die Stärkung des BGB oder der Verbraucherschutz in die §§ 633 ff. BGB

[1036] BGH 74, 204 (206 ff.) m. w. N. zum Kauf von Neubauten.

[1037] Wie hier *Ehmann/Sutschet*, § 11, I., S. 253; *Peters* in Ernst/Zimmermann, S. 277 (282); Westermann-*Maifeld*, S. 251 f.; *Ayad*, DB 2001 2697 (2704); *Haas*, BB 2001, 1313 (1320); *Reinkenhof*, Jura 2002, 433 (434); *Roth*, JZ 2001, 543 (546); *Teichmann*, ZfBR 2002, 13 (13).

[1038] Wegen § 14 BGB bleibt der Begriff des Unternehmers doppelt belegt, weshalb für die §§ 633 ff. BGB der Begriff des Werkunternehmers verwendet werden soll. Vorschläge zur Umbenennung des werkvertraglichen Unternehmers in Hersteller, wie noch in § 633 DE vorgeschlagen, konnten sich im Zuge der Reform wegen der Verwechslungsgefahr mit dem Hersteller nach § 434 I 3 BGB, § 4 ProdHaftG nicht durchsetzen.

[1039] BGH 48, 310 (312 f.); BGH, VersR 1995, 805 (805 f.); Palandt-*Sprau*, 61. Aufl., § 635 Rn. 9.

[1040] Eine Umsetzungspflicht war nur für die Herstellung beweglicher Sachen vorgegeben, siehe 4. Kapitel, C., IV., S. 244; vgl. aber *Vorwerk*, BauR 2003, 1 (2), der zur Vereinheitlichung des besonderen Schuldrechts eine allgemeine auch auf das Werkvertragsrecht bezogene Wirkung der Verbrauchsgüterkaufrichtlinie präferiert; in Bezug auf das Ver-ständnis einer Garantie gem. Art. 1 Abs. 2 lit. e) VerbrGK-RiL auch *Lehmann*, DB 2002, 1090 (1093).

einfließen mussten, hat die Gestalt des Werkvertragsrecht nicht so gravierende Veränderungen erfahren wie das Kaufrecht[1041]; vielmehr kann das alte Werkvertragsrecht eher als Vorbild für das veränderte einheitliche Haftungssystem bezeichnet und die dort gewonnenen Erkenntnisse können zur Lösung neuartiger Probleme fruchtbar gemacht werden. Das besondere Augemerk soll daher im Folgenden gerichtet werden auf die wesentlichen Abweichungen des Werkvertrags vom bereits ausführlich erörterten Kaufrecht, auf das hinsichtlich der nicht erneut behandelten Themenkreise entsprechend verwiesen werden kann.

II. Der Mangelbegriff im Werkvertragsrecht

Wie im Kaufrecht bauen die Mängelrechte des Bestellers mittels Verweis in § 634 BGB auf dem allgemeinen Schuldrecht auf, so dass auch hier der Begriff der Wandlung nur noch Rechtsgeschichte und durch den Rücktritt zu ersetzen ist und die besonderen Vorschriften des Werkvertrags in das allgemeine Leistungsstörungsrecht eingebettet sind. Kernvoraussetzung sämtlicher Mängelrechte bleibt der Begriff des Mangels, der in § 633 BGB als Sach- oder Rechtsmangel definiert ist.

1. Der Sachmangel

Sowohl im neuen Kauf- als auch Werkvertragsrecht tritt mit der Anknüpfung an die „vereinbarte Beschaffenheit" in §§ 633 II 1 BGB deutlicher als bisher der subjektive Sachmangelbegriff zutage, worunter jede negative Abweichung der Ist-Beschaffenheit des Werkes von seiner Soll-Beschaffenheit fällt. Nur subsidiär richtet sich die Soll-Beschaffenheit gem. § 633 II 2 BGB nach der Eignung zur nach dem Vertrag vorausgesetzten Verwendung in Nr. 1 und äußerst subsidiär nach den objektiven Kriterien der Eignung zur gewöhnlichen Verwendung und der üblichen Beschaffenheit in Nr. 2. Damit ist der Sachmangeltatbestand kongruent zum Kaufrecht aufgebaut und spiegelt den subjektiv-objektiven Mangelbegriff wider[1042]. Beim Werkvertrag ist allerdings zu berücksichtigen, dass eine Sache erst noch herzustellen ist und nicht wie beim Kaufvertrag eine bereits existierende Sache in Rede steht, die der Verkäufer mit überlegener Sachkunde vor Vertragsschluss und Lieferung überprüfen kann[1043]. Wird nicht

---

1041 Eine Annäherung an das Kaufrecht ist die Einführung einer ausdrücklichen Haftung für Rechtsmängel in §§ 634 III BGB.

1042 KK-*Crellwitz*, § 633 Rn. 3; Palandt-*Sprau*, 63. Aufl., § 633 Rn. 5 ff.; *Lorenz/Riehm*, Rn. 635; Westermann-*Maifeld*, S. 254 f.; *Voppel*, BauR 2002, 843 (847); abweichend *Mundt*, NZBau 2003, 71 (77), der Beschaffenheit und vertraglich vorausgesetzten Verwendungszweck auf eine Stufe stellt.

1043 *Hofer*, AcP 201 (2001), 275 (279).

die Herstellung einer Sache, sondern eine erfolgsbezogene Tätigkeit oder ein geistiges Werk geschuldet, muss der Begriff der Beschaffenheit sinngemäß verstanden werden, so dass auch solche Werkleistungen mit einem Sachmangel im rechtstechnischen Sinne behaftet sein können[1044].

Über § 633 II 2 Nr. 2 BGB sind weiterhin die anerkannten Regeln der Technik einzuhalten[1045]. Trotz Einhaltung der Regeln der Technik kann das Werk gleichwohl mangelhaft sein, wenn es nicht die vertraglich vereinbarte, übliche oder erwartete Gebrauchstauglichkeit hat[1046]. Eine gewisse Veränderung der rechtlichen Situation ist dadurch für die Fälle gegeben, in denen das Werk der Beschaffenheitsvereinbarung der Parteien genügt, aber für die anvisierte Verwendung ungeeignet ist. Früher wurde eine solche Konstellation als Sachmangel des Werkes gewertet[1047]. Da nach der Anordnung des § 633 II 1 BGB kein Sachmangel besteht, wenn die vereinbarte Beschaffenheit des Werkes vorliegt, ist eine solche rechtliche Bewertung fortan versperrt, falls eine ausdrückliche Beschaffenheitsvereinbarung getroffen wurde. Dementsprechend ist allenfalls eine Haftung auf Grundlage der c.i.c wegen der Verletzung einer Aufklärungspflicht denkbar[1048]. Hingegen ist im Rahmen des § 633 II BGB die Eignung zur nach dem Vertrag vorausgesetzten (Nr. 1) bzw. subsidiär der üblichen Verwendung (Nr. 2) ausschlaggebend.

Im Kontrast zum Kaufrecht gibt es nach § 633 BGB im Werkvertragsrecht wegen der angeblich[1049] geringen Bedeutung keine Haftung für Werbeaussagen, die ausschließlich auf den Verkauf von Massenwaren zugeschnitten sein soll[1050]. Normalerweise existiert im Rahmen eines Werkvertrages kein Dritter, der Werbeangaben über das zu produzierende Werk macht[1051]. Denkbar sind solche Fälle aber sehr wohl, wenn beispielsweise der Hersteller für bestimmte Materialien oder der Franchisegeber für seine werkvertraglich tätigen Franchisenehmer wirbt. Macht der Werkunternehmer selbst Werbeangaben, werden diese regelmäßig eine Beschaffenheitsvereinbarung darstellen, z. B. wenn im Rahmen eines Bauträgervertrags der Bauträger mittels Prospekten bestimmte Angaben

---

1044 *Teichmann*, JuS 2002, 417 (419); krit. *Ehmann/Sutschet*, § 11, III., S. 255 f.

1045 BT-Drs. 14/6040, S. 261; AK-*Raab*, § 633 Rn. 19; *Schmidt-Räntsch*, Rn. 978; *Mundt*, NZBau 2003, 71 (78); *Voppel*, BauR 2002, 843 (847); vgl. *Vorwerk*, BauR 2003, 1 (4).

1046 Vgl. BGH 48, 310 (312); BGH 91, 206 (212 f.).

1047 Vgl. etwa BGH, NJW 1984, 2457 (2459); BGH, NJW 1998, 3707 (3708); BGH, NJW-RR 2000, 465 (466).

1048 Ebenso *Vorwerk*, BauR 2003, 1 (6).

1049 Zustimmend *Meub*, DB 2002, 131 (131 f.); *Mundt*, NZBau 2003, 71 (79); *Roth*, JZ 2001, 543 (547); krit. *Krebs*, DB 2000, Beil. Nr. 14, 1 (23).

1050 BT-Drs. 14/6040, S. 261.

1051 AK-*Raab*, § 633 Rn. 18; *Reinkenhof*, Jura 2002, 433 (434).

über die Beschaffenheit des Bauwerks macht[1052]. Da der Werkunternehmer typischerweise die Herstellung des Werkes übernimmt, fehlt außerdem eine der Ikea-Klausel des § 434 II BGB entsprechende Vorschrift. Der maßgebliche Zeitpunkt für die Mangelfreiheit ist abweichend vom Kaufrecht nicht festgeschrieben. Wie im Kaufrecht ist dies jedoch der Zeitpunkt des Gefahrübergangs, der im Grundsatz mit der Abnahme gleichzusetzen ist[1053].

2. Das aliud und die Minderherstellung

Im Einklang mit der kaufrechtlichen Regelung wird der Anwendungsbereich der Sachmängelhaftung auf die Fälle von aliud und Zuweniglieferung in § 633 II 3 BGB ausgedehnt[1054]. Äußerst problematisch stellt sich die Regelung des § 633 II 3 BGB im Werkvertragsrecht für eine Minderherstellung dar. Wird die Herstellung mehrerer Werke geschuldet[1055], unterläge ein Rücktritt infolge der Minderherstellung gem. § 323 V 2 BGB nur der Schranke der Erheblichkeit des Mangels[1056]. Versteht man aber die Minderherstellung wie bereits ausgeführt[1057] nicht nur als Mangel, sondern zugleich weiterhin als Teilleistung, bleibt das Erfordernis des Interessenfortfalls beim Besteller i. S. d. § 323 V 1 BGB als schärfere und damit weiterhin anwendbare Regelung bestehen, so dass insofern keine Änderung gegenüber der alten Rechtslage besteht[1058].

3. Der Rechtsmangel

Neu in das Werkvertragsrecht aufgenommen worden ist gem. § 633 III BGB der Rechtsmangel, für den zuvor die kaufrechtlichen Vorschriften der §§ 434, 440 BGB a. F. analog angewendet wurden[1059]. Wegen des gesetzlichen Eigen-

---

1052 *Amann/Brambring/Hertel*, S. 187 ff.; vgl. auch BGH, NJW 2001, 436 (437).

1053 Palandt-*Sprau*, 63. Aufl., § 633 Rn. 3.

1054 *Mundt*, NZBau 2003, 71 (78); vgl. die kaufrechtlichen Erwägungen im 4. Kapitel, B., I., 2., dd), S. 223 ff. hinsichtlich einer Einschränkung des § 633 II 3 BGB. Das Merkmal des Herstellens erfordert dementsprechend, dass aus dem Empfängerhorizont das Werk gem. §§ 133, 157 BGB analog als Erfüllung verstanden werden kann.

1055 Vgl. das Bsp. bei *Sienz*, BauR 2002, 181 (183), wenn von 20 geschuldeten Fenstern 19 eingebaut werden.

1056 Zu den grundsätzlichen Problemen des Rücktritts im Baurecht siehe auch *Acker/Konopka*, BauR 2002, 1307 (1311 ff.); *Kraus*, BauR 2002, 524 (524 f.).

1057 Siehe zum Kaufrecht 4. Kapitel, B., I., 2., b), S. 226 ff.

1058 Ebenso i. E. Palandt-*Sprau*, 63. Aufl., § 633 Rn. 8; *Preussner*, BauR 2002, 231 (237).

1059 Vgl. Palandt-*Sprau*, 61. Aufl., Vorb v § 633 Rn. 1; RGRK-*Glanzmann*, 12. Aufl., § 633 Rn. 15; Staudinger-*Peters*, 14. Aufl., § 633 Rn. 172. *Peters*, NZBau 2002, 114 (118) sieht zwar in Anbetracht der bisher problemlosen Lösung der Rechtsmängelhaftung im Werkvertragsrecht einen Widerspruch zu dem „Grundsatz, dass man dem Gesunden keine Medizin verabreichen sollte", aber es handele sich bei der Einfügung des tumsübergangs nach §§ 946 ff. BGB wird die Rechtsmängelhaftung gleichwohl – beispielsweise für die Verletzung von Urheberrechten – ein seltener Ausnahmefall des Werkvertragsrechts bleiben, da vor allem im Baubereich der Besteller typischerweise durch Einbau unbelastetes Eigentum erwirbt[1060].

III. Die werkvertraglichen Sonderregelungen

Einzug in das Werkvertragsrecht hat in gleichem Umfang wie in das Kaufrecht das Prinzip des Vorrangs der Nacherfüllung gehalten, welches das primäre Mängelrecht des Bestellers beinhaltet und den weiteren, katalogartig in § 634 BGB zusammengestellten Rechten Selbstvornahme, Rücktritt, Minderung, Schadens- und Aufwendungsersatz durch das Erfordernis einer Fristsetzung generell vorgeschaltet ist. Der Anspruch auf mangelfreie Erfüllung aus § 633 I BGB wandelt sich in den modifizierten Nacherfüllungsanspruch um, der zwar inhaltlich unverändert, aber in seinen Voraussetzungen durch die §§ 634a, 635, 639 BGB modifiziert ist[1061]. Konträr zur kaufrechtlichen Konzeption steht gem. §§ 634 Nr. 1, 635 I BGB dem Werkunternehmer als Schuldner das Wahlrecht zwischen Nachbesserung und Neuherstellung zu. Diese abweichende Entscheidung des Gesetzgebers basiert auf der Annahme, der Werkunternehmer könne aufgrund seiner engen Verquickung mit dem Produktionsprozess und mittels seiner Sachkunde die effizienteste Art der Nacherfüllung aussuchen[1062]. Entbehrlich ist eine Fristsetzung zur Nacherfüllung nicht nur unter den Voraussetzungen der §§ 281 II, 323 II BGB, sondern auch gem. § 636 BGB, wenn der Werkunternehmer die Nacherfüllung wegen Unzumutbarkeit verweigert, die Nacherfüllung fehlgeschlagen oder dem Besteller unzumutbar ist. Für das Fehlschlagen der Nacherfüllung kann man das zweifache Scheitern aus § 440 BGB des Kaufrechts sinngemäß übernehmen[1063], wobei es sich im Grunde genommen

---

§ 633 III BGB ja nur um „Hustenbonbons oder Salmiakpastillen“, die „einfach gut“ schmecken.

1060 Vgl. *Mundt*, NZBau 2003, 71 (77).

1061 Palandt-*Sprau*, 63. Aufl., Vorb v § 633 Rn. 7 f.; vgl. 3. Kapitel, A., I., 2., b), aa), S. 45 f.; 3. Kapitel, C., IV., S. 97 f.; a. A. *Vorwerk*, BauR 2003, 1 (9 f.), der Erfüllungs- und Nacherfüllungsanspruch für identisch hält, weil dem Werkunternehmer das Wahlrecht verbleibe und die § 635 BGB keine echten Modifikationen enthielten; wohl auch *Raab* in Dauner-Lieb/Heidel/Lepa/Ring, § 9 Rn. 39.

1062 BT-Drs. 14/6040, S. 265; krit. KK-*Crellwitz*, § 635 Rn. 1, der erhebliches Konfliktpotential sieht, insoweit der Werkunternehmer die billigere statt der sachgerechten Art der Nacherfüllung wählt.

1063 *Reinkenhof*, Jura 2002, 433 (435); wohl auch *Preussner*, BauR 2002, 231 (236). Man wird aber häufigere Nacherfüllungsversuche je nach herzustellendem Werk und den konkreten Umständen des Einzellfalls, insbesondere im EDV-Bereich, zulassen müssen; a. A. *Ehmann/Sutschet*, § 11, IV., S. 257, die auf die Rechtsprechung zu § 11 Nr. 10 lit. b AGBG zurückgreifen wollen, wonach nach einem misslungenem Versuch ein Fehlschlagen der Nacherfüllung anzunehmen sei.

nur um eine Variante der Unzumutbarkeit der Nacherfüllung für den Besteller handelt.

Vor der Schuldrechtsmodernisierung war das Verhältnis von ursprünglichem Erfüllungs- und Nachbesserungsanspruch problematisch: Bis zur Abnahme sollte ein so genannter Neuherstellungsanspruch aus § 631 I BGB existieren, der sich nach h. M.[1064] mit der Abnahme auf einen Nachbesserungsanspruch konzentrierte[1065]. Fortan besteht unverändert ab Abnahme nur noch der Nacherfüllungsanspruch (vgl. § 640 II BGB), der ausdrücklich auch die Möglichkeit der Neuherstellung des Werkes vorsieht. Insofern ist die schon früher vertretene m. M.[1066] Gesetz geworden, die eine Konzentrationswirkung der Abnahme von jeher ablehnte. Allerdings wird wie im Kaufrecht der Erfüllungsanspruch schon ab Gefahrübergang generell durch den Nacherfüllungsanspruch ersetzt, so dass ab Vollendung des Werkes dieser mit den Modifikationen der §§ 634a, 635, 639 BGB zur Anwendung kommen kann, wenn ein erster Erfüllungsversuch unternommen wurde[1067].

Die nie überzeugende Differenzierung zwischen nahen und entfernten Mangelfolgeschäden gehört endgültig der Vergangenheit an[1068]. Die Wahl der Anspruchsgrundlage für Schadensersatz hängt damit nicht mehr von der Frage ab, ob ein entfernter oder naher Mangelfolgeschaden besteht, sondern richtet sich wie im allgemeinen Teil einzig danach, ob ein Schadensersatz statt der Leistung, ein Verzögerungsschaden oder ein Schadensersatz abseits der Leistung begehrt wird[1069]. Bemerkenswert ist dies vor allem im Hinblick auf einschneidende Veränderungen der Verjährung[1070]. Berücksichtigt man die von der Reform

---

1064 Vgl. RG 57, 275 (276); 95, 329 (330); 107, 339 (342 ff.); BGH 26, 337 (340); 42, 232 (233); 58, 7 (9); 61, 42 (45); *Larenz*, SchR BT/1, § 53 II a), S. 350.

1065 Nur nach Treu und Glauben konnte es dem Werkunternehmer ausnahmsweise gestattet sein, das Werk vollständig neu herzustellen; BGH 96, 111 (118).

1066 Erman-*Seiler*, 10. Aufl., § 633 Rn. 25; Soergel-*Teichmann*, 12. Aufl., Vor § 633 Rn. 1.

1067 Vgl. Palandt-*Sprau*, 63. Aufl., Vorb v § 633 Rn. 6 ff.; *Lorenz/Riehm*, Rn. 661; Westermann-*Maifeld*, S. 257; *Sienz*, BauR 2002, 181 (184). Bei einer Verweigerung der Abnahme wegen mangelhafter Herstellung ist weiterhin das allgemeine Leistungsstörungsrecht maßgeblich.

1068 KK-*Crellwitz*, § 636 Rn. 3; *Ehmann/Sutschet*, § 11, VII., S. 262; *Lorenz/Riehm*, Rn. 655; Westermann-*Maifeld*, S. 265; *Haas*, BB 2001, 1313 (1320); *Hertel*, DNotZ 2002, 6 (8); *Jaeger*, ZGS 2002, 236 (236 f.); *Kannowski*, BauR 2003, 170 (178); *Schudnagies*, NJW 2002, 396 (398); schon *Lang*, NJW 1995, 2063 (2070), der sich die unsägliche Unter-scheidung auf die „Müllkippe der Rechtsgeschichte" wünschte; zweifelnd *Voppel*, BauR 2002, 843 (853).

1069 3. Kapitel, C., IV., S. 96 ff.; 3. Kapitel, D., X., 4., S. 137 ff.; 3. Kapitel, D., XI., S. 141 f.

1070 *Peters*, NZBau 2002, 113 (119); zur Verjährung ausführlich 5. Kapitel, D., S. 279 ff.

unangetastete Vorschrift des § 640 II BGB[1071] sowie die Verschuldensvermutung des § 280 I 2 BGB, bedeutet eine vorbehaltlose Abnahme des Werkes aus Sicht des Werkunternehmers damit weniger Rechtssicherheit im Hinblick auf einen Schadensersatz als vor der Reform. Vergegenwärtigt man sich aber, dass aufgrund des Vorrangs der Nacherfüllung der Schadensersatzanspruch nach §§ 634 Nr. 4, 281 BGB an eine vorherige Fristsetzung gebunden ist, kann mit Ausschluss des Nacherfüllungsanspruchs gem. § 640 II BGB auch nicht nachträglich eine Frist zur Nacherfüllung gesetzt werden. Dass heißt, für eine Haftung nach § 281 BGB muss jedenfalls vor der Abnahme in Kenntnis des Mangels eine Fristsetzung, die oftmals als konkludenter Vorbehalt aufgefasst werden dürfte, erfolgt sein.

Eine werkvertragliche Eigenheit bleibt das Recht des Bestellers zur Selbstvornahme und der daraus folgende Aufwendungsersatz gem. §§ 634 Nr. 2, 637 BGB[1072]. Im Gegensatz zum bisher vorausgesetzten Verzug des Werkunternehmers mit der Mängelbeseitigung genügt hierfür künftig eine dem Werkunternehmer erfolglos gesetzte, abgelaufene Frist zur Nacherfüllung. Damit läuft dieser Anspruch fortan zu Rücktritt und Minderung ohne Erfordernis eines Verschuldens parallel[1073]. Nach § 637 III BGB wird dem Besteller in Übereinstimmung mit der ständigen Rechtsprechung[1074] nun ausdrücklich ein Anspruch auf eine Vorschusszahlung für die zur Beseitigung des Mangels[1075] erforderlichen Aufwendungen zugestanden. Praxisrelevant ist überdies die Neuregelung des § 632 III BGB, wonach ein Kostenanschlag im Zweifel nicht zu vergüten ist[1076].

IV. Die Anwendung des Kaufrechts nach § 651 BGB

Die ehemalige Regelung zum Werklieferungsvertrag in § 651 BGB a. F. wurde stark modifiziert und sollte einen erheblichen Gewinn an Übersichtlichkeit und Vereinfachung zur Folge haben[1077], indem die ursprüngliche Abgrenzung zwischen Kauf- und Werkvertragsrecht über das Merkmal, ob das Werk aus

---

1071 Die kaufrechtliche Parallelvorschrift des § 464 BGB a. F. wurde gestrichen; krit. hierzu KK-*Crellwitz*, § 632 Rn. 2; *Peters*, NZBau, 113 (119); vgl. *Roth*, JZ 2001, 543 (550).

1072 Ausführlich *Knütel*, BauR 2002, 689 (689 ff.).

1073 Westermann-*Maifeld*, S. 260; *Hertel*, DNotZ 2002, 6 (7).

1074 BGH 47, 272 (274); 68, 373 (378) m. w. N.; vertiefend Staudinger-*Peters*, 14. Aufl., § 633 Rn. 196 ff.

1075 Angesichts der Schadensminderungspflicht des Bestellers aus § 254 II BGB kann die Beseitigung des Mangels auch eine Neuherstellung bedeuten; vgl. *Ehmann/Sutschet*, § 11, V., S. 258.

1076 Vertiefend *Preussner*, BauR 2002, 231 (232 f.); *Teichmann*, JuS 2002, 417 (418), insbesondere zur abweichenden Ausgestaltung in allgemeinen Geschäftsbedingungen.

1077 BT-Drs. 14/6040, S. 268.

einem vom Werkunternehmer zu beschaffenden Stoff hergestellt werden soll, aufgegeben wird[1078]. Ausschlaggebend kommt es gem. § 651 S. 1 BGB nunmehr darauf an, ob eine bewegliche Sache hergestellt wird. Ist dies der Fall, folgt daraus die Anwendung des Kaufrechts. Die Herstellung von Werbefilmen, Reiseprospekten, Zahnprothesen oder Individualsoftware unterliegt somit in erster Linie dem Kaufrecht[1079]. Eine Einschränkung besteht gem. § 651 S. 3 BGB für nicht vertretbare, bewegliche Sachen, auf die die §§ 642, 643, 645, 649 und 650 BGB mit der Maßgabe anzuwenden sind, dass an die Stelle der Abnahme der Zeitpunkt des Gefahrübergangs nach §§ 446 f. BGB tritt. Diese gelten allerdings neben den kaufrechtlichen Regeln, nicht wie bisher an deren Stelle[1080]. Für das Werkvertragsrecht übrig bleibt ein erheblich eingeschränkter Anwendungsbereich für Verträge über die Herstellung unbeweglicher Sachen, unkörperlicher Werke und von Bauwerken sowie die Wartung und Reparatur beweglicher und unbeweglicher Sachen[1081]. Ohne diese Umgestaltung des § 651 BGB hätte man für die Erstellung beweglicher Werke besondere Regeln für den Verbraucherwerkvertrag machen müssen, um die Vorgabe der Richtlinie aus Art. 1 Abs. 4, wonach die Lieferung herzustellender oder zu erzeugender Verbrauchsgüter einem Verkauf gleichgestellt ist, einzuhalten[1082]. Allerdings geht mit der Neufassung des § 651 BGB einerseits eine starke Verkürzung des werkvertraglichen Anwendungsbereichs einher und andererseits werden die Regelungen des Verbrauchsgüterkaufs für ehemals werkvertragliche Vertragstypen relevant. Offensichtlich übersehen hat der Gesetzgeber in diesem Zusammenhang, dass sich das Werkunternehmerpfandrecht in § 647 BGB ebenfalls auf hergestellte bewegliche Sachen bezieht, was bei Anwendung des Kaufrechts keinen Sinn mehr macht[1083].

Trotz der Annäherung zwischen Kauf- und Werkvertragsrecht bleibt eine Abgrenzung der beiden Vertragstypen bedeutsam, soweit es um die Anwendung kaufrechtlicher oder werkvertraglicher Sonderregeln geht[1084]. Zudem wirkt sich die pauschale Anwendung der Vorschriften über das Kaufrecht auf Verträge über die Lieferung herzustellender oder zu erzeugender beweglicher Sachen besonders störend im Baurecht aus, wo die Abgrenzung zwischen wesentlichen

---

1078 Entsprechende Veränderungen hat die handelsrechtliche Parallelvorschrift des § 381 II HGB erfahren.

1079 Beispiele nach *Meub*, DB 2002, 131 (134); krit. *Bartsch*, CR 2001, 649 (655); *Thewalt*, CR 2002, 1 (7); a. A. *Diedrich*, CR 2002, 473 (475 ff.); Palandt-*Sprau*, 63. Aufl., § 651 Rn. 5.

1080 *Hertel*, DNotZ 2002, 6 (11).

1081 BT-Drs. 14/6040, S. 268; AK-*Raab*, § 651 Rn. 9 ff.; *Thode*, NZBau 2002, 360 (361); *v. Wilmowsky*, JuS 2002, Beil. zu H. 1, 1 (31).

1082 *Däubler-Gmelin*, NJW 2001, 2281 (2285).

1083 *Reinkenhof*, Jura 2002, 433 (434).

1084 Vgl. Palandt-*Sprau*, 63. Aufl., Vorb v § 633 Rn. 1; *Thode*, NZBau 2002, 360 (362).

Bestandteilen nach §§ 93, 94 BGB und Scheinbestandteilen nach § 95 BGB fließend ist und von der Rechtsprechung kasuistisch entschieden wurde. Scheinbestandteile i. S. v. § 95 BGB können sogar Bauwerke sein, die nur zu vorübergehenden Zwecken – beispielsweise in Ausübung eines zeitlich begrenzten Nutzungsrechts – oder aufgrund eines dinglichen Rechts an einem Grundstück – wie einem Erbbaurecht – auf einem fremden Grundstück errichtet werden. Da Scheinbestandteile rechtstechnisch bewegliche Sachen sind, hat die Herstellung solcher Werke gem. § 651 BGB die Anwendung des Kaufrechts zur Folge[1085], wenn man nicht eine europarechtskonforme Auslegung der Verweisung auf das Kaufrecht befürwortet in dem Sinne, dass die Sache tatsächlich physisch beweglich sein muss[1086].

V. Zusammenfassung

Die Schuldrechtsreform hat im Werkvertragsrecht schwächere Spuren hinterlassen als im Kaufrecht, das nur noch geringe Unterschiede zur werkvertraglichen Mängelhaftung aufweist. Neben einer fehlenden Haftung für Werbeangaben Dritter und Montagefehler steht insbesondere das Wahlrecht der Nacherfüllung dem Werkunternehmer zu. Außerdem verbleiben das Recht zur Selbstvornahme samt einem entsprechenden Vorschussanspruch, die Wirkungen der Abnahme im Hinblick auf die Gefahrtragung, die Beweislastverteilung und die Verjährung, die Abschlagzahlungen und das freie Kündigungsrecht als werkvertragliche Besonderheiten. Eine Differenzierung zischen nahen und entfernten Mangelfolgeschäden ist nicht mehr erforderlich.

Die wohl wesentlichste Änderung ist die Einschränkung des werkvertraglichen Anwendungsbereichs zugunsten des Kaufrechts mittels des § 651 BGB, der fortan eine elementare Differenzierung zwischen der Herstellung beweglicher oder unbeweglicher Werke enthält. Inwieweit sich die Anwendung des Kaufrechts auf ehemals typisch werkvertragliche Vertragsarten auswirkt, weil die Besonderheiten des Herstellungsprozesses in den kaufrechtlichen Regeln keine Berücksichtigung finden, muss abgewartet werden und eröffnet ein umfangreiches neues Problemfeld, dessen dezidierte Erörterung an anderer Stelle erfolgen muss.

1085 So wohl *Kraus*, BauR 2002, 524 (526).

1086 Vgl. Palandt-*Sprau*, 63. Aufl., § 651 Rn. 5; *Ott*, MDR 2002, 361 (363 f.); *Preussner*, BauR 2002, 231 (241); *Sienz*, BauR 2002, 181 (190 f.); *Thode*, NZBau 2002, 360 (362).

5. Kapitel: Die Verjährung des Anspruchs auf Schadensersatz wegen eines Mangels

Im letzten Kapitel soll die praktisch eminent wichtige Verjährung betrachtet werden, die während des Entwicklungsprozesses der Schuldrechtsreform stets Gegenstand heftiger Kontroversen war und ihre jetzige Form erst in letzter Sekunde erhalten hat. Im Stile der vorangegangenen Untersuchung beschäftigt sich die Arbeit nach den allgemeinen Veränderungen des Verjährungsrechts zunächst mit der kaufrechtlichen und im Anschluss mit der werkvertraglichen Verjährung. Aufbauend auf der verjährungsrechtlichen Situation des alten Rechts, wird jeweils das neue System analysiert. Vorab sollen allerdings die Grundwertungen veranschaulicht werden, die mit dem Phänomen der Verjährung eines Anspruchs einhergehen, um die Neukonzeption samt ihrer ungelösten Fragestellungen auf diese teleologischen Ursprünge zurückführen zu können.

A. Die teleologischen und rechtspolitischen Grundlagen der Verjährung

Infolge der Verjährung kann der Gläubiger seinen Anspruch nicht mehr gegen den Willen des Schuldners im Klagewege durchsetzen. Zwar bleibt der Anspruch bestehen und kann weiterhin erfüllt werden, verweigert aber der Schuldner die Leistung, wird der Anspruch de facto wertlos. Sieht man von dem durch § 215 BGB im Einzelfall verkörperten Restwert der Forderung ab, hat die Verjährung somit nach Ablauf der Verjährungsfrist im Lichte des Art. 14 GG eine enteignende Wirkung[1087]. Diese faktische Folge der Verjährung kann nur durch die konfligierenden Interessen von Schuldner, Gläubiger und Allgemeinheit erklärt werden[1088].

Aus der Sicht des Schuldners bedeutet das sich aus der Verjährung ergebene, in § 214 I BGB statuierte Leistungsverweigerungsrecht eine klare zeitliche Begrenzung seiner Haftung unabhängig davon, ob er der Sache nach berechtigt oder unberechtigt einem Anspruch ausgesetzt ist. Dieses Ergebnis trägt der „verdunkelnden Macht der Zeit“[1089] Rechnung, die den Schuldner in seinen Verteidigungsmöglichkeiten, insbesondere gegen unberechtigte Ansprüche, enorm einschränken und ihn in erhebliche Beweisschwierigkeiten bringen kann,

---

[1087] Motive I, S. 291.

[1088] *Mansel* in Ernst/Zimmermann, S. 333 (342, Fn. 45) m. w. N.; nach *Piekenbrock*, JJZiRW 2001, S. 309 (314) sind die Wertungen des Verjährungsrechts „vielschichtig, gegenläufig und zum Teil irrational“.

[1089] Motive I, S. 291.

ohne dass er selbst Einfluss auf den Zeitpunkt der Inanspruchnahme hat[1090]. Ab dem Eintritt der Verjährung ist der Schuldner von potenziellen Ansprüchen vollständig befreit, so dass er über dadurch gebundene Mittel frei disponieren und eine höhere Wirtschaftskraft entfalten kann. Obwohl der Gefahr von Beweisschwierigkeiten ebenfalls ausreichend durch Beweislastregeln zugunsten des Schuldners entgegengewirkt werden könnte, ist es die rechtspolitische Entscheidung des deutschen Gesetzgebers seit jeher gewesen, die Durchsetzung auch eines berechtigten Anspruchs mit der einschneidenden Verjährung in das Belieben des Schuldners zu stellen. Dem Schuldner soll so eine umfassende Planungssicherheit und Gewissheit hinsichtlich seiner Vermögenslage zugute kommen, damit er die Bücher über die Transaktionen endgültig schließen und die Risiken im Vorhinein kalkulierbar versichern kann[1091].

Der Gläubiger andererseits erleidet den Rechtsverlust aufgrund seiner beharrlichen Untätigkeit, die auf sein geringes Interesse an der Geltendmachung des Anspruchs schließen lässt[1092]. Hat der Gläubiger jedoch nicht einmal Kenntnis von der Existenz des Anspruchs, kann seiner Untätigkeit kein Erklärungswert entnommen werden[1093]. Im Grundsatz muss ihm eine faire Chance zur Geltendmachung zugestanden werden, um den drohenden Rechtsverlust abwenden zu können. Mit dem Ziel, dies im neuen Schuldrecht zu gewährleisten, knüpft die Regelverjährung gem. § 199 I BGB an die subjektive Kenntnis des Gläubigers an. Bis in alle Ewigkeit auf die einsetzende Kenntnis des Gläubigers und die damit verbundene Chance zur Geltendmachung zu warten, ließe aber den ausgeführten Schuldnerschutz unberücksichtigt, weshalb in § 199 II-IV BGB objektive Maximalfristen vorgesehen sind, die Grenzen des Gläubigerschutzes darstellen[1094]. Der Gläubiger ist somit angehalten, in überschaubarer Zeit seine Rechtsposition einzufordern, wohingegen der Schuldner nach einer gewissen Zeit annehmen darf, der Gläubiger halte den Anspruch selbst nicht mehr für begründet oder verzichte auf die Leistung[1095]. Die

---

[1090] Erman-*Hefermehl*, 10. Aufl., Vor § 194 Rn. 2; Palandt-*Heinrichs*, 63. Aufl., Überbl v § 194 Rn. 8; *Mansel* in Ernst/Zimmermann, S. 333 (342 f.); schon Motive I, S. 297 f.; mit einigen Einzelbeispielen *Thost*, Mangelfolgeschäden, S. 8.

[1091] BGH 110, 88 (92); *Ernst* in Ernst/Zimmermann, 559 (585); *Peters/Zimmermann*, Gutachten, Bd. I, S. 227; *Leenen*, JZ 2001, 552 (558); *Thost*, Mangelfolgeschäden, S. 9; vertiefend *Spiro*, Verjährungs-, Verwirkungs- und Fatalfristen, Bd. I, S. 8 ff.; rechtspolitische Kritik bei *Piekenbrock*, JJZiRW 2001, S. 309 (317 f.).

[1092] Motive I, S. 291.

[1093] Vgl. Motive II, S. 239.

[1094] *Piekenbrock*, JJZiRW 2001, S. 309 (316).

[1095] Ausführlich MK-*Grothe*, 4. Aufl., § 194 Rn. 6; *Piekenbrock*, JJZiRW 2001, S. 309 (314 ff.).

objektiven Fristen sind folglich derart zu bemessen, dass der Gläubiger typischerweise die Möglichkeit zur Durchsetzung seines Anspruchs hat[1096].

Hat der Gläubiger seine Chance vertan oder sind die objektiven Maximalfristen abgelaufen, wird durch die Verjährung zudem das Interesse der Allgemeinheit an Rechtsfrieden und Rechtssicherheit bedient[1097]. Dem Interesse der Allgemeinheit ebenfalls dienende Nebeneffekte sind die Entlastung der Gerichte, die Prozessökonomie[1098] und die Förderung des schnelllebigen Wirtschaftsverkehrs[1099]. Eine „Behelligung mit veralteten Ansprüchen" soll nicht nur dem Schuldner, sondern allen Individuen, die als Prozessbeteiligte oder in anderer Form tangiert werden können, erspart bleiben[1100]. Um die Klarheit von Vermögenslagen, insbesondere von Eigentumsverhältnissen an Grundstücken, zu sichern, ist es deswegen sogar dem Schuldner, der vorsätzlich einen Schaden verursacht, nicht verwehrt, sich auf die Verjährung eines Anspruchs zu berufen[1101]. Denn das Recht der Verjährungseinrede entsteht in der Regel aus einem Unterlassen des Gläubigers und hängt mit der Person des Schuldners nicht zusammen[1102].

B. Die Neuordnung des allgemeinen Verjährungsrechts

Obwohl aus Brüssel nur eine einzige gemeinschaftsrechtliche Vorschrift mit Art. 7 Abs. 1 i. V. m. Art. 3, 5 Abs. 1 VerbrGK-RiL umzusetzen war, erhielt das Verjährungsrecht im Zuge der Schuldrechtsreform ein völlig neues Gesicht. Es sollte in erster Linie einfach und einheitlich gestaltet werden[1103]. In dem Ausgleich der dargestellten Gemengelage an Interessen und der gerechten Verteilung des Verjährungsrisikos versucht sich das neue System, indem es in §§ 195, 199 BGB ein subjektives System mit objektiven Maximalfristen vorsieht. Die

1096 Palandt-*Heinrichs*, 63. Aufl., Überbl v § 194 Rn. 10; *Leenen*, JZ 2001, 552 (558); *Willingmann*, VuR 2001, 107 (108).

1097 BGH 59, 72 (74); KK-*Willingmann*, Vor §§ 194 ff. Rn. 1; Palandt-*Heinrichs*, 63. Aufl., Überbl v § 194 Rn. 7 ff.; Soergel-*Walter*, 12. Aufl., § 225 Rn. 6; *Larenz/Wolf*, § 17 Rn. 3 ff., S. 335 f.; krit. zu einem eigenen öffentlichen Interesse Spiro, Verjährungs-, Verwirkungs- und Fatalfristen, Bd. I, S. 23 f.

1098 Sogar als Hauptzweck eingestuft von *Mansel* in Ernst/Zimmermann, S. 333 (343 ff.); a. A. wegen des Einredecharakters der Verjährung *Spiro*, Verjährungs-, Verwirkungs- und Fatalfristen, Bd. I, S. 21 f.; *Peters/Zimmermann*, Gutachten, Bd. I, S. 104.

1099 BGH, NJW-RR 1993, 1059 (1060); KK-*Willingmann*, Vor §§ 194 ff. Rn. 3; Palandt-*Heinrichs*, 63. Aufl., Überbl v § 194 Rn. 11; *Mansel* in Ernst/Zimmermann, S. 333 (345 ff.); *Piekenbrock*, JJZiRW 2001, S. 309 (320); *Thost*, Mangelfolgeschäden, S. 10.

1100 Motive I, S. 291.

1101 *Ehmann/Sutschet*, § 13, II., S. 291; *Piekenbrock*, JJZiRW 2001, S. 309 (320).

1102 Erman-*Hefermehl*, 10. Aufl., Vor § 194 Rn. 5.

1103 *Krebs*, DB 2000, Beil. Nr. 14, 1 (3); *Leenen*, JZ 2001, 552 (552) m. w. N.; zum Reformbedarf siehe 2. Kapitel, B., III., S. 32 ff.

jeweilige Fristlänge wird dabei von der Überlegung getragen, den Gläubiger weder durch eine zu kurze Frist zu einem vermeidbaren Prozess zu drängen noch den Schuldner durch eine unangemessen lange Frist schutzlos zu stellen[1104].

I. Die neue Regelverjährung

Der Gesetzgeber hielt einen Zeitraum von drei Jahren zur Geltendmachung von Ansprüchen in der Regel für hinreichend. Die oftmals als zu lang und nicht mehr zeitgemäß beklagte Frist von 30 Jahren wird daher in § 195 BGB von einer dreijährigen Verjährungsfrist abgelöst, die für gesetzliche wie vertragliche Ansprüche als Regelverjährung gilt[1105].

Regelmäßig sind für einen Gläubiger drei Jahre sicherlich genügend Zeit, um sich um einen Anspruch zu kümmern[1106]. Da aber eine dreijährige Frist bei einem rein objektiven Ausgangspunkt häufig dazu führen würde, dass Ansprüche ohne Kenntnis des Gläubigers und eine wirkliche Chance zur Geltendmachung verjähren, wurde das kompensatorische Element der subjektiven Anknüpfung in § 199 BGB eingeführt. Insofern lehnt sich die Regelverjährung an die inzwischen überflüssig gewordene Regelung des § 852 BGB a. F. an[1107].

Der Verjährungsbeginn setzt gem. § 199 I Nr. 1 BGB zunächst die Entstehung des Anspruchs voraus. Auf die Fälligkeit wird entgegen dem Regierungsentwurf nicht ausdrücklich abgestellt, um die Rechtsprechung zur Schadenseinheit aufrechtzuerhalten[1108]. Überdies muss der Gläubiger nach § 199 I Nr. 2 BGB die Tatsachen, die den Anspruch begründen, sowie die Person des Schuldners kennen. Eine aus den Tatsachen abgeleitete Rechtskenntnis des Gläubigers ist nicht erforderlich[1109]. Der Kenntnis gleichgestellt ist die grob fahrlässige

---

1104 KK-*Willingmann*, Vor §§ 194 ff. Rn. 2.

1105 Besondere Verjährungsvorschriften sind insbesondere in den §§ 196 f., 200 f., 438, 634 BGB geblieben; zu letzteren ausführlich 5. Kapitel, C., III., 2., S. 262 ff.; 5. Kapitel, D., IV., 2., S. 286 ff.

1106 *Leenen*, DStrR 2002, 34 (34); für eine längere Verjährung plädieren *Ehmann/Sutschet*, § 13, II., S. 292.

1107 Zur Vorbildfunktion des § 852 BGB a. F. *Heinrichs*, BB 2001, 1417 (1418); *Zimmermann/Leenen/Mansel/Ernst*, JZ 2001, 684 (684).

1108 Für einen Schadensersatzanspruch wegen einer Körperverletzung fängt somit die Verjährung mit Eintritt der Verletzung, und nicht erst mit Anfall der Heilungskosten an; vgl. BT-Drs. 14/6040, S. 108; BT-Drs. 14/7052, S. 180. Erhalten bleibt damit auch die langjährige Problematik, ob die Fälligkeit zur Anspruchsentstehung gehört; bejahend BGH 53, 222 (225); Palandt-*Heinrichs*, 63. Aufl., § 199 Rn. 3; MK-*Grothe*, 4. Aufl., § 198 Rn. 1; a. A. Westermann-*Pfeiffer*, S. 219 f.; *Piekenbrock*, JJZiRW 2001, S. 309 (322 f.).

1109 Palandt-*Heinrichs*, 63. Aufl., § 199 Rn. 26; *Mansel*, NJW 2002, 89 (92); vgl. zu einer Ausnahme BGH 122, 317 (325 f.); BGH, NJW 1999, 2041 (2042).

Unkenntnis[1110], wodurch auch der nachlässige Gläubiger Gefahr läuft, seine Ansprüche nicht mehr durchsetzen zu können. Da keine Pflicht zur Rechtsverfolgung besteht, handelt es sich um die Verletzung einer Obliegenheit, für die der Maßstab des § 276 BGB nicht direkt weiterhelfen kann[1111]. Dass § 276 BGB aber entsprechend auch für Obliegenheiten gilt, kann einem Vergleich zu § 932 II BGB entnommen werden[1112]. Obwohl es sich um innere Tatsachen des Gläubigers handelt, trägt die Beweislast für die Kenntnis bzw. grob fahrlässige Unkenntnis der Schuldner[1113].

Trotz des Zeitalters der elektronischen Datenverarbeitung, in dem eine taggenaue Berechnung problemlos möglich sein sollte[1114], der Gefahr einer willkürlichen Fristverlängerung von einem Jahr und einer Prozesswelle im Dezember[1115] überwiegen nach Ansicht des Rechtsausschusses[1116] die praktischen Vorzüge einer Ultimoverjährung. Aus diesem Grund beginnt die Verjährungsfrist erst mit dem Schluss des Jahres, in dem die sonstigen Voraussetzungen des § 199 I BGB erfüllt sind. Damit kann die Regelverjährung im Ergebnis fast vier Jahre betragen.

Innerhalb der Grenzen des § 202 BGB kann die Verjährung künftig erleichtert und erschwert werden[1117]. Die Verjährungsregeln sind somit mit dem Grundsatz der Privatautonomie gem. § 311 I BGB dispositiv, und sowohl Hemmungs- als auch Unterbrechungsgründe können zulasten und zugunsten beider Parteien abbedungen werden[1118]. Die überkommene Vorstellung von der Indisponibilität der Verjährungsvorschriften, die die Verjährungsfristen vergleichbar den Fristen

---

1110 Krit. *Piekenbrock*, JJZiRW 2001, S. 309 (325), der den Begriff für konturlos hält. Möchte man aber dem Gläubiger eine faire Chance zur Geltendmachung seines Anspruchs einräumen, musste er den Anspruch wenigstens erkennen können, so dass unter diesem Gesichtspunkt die positivrechtliche Entscheidung des Gesetzgebers in § 199 I Nr. 2 BGB nachvollziehbar ist.

1111 Vgl. *Lorenz/Riehm*, Rn. 53; *Zimmermann/Leenen/Mansel/Ernst*, JZ 2001, 684 (687); BGH, NJW 2001, 2535 (2536).

1112 *Piekenbrock*, JJZiRW 2001, S. 309 (325).

1113 Krit. hierzu *Leenen*, DStR 2002, 34 (35); de lege ferenda *Heinrichs*, NJW 1982, 2021 (2026); *Piekenbrock*, JJZiRW 2001, S. 309 (324), die die Kenntnis (bzw. Erkennbarkeit) des Anspruchs für eine Risiko aus der Sphäre des Gläubigers halten, so dass dieser beweispflichtig sein müsste.

1114 *Krebs*, DB 2000, Beil. Nr. 14, 1 (4); *Willingmann*, VuR 2001, 107 (109).

1115 Vgl. Staudinger-*Peters*, § 201 Rn. 1; *Willingmann* in Micklitz/Pfeiffer/Tonner/Willingmann, S. 28.

1116 BT-Drs. 14/7052, S. 180; ebenso *Piekenbrock*, JJZiRW 2001, S. 309 (321 f.).

1117 Vgl. hierzu *Amann*, DNotZ 2002, 94 (105).

1118 *Mansel*, NJW 2002, 89 (96); *Schimmel*, JA 2002, 977 (978 f.).

eines Prozesses behandelte, hat damit endgültig ihre Existenzberechtigung verloren[1119].

Die Rechtsfolge der Verjährung besteht wie vor der Schuldrechtsreform in einem durch Einrede geltend zu machenden peremptorischen Leistungsverweigerungsrecht des Schuldners nach § 214 I BGB gegen den weiterhin bestehenden und erfüllbaren Anspruch des Gläubigers. Nach § 194 I BGB unterliegen immer noch lediglich Ansprüche der Verjährung, was die Reglung des § 218 BGB für die Unwirksamkeit der Gestaltungsrechte Rücktritt und Minderung notwendig machte.

II. Die objektiven Maximalfristen

Der subjektive Beginn der Verjährungsfristen findet seine Beschränkung in den objektiven Maximalfristen der Abs. 2 - 4 des § 199 BGB, der differenzierend nach der Art des Anspruchs und dem betroffenen Rechtsgut objektive Höchstfristen vorsieht, um eine Unverjährbarkeit bei Unkenntnis des Gläubigers zu verhindern[1120]. Diese objektiven Fristen laufen parallel zu den subjektiven Fristen und sind taggenau zu berechnen; maßgeblich für die Verjährung ist die kürzere Frist[1121].

Spätestens nach 10 Jahren verjähren gem. § 199 III Nr. 1 BGB Schadensersatzansprüche unabhängig von der Kenntnis oder grob fahrlässigen Unkenntnis des Gläubigers[1122]. Die zehnjährige objektive Maximalfrist gilt gem. § 199 IV BGB ebenfalls für alle Ansprüche, die keine Schadensersatzansprüche sind.

Privilegiert sind gem. § 199 II BGB angesichts ihrer besonderen verfassungsrechtlichen (sowie deliktischen) Stellung allerdings alle Schadensersatzansprüche, die auf der Verletzung des Lebens, des Körpers, der Gesundheit oder der Freiheit beruhen[1123]. Solche Ansprüche verjähren ohne Kenntnis oder grob

---

1119 Überzeugend *Piekenbrock*, JJZiRW 2001, S. 309 (333 f.).

1120 Vgl. *Mansel*, NJW 2002, 89 (92); *Schimmel*, JA 2002, 977 (980 f.).

1121 *Ehmann/Sutschet*, § 13, IV., S. 297 f.; *Mansel*, NJW 2002, 89 (90, 92); *Witt*, JuS 2002, 105 (106 f.).

1122 Mit rechtspolitischen Bedenken gegen die Geltung der zehnjährigen Maximalfrist für den Arglistigen: *Mansel* in Ernst/Zimmermann, S. 333 (355 ff.); *Bydlinski* in Schulze/Schulte-Nölke, 381 (391); *Leenen*, DStR 2002, 34 (36); *Piekenbrock*, JJZiRW 2001, S. 309 (321); *Zimmermann/Leenen/Mansel/Ernst*, JZ 2001, 684 (694 f.).

1123 Unklar ist, ob die Sonderreglung des § 199 II BGB auch für Verletzungen des allgemeinen Persönlichkeitsrechts gilt. Wenn man bedenkt, dass dieses in § 823 I BGB ebenfalls keine ausdrückliche Erwähnung gefunden hat, aber selbstverständlich einen Schadensersatzanspruch auslösen kann, und nach Art. 2 I GG i. V. m. 1 GG außerdem einen hochrangigen Schutz genießt, sollte man eine entsprechende Anwendung erwägen; a. A.

fahrlässiger Unkenntnis erst nach 30 Jahren von der Begehung der Pflichtverletzung an. 30 Jahre nach dem schadensauslösenden Ereignis verjähren gem. § 199 III Nr. 2 BGB alle Schadensersatzansprüche, selbst wenn sie noch nicht entstanden sind.

Tritt der Schaden also erst nach über 30 Jahren von der Pflichtverletzung an ein, ist ein Anspruch auf Schadensersatz jedenfalls verjährt. Objektive Höchstfrist bleibt somit die aus dem alten Recht bekannte Frist von 30 Jahren, die den Zeitraum einer Generation widerspiegeln und zur Rechtsausübung genügen soll[1124]. Durch die divergierenden Höchstgrenzen in § 199 II, III BGB können Schadensersatzansprüche wegen derselben Pflichtverletzung aber in mehreren Etappen verjähren, was der Gesetzgeber bewusst hingenommen hat[1125].

III. Das Regelmodell der Hemmung

Die Unterbrechung der Verjährung ist zukünftig nur noch ein seltener Ausnahmefall, der nunmehr wie in § 212 BGB als Neubeginn der Verjährung bezeichnet wird. Regelfall ist die Hemmung der Verjährung nach den §§ 203-209 BGB oder in der besonderen Form der Ablaufhemmung nach §§ 210 f. BGB. Neu ist insbesondere der Tatbestand des § 203 BGB, der eine Hemmung der Verjährung bei Verhandlungen zwischen Gläubiger und Schuldner über den Anspruch oder die den Anspruch begründenden Umstände vorsieht. Für die Zeit der Nacherfüllung sah schon der werkvertragliche § 639 BGB a. F., dem die neue Regelung verwandt ist, eine Hemmung der Verjährung vor. Nach § 203 S. 2 BGB wird diese Wirkung fortan durch eine Ablaufhemmung zusätzlich verstärkt, indem die Verjährung frühestens drei Monate nach dem Ende der Hemmung eintreten kann.

C. Die Verjährung im Kaufrecht

In § 438 BGB ist weiterhin eine Sondervorschrift für die Verjährung der kaufrechtlichen Mängelansprüche normiert. Die Verjährung gilt gem. Abs. 1 für die in § 437 Nr. 1 und Nr. 3 BGB bezeichneten Ansprüche wegen eines Sach-

---

AK-*Mansel*, § 199 Rn. 80; *Ehmann/Sutschet*, § 13, IV., S. 298; *Mansel*, NJW 2002, 89 (93), da es sich um eine abschließende Sondervorschrift handele, die auch nicht auf umfangreiche unmittelbare Vermögensschäden ausgedehnt werden könne; vgl. auch BT-Drs. 14/7052, S. 172.

1124 *Piekenbrock*, JJZiRW 2001, S. 309 (321); *Witt*, JuS 2002, 105 (106, Fn. 12).

1125 BT-Drs. 14/6040, S. 109; *Witt*, JuS 2002, 105 (107). Eine Harmonisierung mit allen Sonderfristen außerhalb des BGB wurde in Anbetracht der Kürze der Zeit nicht vorgenommen. Die daraus resultierenden, potenziellen Verjährungsdiskrepanzen wurden schon vielfach als gravierende Schwäche beklagt; vgl. *Piekenbrock*, JJZiRW 2001, S. 309 (322); zum KE schon *Haug*, Neuregelung des Verjährungsrechts, S. 15.

oder Rechtsmangels[1126], das heißt sowohl für den Nacherfüllungsanspruch gem. §§ 437 Nr. 1, 439 BGB als auch die in § 437 Nr. 3 BGB geregelten Schadensersatzansprüche sowie den Anspruchs auf Aufwendungsersatz. Dabei hält § 438 I BGB drei verschiedene Verjährungsfristen bereit, deren Beginn sich generell nach § 438 II BGB richtet[1127].

I. Der Verjährungsbeginn im Kaufrecht

Nach § 438 II BGB beginnt die Verjährung der in Abs. 1 aufgezählten Fristen bei Grundstücken mit der Übergabe, im Übrigen mit der Ablieferung der Sache. Augenfällig ist die vom allgemeinen Verjährungsrecht abweichende objektive Anknüpfung des Verjährungsbeginns im Kaufrecht[1128]. Daraus kann sich unter Zugrundelegung der Zweijahresfrist in § 438 I Nr. 3 BGB ein Unterschied von bis zu 28 Jahren gegenüber der Regelverjährung ergeben, wodurch eine Differenzierung zwischen allgemeiner und besonderer Verjährung möglicherweise abgemildert, aber keineswegs überflüssig geworden ist[1129].

Die objektiv ausgestaltete Verjährungsfrist erklärt sich, wenn man § 438 BGB im Anschluss an § 477 BGB a. F. als Regelung einer mangelbedingten Risikoverteilung versteht[1130], die sich an einer hypothetischen Abrede rational handelnder Vertragsparteien über die Verjährung orientiert[1131]. Die kaufrechtliche Verjährung soll also das hypothetische Ergebnis einer Verjährungsabrede zwischen den Kaufvertragsparteien widerspiegeln, die sich um eine gerechte Verteilung des Mangelrisikos unter gleichmäßiger Berücksichtigung der beiderseitigen Interessen bemühen. Eine angemessene Risikoverteilung zwischen den Parteien, die für einen klar umrissenen Zeitraum das Risiko dem Käufer, für einen anderen dem Verkäufer zuweisen will, kann nur durch eine objektive Frist erreicht werden. Gleichzeitig macht der objektive, taggenaue Beginn der Verjährung deutlich, dass die speziellen kaufrechtlichen Fristen der Mängelhaftung primär das Ziel des Rechtsfriedens und der Rechtssicherheit verfolgen[1132]. Denn

---

1126 Es würde den Rahmen der Arbeit sprengen auf die spezifischen Probleme der Verjährung von Rechtsmängeln beim Rechtskauf einzugehen. Daher soll diesbezüglich auf *Barnert*, WM 2003, 416 (424); *Eidenmüller*, NJW 2002, 1625 (1625 ff.) jeweils m. w. N. verwie-sen werden.

1127 Vgl. zur kaufrechtlichen Konzeption auch die Vorstellung des Gesetzgebers; 3. Kapitel, A., I., 2., c), S. 54 ff.

1128 *Ernst* in Ernst/Zimmermann, S. 559 (587); *Eidenmüller* JZ 2001, 283 (285 f.); *Leenen*, JZ 2001, 552 (553).

1129 *Mayerhöfer*, MDR 2002, 549 (556).

1130 Vgl. *Leenen*, JZ 2001, 552 (553 f.).

1131 *Eidenmüller*, JZ 2001, 283 (285); sehr anschaulich *Leenen*, Verjährung oder Risikoverlagerung, S. 15 f.

1132 *Leenen*, DStR 2002, 34 (34).

ein subjektiver Fristbeginn hat stets eine Ungewissheit über den Verjährungszeitraum zur Folge.

Der in § 438 BGB für den Verjährungsbeginn gewählte Zeitpunk beruht auf der Wertung, dass mit der Ablieferung der Sache (respektive der Übergabe des Grundstücks) die Kontrollmöglichkeit auf den Käufer übergeht. Ablieferung bedeutet insofern, dass die Kaufsache in Erfüllung des Kaufvertrages derart in den Machtbereich des Käufers verbracht wird, dass diesem anstelle des Verkäufers die Verfügungs- und Untersuchungsmöglichkeit offen steht und er mangelbedingte Ansprüche feststellen kann[1133].

II. Die Verjährungsfristen im Kaufrecht

In § 438 I Nr. 1 BGB ist die längste kaufrechtliche Sonderverjährung von 30 Jahren angeordnet, um dem Käufer in der Eviktionssituation nicht in eine Verjährungsfalle geraten zu lassen[1134]. Nach lit. a) gilt diese Verjährung für Mängel, die in einem dinglichen Recht eines Dritten, auf Grund dessen Herausgabe der Kaufsache verlangt werden kann, bestehen sowie nach lit. b) für alle sonstigen Rechte, die im Grundbuch eingetragen sind[1135]. Damit hat der Gesetzgeber der Verjährung von 30 Jahren nach § 197 I Nr. 1 BGB Rechnung getragen und sorgt dafür, dass der Käufer einer Sache, die mit einem im Grundbuch eingetragenen Rechtsmangel belastetet ist, ebenso wie der Käufer einer verkäuferfremden Sache[1136], ausreichenden Regress gegen seinen Verkäufer nehmen kann, wenn er vom Rechtsinhaber selbst in Anspruch genommen worden ist.

Für Bauwerke und Sachen, die ihrer üblichen Verwendungsweise entsprechend für ein Bauwerk verwendet worden sind und dessen Mangelhaftigkeit verursacht haben, bestimmt § 438 I Nr. 2 BGB eine fünfjährige Verjährung. Dies mildert die ehemaligen Verjährungsdiskrepanzen zwischen Kauf- und Werkvertragsrecht ab. Es ermöglicht einerseits, den Verkauf schlüsselfertiger Häuser kauf-

---

1133 *Jorden/Lehmann*, JZ 2001, 952 (962). Die Ablieferung ist freilich nicht gleichbedeutend mit dem Gefahrübergang: Beispielsweise infolge eines Annahmeverzug des Gläubigers gehen die Leistungsgefahr nach § 300 II BGB und die Gegenleistungsgefahr nach § 326 II BGB über. Eine Ablieferung ist mangels Kontrollmöglichkeit des Gläubigers allerdings noch nicht eingetreten; vgl. BGH 93, 338 (345); *Lorenz/Riehm*, Rn. 553.

1134 BT-Drs. 14/6040, S. 227.

1135 Teilweise wird die analoge Anwendung des § 438 I Nr. 1 b) BGB für Rechtsmängel beim Rechtskauf aufgrund ihrer vergleichbar schwierigen Erkennbarkeit vorgeschlagen; vgl. *Amann*, DNotZ 2002, 94 (120).

1136 Der alte Streit, ob die Nichtverschaffung des Eigentums ein Rechtsmangel ist, hat sich durch die dafür speziell vorgesehene Regelung in § 438 I Nr. 1 BGB erledigt und ist mit der schon früher h. M. zu bejahen; vgl. 3. Kapitel, A., I., 2., c), S. 55, Fn. 170 m. w. N.

rechtlich einzuordnen[1137]; andererseits ist ein wirkungsvoller Regress des Bauhandwerkers oder Zwischenhändlers gegen den mangelhaft leistenden Lieferanten oder Hersteller gesichert[1138]. Als Korrektiv der fünfjährigen Frist wurde neben der Verwendung entsprechend der üblichen Verwendungsweise das Erfordernis eines Kausalzusammenhangs zwischen Verwendung und Mangelhaftigkeit des Bauwerks eingefügt. Nur in einem solchen Fall hält der Gesetzgeber die dem Werkvertragsrecht entsprechende Frist von 5 Jahren für gerechtfertigt, nicht aber wenn die Sache aufgrund ihrer Mangelhaftigkeit erst gar nicht eingebaut worden ist[1139]. Diese Wertung legt eine teleologische Reduktion nahe, nach der das Baumaterial innerhalb von zwei Jahren eingebaut worden sein muss, um die fünfjährige Verjährung auszulösen. Ein Wiederaufleben eines bereits verjährten Anspruchs, indem die Sache ihrer üblichen Verwendung zugeführt wird, wird dadurch verhindert[1140].

In allen anderen Fällen, in denen die Sonderregeln des § 438 I Nr. 1 und 2 BGB nicht einschlägig sind, greift die zweijährige Verjährungsfrist des § 438 I Nr. 3 BGB, die somit die Regelverjährung der kaufrechtlichen Mängelansprüche ist.

Eine Sonderregelung besteht allerdings weiterhin für den Arglistigen in § 438 III BGB. Abweichend von der fünf- und zweijährigen Verjährung in § 438 I Nr. 2, 3 BGB gilt für ihn nach Satz 1 die regelmäßige Verjährung der §§ 195, 199 BGB. Infolgedessen ist zum einen der Verjährungsbeginn auf das Ende des Jahres verschoben, in dem der Gläubiger Kenntnis i. S. d. § 199 BGB erlangt, und zum anderen die Verjährungsfrist auf drei Jahre modifiziert. Um dem Arglistigen gegenüber der für den Gutgläubigen geltenden Fünfjahresfrist des § 438 I Nr. 2 BGB keine Privilegierung zugute kommen zu lassen, normiert § 438 III 2 BGB zusätzlich eine Ablaufhemmung, nach der die Verjährung frühestens nach dem Ende der Fünfjahresfrist eintritt. Somit kann die Anwendung der allgemeinen Verjährungsvorschriften nie einen Vorteil, sondern lediglich einen Nachteil für den Arglistigen bedeuten, wenn der Gläubiger erst nach geraumer Zeit von den anspruchsbegründenden Tatsachen oder der Person des Schuldners Kenntnis erlangen konnte.

1137 Etwa *Leenen*, DStR 2002, 34 (37).

1138 BT-Drs. 14/6040, S. 227; *Haas*, BB 2001, 1313 (1318).

1139 BT-Drs. 14/6040, S. 228.

1140 *Mansel*, NJW 2002, 89 (94); *ders.* in Dauner-Lieb/Heidel/Lepa/Ring, § 1, Rn. 137; *Ehmann/Sutschet*, § 7, XI., S. 224; *Lorenz/Riehm*, Rn. 551; a. A. Westermann-*Pfeiffer*, S. 228, der ein Wiederaufleben eines verjährten Anspruchs durch Einbau für möglich hält.

III. Die Verjährung von kaufrechtlichen Schadensersatzansprüchen wegen eines Mangels

Mit § 438 BGB wird die Nachfolge der §§ 477 f. BGB a. F. angetreten, „die zu den unangenehmsten und überflüssigsten Störenfrieden des gesamten Schuldrechts“[1141] gezählt wurden. Um ein besseres Verständnis für die Neuregelung des § 438 BGB zu entwickeln, soll vorweg die Kernproblematik des § 477 BGB a. F., die in der Verjährung von Schadensersatzansprüchen wegen eines Mangels bestand, zusammenfassend erläutert werden. Denn gerade die Verjährungsfragen waren es, die der Problematik um Mangel- und Mangelfolgeschaden „ihre Sprengkraft“ gaben[1142].

1. Die Verjährung um Mangel- und Mangelfolgeschaden im alten Kaufrecht

Im Folgenden soll die Verjährung von Mangelfolgeschadenansprüchen ausschließlich aus pVV untersucht werden. Dabei wird aus Gründen der Übersichtlichkeit hinsichtlich der Frage der Anwendbarkeit und des Rechtsfolgenumfangs des § 463 BGB a. F. die h. M. unterstellt, wonach grundsätzlich für Mangelschäden § 463 S. 1 BGB a. F. und für Mangelfolgeschäden die pVV Anwendung finden sollte[1143].

a) Die Anwendung des § 477 BGB a. F. entsprechend

Die Rechtsprechung[1144] sowie einige Stimmen in der Literatur[1145] wendeten § 477 BGB a. F. entsprechend auf Schadensersatzansprüche an, wenn die Pflichtverletzung einen Mangel der Kaufsache verursachte oder der entstandene Schaden in einem unmittelbaren Zusammenhang mit einer die Verwendungsfähigkeit beeinflussenden Beschaffenheit der Sache stand. Damit verjährten auf Ersatz eines Mangelfolgeschadens gerichtete Ansprüche aus pVV zum einen

---

1141 *Zimmermann*, JuS 1984, 409 (413).

1142 Vgl. die Begründung zum DE, abgedruckt in *Canaris*, Schuldrechtsmodernisierung 2002, S. 100, 117.

1143 Siehe zum Umfang des Schadensersatzes wegen Nichterfüllung aus § 463 BGB a. F. Ausführlich 3. Kapitel, B., III.-IV., S. 72 ff.

1144 BGH 107, 249 (252); BGH, NJW-RR 1990, 1301 (1302 f.); BGH, NJW 1992, 1225 (1226) jeweils m. w. N.

1145 MK-*Westermann*, 3. Aufl., § 477 Rn. 26; Palandt-*Putzo*, 61. Aufl., § 477 Rn. 6; Staudinger-*Honsell*, 13. Aufl., § 477 Rn. 22; *Krapp*, Verjährung von Käuferansprüchen, S. 223; *Müller*, AcP 165 (1965), 285 (326); *Rohlack*, S. 152 ff.; *Rust*, Das kaufrechtliche Gewährleistungsrecht, S. 218 ff.; *Finger*, NJW 1973, 81 (84); *Köhler*, JuS 1982, 13 (16 f.); *Schmitz*, NJW 1973, 2081 (2083); *Todt*, BB 1971 680 (685); weitere zahlreiche Nachweise bei *Thost*, Mangelfolgeschäden, S. 54, Fn. 246.

anstatt in der regelmäßigen Verjährung von 30 Jahren innerhalb von 6 Monaten und zum anderen begann die Verjährung mit dem Zeitpunkt der Ablieferung[1146].

Begründet wurde die Analogie überwiegend und vornehmlich mit dem Gesetzeszweck des § 477 BGB a. F., der darin bestehe, Beweisschwierigkeiten zu verhindern[1147]. Nach längerer Zeit sei der Beweis, ob der Sachmangel bereits bei Gefahrübergang vorgelegen habe, kaum mehr zu führen und für den Verkehr „im höchsten Grade lästig und hemmend"[1148]. Zu respektieren sei der intendierte rechtspolitische Zweck, dem Verkäufer schnell Rechtssicherheit zu gewähren und somit Rechtsfrieden sicherzustellen[1149]. Es bestehe nämlich angesichts der Schnelligkeit des Warenverkehrs und der Kurzlebigkeit vieler Güter ein dahingehendes Bedürfnis des Verkäufers, das er zugleich für einen kalkulierbaren Zeitraum durch Versicherung der potenziellen Risiken decken können soll. Eine längere Vertragshaftung müsste hingegen in die Kalkulation einbezogen werden und wirke sich durch die Vergrößerung des Risikos letztlich zulasten des Käufers auf den Preis aus. Gerade das Ausmaß von Mangelfolgeschäden könne häufig das der Mangelschäden bei weitem übersteigen und sei noch unberechenbarer[1150]. Ein Verjährungsunterschied von über 29 Jahren mit der Folge, dass nach Verjährung der Gewährleistungsansprüche noch eine Haftung für Mangelfolgeschäden bestehe, sei untragbar[1151]. In Anbetracht der Vergleichbarkeit der Ansprüche aus § 463 BGB a. F. und pVV, die sich unter anderem in einer auch nach langer Zeit noch erforderlichen Untersuchung der Beschaffenheit der Sache zeige, müsse § 477 BGB a. F. entsprechend für Mangelfolgeschäden angewendet werden[1152].

Nach der vorgetragenen Auffassung dürfe der Verkäufer nicht schlechter stehen, als wenn er die Eigenschaft im Sinne des § 463 S. 1 BGB a. F. zugesichert hätte. Denn trotz einer besonderen Zusicherung entstandene Mangelfolgeschäden wurden nicht erst aus pVV, sondern bereits über § 463 S. 1 BGB a. F. ersetzt, auf den § 477 BGB a. F. einhellig Anwendung finden sollte. Ein weiteres systematisches Argument liefere ein Umkehrschluss aus § 463 S. 2 BGB a. F., nach dem nur der Arglistige der langen Verjährung der allgemeinen Vorschriften unterliegen solle[1153]. Schließlich sehe das Werkvertragsrecht in § 635 BGB a. F.

1146 *Haug*, Neuregelung des Verjährungsrechts, S. 115.
1147 *Müller*, AcP 165 (1965), 285 (326).
1148 Motive II, S. 238; RG 53, 200 (203).
1149 BGH 60, 9 (11); BGH 77, 215 (219); *Fikentscher*, SchR, 9. Aufl., § 69 VI 1, Rn. 724.
1150 *Schmitz*, NJW 1973, 2081 (2083).
1151 *Todt*, Schadensersatzansprüche, S. 177; vgl. *Medicus*, FS Kern, S. 313 (327, 331).
1152 RG 53, 200 (203 f.); BGH 60, 9 (11); 77 (219).
1153 Vgl. *Baumann*, AcP 187 (1987), 511 (533, 535).

ebenfalls eine Verschuldenshaftung vor, auf die eine kurze Verjährung gem. § 638 BGB a. F. angewendet werde[1154].

b) Die Ablehnung einer entsprechenden Anwendung des § 477 BGB a. F.

Eine starke Gegenansicht in der Literatur[1155], die sich schon mit den ersten Entscheidungen des Reichsgerichts abzeichnete[1156], lehnte die dargestellte Analogie zu § 477 BGB a. F. ab und gelangte so zu der regelmäßigen Verjährung des § 195 BGB a. F. für Mangelfolgeschäden aus pVV. Für die Feststellung der notwendigen Rechtsähnlichkeit im verjährungsrechtlichen Sinne seien teilweise inhaltliche Übereinstimmungen nicht hinreichend, vielmehr müsse die in § 477 BGB a. F. zum Ausdruck kommende Interessenabwägung und Risikozuweisung auf den ungeregelten Fall passen[1157]. Ein elementarer Unterschied zwischen § 463 BGB a. F. und pVV liege jedoch darin, dass die pVV eine Verschuldenshaftung darstelle, während § 463 BGB a. F. lediglich an eine Zusicherung in S. 1 oder an Arglist des Verkäufers in S. 2 anknüpfe. Der Zeitablauf der Frist habe für die Gewährleistungshaftung daher eine völlig andere Bedeutung als für die Verschuldenshaftung aus pVV. Im Gewährleistungsrecht sei das Verstreichen der sechs Monate nach § 477 BGB a. F. nur die Grenze einer Risikoverteilung, die Ausfluss des Äquivalenzverhältnisses sei, wohingegen keine Aussage für die über das Äquivalenzinteresse hinausgehende Verschuldenshaftung der pVV getroffen werden solle[1158]. Der nicht vergleichbare Regelungszweck zwischen der Risikoverteilung nach § 477 BGB und einer für die pVV geltenden Verjährungsfrist äußere sich beispielsweise dadurch, dass das wirtschaftliche Risiko eines Mangels sukzessiv abnehme, was auf Mangelfolgeschäden gerade nicht zutreffe[1159].

Da es bei dem Ersatz für Mangelfolgeschäden nicht um das Äquivalent für den Kaufpreis gehe und somit auch kein Zusammenhang zu der Geschäftskalkulation des Verkäufers bestehe, weise die Haftung eher deliktische denn vertragliche Züge auf und sei von der gewährleistungsspezifischen Risikozuweisung

1154 *Todt*, Schadensersatzansprüche, S. 180, 185.

1155 *U. Huber*, Gutachten, Bd. I, S. 740 ff.; *Flume*, AcP 193 (1993), 89 (119); *Leenen*, Verjährung oder Risikoverlagerung, S. 28 ff.; *U. Huber*, AcP 177 (1977), 281 (322 ff.); *Thost*, Mangelfolgeschäden, S. 77 f.; *Peters*, NJW 1978, 665 (670); *Rebe/Rebell*, JA 1978, 605 (610); krit. auch *Peters/Zimmermann*, Gutachten, Bd. I, S. 182 ff.; weitere Nachweise bei *Haug*, Neuregelung des Verjährungsrechts, S. 118, Fn. 198; *Thost*, Mangelfolgeschäden, S. 54, Fn. 248; *Leenen*, Verjährung oder Risikoverlagerung, S. 28, Fn. 71.

1156 Etwa *v. Blume*, JherJb. 55, 209 (239 ff.).

1157 *Leenen*, Verjährung oder Risikoverlagerung, S. 28 f.; *Flume*, AcP 193 (1993), 89 (119).

1158 *Leenen*, Verjährung oder Risikoverlagerung, S. 29; *Thost*, Mangelfolgeschäden, S. 61.

1159 *Leenen*, Verjährung oder Risikoverlagerung, S. 29.

auszunehmen[1160]. Die Anwendung des § 477 BGB a. F. auf die Ansprüche aus positiver Vertragsverletzung wegen Mangelfolgeschäden stelle „die Interessen des Verkäufers hinsichtlich einer Nichtbehelligung ungerechtfertigt über die Interessen des Gläubigers an der Durchsetzbarkeit seines Anspruchs"[1161]. Sie führe so zu einer Haftungserleichterung für Mangelfolgeschäden, obwohl diese durch den Verkäufer problemlos versicherbar wären und kein besonderes Bedürfnis zu einer radikalen Haftungsbegrenzung bestehe[1162].

Das Interesse des Verkäufers an Rechtssicherheit sei nicht sonderlich schützenswert, denn es sei schließlich der Verkäufer, der durch sein schuldhaftes Verhalten eine Störung des Rechtsfriedens ausgelöst habe; dem Käufer müsse hingegen eine faire Chance zur Rechtsdurchsetzung eingeräumt werden, um den Rechtsfrieden nicht akut zu gefährden. Die Verjährungsvorschrift des § 477 BGB a. F. könne nicht die Funktion haben, den schuldhaft agierenden Verkäufer auf Kosten des geschädigten Käufers zu entlasten und so Rechtssicherheit herzustellen[1163]. Dann könnte die Verjährungseinrede per se als ein Plus an Rechtssicherheit und Rechtsklarheit verstanden werden, was zu einer Verkürzung jeder Verjährungsfrist führen müsste[1164]. Dem zuwider liefe aber gerade der Umstand, dass im alten Recht, die Verjährungsfrist nur verlängert, aber nicht verkürzt werden konnte, womit insofern dem Gut der Privatautonomie ein diesbzgl. Vorrang eingeräumt wurde[1165].

Ein Ausbluten des schneidig intendierten § 477 BGB a. F. für die relevantesten Fälle und ein Leerlauf der rechtspolitischen Entscheidung des Gesetzgebers seien nicht zu befürchten, da die Rechtsprechung selbst in zahlreichen Fällen auf die Anwendung der allgemeinen Vorschriften zurückgreife, deren Notwendigkeit sie dadurch für viele Konstellationen anerkenne[1166]. Zudem seien auch innerhalb der Rechsprechung unerklärliche Diskrepanzen zum Werkvertragsrecht signifikant, wo jedenfalls auf entfernte Mangelfolgeschäden die dreißigjährige Verjährungsfrist angewendet werde[1167].

1160 *Haug*, Neuregelung des Verjährungsrechts, S. 119, 81 f.; *Thost*, Mangelfolgeschäden, S. 61.

1161 *Thost*, Mangelfolgeschäden, S. 11.

1162 *Thost*, S. 62; vgl. *Baumann*, AcP 187 (1987), 511 (534); vgl. BGH 80, 284 (288) zur Versicherbarkeit werkvertraglicher Mangelfolgeschäden.

1163 *Haug*, Neuregelung des Verjährungsrechts, S. 119.

1164 *Rust*, Das kaufrechtliche Gewährleistungsrecht, S. 218.

1165 Vgl. *Leenen*, Verjährung oder Risikoverlagerung, S. 12 f.

1166 BGH 88, 130 (135); 107, 249 (253 f.); BGH, NJW 1985, 2472 (2472 f.); BGH, NJW 1994, 2230 (2230 f.); weitere Beispiele bei *Piekenbrock*, JJZiRW 2001, S. 309 (310 ff.); *Peters/Zimmermann*, Gutachten, Bd. I, S. 197 ff.; *Lorenz/Riehm*, Rn. 35.

1167 *Thost*, Mangelfolgeschäden, S. 71, siehe zum alten Werkvertragsrecht 5. Kapitel, D., IV., 1., S. 281 ff.

Dem systematischen Schluss, der Verkäufer dürfe nicht länger haften, als wenn er die Beschaffenheit zugesichert hätte, müsse entgegengehalten werden, dass § 463 S. 1 BGB a. F. keine Aussage über die Verschuldenshaftung nach pVV treffe. Außerdem werde auf die Verletzung von Nebenpflichten auch die allgemeine Verjährung angewendet mit der widersprüchlichen Konsequenz, dass die Haftung gegenüber einer Zusicherung schärfer sei.

Gegen einen Umkehrschluss aus § 463 S. 2 BGB a. F. könne angeführt werden, dass der Haftungsgrund ein anderer sei und demzufolge keine Rückschlüsse auf die Verschuldenshaftung zulasse. Ebenso könne in § 463 S. 2 BGB a. F. lediglich eine Privilegierung des zusichernden Verkäufers gegenüber dem schuldhaften gesehen werden[1168].

Vergegenwärtige man sich schließlich die mit § 11 Nr. 7 AGBG einhergehende Wertentscheidung, so erscheine es verfehlt, im Wege einer Analogie selbst für grobe Fahrlässigkeit durch die kurze Verjährung des § 477 BGB a. F. eine Haftungserleichterung für den Verkäufer herbeizuführen[1169].

c) Die Modifikation des Verjährungsbeginns in § 477 BGB a. F.

Ein Teil der Lehre[1170] sprach sich zwar ebenfalls für eine entsprechende Anwendung der sechsmonatigen Verjährungsfrist des § 477 BGB a. F. auf die pVV aus, wollte allerdings den Verjährungsbeginn in Anlehnung an § 852 BGB a. F. auf den Zeitpunkt der Erkennbarkeit des Schadens verschieben. Obwohl für diese Auffassung keine Anhaltspunkte in § 477 BGB a. F. zu finden waren und ihr deshalb der Einwand contra legem vorgehalten wurde, begründeten ihre Anhänger die Modifikation des Verjährungsbeginns mit einem Vergleich zu den Fällen des weiterfressenden Mangels. Da „die von § 477 BGB vorausgesetzte Typik für diese Fallgruppe nicht paßt“, sei für die pVV auf den gleichen Zeitpunkt für den Verjährungsbeginn abzustellen[1171].

1168 *Thost*, Mangelfolgeschäden, S. 63 ff.

1169 *Thost*, Mangelfolgeschäden, S. 77; a. A. *Medicus*, JuS 1998, 289 (291), der § 477 BGB a. F. analog selbst schon als vorrangige Rechtsvorschrift ansieht, von der nicht abgewichen werden dürfe.

1170 *Baumann*, AcP 187 (1987), 511 (535); *Littbarski*, NJW 1981, 2331 (2336); unklar *Larenz*, SchR BT/1, § 41 II e), S. 76, § 53 II b), S. 356; für eine restriktive Anwendung des § 852 BGB a. F. bei verdeckten Mängeln *Jakobs*, Leistungsstörungsrecht, S. 188.

1171 *Baumann*, AcP 187 (1987), 511 (535).

2. Die Verjährung um Mangel- und Mangelfolgeschäden im neuen Kaufrecht

Es bleibt zu überprüfen, wie sich das alte Problem der Verjährung von Schadensersatzansprüchen wegen Mangelfolgeschäden nach neuem Kaufrecht darstellt und ob es durch die veränderte Konzeption endgültig gelöst werden konnte, wie es erklärtes Ziel des Gesetzgebers war.

Die kaufrechtliche Verjährung des § 438 BGB gilt gem. Abs. 1 auch für die in § 437 Nr. 3 BGB aufgelisteten Schadensersatzansprüche. Dort sind mit „281, 283 und 311a" drei Anspruchsgrundlagen für den Schadensersatz statt der Leistung aufgezählt. Da der Schadensersatz statt der Leistung auf Ersatz des verletzten Erfüllungsinteresses gerichtet ist und somit den Mangelschaden liquidiert[1172], verjähren alle auf Ersatz des Mangelschadens gerichteten Ansprüche eindeutig nach der maßgeblichen Verjährungsvorschrift des § 438 BGB, also in der Regel in zwei Jahren.

Der Mangelfolgeschaden entspricht der Verletzung des Erhaltungsinteresses und wird über den Schadensersatz abseits der Leistung aus § 280 I BGB unmittelbar ersetzt[1173]. Handelt es sich um einen Mangelfolgeschaden im Zuge eines Kaufvertrages bietet sich als maßgebliche Anspruchsgrundlage somit §§ 437 Nr. 3, 280 I BGB an.

a) Die Anwendung des § 438 BGB auf Ansprüche wegen eines Mangelfolgeschadens

Der Großteil der Literatur[1174] sieht in Einklang mit der Regierungsbegründung[1175] in § 438 BGB eine allumfassende Sonderverjährung, die ebenfalls für

---

1172 3. Kapitel, C., IV., S. 96 ff.; 3. Kapitel, D., I.-IX., S. 104 ff.

1173 3. Kapitel, D., XI., S. 141 ff.; 3. Kapitel, D., I.-IX., S. 104 ff.

1174 *Gsell*, JZ 2002, 1089 (1089); Palandt-*Putzo*, 63. Aufl., § 438 Rn. 11; *Wolff* in Hoeren/Martinek, § 438 Rn. 6; *Ehmann/Sutschet*, § 7, XI., S. 222; *Wendtland* in Haas/Medicus/Rolland/Schäfer/Wendtland, Kapitel 2, Rn. 58; *Köhler/Fritzsche*, Fall 14, Rn. 9, S. 150; *Lorenz/Riehm*, Rn. 555, 359 f.; *Piekenbrock*, JJZiRW 2001, S. 309 (331); Westermann-*Pfeiffer*, S. 225; *Grigoleit*, ZGS 2002, 78 (80); *Haas*, BB 2001,1313 (1318); *Jorden/Lehmann*, JZ 2001, 952 (962); *Kindl*, WM 2002, 1313 (1323); *Medicus*, JuS 2003, 521 (528); *Pick*, ZIP, 2001, 1173 (1174); *Schellhammer*, MDR 2002, 301 (308); *Weitnauer*, NJW 2002, 2511 (2511); *Westermann*, NJW 2002, 241 (251); *Zimmer/ Eckhold*, Jura 2002, 145 (152); *Mayerhöfer*, MDR 2002, 549 (555) unter Ausschluss nicht mangelbezogener Pflichtverletzungen; krit. aber i. E. ebenso *Schlechtriem* BT, Rn. 104; *Mansel*, NJW 2002, 89 (95), da der Wille des Gesetzgebers „innerhalb der rechts-politischen Wertungsspanne" liege; wohl auch *Brors*, WM 2002, 1780 (1782); *Witt*, JuS 2002, 105 (107 f.).

1175 BT-Drs. 14/6040, S. 229.

Schadensersatzansprüche gelten soll, die auf Ersatz eines Mangelfolgeschadens gerichtet sind. Eine Haftung für Mangelfolgeschäden ergebe sich aus §§ 437 Nr. 3, 280 I BGB, die in der Regel zwei Jahre nach Ablieferung verjährt sei[1176].

Das vermeintlich schlagkräftigste Argument für diese Auffassung lässt sich dem Wortlaut des § 437 I Nr. 3 BGB i. V. m. § 438 I BGB entnehmen. In § 437 I Nr. 3 BGB ist „280" ausdrücklich als Vorschrift genannt. Wenn § 438 I BGB nach seinem Abs. 1 für alle in § 437 I Nr. 3 BGB genannten Ansprüche Anwendung findet, verjährt folglich auch ein Schadensersatzanspruch aus §§ 437 I Nr. 3, 280 I BGB regelmäßig in zwei Jahren. Jedem anderweitigen Ergebnis müsste deshalb die Missachtung der eindeutigen gesetzlichen Anordnung (contra legem) entgegengehalten werden. Zwar mag man de lege ferenda eine andere Lösung favorisieren, doch sei de lege lata der Gesetzestext in der kaufrechtlichen Verjährung für Mangelfolgeschäden unumgänglich[1177].

In die gleiche Richtung weisen auch die Gesetzesmaterialien: Ausweislich der Regierungsbegründung[1178] sei es nicht „sinnvoll, die aus der Mangelhaftigkeit einer Sache herrührenden Ansprüche einem unterschiedlichen Haftungsregime zu unterwerfen". Nimmt man an, der Mangelfolgeschaden werde durch einen Mangel verursacht, erscheint eine Verjährung des Schadensersatzes nach § 438 BGB nur konsequent, um die einheitliche Pflichtverletzung nicht verschiedenen Fristen zuzuordnen.

Außerdem soll die Aufführung des § 280 BGB in § 437 I Nr. 3 BGB nach dem gesetzgeberischen Willen[1179] eine Haftung für Mangelfolgeschäden, also für „über das Erfüllungsinteresse des Käufers hinausgehende Vermögensnachteile", „die nach geltendem Recht unter dem Gesichtspunkt der positiven Forderungsverletzung ersatzfähig" waren, normieren. Der Gesetzgeber wollte somit für den Ersatz eines Mangelfolgeschadens sicherlich einen Verweis des § 437 I Nr. 3 BGB auf § 280 I BGB anordnen; folglich müsste auch die objektive Sonderverjährung des Kaufrechts für solche Ansprüche gelten, um die in Ausübung der ihm zustehenden Einschätzungsprärogative getroffene, rechts-

---

[1176] Folgt man nicht der hier vertretenen Zweiteilung zwischen Erfüllungs- und Erhaltungsinteresse, die mit der Differenzierung zwischen § 280 I BGB und § 281 BGB kongruent ist, und befürwortet ein abweichendes Verständnis des Schadensersatzes statt der Leistung kann sich eine abweichende Anspruchsgrundlage ergeben; siehe 3. Kapitel, C., IV., S. 96 ff.; 3. Kapitel, D., XI., S. 141 f.; 3. Kapitel, D., I.-IX., S. 104 ff.

[1177] *Mansel*, NJW 2002, 89 (95).

[1178] BT-Drs. 14/6040, S. 229.

[1179] BT-Drs. 14/6040, S. 225.

politische Entscheidung nicht zu untergraben[1180]. Jede andere Betrachtung ließe die Beschränkung auf zwei Jahre weitgehend leer laufen, weil die Rechtsfolgen von Minderung und Rücktritt in einem beträchtlichen Teil der Fälle auch auf dem Weg über den Schadensersatz zu erreichen seien[1181]. Da die Verjährung des § 438 BGB jedoch jedenfalls für Ansprüche auf Schadensersatz statt der Leistung, also den Mangelschaden, gilt, ist diese Befürchtung unbegründet. Denn über einen Schadensersatz nach § 280 I BGB, der das Erhaltungssinteresse schützt, ergeben sich von Rücktritt und Minderung abweichende Rechtsfolgen. Für Rücktritt und Minderung steht der Kaufpreis als Maßstab für die Höhe des Anspruchs im Vordergrund, während für einen Schadensersatzanspruch der Wert der Vermögenseinbuße entscheidend ist; zudem können insbesondere Folgeschäden nur im Zuge eines Schadensersatzanspruchs nach § 280 BGB Berücksichtigung finden[1182].

Historisch lehnt sich die einheitliche Verjährung von Mangel- und Mangelfolgeschäden im Kaufrecht an die entsprechende Handhabung des § 477 BGB a. F. für die pVV im Sinne der h. M. an[1183]. Dieser Punkt erscheint allerdings angesichts der stets bestrittenen und mit gewichtigen Gründen vorgetragenen Gegenauffassungen nur ein schwaches Indiz für die Richtigkeit der verjährungsrechtlichen Gleichstellung zu sein. Ein Vergleich zur alten Rechtsprechung trägt noch weniger, wenn man die Verjährung von Ansprüchen wegen entfernter Mangelfolgeschäden im Werkvertragsrecht bedenkt[1184]. Außerdem ist der schon zum alten Recht zweifelhaften analogen Anwendung des § 477 BGB a. F. auf die pVV durch die Schuldrechtsreform der Boden entzogen worden, indem das besondere Schuldrecht fortan an das allgemeine Schuldrecht anknüpfen soll. Es fragt sich vielmehr, ob nicht ausschließlich der Mangelschaden spezifisch für die Mängelhaftung ist und somit auch nur dieser von der entsprechenden Sonderverjährung erfasst werden sollte. Denn auch der

---

1180 *Mansel*, NJW 2002, 89 (95); zur Ergebniskorrektur und Harmonisierung schlägt *Mansel* allerdings für Verletzungen des Rechtsguts Eigentum eine Ausdehnung der kaufrechtlichen Verjährung nach § 438 BGB auf deliktische Ansprüche vor. Nichtsdestotrotz bleiben nach Mansel für Verletzungen der Rechtsgüter Leben, Körper, Gesundheit und Freiheit sowie für Verletzungen von Nebenpflichten Wertungsdiskrepanzen in der Länge der Verjährung bestehen. Eine umfassende verjährungsrechtliche Gleichstellung konkurrierender Ansprüche befürwortet *Piekenbrock*, JJZiRW 2001, S. 309 (331 f.); wohl auch *Foerste*, ZRP 2001, 342 (342); *Roth*, JZ 2001, 543 (544); dagegen aus dem überwiegenden Teil der Literatur siehe etwa KK-*Tonner*, § 438 Rn. 10; Palandt-*Putzo*, 63. Aufl., § 438 Rn. 3; *Westermann*, NJW 2002, 241 (250).

1181 *Haas*, BB 2001, 1313, (1318).

1182 Zum Unterschied zwischen Minderung und kleinem Schadensersatz siehe 3. Kapitel, C., I., S. 85 ff.

1183 5. Kapitel, C., III., 1., a), S. 257 ff.

1184 5. Kapitel, D., IV., 1., a), S. 282 f.

Gesetzgeber geht davon aus, dass sich aus „Sach- und Rechtsmängeln" lediglich die Rechtsfolgen zum Ausgleich des gestörten Äquivalenzinteresses ergeben" müssen[1185].

Systematisch scheint die in § 438 III BGB statuierte Verjährungsregelung für den Arglistigen einen Umkehrschluss zuzulassen: Wenn nur für den Arglistigen die Anwendung der allgemeinen Vorschriften nach § 438 I 1 BGB vorgesehen ist, dann müssen sich Schadensersatzansprüche wegen Mangelfolgeschäden nach der Sonderverjährung richten, weil andernfalls keine Unterscheidung zwischen einer arglistigen und einer leicht fahrlässig agierenden Person getroffen werden könnte. Als Gegenargument kann nicht mehr angeführt werden, die kaufrechtliche Verjährung lasse keine Rückschlüsse auf die allgemeine Verschuldenshaftung zu, weil die kaufrechtlichen Schadensersatzansprüche neuerdings Verschulden erfordern[1186]. Gleichwohl ist zu bedenken, dass im allgemeinen Verjährungsrecht ebenfalls keine Erschwerungen für den Arglistigen existieren und sich dieser zur Erhaltung des Rechtsfriedens im Interesse der Allgemeinheit genauso wie der wegen einfacher Fahrlässigkeit Haftende auf Verjährung berufen kann. Sind die dreißigjährige oder die fünfjährige Frist des § 438 I Nr. 1, 2 BGB einschlägig, bedeutet die Regelung des § 438 III BGB ohnehin nur in einigen Konstellationen eine Verlängerung der Verjährungsfrist. Somit ist eine Haftungsverschärfung für den Arglistigen nicht zwangsläufig geboten und gar nicht angezeigt, wenn es sich bei einem Mangelfolgeschaden nicht um ein Mangelspezifikum handelt, für das die kaufrechtliche Regelung des § 438 III BGB keine Wirkung entfalten kann.

Einige Vertreter der dargestellten Ansicht nehmen an, der Sinn und Zweck des § 438 BGB bestehe zum einen in einer Risikozuweisung zwischen Käufer und Verkäufer und zum anderen vornehmlich in der Herstellung von Rechtssicherheit und Rechtsklarheit[1187]. Der Verkäufer habe ein legitimes Bedürfnis, Rückstellungen für Mängelansprüche nach einem berechenbaren Zeitraum auflösen und die freigewordenen Mittel anderweitig einsetzen zu können[1188]. Gelte die objektive Verjährung des § 438 BGB auch für Mangelfolgeschäden, stehe dem Verkäufer zwei Jahre nach Ablieferung der Sache das zuvor durch Rückstellungen gebundene Kapital zur freien Verfügung, da er angesichts der eingetretenen Verjährung weder einer Haftung für Mangel- noch für Mangefolgeschäden ausgesetzt sei. Wollte man allerdings Mangelfolgeschäden der allgemeinen dreijährigen Verjährung der §§ 195, 199 BGB unterwerfen, mache insbesondere der Verjährungsbeginn die Haftung für den Verkäufer unkalku-

---

[1185] BT-Drs. 14/6040, S. 208.

[1186] Nach der hier vertretenen Auffassung stellt § 311a II BGB freilich eine Ausnahme dar.

[1187] *Ernst* in Ernst/Zimmermann, S. 559 (584 ff.); vgl. *Flume*, AcP 193 (1993), 89 (106).

[1188] Vgl. *Wendtland* in Haas/Medicus/Rolland/Schäfer/Wendtland, Kapitel 2, Rn. 59.

lierbar, weil sich dadurch die Verjährung im Rahmen des § 199 BGB auf bis zu dreißig Jahre verlängern könne. Für den Verkäufer wäre diese Einschränkung der Liquidität nur schwer zu verkraften. Auf der anderen Seite sei der Käufer einer Sache gewöhnlich in der Lage, Mängel körperlicher Gegenstände durch eine Untersuchung oder nach kurzer Zeit der Verwendung verhältnismäßig früh und leicht zu entdecken[1189]. Daher werde die Kenntnis nach § 199 BGB relativ schnell gegeben sein.

Dass aber die vermeintliche Rechtssicherheit des Verkäufers für Mangelfolgeschäden ohnehin nur scheinbar besteht, wird deutlich, wenn man die Haftung für die Verletzung von Nebenleistungspflichten sowie eine deliktische Haftung inklusive der Figur des weiterfressenden Mangels in die Überlegungen einbezieht. Hinsichtlich solcher Ansprüche kann der Verkäufer erst Rechtssicherheit erlangen, wenn die allgemeinen Verjährungsfristen abgelaufen sind[1190]. Die Verjährung der kaufrechtlichen Haftung für Mangelfolgeschäden schafft dem Verkäufer also eine trügerische Ruhe, die ihm de facto die Auflösung der Rückstellungen für Mangelfolgeschäden nicht erlaubt. Stattdessen ist er gezwungen, für eine Haftung wegen der Verletzung von Nebenpflichten und wegen der Verletzung deliktisch geschützter Rechtsgüter Rückstellungen aufrechtzuerhalten, so dass mit einer objektiven Verjährung für Mangelfolgeschäden seine Wirtschaftskraft nur unwesentlich gesteigert würde. Fraglich ist zudem, ob Rückstellungen überhaupt für Mangelfolgeschäden getätigt werden oder ob insofern nicht vielmehr Versicherungen abzuschließen sind und nur der eigentliche Mangelschaden in Form von Rückstellungen in der Bilanzierung Niederschlag findet. Unter dem Gebot der Rechtssicherheit ergibt sich also für Ansprüche wegen Mangelfolgeschäden keine Anwendung der kaufrechtlichen Verjährung. Die § 438 BGB immanente Risikoverteilung erstreckt sich wohl eher auf die Verteilung des reinen Risikos von Mangelschäden und spricht daher für eine Anwendung der allgemeinen Verjährung.

Gegen die Anwendung der allgemeinen Verjährung für Ansprüche wegen Mangelfolgeschäden führen einige Stimmen an, dass sie im Ergebnis überflüssig sei, da bereits konkurrierende deliktische Ansprüche der allgemeinen Verjährung unterliegen. Der Käufer sei so trotz einer zweijährigen kaufrechtlichen Verjährung ausreichend geschützt, so dass die Zweiteilung zwischen Erfüllungs-

---

1189 *Amann*, DNotZ 2002, 94 (100).

1190 Zutreffend *Wagner*, JZ 2002, 475 (479); *ders.*, JZ 2002, 1092 (1093); sogar *Gsell*, JZ 2002, 1089 (1091 f.), die allerdings vorschlägt für die Verletzung qualtitätsbezogener Nebenpflichten § 438 BGB entsprechend anzuwenden; ähnlich *Wolff* in Hoeren/Martinek, § 438 Rn. 7, der Ansprüche wegen der Verletzung von Aufklärungs-, Beratungs- und Nebenpflichten, bei denen sich das Verschulden auf einen Mangel bezieht, ebenfalls der kurzen Verjährung des § 438 BGB unterstellen will.

und Erhaltungsinteresse im Vertragsrecht entbehrlicher Ballast sei[1191]. Eine solche Differenzierung ist für das Vertragsrecht aber gerade durch die Unterscheidung zwischen Schadensersatz statt der Leistung und Schadensersatz abseits der Leistung sowie die Einführung der vertraglichen Schutzpflichten in § 241 II BGB unausweichlich geworden, da die abgrenzungsrelevante Schnittstelle zwischen Erfüllungs- und Erhaltungsinteresse verläuft[1192]. Außerdem bliebe mit einer möglichen Flucht in konkurrierende Ansprüche ein Strukturproblem erhalten, das die Schuldrechtskommission eigentlich beseitigen wollte[1193]. Eine Haftung nach Deliktsrecht behält in jedem Fall ihre Berechtigung durch die bekannten Unterschiede zum Vertragsrecht, die in Aspekten des Vermögensschutzes, der Beweislast, der Kausalität, der Haftung für den Verrichtungsgehilfen und der Beteiligung Dritter am Vertrag bestehen[1194]. Die Konkurrenzproblematik könnte aber gemildert werden, falls der Schadensersatz für Mangelfolgeschäden nach den allgemeinen Regeln verjährt. Ohne Zweifel kann nicht nur die Änderung von Ergebnissen der dogmatische Anspruch sein, sondern die Stringenz einer Lösung. Dass die haftungsrechtliche Situation des Verkäufers im Ergebnis zumeist von der Frage der vertraglichen Verjährung von Mangelfolgeschäden unberührt bleibt, zeigt mithin nur, dass eine Ausnahme der Mangelfolgeschäden aus § 438 BGB einer Ergebniskontrolle problemlos standhält.

Eine Anwendung des § 438 BGB auf Ansprüche wegen Mangelfolgeschäden würde zweifelsohne eine klare und einfache Rechtslage bedeuten und für die Rechtanwendung eine praktikable Lösung darstellen. Dies allein kann aber nicht Selbstzweck einer Lösung, sondern nur eine begrüßenswerte Nebenfolge einer aus sich heraus überzeugenden Lösung sein. Da außer dem Wortlaut und der Gesetzgebungsgeschichte im Endeffekt kaum überzeugende Argumente für eine Anwendung des § 438 BGB Ersatz von Mangelfolgeschäden vorgebracht werden können, steht eine solche Lösung auf wackeligen Füßen.

b) Eigene Ansicht

Hält man die Verjährung des Schadensersatzanspruchs wegen eines Mangelfolgeschadens nach § 438 BGB nicht für überzeugend, bieten möglicherweise die allgemeinen Vorschriften eine widerspruchsfreie Lösung[1195].

1191 *Gsell*, JZ 2002, 1089 (1090).

1192 Zutreffend *Wagner*, JZ 2002, 475 (480) mit dem Hinweis, dass dann die „Lehre von den kontraktlichen Schutzpflichten" eben im Moment ihrer Aufnahme in das BGB ausgespielt hätte.

1193 So auch *Haas*, BB 2001, 1313 (1318); Abschlußbericht, S. 35 ff.

1194 Vgl. selbst *Gsell*, JZ 2002, 1089 (1090 f.).

1195 So KK-*Tonner/Echtermeyer*, § 437 Rn. 11, KK-*Tonner*, Vor § 433 BGB Rn. 26 ff.; *Brüggemeier*, WM 2002, 1376 (1382); *Reischl*, JuS 2003, 250 (252); *Spindler/Klöhn*,

aa) Die grammatikalische Auslegung

Scheinbar unüberwindbar versperrt der Wortlaut des § 438 I BGB, der auf alle in § 437 Nr. 3 BGB aufgelisteten Ansprüche seine Anwendung vorschreibt, eine solche Lösung. Der entscheidende Punkt ist also, ob § 437 Nr. 3 BGB überhaupt auf § 280 I BGB in seiner alleinigen Anwendung für den Ersatz des verletzten Erhaltungsinteresses verweist.

Zwingend beinhaltet der § 437 Nr. 3 BGB einen solchen Verweis auf § 280 I BGB, wenn man der Auffassung ist, die §§ 281, 283 BGB seien ohne Hinzuziehung von § 280 I, III BGB bereits jeweils eine Anspruchsgrundlage[1196]. Ein solches Verständnis misst dem Verweis des § 280 III BGB nur deklaratorische Bedeutung und den §§ 281-283 BGB alleine bereits Anspruchsqualität bei. Ein Anspruch ist das Recht, von einem anderen ein Tun oder Unterlassen zu verlangen. Nach dieser Definition des § 194 BGB erfüllen sowohl § 281 BGB als auch § 283 BGB alle Voraussetzungen einer Anspruchsgrundlage, indem zwar hinsichtlich der Voraussetzungen zum Teil auf § 280 I BGB verwiesen, aber dem Gläubiger das Recht, Schadensersatz statt der Leistung zu verlangen, unter weiteren Voraussetzungen eingeräumt wird. Zudem hat eine solche Auffassung den Vorteil, dass der unsinnige Verweisungskreislauf zwischen § 280 III BGB und den §§ 281, 283 BGB, die ihrerseits wiederum auf die Voraussetzungen des § 280 BGB zurückverweisen, unterbrochen wird[1197]. Zur Ermittlung der konkreten Anspruchsgrundlage für Schadensersatz statt der Leistung gilt es ohnehin, die maßgebliche Pflichtverletzung exakt zu ermitteln, um die einschlägige Anspruchsgrundlage für den Schadensersatz statt der Leistung herauszufiltern. Die entscheidende Pflichtverletzung ist aber in den §§ 281-283 BGB viel genauer beschrieben, so dass man ohne den Umweg über § 280 BGB direkt bei den §§ 281-283 BGB als Anspruchsgrundlage ansetzen könnte. In diesem Sinne führt auch die Regierungsbegründung den Anspruch auf Schadensersatz statt der Leistung aus § 281 I BGB häufig isoliert auf[1198].

VersR 2003, 273 (278 f.); leicht abweichend *Wagner*, JZ 2002, 475 (479), der die Vermögensintegrität ausnimmt und nur bei Verletzung der in § 823 BGB genannten Rechtsgüter die allgemeine Verjährung anwenden will; de lege ferenda auch *Canaris*, ZRP 2001, 329 (335 f.); *Leenen*, DStR 2002, 34 (37 f.); krit. zu einer kaufrechtlichen Sonderverjährung für Ansprüche wegen Mangelfolgeschäden auch *Eidenmüller*, JZ 2001, 283 (286); *Zimmermann/Leenen/Mansel/Ernst*, JZ 2001, 684 (689).

1196 *V. Wilmowsky*, JuS 2002, Beil. zu H. 1, 1 (4); das Bedenken auch bei *Harke*, JJZiRW 2001, 29 (58, Fn. 127); vgl. die obigen Ausführungen zu der Frage, ob die Verweise der §§ 437, 634 BGB zur Anspruchsgrundlage gehören, 4. Kapitel, A., I., S. 152 ff.

1197 Zu diesem „Leerlauf" *Kupisch*, NJW 2002, 1401 (1401); *v. Wilmowsky*, JuS 2002, Beil. zu H. 1, 1 (4).

1198 Beispielsweise BT-Drs. 14/6040, S. 208, 210, 226.

Dogmatisch enthält eine Herleitung der Ansprüche unmittelbar aus den §§ 281-283 BGB eine saubere Lösung, da diesen Normen allein schon Anspruchsqualität i. S. d. § 194 BGB zukommt. Sie steht aber im Widerspruch zu dem vom Gesetzgeber stets betonten Prinzip des einheitlichen Haftungstatbestandes aus § 280 BGB, auf dem alle Ansprüche wegen Pflichtverletzung aufbauen sollen. Durch § 311a BGB hat der Gesetzgeber zwar selbst für eine Ausnahme von der Theorie des einheitlichen Haftungstatbestandes gesorgt, dies geschah jedoch nur, um den Besonderheiten der anfänglichen Unmöglichkeit und dem vorvertraglichen Stadium, das mit dem Modell der Pflichtverletzung inkongruent war, Rechnung zu tragen[1199]. Deshalb existiert in § 311a II BGB auch keine Verweisung auf § 280 BGB. Vor dem Hintergrund der sich im Laufe der Zeit entwickelnden Schuldrechtsreform darf nicht vergessen werden, dass zunächst ein System präferiert wurde, das tatsächlich nur eine zentrale schuldrechtliche Anspruchsgrundlage mit § 280 KE enthielt, die lediglich von § 283 KE für den Schadensersatz statt der Leistung, § 327 KE für den großen Schadensersatz und den §§ 441, 639 KE im besonderen Schuldrecht flankiert wurde[1200]. Im Zuge der Überarbeitungen wurde dieses Modell durch die Einführung der §§ 281-283, 311a BGB zwar modifiziert, das Grundprinzip sollte aber nie aufgegeben werden. Der Fortbestand des in § 280 BGB normierten zentralen Haftungstatbestandes hat durch die Verweise in § 280 II, III BGB und die Rückverweise der §§ 281-283 BGB auf § 280 BGB seinen Ausdruck gefunden und entspricht dem gesetzgeberischen Willen[1201]. Um den richtigen Zugang zu der Anspruchsaufzählung des § 437 I Nr. 3 BGB zu erhalten, muss daher stets das Prinzip des einheitlichen Haftungstatbestandes im Hinterkopf behalten werden. Nach diesem sind weder § 281 BGB noch § 283 BGB alleinige Anspruchsgrundlagen, sondern erst in Verbindung mit § 280 BGB ergibt sich ein Anspruch[1202].

Führt man sich das Prinzip des einheitlichen Haftungstatbestandes genau vor Augen, erscheint die Aufführung von § 280 BGB in § 437 Nr. 3 BGB in einem neuen Licht. § 280 BGB könnte nämlich nur als der für §§ 281, 283 BGB unverzichtbare Grundtatbestand Einzug in § 437 Nr. 3 gehalten haben[1203]. Insofern käme § 280 BGB keine eigenständige Funktion, sondern nur eine stützende für die Ansprüche aus §§ 281, 283 BGB zu.

Hätte demgegenüber der Gesetzgeber auf § 280 BGB für Schadensersatz wegen Mangelfolgeschäden verweisen wollen, wäre ein Verweis auf § 280 I BGB jedenfalls genauer gewesen. Ein Verweis auf bestimmte Absätze einer Norm ist

---

1199 BT-Drs. 14/6040, 165.

1200 Siehe Abschlußbericht, S. 130 ff.

1201 BT-Drs. 14/6040, S. 135; vgl. *Zimmer*, NJW 2002, 1 (6).

1202 BT-Drs. 14/6040, S. 137; *Kindl*, WM 2002, 1313 (1313).

1203 In diese Richtung, aber unentschlossen *Ehmann/Sutschet*, § 11, XI., S. 266, Fn. 58.

dem Bürgerlichen Gesetzbuch nicht fremd und in § 437 Nr. 2 BGB mit der Aufführung des § 326 I BGB oder in § 438 IV 2 BGB für § 218 I BGB zu finden. Hinsichtlich des Verweises auf § 311a BGB kann allerdings ebenfalls nur Abs. 2 gemeint sein, genauso wie für die §§ 281, 283, 284 BGB keine Absätze und Sätze zitiert werden. Daraus muss wohl der Schluss gezogen werden, dass der Gesetzgeber, möglicherweise im Sinne der Übersichtlichkeit, auf die Benennung einzelner Absätze und Sätze insgesamt verzichten wollte.

Der Verweis des § 437 Nr. 3 BGB hält allerdings in seiner Gesamtheit weitere Unklarheiten bereit: Zum einen wird nicht auf § 286 verwiesen, obwohl wie bereits gezeigt[1204] ein Verzögerungsschaden durch den Verzug mit der mangelfreien Leistung durchaus denkbar erscheint. Der Gesetzgeber geht dementsprechend selbst davon aus, dass § 437 Nr. 3 BGB (zumindest für die Verzögerung der Nacherfüllung) auch auf § 286 BGB verweise und begründet die fehlende Aufführung des § 286 BGB damit, dass schon der Verweis auf § 280 II BGB genüge[1205]. Unterstellt man eine solche Regelungstechnik für den gesamten § 437 Nr. 3 BGB, sind aber die Verweise auf §§ 281, 283 BGB nicht mehr zu erklären, da in dem Verweis auf § 280 BGB ein solcher auf § 280 III BGB schon enthalten ist. Dem kann selbstverständlich erwidert werden, § 286 BGB stelle nur die Voraussetzungen des Verzugs auf und sei nicht die entscheidende Anspruchsgrundlage. Dies gilt nach dem Willen des Gesetzgebers aber gleichermaßen für die §§ 281, 283 BGB, da einzig § 280 BGB die zentrale Haftungsnorm sein soll[1206]. Folgerichtig hätte insofern ein Verweis auf § 280 BGB und § 311a BGB, gegebenenfalls um § 284 BGB ergänzt, jedenfalls genügt. Konsequenterweise hätte § 437 Nr. 3 BGB „nach den §§ 280, 311a Schadensersatz oder nach § 284 Ersatz der vergeblichen Aufwendungen verlangen" lauten müssen.

In gleicher Weise unbegreiflich ist die Aufnahme des § 440 BGB in § 437 I Nr. 3 BGB. § 440 BGB ist eine Ausnahme vom Fristsetzungserfordernis, die keine Anspruchsgrundlage für Schadens- oder Aufwendungsersatz ist und deswegen keiner Aufführung in § 437 BGB bedarf. Andernfalls hätte man die kaufrechtlichen Spezialnormen der §§ 442, 445 BGB ebenfalls aufnehmen können, da sie wenigstens für alle Schadensersatzansprüche Anwendung finden. § 440 BGB hingegen kann angesichts seines Regelungsgehalts nur für § 281 BGB bedeutsam werden, so dass seine exponierte Stellung vor den 280, 281, 283 umso mehr verwundert. Diese Position des § 440 BGB spricht allerdings dafür, §§ 440, 280, 281 BGB als ein geschnürtes Paket und darauf aufbauend § 280 BGB nur als Anhängsel von § 281 BGB zu verstehen, mit dem die

---

1204 3. Kapitel, D., X., S. 127 ff.

1205 BT-Drs. 14/6040, S. 225; vgl. 3. Kapitel, D., X., 1., S. 129 f.

1206 BT-Drs. 14/6040, S. 135.

Funktion als Grundtatbestand unterstrichen werden soll. Damit unvereinbar ist jedoch die isolierte Aufführung des § 283 BGB. Eine Formulierung des § 437 Nr. 3 BGB in der Form „nach den §§ 280, 286, 440, 281, 283 und 311a Schadensersatz oder nach § 284 Ersatz der vergeblichen Aufwendungen verlangen" hätte sicherlich den Bezug der einzelnen Normen untereinander und zu § 437 Nr. 3 BGB deutlicher herausgestellt.

Schließlich fehlt ein Verweis auf § 285 BGB, dessen Vorgänger § 281 BGB a. F. schon nach alter Rechtslage von der h.M[1207] in einigen Fällen auch im Kaufrecht angewendet wurde und jetzt angesichts der Verknüpfung des allgemeinen mit dem besonderen Schuldrecht erst recht anwendbar sein sollte, wenn der Schuldner infolge einer unbehebbar mangelhaften Leistung ein stellvertretendes commodum erlangt[1208].

Die Verweisung des § 437 Nr. 3 BGB ist deswegen keineswegs eindeutig und ermöglicht verschiedene Sichtweisen. Nach der hier vertretenen Ansicht erscheint eine Auslegung am sinnvollsten, nach der einerseits § 440 BGB als Redaktionsfehler im Geiste zu streichen ist und andererseits § 280 BGB als Verweis auf § 286 BGB für den Verzögerungsschaden und zugleich als Grundtatbestand für die beiden folgenden Ansprüche auf Schadensersatz statt der Leistung §§ 281, 283 BGB aufgeführt wurde. Ob hingegen auch auf § 280 I BGB als eigene Anspruchsgrundlage verwiesen wird, lässt der fragwürdige Wortlaut offen[1209].

bb) Die historische Auslegung

Im Rahmen einer historischen Betrachtung des § 437 Nr. 3 BGB ist zu beachten, dass die Regierungsbegründung zu einem gehörigen Teil vom Abschlussbericht der Schuldrechtskommission inspiriert wurde, diesem aber ein völlig anderes verjährungsrechtliches Konzept in den §§ 195, 196 KE zugrunde lag. Der Kommissionsentwurf ging in § 195 I KE von einer einheitlichen Verjährung für auf Vertrag beruhende Ansprüche aus, wobei lediglich für den Beginn der Verjährung Differenzierungen in § 196 KE getroffen wurden. Das Problem einer abweichenden Verjährung für Ansprüche wegen Mangel- und Mangelfolgeschaden konnte sich in der behandelten Form gar nicht stellen, da beide Schadensersatzansprüche auf einem Kaufvertrag beruhen und somit nach dem Kommissionsentwurf innerhalb von drei Jahren ab Übergabe der Sache einheit-

---

1207 Palandt-*Heinrichs*, 61. Aufl., § 281 Rn. 2; Staudinger-*Löwisch*, 14. Aufl., § 281 Rn. 10 f. jeweils m. w. N.

1208 Vgl. *v. Olshausen*, ZGS 2002, 194 (196 f.).

1209 Ebenso i. E. KK-*Tonner/Echtermeyer*, § 437 Rn. 11; *Ehmann/Sutschet*, § 11, XI., S. 266, Fn. 58; wohl auch *Reischl*, JuS 2003, 40 (47).

lich verjähren. Demnach konnte der Gesetzgeber auf die Problematik nicht durch detaillierte Vorarbeiten aufmerksam gemacht werden.

Der von der Gegenansicht gezogene Schluss von der Verjährung der pVV nach § 477 BGB a. F. analog auf die Verjährung eines Anspruchs aus § 280 I BGB für Mangelfolgeschäden nach § 438 BGB ist nicht zulässig. Im alten Recht hatte die pVV vornehmlich die Funktion, über den Anwendungsbereich des § 463 BGB a. F. hinaus eine Verschuldenshaftung zu statuieren; niemals sollte sie wie im Werkvertragsrecht ein von § 477 BGB a. F. abweichendes Verjährungsregime etablieren[1210]. Da im neuen Recht sämtliche Schadensersatzansprüche als Verschuldenshaftung ausgestaltet werden sollten, hat § 280 I BGB eine abweichende Funktion erhalten. Diese besteht in der Ergänzung der Schadensersatzansprüche auf der Rechtsfolgenseite für die Verletzungen des Erhaltungsinteresses unter hierfür angemessenen Voraussetzungen. Auch die Verjährung des Schadensersatzanspruchs nach § 280 I BGB für Mangelfolgeschäden hat sich deshalb daran zu orientieren, ob sie eine für die Verletzung des Erhaltungsinteresses angemessene Lösung darstellt.

cc) Die systematische Auslegung

Stellt man die Haftung für Mangelschäden der Haftung für Mangelfolgeschäden aus § 280 I BGB gegenüber, ist ein besonderes Augenmerk auf die divergierende Pflichtverletzung zu richten. Die Haftung für Mangelschäden, gleichbedeutend mit der Haftung auf Schadensersatz statt der Leistung, basiert in § 281 BGB auf der mangelhaften Leistung, in § 283 BGB auf der Verletzung der leistungsbezogenen Nebenpflicht, die Erfüllung möglich zu erhalten, und in § 311a BGB auf der Abgabe des nicht erfüllbaren Leistungsversprechens. Demgegenüber beruht eine Haftung aus § 280 I BGB auf der Verletzung der allgemeinen Schutzpflicht, die auch unabhängig von einem Vertrag bestehenden Rechtsgüter des anderen nicht zu schädigen. Diese Pflicht reicht über die Verpflichtung des Verkäufers, die Kaufsache frei von Mängeln zu leisten, hinaus. Die Pflichtverletzung im Rahmen der Haftung für Mangelfolgeschäden knüpft also nicht an die Lieferung der mangelhaften Sache, sondern an die Verletzung einer Pflicht im Sinne des § 241 II BGB an[1211]. Kehrseite dessen ist, dass es nicht um das vertraglich bestimmte Erfüllungsinteresse, sondern um das davon unabhängig bestehende Erhaltungsinteresse geht. Wirklich mangelspezifisch ist daher nur der Mangelschaden, wohingegen Mangelfolgeschäden lediglich aus einem Lebenssachverhalt resultieren, in dem eine mangelhafte Leistung erfolgte.

1210 Vgl. *Wagner*, JZ 2002, 475 (478, 481).

1211 4. Kapitel, A., III., 4., S. 194 ff.; vgl. *Reischl*, JuS 2003, 40 (47), nach dem § 438 Nr. 3 BGB als eigentlich überflüssiger Merkzettel nur den Blick verstellt.

Nichtsdestotrotz baut die Haftung für Mangelfolgeschäden auf einem Schuldverhältnis in Form eines Kaufvertrages auf. Insofern ist sie wie Unmöglichkeit, Verzug und die Verletzung von vertraglichen Schutzpflichten eine Art der vertraglichen Haftung; sie hat aber keine mängelspezifischen Züge, indem sie nicht an den Mangel, den Zeitpunkt des Gefahrübergangs, das Äquivalenzverhältnis oder die Nacherfüllung anknüpft[1212]. Dieser Charakter unterscheidet die Haftung für Mangelfolgeschäden gravierend von den mangelspezifischen Rechten wie die Ansprüche auf Nacherfüllung und Schadensersatz statt der Leistung sowie die Rechte von Minderung und Rücktritt. Da der Katalog des § 437 BGB, der die „Rechte des Käufers bei Mängeln" beinhaltet, typischerweise nur mangelspezifische Rechte regeln sollte, überrascht der fehlende Verweis des § 437 Nr. 3 BGB auf § 280 I BGB für die Haftung wegen Mangelfolgeschäden nicht. Ebenso betrifft die kaufrechtliche Verjährungsvorschrift des § 438 BGB nur die mangelspezifischen Ansprüche, so dass für Mangelfolgeschäden die allgemeine Verjährung maßgeblich ist.

Dieses Ergebnis fügt sich systematisch nahtlos in die sonstige Haftung für das Erhaltungsinteresse ein[1213]. Haftet der Schädiger aus deliktischen Ansprüchen oder wegen der Verletzung von Nebenpflichten auf Ersatz des verletzten Erhaltungsinteresses, verjähren solche Ansprüche nach der allgemeinen Verjährung der §§ 195, 199 BGB. Für die Verletzung von Schutzpflichten soll § 438 BGB nämlich auch nach der Gegenansicht nicht gelten[1214], um einen „Rückfall in eine gewährleistungsrechtliche Sonderordnung" zu verhindern[1215]. Dies ist der Grund, warum in § 437 Nr. 3 BGB kein Verweis auf § 282 BGB zu finden ist.

Unterstellt man die Haftung für Mangelfolgeschäden im Rahmen eines Kaufvertrages der allgemeinen Verjährung, entfallen damit auf einen Schlag sämtliche Abgrenzungsprobleme, die durch parallele deliktische Ansprüche und die Konstruktion von Nebenpflichten entstehen können[1216]. Potenzielle Ausweich-

---

1212 Ebenso *Wagner*, JZ 2002, 475 (479); vgl. *Teichmann*, ZfBR 2002, 13 (13).

1213 *Reischl*, JuS 2003, 250 (252).

1214 *Münch*, Jura 2002, 361 (368).

1215 *Canaris*, ZRP 2001, 329 (336).

1216 KK-*Tonner*, § 438 Rn. 10; Palandt-*Putzo*, 63. Aufl., § 438 Rn. 3; *Foerste*, ZRP 2001, 342 (342 f.); *Geiger*, JZ 2001, 473 (473 f.); *Leenen*, DStR 2002, 34 (38); *Spindler/Klöhn*, VersR 2003, 273 (278 f.); ergiebig zu der Verjährung der konkurrierenden Ansprüche *Ehmann/Sutschet*, § 13, V. S. 309 ff. mit dem Befund, dass die altbekannten Ausweich-strategien möglich bleiben; zu einer Flucht ins Deliktsrecht siehe *Brüggemeier*, WM 2002, 1376 (1383); *Westermann*, NJW 2002, 241 (250); einschränkend *Gsell*, JZ 2002, 1089 (1092), die § 438 BGB auf das Deliktsrecht entsprechend anwenden will, wenn eine qualitätsbezogene Nebenpflicht verletzt wird; krit. zu einer unterschiedlichen Verjährung von Ansprüchen wegen Mangelfolgeschäden und der Verletzung von Nebenpflichten, *Lorenz/Riehm*, Rn. 360; *Mansel*, NJW 2002, 89 strategien[1217] zur Ergebniskorrektur der im Einzelfall als ungerecht empfundenen Verjährung werden im Keim erstickt. Die andererseits notwendige Differenzierung zwischen Mangel- und Mangelfolgeschaden kann auf eine lange Tradition zurückblicken und anhand der ausgearbeiteten Typen erfolgen[1218]. Zur Ermittlung der richtigen Anspruchsgrundlage ist sie ohnehin unentbehrlich. Auf diesem Weg werden leidige Konkurrenzfragen effektiv beseitig und die gesetzgeberisch vorgegebenen Ziele der Rechtsvereinfachung und Rechtsvereinheitlichung erreicht.

Für die vorgeschlagene Handhabung streitet auch, dass § 199 II-IV BGB und § 253 II BGB ebenfalls nicht nach der Anspruchsgrundlage differenzieren und deshalb für vertragliche und deliktische Ansprüche gleichermaßen gelten sollten[1219]. Die Frist der durch § 199 III BGB besonders geschützten Güter von Leben, Körper, Gesundheit und Freiheit, denen auch verfassungsrechtliches Gewicht zukommt[1220], würde durch § 438 BGB enorm verkürzt. Dies hätte eine ungerechtfertigte Schlechterstellung des Käufers gegenüber anderen Geschä-

---

(95); *Piekenbrock*, JJZiRW 2001, S. 309 (331 f.); *Foerste*, ZRP 2001, 342 (342); *Roth*, JZ 2001, 543 (544).

1217 Instruktiv zu den Methoden der alten Rechtsprechung *Piekenbrock*, JJZiRW 2001, S. 309 (310 ff.), der drei Kategorien zur Korrektur der als zu kurz empfundenen Verjährung des § 477 BGB a. F. in Form einer restriktiven Anwendung bei gleichzeitiger Ausdehnung des Arglisttatbestandes, einer konstruierten Hinweispflicht des Schuldners verbunden mit dem Vorwurf des widersprüchlichen Verhaltens und einem Rückgriff auf den allgemeinen Verjährungsvorschriften unterstehende konkurrierende Ansprüche auflistet; *Thost*, Mangelfolgeschäden, S. 84 ff., 94 ff. nennt zusätzlich die Annahme verjährungsver-längernder Garantien sowie das Ausweichen in das Werkvertragsrecht; ausführlich auch *Leenen*, Verjährung oder Risikoverlagerung, S. 35 ff. Das Ausdehnen der Arglist nach Billigkeitserwägungen befürchten auch *Eidenmüller*, JZ 2001, 283 (287); *Leenen*, DStR 2002, 34 (39); *Mansel*, NJW 2002, 89 (96).

1218 3. Kapitel, D., I.-IX., S. 104 ff.

1219 *Wagner*, JZ 2002, 475 (479); a. A. *Mansel/Budzikiewicz*, § 5 Rn. 152 ff.; *Mansel*, NJW 2002, 89 (95) möchte zwischen Personen- und Sachschäden differenzieren und § 438 BGB nur auf Sachschäden auch im deliktischen Bereich anwenden; dem hält *Wagner* entgegen, dass das Privatrecht Freiheit und Eigentum gleichermaßen schütze. Im Vorfeld der Schuldrechtsreform wurde auch eine verjährungsrechtliche Differenzierung zwischen verschuldensabhängigen und verschuldensunabhängigen Gewährleistungsansprüchen erwogen; siehe *Leenen*, Verjährung oder Risikoverlagerung, S. 45; *Eidenmüller*, JZ 2001, 283 (286); *Zimmer/Eckhold*, Jura 2002, 145 (152, 154); ablehnend BT-Drs. 14/6040, S. 228 f., da die Frage des Verschuldens in keinem Zusammenhang zu den normativen Kriterien der Verjährung stehe; ebenso *Wagner*, JZ 2002, 475 (480).

1220 Siehe auch den besonderen Schutz von Leben, Körper und Gesundheit in § 309 Nr. 7 a) BGB; vgl. zum verfassungsrechtlichen Einfluss im alten Recht *Thost*, Mangelfolgeschäden, S. 79 ff.

digten zur Folge. Es ist aber kaum nachvollziehbar, warum unter sonst gleichen Haftungsvoraussetzungen ein Verkäufer durch die kurze Verjährung des § 438 I Nr. 3 BGB privilegiert werden soll, obwohl vergleichbar mit anderen Schuldverhältnissen die Lieferung einer mangelhaften Sache erfolgte[1221]. Die mittels des Verschuldenskriteriums bestimmte effiziente Haftungssanktion würde ansonsten über das Verjährungsrecht konterkariert und „partiell wieder entschärft werden“[1222].

Bedenkt man ein weiteres Reformziel, das in der systematischen Anknüpfung des besonderen Schuldrechts an das allgemeine bestand, ist § 438 BGB freilich eine Ausnahme von diesem Grundsatz. Könnte man den Anwendungsbereich des § 438 BGB aber überzeugend auf Mangelschäden beschränken, würde das ursprüngliche Ziel effektiver umgesetzt werden als bei einer allumfassenden Sonderregelung in § 438 BGB, die auch eine Verletzung des Erhaltungsinteresses betreffen soll. Es ist auch kaum zu erklären, warum andererseits eine Schädigung des Erhaltungsinteresses einer längeren Verjährung unterliegen soll, falls die fünfjährige Verjährungsfrist des § 438 I Nr. 2 BGB eingreift. Wird beispielsweise lackiertes Holz für die Vertäfelung einer Wohnzimmerdecke gekauft und ist der verwendete Lack gesundheitsschädlich, kann ein Mangelfolgeschaden in Form eines Körperschadens entstehen. Unter Anwendung des § 438 I Nr. 2 BGB verjährt ein solcher Anspruch nach 5 Jahren, wenn der giftige Lack einen Mangel des Gebäudes verursacht. Kauft die gleiche Person hingegen lackiertes Holz, um ein Regal zu bauen und treten infolge des giftigen Lacks Gesundheitsschäden auf, wäre die zweijährige Verjährungsfrist gem. § 438 I Nr. 3 BGB maßgeblich, obwohl die Vergiftungserscheinungen die gleichen sein mögen. Dies Beispiel zeigt, dass die unterschiedlichen Verjährungen in § 438 BGB auf die vom Vertrag unabhängige Verletzung des Erhaltungsinteresses nicht zugeschnitten sind und keine Geltung beanspruchen können. Es ist kein Grund ersichtlich, warum die Partei eines Kaufvertrages hinsichtlich ihres Erhaltungsinteresses generell schlechter und im Einzelfall besser als die Partei eines anderen Vertrages gestellt werden soll[1223].

Dass der Schadensersatz für Mangelfolgeschäden im Kaufrecht einen Fremdkörper darstellt und deshalb weder § 437 Nr. 3 BGB auf § 280 I BGB verweist noch § 438 BGB die Verjährung bestimmt, zeigt sich an weiteren systematischen Ungereimtheiten der gegenteiligen Lösung: Das in § 437 BGB zum Ausdruck kommende Stufenverhältnis, welches dem Prinzip des Vorrangs der Nach-

---

1221 *Ball*, ZGS 2002, 49 (53); *Canaris*, ZRP 2001, 329 (336); *Flume*, AcP 193 (1993), 89 (115); *Haas*, BB 2001, 1313 (1318); *Leenen*, JZ 2001, 552 (556); *Mansel*, NJW 2002, 89 (95); *Zimmermann/Leenen/Mansel/Ernst*, JZ 2001, 684 (689).

1222 *Eidenmüller*, JZ 2001, 283 (286).

1223 Vgl. *Wagner*, JZ 2002 475 (481).

erfüllung geschuldet ist, passt für Mangelfolgeschäden per se nicht. Eine Nacherfüllung kann nie die Verletzung des Erhaltungsinteresses verhindern oder ausgleichen, so dass der Schadensersatz abseits der Leistung ohne eine Nacherfüllung, respektive eine entsprechende Aufforderung hierzu, durch Fristsetzung gefordert werden kann.

Wäre der Ersatz von Mangelfolgeschäden ein Anspruch wegen eines Mangels, müsste er formularmäßig im Rahmen des § 309 Nr. 8 b) bb) BGB und des § 309 Nr. 7 BGB ausgeschlossen werden können. Das hieße, mit einem Verweis auf Minderung und Rücktritt für den Fall einer fehlgeschlagenen Nacherfüllung könnte man den Schadensersatzanspruch für einfache Fahrlässigkeit bei Sach- und reinen Vermögensschäden ausschließen (doppelter Umkehrschluss aus § 309 Nr. 7 a) und b) BGB)[1224]. Eine Nacherfüllung kann den Mangelfolgeschaden aber nie beseitigen und ohne einen Schadensersatzanspruch können für den Käufer eklatante Haftungslücken entstehen. Leitet man den Schadensersatzanspruch wegen Mangelfolgeschäden aber aus § 280 I BGB unmittelbar her, gelten die auf einen Mangel bezogenen Vorschriften des § 309 Nr. 8 BGB insgesamt nicht.

dd) Die teleologische Auslegung

Sinn und Zweck der kaufrechtlichen Verjährung in § 438 BGB erschließen sich nur vor dem Hintergrund der allgemeinen Wertungen der Verjährung[1225]. Eine Verjährung von Ansprüchen für Mangelfolgeschäden nach den §§ 195, 199 BGB kann einer teleologischen Betrachtung nur standhalten, wenn sie die konfligierenden Interessen und Ziele zu einem angemessenen Ausgleich bringt.

Aus der Warte des Gläubigers stellt sich die Anwendung der allgemeinen Verjährung durchweg positiv dar, wenn man von der fünfjährigen Verjährungsfrist des § 438 I Nr. 2 BGB absieht. Die Möglichkeit zur Durchsetzung seiner Ansprüche wird im Sinne der Regelverjährung aufrechterhalten, und durch den subjektiven Beginn ist es ausgeschlossen, dass der Anspruch verjährt, bevor er erkennbar ist. Eine enteignungsgleiche Wirkung trotz Unkenntnis muss er nur durch die objektiven Maximalfristen des § 199 II- IV BGB fürchten, die ihm aber einen langfristigen Zeitrahmen gewähren. Auch verfassungsrechtlich bewegt sich eine solche Lösung auf der sicheren Seite, da der Gläubiger eine faire Chance zur Geltendmachung seiner Ansprüche hat[1226].

1224 Vgl. *Brüggemeier*, WM 2002, 1376 (1383 f.).

1225 5. Kapitel, A., S. 247 ff.

1226 Krit. *Ernst*, ZRP 2001, 1 (6); in Belgien wurde eine Norm für verfassungswidrig erklärt, weil die Verjährung ohne Kenntnis des Gläubigers eintreten konnte: Cour d'Arbitrage v. 21.03.1995 und v. 20.06.1996.

Die Verlängerung der Verjährungsfrist von zwei Jahren auf bis zu vier Jahre und der subjektive Beginn könnten aber einen erheblichen Verlust an Rechtssicherheit für den Schuldner bedeuten. Obschon gegen jede subjektive Lösung der ungewisse Zeitpunkt spricht, in dem der Gläubiger Kenntnis von seiner Anspruchsberechtigung erhält[1227], entspricht dieses Modell doch gerade dem allgemeinen Verjährungsbeginn, so dass die Argumentationslast für einen objektiven Beginn wie in § 438 II BGB auf Seiten ihrer Befürworter liegt. Für die Mängelhaftung halten einige jede Beachtlichkeit der Kenntnis für verfehlt, um den Verkäufer für seine zukünftigen Dispositionen Berechenbarkeit zu verschaffen[1228]. Systematisch wurde bereits vorgebracht, dass es bei Mangelfolgeschäden nicht um eine mangelspezifische Haftung geht. Da aber die Mängelansprüche des § 437 BGB weiterhin nach zwei Jahren ab Ablieferung verjähren und die Mängelrechte mit Ablauf der Verjährungsfrist unwirksam sind, hat der Verkäufer zumindest die Sicherheit, dass er den Kaufpreis in voller Höher behalten kann. Sowohl Rücktritt als auch Minderung sind gem. § 218 BGB unwirksam und auch der große Schadensersatz gem. § 281 I 3 BGB ist wegen Verjährung nicht mehr durchsetzbar. Genauso verhält es sich mit den anderen Mängelrechten, die für den Verkäufer keine Belastung mehr darstellen. Lediglich die Haftung für Mangelfolgeschäden soll einer längeren Verjährung unterliegen und an ein subjektives Moment anknüpfen. Dass der Verjährungsbeginn dann unberechenbar wird und von Fall zu Fall divergieren kann, ist typisch für ein subjektives System und eher eine Kritik an der allgemeinen Verjährung. Die verlängerte Haftung für Mangelfolgeschäden bedeutet für den Verkäufer nur im Einzelfall, wenn nämlich der Regelverjährung unterstellte, konkurrierende Ansprüche nicht bestehen, eine Verschärfung seiner Rechtslage und damit einen Verlust an Rechtssicherheit. Generell tritt mit Ablauf der kaufrechtlichen Frist in § 438 BGB für den Verkäufer kein Zustand der Rechtssicherheit im Hinblick auf Mangelfolgeschäden ein, da insbesondere eine Haftung aus Delikt oder für die Verletzung von Nebenpflichten weiterhin möglich bleibt. Eine Vereinheitlichung der Verjährung von Mangelfolgeschäden mit diesen Ansprüchen bedeutet demgegenüber ein Plus an Rechtssicherheit, da eine einheitliche Lösung für Verletzungen des Erhaltungsinteresses erzielt wird und keine trügerische Sicherheit besteht, die zu Prozessen Anlass gibt.

Vor Ablauf der allgemeinen Verjährung kann der Verkäufer folglich auch keine Rückstellungen auflösen, die seine Wirtschaftskraft beleben könnten. Angesichts der Unkalkulierbarkeit einer Haftung für Verletzungen des Erhaltungsinteresses darf im Gegensatz zu den genau abschätzbaren Rückstellungen für

[1227] So auch *Ernst*, ZRP 2001, 1 (8).

[1228] *Leenen*, Verjährung oder Risikoverlagerung, S. 26; *Schwartze*, Europäische Sachmängelgewährleistung, S. 499; *Ernst*, ZRP 2001, 1 (8).

Mangelschäden die Bildung von Rückstellungen für Mangelfolgeschäden schon grundsätzlich bezweifelt werden. Wurden trotzdem entsprechende Rückstellungen gebildet, müssen diese bis Ablauf der allgemeinen Verjährung in Anbetracht der fortbestehenden Haftungsgefahr aus Delikt oder Nebenpflichtverletzungen aufrechterhalten werden. Im Ergebnis wird die Stellung des Verkäufers hinsichtlich der Verjährung somit kaum verschlechtert, wofür ihm im Gegenzug eine klarere Rechtslage zuteil wird, die damit auch den Rechtsfrieden sichert[1229].

Über die Funktion einer Verjährungsvorschrift hinaus, kommt § 438 BGB auch der Charakter als Risikozuweisung zwischen den Parteien zu. Im Anschluss an die Ausführungen von Leenen zu § 477 BGB a. F.[1230] ist auch § 438 BGB als Risikozuweisung zwischen Käufer und Verkäufer zu begreifen, wofür insbesondere der objektive Verjährungsbeginn in § 438 II BGB spricht. Orientierungspunkt für die Verteilung des Mängelrisikos zwischen den Parteien ist das Entgelt[1231]. Mit dem Entgelt wird die Leistung abgegolten, wobei typischerweise eine Äquivalenz von Leistung und Gegenleistung vermutet werden kann. Der Kaufpreis ist somit Äquivalent zur (mangelfreien) Leistung, deckt aber nicht den Aufwand ab, alle Personen zu kontrollieren und die Verletzung von Nebenpflichten zu verhindern. Der Käufer hat also für die Bedienung seines Erfüllungsinteresses, nicht aber für die Wahrung des Erhaltungsinteresses gezahlt. Ist § 438 BGB Ausfluss einer Vereinbarung rational handelnder Parteien, die das Äquivalenzverhältnis beeinflusst, indem sie das Mängelrisiko verteilt, hat eine Verjährungsfrist für Mangelfolgeschäden als Verletzung des Erhaltungsinteresses dort keinen Platz. Ein rationaler Käufer wird verjährungsrechtlich nicht schlechter stehen wollen als bei sonstigen Verletzungen des Erhaltungsinteresses. Das Vorliegen einer Sonderverbindung ließe allenfalls den gegenteiligen Schluss zu. Er wird daher keine Risikoabrede im Sinne des § 438 BGB treffen, die Verletzungen des Erhaltungsinteresses einbezieht, weil sich insofern kein Mangelrisiko verwirklicht. Unter dem Gesichtpunkt der Risikozuweisung geht es also ausschließlich um die Zuweisung des Mängelrisikos, zu dem Mangelfolgeschäden nicht zählen, da sie aus der Verletzung einer allgemeinen, deliktsähnlichen Schutzpflicht resultieren. Da aber die Mängelrechte des § 437 BGB weiterhin einheitlich in zwei Jahren ab Ablieferung verjähren, kann § 438 BGB seine Funktion als Risikozuweisung voll gerecht werden, obwohl Ansprüche wegen Mangelfolgeschäden nach den §§ 195, 199 BGB verjähren.

1229 Das erfolgreiche niederländische bürgerliche Gesetzbuch (Burgerlijk Wetboek) knüpft sogar für die Verjährung der Ansprüche wegen Mangelschäden an einen subjektiven Beginn an; vgl. *Leenen*, JZ 2001, 552 (553).

1230 *Leenen*, Verjährung oder Risikoverlagerung, S. 16 ff.; vgl. auch *Eidenmüller*, JZ 2001, 283 (285 ff.) zum effizienten Umfang einer Haftung des Schuldners.

1231 *Leenen*, JZ 2001, 552 (557).

ee) Das Ergebnis der Auslegung

Zusammenfassend spricht die Anwendung aller Auslegungsmethoden dafür, dass § 438 BGB entgegen dem gesetzgeberischen Willen nicht für die Haftung wegen Mangelfolgeschäden gilt. Eine solche Haftung resultiert ohne Verweis des § 437 Nr. 3 BGB alleine aus § 280 I BGB[1232], insbesondere da es um die Verletzung einer Schutzpflicht und kein Mangelspezifikum geht. Dies ist sowohl mit dem Wortlaut der §§ 438, 437 BGB vereinbar als auch von systematischen sowie teleologischen Erwägungen getragen.

D. Die Verjährung im Werkvertragsrecht

Das Werkvertragsrecht hat in § 634a BGB ebenso wie das Kaufrecht eine besondere Verjährungsvorschrift behalten. Nach § 634a I BGB verjähren die „in § 634 Nr. 1, 2 und 4 bezeichneten Ansprüche" wegen eines Sach- oder Rechtsmangels in der speziellen werkvertraglichen Verjährungsfrist. Der Anspruch auf Nacherfüllung nach §§ 634 Nr.1, 635 BGB, der Aufwendungsersatz wegen Selbstvornahme der Mangelbeseitigung nach §§ 634 Nr. 2, 637 BGB sowie die Ansprüche auf Schadens- und Aufwendungsersatz gem. § 634 Nr. 4 BGB sind damit von der allgemeinen Verjährung grundsätzlich ausgenommen. Stattdessen sieht § 634a I BGB drei unterschiedliche Verjährungsfristen vor[1233].

I. Die fünfjährige Verjährung nach § 634a I Nr. 2 BGB

Da die Regelung des § 634a I Nr. 1 BGB „vorbehaltlich der Nummer 2" gilt, ist die fünfjährige Verjährungsfrist des § 634a I Nr. 2 BGB die speziellste werkvertragliche Verjährungsvorschrift[1234]. Bei Bauwerken und Werken, deren Erfolg in der Erbringung entsprechender Planungs- und Überwachungsleistungen besteht, verjähren die Mängelansprüche des Bestellers hiernach in fünf Jahren[1235]. Der Verjährungsbeginn richtet sich im Interesse der Sicherheit des Geschäftsverkehrs gem. § 634a II BGB nach dem objektiven Zeitpunkt der Abnahme im Sinne des § 640 BGB bzw. der Abnahmesurrogate in §§ 641a, 646 BGB[1236].

1232 Ohne nähere Begründung i. E. wohl ebenso *Teichmann*, JuS 2002, 417 (421).

1233 Zu der Sicht des Gesetzgebers in Bezug auf die grundlegenden Neuerungen der werkvertraglichen Verjährung, siehe auch 3. Kapitel, A., II., 2., b), S. 61.

1234 Vgl. nur *Sienz*, BauR 2002, 181 (185).

1235 Der Gesetzgeber sah keinen Anlass, an der aus § 638 I BGB a. F. bekannten Fünfjahresfrist zu rütteln; BT-Drs. 14/6040, S. 263 f. Die Einführung von Planungs- und Überwachungsleistungen in § 634a Nr. 1 und Nr. 2 BGB erfolgte kurz vor Toresschluss erst auf Vorschlag des Bundesrates; BT-Drs. 14/6857, S. 36, 67; BT-Drs. 14/7052, S. 204 f.

1236 Vgl. BT-Drs. 14/6040, S. 264.

Indem auch im Kaufrecht in § 438 I Nr. 2 BGB eine fünfjährige Verjährungsfrist statuiert wurde, sollte eine altbekannte Haftungsfalle des Baustoffhandels geschlossen werden. Trotzdem verbleibt eine gewisse Verjährungslücke zwischen Kaufrecht und Werkvertragsrecht wegen des unterschiedlichen Beginns der Verjährung[1237]. Werden in einer Lieferkette mehrere, teils unterschiedliche Verträge geschlossen, ist dies aber ein mit allgemeinen Wertungen übereinstimmendes, akzeptables Ergebnis. Für Fertighäuser sollte demnächst nicht mehr im Sinne des BGH lediglich Werkvertragsrecht zur Anwendung kommen, sondern auf die neue fünfjährige Verjährung in § 438 I Nr. 2 BGB zurückgegriffen werden können[1238].

II. Die zweijährige Verjährung nach § 634a I Nr. 1 BGB

Ansprüche aus Werkverträgen, deren Gegenstand die Herstellung, Wartung oder Veränderung einer Sache oder die Erbringung von Planungs- oder Überwachungsleistungen hierfür ist, unterliegen gem. § 634a I Nr. 1 BGB einer Verjährung von zwei Jahren. Damit verjähren nach dem Willen des Gesetzgebers die Ansprüche des Bestellers gegen den Landschaftsplaner genauso wie die gegen den Gartenbauer[1239].

Wegen § 651 BGB, der für die Herstellung beweglicher Sachen die Anwendung des Kaufrechts anordnet, verbleiben für diese zweijährige Verjährung im wesentlichen Reparatur- und Wartungsverträge sowie Arbeiten an einem Grundstück, die nicht gleichzeitig Arbeiten an einem Bauwerk sind und der spezielleren fünfjährigen Verjährung unterstehen[1240]. Dreh- und Angelpunkt wird in Abgrenzung zu § 634a I Nr. 3 BGB somit die dem § 631 II BGB a. F. entlehnte Unterscheidung zwischen körperlichen und unkörperlichen Werken sein[1241]. Allerdings deckt sich die zweijährige Verjährungsfrist mit der kaufrechtlichen Regelverjährung in § 438 I Nr. 3 BGB und hat zur Folge, dass die Abgrenzung zwischen Kauf- und Werkvertrag entschärft wird, obwohl der Verjährungsbeginn weiterhin ein anderer bleibt. Für § 634a I Nr. 1 BGB beginnt

---

1237 *Sienz*, BauR 2002, 181 (195).

1238 Palandt-*Sprau*, 63. Aufl., Vorb v § 633 Rn. 3 m. w. N:; *Brambring*, DNotZ 2001, 904 (906); *Litzenburger*, RNotZ 2002, 23 (24); *Teichmann*, ZfBR 2002, 11 (19); a. A. *Thode*, NZBau 2002, 267 (269); sowie zum BGB a. F. BGH 60, 362 (364 f.); 68, 372 (373 ff.); NJW 1987, 2373 (2374) m. w. N.

1239 BT-Drs. 14/7052, S. 204; vgl. *Meub*, DB 2002, 131 (133).

1240 Westermann-*Maifeld*, S. 270.

1241 *Mansel*, NJW 2002, 89 (96); *Reinkenhof*, Jura 2002, 433 (437); vgl. BT-Drs. 14/6040, 264.

die Verjährung nämlich ebenso wie für die Fünfjahresfrist mit der Abnahme, wohingegen im Kaufrecht die Ablieferung entscheidend ist.

III. Die regelmäßige Verjährung nach § 634a I Nr. 3 BGB

Ist weder die Verjährungsfrist des § 634a I Nr. 2 BGB noch diejenige der Nr. 1 einschlägig, gilt gem. § 634a I Nr. 3 BGB im Übrigen die regelmäßige Verjährung der §§ 195, 199 BGB von drei Jahren ab Kenntnis. Durch den subjektiven Beginn dieser werkvertraglichen Verjährungsfrist will der Gesetzgeber der erschwerten Erkennbarkeit eines Mangels bei unkörperlichen Werken Rechnung tragen[1242]. Dies bedeutet für unkörperliche Gegenstände eines Werkvertrages insbesondere einen „Wertungsgleichklang“[1243] zwischen Dienst- und Werkvertrag, da dienstvertragliche Mängelansprüche ebenfalls nach allgemeinen Regeln verjähren. Insofern wollte der Gesetzgeber bewusst den Ähnlichkeiten zwischen Werk- und Dienstvertrag bei immateriellen Arbeitsergebnissen Rechnung tragen.

Hat der Unternehmer einen Mangel arglistig verschwiegen, ist gem. § 634a III 1 BGB ebenfalls die allgemeine Verjährung maßgeblich. Um den Arglistigen jedoch in keinem Fall zu privilegieren, ist in § 634a III 2 BGB zusätzlich eine Ablaufhemmung für die Fälle der fünfjährigen Verjährung vorgesehen.

IV. Die Verjährung von werkvertraglichen Schadensersatzansprüchen wegen eines Mangels

Ein letzter dezidierter Blick soll der Verjährung werkvertraglicher Ansprüche gelten, die auf Ersatz eines Mangelfolgeschadens gerichtet sind. Als Fundament zur Analyse der neuen Rechtslage dient zunächst die Darstellung des alten Streitstandes, um im Folgenden auf diesem eine aktuelle Lösung aufzubauen.

1. Die Verjährung um Mangel- und Mangelfolgeschäden im alten Werkvertragsrecht

Das Hauptproblem der werkvertraglichen Verjährung, das mehreren Generationen juristischen Streit ohne Aussicht auf eine konsensfähige Lösung gebracht hat, lag noch eindeutiger als im Kaufrecht in der Verjährung von Ansprüchen wegen Mangelfolgeschäden. War die Verjährung im Kaufrecht schon heftig umstritten, so steigerte sich die Kontroverse im Werkvertragsrecht noch[1244].

1242 BT-Drs. 14/6040, S. 264.

1243 BT-Drs. 14/6040, S. 264.

1244 Zur Konkurrenzproblematik zwischen § 635 BGB a. F. und pVV, die im Werkvertragsrecht stark von der Verjährung bestimmt wurde, siehe 3. Kapitel, B., VI., S. 78 ff.

a) Die Einteilung in nahe und entfernte Mangelfolgeschäden

An vorderster Stelle die Rechtsprechung[1245] hielt in Kontrast zur kaufrechtlichen Rechtslage grundsätzlich an der regelmäßigen Verjährung von 30 Jahren nach § 195 BGB a. F. für Ansprüche aus pVV fest. Eine Ausnahme sollte allerdings für den nahen Mangelfolgeschaden gelten, d. h. den Schaden, der „eng und unmittelbar" mit dem Mangel zusammenhänge[1246]. Auf Ersatz solcher naher Mangelfolgeschäden gerichtete Ansprüche sollten der kurzen Verjährung nach § 638 BGB a. F. unterworfen sein. Demgegenüber verjähre ein Anspruch wegen eines entfernten Mangelfolgeschadens, der „erst durch Hinzutritt eines weiteren Ereignisses und an weiteren Rechtsgütern realisiert wird"[1247] und häufig zu besonders hohen Vermögenseinbußen führe, in dreißig Jahren. Eine allumfassende, analoge Heranziehung des § 638 BGB a. F. auf Ansprüche ohne ausdrückliche gesetzliche Grundlage bedeute eine unbillige und einseitige Belastung des Bestellers[1248]. Die vom Kaufrecht abweichende Rechtsprechung beruhe auf den Eigenheiten des Werkvertrages wie dem typischerweise gegebenen Informationsgefälle zwischen Werkunternehmer und Besteller[1249] und der in § 635 BGB normierten Verschuldenshaftung[1250]. Überdies werde im Zuge eines Kaufvertrages die Sache übergeben, was eine Untersuchung durch den Käufer ermögliche. Im Bereich der Folgeschäden wurde also nicht nur zwischen pVV und § 635 BGB a. F. eine tatbestandliche, sondern zugleich eine verjährungsrelevante Trennlinie gezogen, deren exakte Ermittlung anhand einer Güter- und Interessenabwägung von Billigkeitserwägungen im Einzelfall getragen war. Dabei gehe es vornehmlich um eine sachgerechte Verteilung des „Verjährungsrisikos"[1251].

Bis zur Schuldrechtsreform war es nicht gelungen, einen roten Faden durch den Dschungel der Urteile und Abgrenzungskriterien zu ziehen. So fanden die Er-

---

1245 RG 64, 41 (43 f.); 71, 173 (175); 95, 2 (3 f.); 115, 122 (125); Warn-Rspr. 1920 Nr. 33; BGH 37, 341 (343 f.); 115, 32 (34); BGH, NJW 1983, 2439 (2440); zuletzt OLG Saarbrücken, NJW-RR 2002, 1313 (1313 f.); ebenso MK-*Soergel*, § 638 Rn. 6 m. w. N.

1246 BGH 37, 341 (343); 46, 238 (239); BGH 58, 85 (89, 92) für „gewisse nächste Folgeschäden"; vgl. auch *Büdenbender*, JuS 2001, 625 (634 f.); *Hehemann*, NJW 1988, 801 (805); *Wertheimer/Eschbach*, JuS 1997, 605 (608 f.).

1247 BGH 115, 32 (34).

1248 BGH 67, 1 (7 f.).

1249 Staudinger-*Peters*, 14. Aufl., § 638 Rn. 16.

1250 RG 53, 200 (204).

1251 BGH, WM 1996, 1785 (1788); BGH, NJW 2000, 2812 (2814). Die Formulierungen des BGH sind etwas unscharf, da das Verjährungsrisiko streng genommen nur den Gläubiger trifft; vgl. *Leenen*, JZ 2001, 552 (556).

gebnisse der Rechtsprechung zwar größtenteils Zustimmung[1252], jedoch waren sie angesichts der Abgrenzungsschwierigkeiten kaum vorhersehbar und verursachten ein großes Maß an Rechtsunsicherheit sowie eine Fülle von Prozessen. Dogmatisch vermochte die Rechtsprechung ebenfalls kaum zu überzeugen, da sie den Anwendungsbereich des § 635 BGB a. F. anhand der angemessenen Verteilung des Verjährungsrisikos festlegte[1253].

b) Die Anwendung der allgemeinen Verjährung auf Ansprüche aus pVV

Teile der Literatur[1254] zogen nicht nur für entfernte, sondern für alle Mangelfolgeschäden die pVV heran, deren Ansprüche nach den allgemeinen Regeln in dreißig Jahren verjähren sollten. Die Unterscheidung zwischen Mangel- und Mangelfolgeschäden sei wesentlich genauer zu treffen als eine solche zwischen entfernten und nahen Mangelfolgeschäden. Besonders geschützt werde so der Besteller, dem durch die Anwendung der kurzen Verjährung des § 638 BGB a. F. unbillige Härten entstehen konnten. Allerdings bedeutete diese Auffassung eine erhebliche Benachteiligung des Werkunternehmers, der für alle Mangelfolgeschäden einer dreißigjährigen Haftung ausgesetzt war.

c) Die Anwendung des § 852 BGB a. F. analog

Eine andere Auffassung[1255] knüpfte den Verjährungsbeginn nicht an die objektive Entstehung des Anspruchs im Sinne des § 198 BGB a. F., sondern wollte diesen von der Kenntnis des Bestellers abhängig machen. Für die Ansprüche aus pVV sei die Verjährungsvorschrift des § 852 BGB a. F. analog heranzuziehen, die einen subjektiven Verjährungsbeginn und eine dreijährige Frist anordne. Im Ergebnis werde auf diese Weise ein gerechter Ausgleich zwischen Besteller- und Werkunternehmerinteressen erzielt, da die kurze Frist des § 638 BGB a. F. zu kurz, die lange Frist des § 195 BGB a. F. aber zu lang sei. Auf deliktische Ansprüche werde schließlich auch die vertragliche Verjährung aus § 606 BGB, § 558 BGB a. F. analog angewendet.

1252 Staudinger-*Peters*, 14. Aufl., § 638 Rn. 17; *Ballerstedt*, FS Larenz, 717 (727); *Ackmann*, JZ 1992, 670 (674); *Jakobs*, Jus 1975, 76 (77 f.); vgl. 3. Kapitel, B., VI., S. 80.

1253 Beispielhaft BGH, NJW 1993, 923 (924); krit. schon *Medicus*, FS Kern, 313 (327); *Zimmermann*, Jura 1997, 540 (542).

1254 *Diederichsen*, AcP 165 (1965), S. 150 (162 ff.); *Huber*, AcP 177 (1977), S. 281 (326 ff.); *Larenz*, SchR BT/1, § 53 II b), S. 357, ab Kenntnis aber auf S. 356; für geistige Werke auch *Winter*, S. 169 ff., wohingegen für körperliche Werke ab Erkennbarkeit des Schadens § 638 BGB a. F. analog gelten sollte.

1255 *Schlechtriem*, VersR 1973, 581 (584, 589 ff.); *Peters*, NJW 1978, 665 (670); *ders.*, JZ 1983, 668 (668 f.).

Dem wurde aber entgegengehalten, dass dies eine ungerechtfertigte Privilegierung des Bestellers hinsichtlich eines Ersatzes von Mangelfolgeschäden bedeute. Zudem werde der mit § 638 BGB a. F. bezweckte Beschleunigungszweck verfehlt, da der Bestellter noch drei Jahre bis zur Geltendmachung Zeit habe[1256]. Außerdem umgehe die analoge Anwendung des § 852 BGB a. F. die bewusste Zweiteilung zwischen Vertragsrecht und Deliktsrecht. Deswegen könne die deliktische Sondervorschrift des § 852 BGB a. F. nicht auf vertragliche Ansprüche erstreckt werden, da diesen abweichende Wertungen zugrunde lägen[1257].

d) Die Anwendung des § 638 BGB a. F. analog

Teilweise[1258] wurden die Abgrenzungsschwierigkeiten der Rechtsprechung dadurch gelöst, dass auch die Ansprüche aus pVV, die auf Ersatz von Mangelfolgeschäden gerichtet waren, der kurzen Verjährung des § 638 BGB a. F. in analoger Anwendung unterliegen sollten. Diese Auffassung vermied Abgrenzungsschwierigkeiten und hatte den Charme einer „klaren und einfachen Grenzziehung“[1259]. Sie stand auch im Einklang mit der h. M. im Kaufvertrag, die § 477 BGB a. F. analog für Mangelfolgeschäden anwenden wollte[1260], so dass Widersprüchlichkeiten und Abgrenzungsschwierigkeiten zwischen den unterschiedlichen Vertragstypen vermieden werden konnten. Es sei nicht einzusehen, warum § 477 BGB a. F. im Sinne des Schuldnerschutzes einer extensiven Auslegung zugänglich sei, § 638 BGB a. F. dagegen nicht. Auch die Materialien zum BGB würden verdeutlichen, dass § 477 BGB a. F. und § 638 BGB a. F. die gleichen gesetzgeberischen Ziele verfolgten[1261].

Der kaufrechtliche Anspruch auf Schadensersatz war aber mit dem werkvertraglichen nicht deckungsgleich. Während nach den §§ 463, 480 BGB a. F. lediglich eine Haftung für Arglist und zugesicherte Eigenschaften bestand, baute § 635 BGB a. F. auf einer schuldhaften mangelhaften Leistung auf, die regelmäßig auch eine Haftung aus pVV auslöste. Zudem schuldete der Werkunternehmer im Gegensatz zum Stückverkäufer im Sinne der Gewährleistungstheorie eine mangelfreie Leistung[1262]. Daraus zogen die

1256 *Ackmann*, JZ 1992, 670 (675).

1257 BGH 67, 1 (7).

1258 OLG Düsseldorf, NJW 1972, 58 (58 f.); *Todt*, Schadensersatzansprüche, S. 180 ff.; *Finger*, NJW 1973, 81 (83 f.); *Ganten*, VersR 1970, 1080 (1083 f.); *Schmitz*, NJW 1973, 2081 (2085); *Todt*, BB 1971, 680 (685); i. E. ebenso diejenigen, die einen umfassenden Anwendungsbereich des § 635 BGB a. F. annehmen; siehe 3. Kapitel, B., VI., S. 79.

1259 Sogar eingeräumt von BGH 58, 85 (88).

1260 Siehe 5. Kapitel, C., III., 1., a), S. 257 ff.

1261 Vgl. *v. Blume*, JherJb. 55, 209 (242); *Rebe/Rebell*, JA 1978, 544 (545).

1262 Vgl. zur Gewährleistungstheorie im Kaufrecht 3. Kapitel, A., I., 2., a), S. 44 f., Fn. 118.

Vertreter der dargestellten Auffassung den Schluss, die gesetzliche Ausgangsposition der Schadensersatzansprüche sei verschieden, was „die fehlende Vergleichbarkeit und Parallelität" dokumentiere und die unterschiedliche Verjährung erkläre[1263]. Ferner stelle sich für das Werkvertragsrecht verstärkt die Problematik immaterieller Werke, die der Gesetzgeber mit der kurzen Verjährung des § 638 BGB a. F. nicht vor Augen gehabt habe[1264]. Eine einheitliche Anwendung der kurzen Verjährung gem. § 638 BGB a. F. habe oftmals zur Folge, dass die „Verjährung der vertraglichen Ersatzansprüche noch vor Entstehung des sie begründenden Schadens"[1265] eintrete. In vielen Konstellationen, in denen auch ein deliktischer Schutz versage[1266], sei dem Besteller somit keine faire Chance zur Geltendmachung seiner Ansprüche eingeräumt worden, was inakzeptablen Ergebnissen den Weg ebne.

e) Die Verschiebung des Verjährungsbeginns in § 638 BGB a. F.

Teile der Literatur[1267] korrigierten die als unbillig empfundenen Ergebnisse der obigen Auffassung, indem sie den Beginn der werkvertraglichen Verjährung modifizierten. Statt der nach § 638 I 2 BGB a. F. für den Verjährungsbeginn maßgeblichen Abnahme des Werkes sollte die Verjährung für Ansprüche wegen Mangelfolgeschäden ab dem Zeitpunkt der Erkennbarkeit des Schadens zu laufen beginnen. Insofern sei gewährleistet, dass der Besteller stets eine Möglichkeit zur Durchsetzung seiner Ansprüche habe, ohne die Länge der dreißigjährigen, allgemeinen Verjährungsfrist hinnehmen zu müssen. Der Rechtsprechung müsse vorgeworfen werden, dass sie die kurze Verjährungsfrist des § 638 BGB a. F. meide, obwohl dogmatisch überhaupt keine Notwendigkeit für die Anwendung nach allgemeinen Regeln verjährender Ansprüche aus pVV bestehe[1268]. Dagegen hatte aber schon der BGH[1269] eingewendet, dass diese Lösung ein Verstoß gegen den Gesetzeswortlaut bedeute und das eigentümliche, deliktische Merkmal der Erkennbarkeit des Schadens nicht auf das Werkvertragsrecht übertragen werden könne.

1263 *Winter*, S. 163.
1264 *Schlechtriem*, VersR 1973, 581 (591); vgl. Motive II, S. 470 ff.
1265 BGH 67, 1 (6).
1266 Hierzu *Winter*, S. 164 ff.
1267 *Esser/Weyers*, Schuldrecht BT/1, § 32 II 6 d), S. 269 f.; *Medicus*, BR, 18. Aufl., Rn. 357; *Ballerstedt*, FS Larenz, S. 717 (730, 738); *Ackmann*, JZ 1992, 670 (676); ab Kennenmüssen *Schubert*, JR 1984, 315 (320 f.); ähnlich *Jakobs*, JuS 1975, 76 (81).
1268 *Medicus*, JuS 1998, 289 (296).
1269 BGH 67, 1 (7).

2. Die Verjährung um Mangel- und Mangelfolgeschäden im neuem Werkvertragsrecht

Ausgangspunkt für die Verjährung von Ansprüchen wegen Mangelfolgeschäden im neuen Werkvertragsrecht ist die Vorschrift des § 634a BGB, nach der die Schadensersatzansprüche des § 634 Nr. 4 BGB der besonderen werkvertraglichen Verjährung unterliegen.

In § 634 Nr. 4 BGB ist ein Verweis auf die §§ 280, 281, 283 und 311a BGB für den mangelbedingten Schadensersatz des Bestellers angeordnet. Für alle Ansprüche auf Schadensersatz statt der Leistung ist damit zweifelsfrei die werkvertragliche Verjährung vorgesehen, so dass Ersatzansprüche wegen eines Mangelschadens nach § 634a BGB verjähren. Insofern ist der Aufbau der werkvertraglichen Verjährung mit der kaufrechtlichen Verjährung nahezu kongruent[1270].

Der Mangelfolgeschaden als Verletzung des Erhaltungsinteresses ist nach § 280 I BGB zu ersetzen. Beinhaltet § 634 Nr. 4 BGB auch einen Verweis auf die alleinige Anwendung des § 280 I BGB, müsste für den werkvertraglichen Mangelfolgeschaden § 634a BGB die maßgebliche Verjährungsvorschrift sein.

a) Die Anwendung des § 634a BGB auf Ansprüche wegen eines Mangelfolgeschadens

Nach überwiegender Auffassung[1271] erstreckt sich die werkvertragliche Verjährung nach § 634a BGB auch auf Ansprüche wegen Mangelfolgeschäden. In § 634 Nr. 4 BGB werde auf § 280 BGB verwiesen, daher seien auch die danach zu ersetzenden Mangelfolgeschäden von der werkvertraglichen Verjährung erfasst. Dieser klaren Vorgabe des Gesetzestextes entspreche ebenfalls der Wille des Gesetzgebers, der die Verjährungsfristen vereinheitlichen und alte Abgrenzungsfragen aus der Welt schaffen wollte. § 634 Nr. 4 BGB sei eine „umfassende Verweisung auf die allgemeinen Vorschriften“[1272]. Mit der Bezugnahme auf § 280 BGB habe der Gesetzgeber dem Besteller die Möglichkeit des Schadensersatzes unabhängig von der Frage, „ob der Schaden durch den Mangel entstanden ist, nicht mit dem Mangel zusammenhängt oder zwar mit dem Mangel zusammenhängt, aber dessen entferntere Folge ist“, einräumen wollen. Dadurch habe gerade die „unbefriedigende Unterscheidung zwischen Mangel-

---

1270 *Mansel*, NJW 2002, 89 (96); *Lorenz/Riehm*, Rn. 656; *Witt*, JuS 2002, 105 (109).

1271 Palandt-*Sprau*, 63. Aufl., § 634a Rn. 5; AK-*Raab*, § 636 Rn. 25; *Brox/Walker*, SchR BT, 3. Kapitel, Rn. 45; *ders.* in Dauner-Lieb/Heidel/Lepa/Ring, § 9, Rn. 67, 61 ff.; *Lorenz/ Riehm*, Rn. 655 f.; Westermann-*Maifeld*, S. 265; *Jaeger*, ZGS 2002, 236 (236); *Kannowski*, BauR 2002, 170 (178 f.); *Schudnagies*, NJW 2002, 396 (399); *Teichmann*, ZfBR 2002, 13 (17); *Voppel*, BauR 2002, 843 (856); wohl *Witt*, JuS 2002, 105 (109).

1272 BT-Drs. 14/6040, S. 263.

schaden und Mangelfolgeschaden" entbehrlich sein und eine „einheitliche Verjährungsfrist" geschaffen werden sollen[1273]. Sinn und Zweck der werkvertraglichen Verjährung, die in den Fällen des § 634a I Nr. 1, 2 BGB einen objektiven Verjährungsbeginn hat, sei es, im Interesse des Geschäftsverkehrs Rechtssicherheit herzustellen.

Bereits zu § 438 BGB wurde ausführlich dargelegt, dass die Aufführung des § 280 BGB in § 437 Nr. 3 BGB kein eindeutiger Verweis auf eine unmittelbare, isolierte Anwendung dieser Norm ist. Da die werkvertragliche Schadensersatzhaftung in gleicher Weise an die Vorschriften des allgemeinen Schuldrechts angeschlossen ist, kommen entsprechende Überlegungen zum Tragen: § 634 Nr. 4 BGB zeigt die gleichen Mehrdeutigkeiten, die mit der Paragraphenkette „§§ 636, 280, 281, 283 und 311a" BGB verbunden sind. Fragwürdig bleiben insbesondere die Voranstellung des § 636 BGB als Ausnahme zum Fristsetzungserfordernis des § 281 BGB und die fehlende Anführung des § 286 BGB für den mangelbedingten Verzögerungsschaden sowie des § 285 BGB für das stellvertretende commodum. Eingedenk des vom Gesetzgeber postulierten Prinzips des einheitlichen Haftungstatbestandes in § 280 BGB ist die Aufführung des § 280 BGB nur als Grundtatbestand für die Schadensersatzansprüche aus §§ 280 I, III, 281 BGB, §§ 280 I, III, 283 BGB und §§ 280 I, II, 286 BGB zu verstehen. Ein Verweis auf § 280 I BGB alleine ist nach der hier vertretenen Ansicht dem insofern offenen Wortlaut des § 634 Nr. 4 BGB nicht zu entnehmen[1274].

Das gesetzgeberische Ziel einer vollständigen Entbehrlichkeit der Abgrenzung zwischen Mangel- und Mangelfolgeschaden im neuen System konnte ohnehin nur teilweise erreichet werden, weil diese die Schnittstelle zwischen dem Schadensersatz abseits der Leistung und dem Schadensersatz statt der Leistung ist und daher für die Ermittlung der einschlägigen Anspruchsgrundlage unausweichlich bleibt. Außerdem sind Schadensersatzansprüche nach § 282 BGB in § 634 Nr. 4 BGB bewusst nicht aufgeführt worden, um die Haftung wegen Schutzpflichtverletzungen im Sinne des § 241 II BGB der allgemeinen Verjährung zu unterwerfen[1275]. Eine vollkommene Gleichstellung zwischen mangelbedingten Schäden und solchen, die nicht mit einem Mangel zusammenhängen, ist infolgedessen weder systemkonform noch vom Gesetzgeber vorgesehen[1276]. Das Vereinheitlichungsstreben des Gesetzgebers kann für die Unterteilung

---

1273 BT-Drs. 14/6040, S. 263.

1274 Vgl. ausführlich zur entsprechenden kaufrechtlichen Auslegung 5. Kapitel, C., III., 2., b), aa), S. 268 ff.

1275 *Sienz*, BauR 2002, 181 (193).

1276 Vgl. *Teichmann*, JuS 2002, 417 (422); vgl. zu den mit dem Kaufrecht konkurrierenden Ansprüchen 5. Kapitel, C., III., 2., b), cc), S. 273.; 5. Kapitel C., III., 2. a), S. 266 f.

zwischen nahen und entfernten Mangelfolgeschäden, nicht aber in seinem ganzen, geforderten Ausmaß erreicht werden. Daher ist der Wunsch nach Vereinheitlichung nur als gesetzgeberische Zielvorstellung, die durch die anerkannten Auslegungskriterien begrenzt ist, zu verstehen.

Systematisch kann § 634a III BGB kein Umkehrschluss entnommen werden, da der Arglistige bei Berücksichtigung der fünfjährigen Frist des § 634a I Nr. 2 BGB nicht zwangsläufig schlechter steht und die Anwendung der allgemeinen Verjährung für ihn keine Einschränkungen beinhaltet[1277]. Gleichwohl könnte man in § 634a Nr. 1 und Nr. 2 BGB für Planungs- und Überwachungsleistungen die Regelung eines typischen Mangelfolgeschadens erblicken, so dass man nicht umhinkäme, die Verjährung des § 634a BGB auf Mangelfolgeschäden insgesamt auszudehnen. Dieser Schluss ist indes nicht zwingend. Der Gesetzgeber wollte durch die Aufnahme der Planungs- und Überwachungsleistungen auf Anraten des Bundesrates lediglich eine Gleichstellung zwischen werkvertraglicher Planung und Ausführung erreichen[1278]. Nimmt man den Mangelfolgeschaden aus § 634a BGB für beide aus, ist eine solche Gleichstellung weiterhin gegeben.

Das mit § 634a BGB verbundene Ziel der Rechtssicherheit und Rechtsklarheit wird durch die Anwendung der allgemeinen Regeln für Mangelfolgeschäden effektiver erreicht als bei Anwendung der werkvertraglichen Verjährungsfristen. Da hierdurch eine Harmonisierung mit der Verjährung deliktischer Ansprüche und solchen wegen der Verletzung von Nebenpflichten hergestellt wird, entfallen Abgrenzungsprobleme. Ein Anreiz zu möglichen Ausweichkonstruktion, die die Anwendung der allgemeinen Verjährung verfolgen, entfällt vollständig. Insbesondere im Werkvertragsrecht ist in § 634a I Nr. 3 BGB für unkörperliche Werke die Anwendung der allgemeinen Verjährung vorgeschrieben, so dass ein Ausweichen auf diese Vorschrift neben der Arglist[1279], der Konstruktion von Nebenpflichten und dem Deliktsrecht eine breite Hintertür öffnen würde, wollte man auf Ansprüche wegen Mangelfolgeschäden die werkvertragliche Sonderverjährung anwenden[1280]. Vor Ablauf der allgemeinen Verjährungsfrist kann der

---

1277 Vgl. 5. Kapitel, C., III., 2., a), S. 265.

1278 BT-Drs. 14/7052, S. 204 f.

1279 Die Grundsätze der Rechtsprechung über Angaben ins Blaue, Organisationspflichten zur Wissensbeschaffung und aktenmäßige Erfassung von Informationen könnten dann noch verschärft werden; vgl. BGH 117, 318 (320 ff.); *Derleder*, JZ 1992, 1021 (1022 f.); ablehnend *Rutkowsky* NJW 1993, 1748 (1748 f.); *Koller* JZ 1998, 75 (81 ff.); *Vogel*, Arglistiges Verschweigen des Bauunternehmers aufgrund Organisationsverschuldens.

1280 *Zimmermann/Leenen/Mansel/Ernst*, JZ 2001, 684 (692); *Preussner*, BauR 2002, 231 (232); *Reinkenhof*, Jura 2002, 433 (437); *Raiser*, NZBau 2001, 598 (601) hält die Anwendung der allgemeinen Verjährung für Ansprüche wegen entfernter Mangelfolgeschäden infolge eines versteckten Mangels für möglich.

Werkunternehmer deswegen nie ausreichende Rechtssicherheit erlangen, so dass er durch Rückstellungen gebundenes Kapital angesichts potenzieller Haftungsrisiken nicht auflösen kann[1281]. Also bedeutet die Ausklammerung des § 280 I BGB aus der Verjährung des § 634a BGB keinen Verlust, sondern im Gegenteil einen Gewinn an Rechtssicherheit für den Werkunternehmer[1282].

Zusammenfassend spricht für die Anwendung der werkvertraglichen Verjährung nach § 634a BGB auf Ansprüche wegen Mangelfolgeschäden einzig der Wille des Gesetzgebers. In Anbetracht des unter Zeitdruck stehenden Gesetzgebungsverfahrens und der Annahme teils unrichtiger Prämissen kann den Gesetzesmaterialien lediglich eingeschränktes Gewicht beigemessen werden, so dass einer gegenteiligen Auffassung, die mit Wortlaut, Systematik und Telos der Vorschrift in Einklang ist, keine Hindernisse im Weg stehen.

b) Eigene Ansicht

Der Ersatz für Mangelfolgeschäden nach § 280 I BGB ist entsprechend zur Handhabung im Kaufrecht aus § 634 Nr. 4 BGB und infolgedessen aus § 634a BGB ausgeklammert mit der Konsequenz, dass die allgemeinen Verjährungsvorschriften der §§ 195, 199 BGB anzuwenden sind[1283]. Für Werkvertrags- und Kaufrecht ist damit eine einheitliche Lösung gefunden, die unter anderem die von § 651 BGB aufgeworfenen Abgrenzungsfragen entschärft und dem gesetzgeberischen Anliegen nach Rechtsvereinfachung Tribut zollt[1284].

Mangelfolgeschäden beruhen auf der Verletzung einer allgemeinen Schutzpflicht und entstehen nur im Zuge einer mangelhaften Leistung[1285]. Exakt betrachtet handelt es sich gar nicht um einen Schaden wegen der Verletzung der Pflicht zur mangelfreien Leistung. Aus dem gleichen Grund ist das geschädigte Erhaltungsinteresse ebenfalls nicht mangelspezifisch und folglich nicht in den Mängelrechten der §§ 634 ff. BGB geregelt[1286].

[1281] Vgl. *Roth*, JZ 2001, 543 (544); *Schudnagies*, NJW 2002, 396 (400).

[1282] Vgl. ausführlich 5. Kapitel, C., III., 2., b), dd), S. 276 f.

[1283] So auch KK-*Crellwitz*, § 636 Rn. 4; *Brüggemeier*, WM 2002, 1376 (1382); leicht abweichend *Wagner*, JZ 2002, 475 (479), der die Vermögensintegrität ausnimmt und nur bei Verletzung der in § 823 BGB genannten Rechtsgüter die allgemeine Verjährung anwenden will; de lege ferenda auch *Canaris*, ZRP 2001, 329 (335 f.); *Eidenmüller*, JZ 2001, 283 (286); wohl auch *Zimmermann/Leenen/Mansel/Ernst*, JZ 2001, 689 (692).

[1284] Vgl. zur Annäherung von Kauf- und Werkvertragsrecht 4. Kapitel, C., I., S. 236 ff.

[1285] *Schwab*, JuS 2002, 1 (7 f.).

[1286] Vgl. ausführlich zu entsprechenden kaufrechtlichen Überlegungen 5. Kapitel, C., III., 2., b), cc), S. 272 f.

Für die Anwendung der allgemeinen Verjährung spricht im Werkvertragsrecht, dass nach § 634a I Nr. 3 BGB für unkörperliche Werke schon die allgemeine Verjährung gilt. Diese Trennung zwischen körperlichen und unkörperlichen Werken ist hauptsächlich auf den Umstand zurückzuführen, dass eine Untersuchung bei unkörperlichen Werken oftmals schwieriger ist. Deswegen sei eine objektive, kurze Verjährung wegen der wahrscheinlichen Gefahr, dass die Ansprüche ohne faire Chance zur Geltendmachung verjähren, inakzeptabel[1287]. Auf Mangelfolgeschäden bezieht sich dieser Unterschied in der Untersuchungsfähigkeit aber gerade nicht. Mangelfolgeschäden können weder bei körperlichen noch bei unkörperlichen Werken durch eine Untersuchung effektiv vermieden werden[1288]. Sie treten als Verletzungen des Erhaltungsinteresses für körperliche und unkörperliche Werke gleichermaßen unberechenbar auf. Es wäre daher wertungswidersprüchlich, Ansprüche wegen Mangelfolgeschäden bei körperlichen Werken einer kurzen objektiven Verjährung zu unterstellen, bei unkörperlichen Werken hingegen einer subjektiven dreijährigen Verjährung. Dies kann ohne sachlichen Grund einen Unterschied von bis zu 28 Jahren in der Verjährung ausmachen.

Ebenso unerklärlich wäre die unterschiedliche Verjährung von Ansprüchen wegen Mangelfolgeschäden nach § 634a I Nr. 2 BGB in fünf Jahren oder gem. § 634a I Nr. 1 BGB in zwei Jahren. Grundsätzlich stünde man im ersten Fall als Werkunternehmer grundlos schlechter als jeder andere Schuldner, im zweiten Fall hingegen genauso grundlos besser. Es gibt keinen Anlass, die Partei eines Werkvertrages hinsichtlich ihres Erhaltungsinteresses anders zu behandeln als die Partei eines anderen Vertrages[1289]. Selbstverständlich sind die spezifischen Eigenheiten des Werkvertragsrechts zu berücksichtigen, allerdings gilt dies nur in Bezug auf das Erfüllungsinteresse. Die Verletzung des Erhaltungsinteresses hat gerade keinen unmittelbaren Bezug zu der mangelhaften Werkleistung und ist Folge der Verletzung einer allgemeinen Schutzpflicht. Die unterschiedlichen werkvertraglichen Fristen ergeben nur Sinn in Bezug auf das Erfüllungsinteresse und die damit zusammenhängenden Rechte. Wegen der bei körperlichen Werken relativ einfachen Untersuchung soll der Werkunternehmer nur zwei Jahre zur Nacherfüllung verpflichtet sein. Wird in dieser Zeit eine erforderliche Nacherfüllung nicht vorgenommen oder schlägt sie fehl, kann der Besteller die Mängelrechte Rücktritt, Minderung, Aufwendungsersatz und Schadensersatz statt der Leistung fordern. Bei Bauwerken ist diese Frist angesichts ihrer besonderen Eigenarten, die in dem aus dem hohen Wert resultierenden Schutzbedürfnis und der hohen Wahrscheinlichkeit spät auftretender Mängel lie-

---

1287 BT-Drs. 14/6040, S. 264.

1288 Krit. auch *Raab* in Dauner-Lieb/Heidel/Lepa/Ring, § 9, Rn. 71; *Leenen*, JZ 2001, 552 (556); *Roth*, JZ 2001, 543 (544).

1289 *Wagner*, JZ 2002 475 (481).

gen, auf fünf Jahre verlängert. Die Zeit danach fällt hingegen nach der gesetzlichen Risikozuweisung in die Sphäre des Bestellers. Der Eintritt von Mangelfolgeschäden ist allerdings nicht Teil der gesetzlichen Risikozuweisung, weil er das mangelspezifische Risiko der Verletzung des Erfüllungsinteresses nicht betrifft. Folglich kann dieser nicht von der entsprechenden gesetzlichen Vorschrift des § 634a BGB betroffen sein.

Auf dem befürworteten Weg sind Verjährungsdifferenzen zum Produkthaftungsgesetz ebenfalls abgeschwächt. Nach § 12 ProdHaftG verjähren auf Ersatz eines Mangelfolgeschadens gerichtete Ansprüche nach § 1 ProdHaftG innerhalb von drei Jahren ab Kenntnis oder Kennenmüssen. Dies entspricht bis auf den Beginn der Verjährung zum Jahresende der allgemeinen Verjährung. Bedenkt man, dass im Gegensatz zum Kauf in der Regel eine Untersuchungspflicht des Werkunternehmers für hergestellte Sache besteht, folgt daraus praktisch eine Haftung für Herstellungsfehler. Warum aber sollen hierauf basierende Ansprüche schneller verjähren als die nach dem ProdHaftG gegen den Hersteller?

Das vom Vertragstyp unabhängige, verletzte Erhaltungsinteresse ist daher generell uniform zu behandeln, so dass die werkvertragliche Sonderverjährung auf Ansprüche wegen Mangelfolgeschäden nicht anzuwenden ist. Maßgeblich ist stattdessen die dreijährige Verjährung ab Kenntnis gem. §§ 195, 199 BGB, die im Einklang mit der Verjährung sonstiger zivilrechtlicher Ansprüche auf Ersatz des Erhaltungsinteresses steht. Wird vertraglich die spezielle zweijährige Verjährungsfrist nach § 13 Nr. 4 VOB/B vereinbart, kann diese im Einzellfall immer noch auch auf Mangelfolgeschäden erstreckt werden. Die privatautonome Veränderung der Verjährungsfristen steht den Parteien nach der Schuldrechtsreform durch Verlängerungen und Verkürzungen offen.

Die von allen als unangenehm und unberechenbar empfundene Unterscheidung zwischen nahen und entfernten Mangelfolgeschäden[1290] entfällt auch bei Anwendung der allgemeinen Vorschriften, da alle Ansprüche wegen eines Mangelfolgeschadens einheitlich nach §§ 195, 199 BGB verjähren. Die von der Rechtsprechung konstruierte Trennung zwischen nahen und entfernten Mangelfolgeschäden stellte seit jeher eine willkürliche Aufspaltung des Erhaltungsinteresses im Werkvertragsrecht dar, die ohne gesetzliche Stütze einzig von Billigkeitserwägungen beherrscht wurde. Weder die Kriterien für eine solche Abgrenzung waren voraussehbar definiert, noch konnte die verjährungsrechtliche Privile-

[1290] *Ehmann/Sutschet*, § 11, XI., S. 265; *P. Huber* in Huber/Faust, Kapitel 18, Rn. 86; *Haas*, BB 2001, 1313 (1320); *Reinkenhof*, Jura 2002, 433 (436); *Roth*, JZ 2001, 543 (543); *Schudnagies*, NJW 2002, 396 (398); *Lorenz/Riehm*, Rn. 656 befürchten, dass die Problematik auf die Abgrenzung zwischen körperlichen und unkörperlichen Werken verlagert werden könnte.

gierung des Bestellers hinsichtlich entfernter Mangelfolgeschäden überzeugend begründet werden. Zwischen den unterschiedlichen Arten der Verletzungen des Erhaltungsinteresses gibt es über die Vorschrift des § 199 II BGB hinaus keine Rangordnung, die eine differenzierende Verjährung rechtfertigen könnte. Deshalb ist für das Erhaltungsinteresse insgesamt – also sowohl nahe als auch entfernte Mangelfolgeschäden – die allgemeine Verjährung ausschlaggebend.

E. Zusammenfassung

Die Schuldrechtsreform hat weitreichende Veränderungen der Verjährung im BGB verursacht. Es ist nicht nur ein einschneidender Systemwechsel von einem objektiven auf ein subjektives Konzept vollzogen, sondern das Verjährungsrecht insgesamt neuartig ausgestaltet worden.

Für auf Ersatz eines Mangelfolgeschadens gerichtet Ansprüche hat das neue System nach dem hier vorgeschlagenen Verständnis ebenfalls eine erfreuliche Vereinheitlichung zur Folge. Obwohl sowohl in § 438 BGB im Kaufrecht als auch in § 634a BGB im Werkvertragsrecht spezielle Verjährungsfristen statuiert wurden, haben diese keine Auswirkungen auf einen Anspruch wegen eines Mangelfolgeschadens. Aufgrund seiner Natur als Verletzung des Erhaltungsinteresses, die nicht unmittelbar auf der mangelhaften Leistung basiert, ist einheitlich die allgemeine Verjährung der §§ 195, 199 BGB maßgeblich. Damit verjähren solche Ansprüche innerhalb von drei Jahren ab Kenntnis, wenn nicht die objektiven Maximalfristen des § 199 II-IV BGB zuvor ablaufen. Lediglich Schadensersatzansprüche wegen eines Mangelschadens sowie die weiteren in §§ 437, 634 BGB aufgeführten Mängelrechte richten sich nach den verkürzten besonderen Verjährungsfristen der §§ 438, 634a BGB.

6. Kapitel: Ergebnisse

A. Die grundlegenden dogmatischen Erkenntnisse

I. Die Differenzierung zwischen Mangel- und Mangelfolgeschaden überlebt die Modernisierung des Schuldrechts und setzt sich in der Unterscheidung zwischen Erfüllungs- und Erhaltungsinteresse fort. Teil des Erfüllungsinteresses ist jedes Interesse, das durch eine hypothetisch mögliche Nacherfüllung betroffen ist, wohingegen das Erhaltungsinteresse das Interesse am unversehrten Bestand der unabhängig vom Vertrag bestehenden Güter ist. Mittels dieser Unterscheidung des verletzten Interesses kann sowohl für das allgemeine als auch das besondere Schuldrecht der Schadensersatz statt der Leistung vom Schadensersatz abseits der Leistung abgegrenzt werden. Wird das Erfüllungsinteresse verletzt, ist der entsprechende Schaden über den Schadensersatz statt der Leistung ersatzfähig, während bei einer Verletzung des Erhaltungsinteresses der Schadensersatz abseits der Leistung einschlägig ist. Der Verzögerungsschaden ist wie der Schadensersatz statt der Leistung eine Verletzung des Erfüllungsinteresses und hat eine eigenständige Funktion, wenn das Wahlrecht aus § 281 IV BGB zugunsten einer (Nach-)Erfüllung ausgeübt wird.

Eine Typisierung nach Schadensarten ergibt, dass der Minderwertschaden, der Mangelbeseitigungsschaden, der Deckungsgeschäftsschaden, der Ausfallschaden, Untersuchungskosten sowie Haftungsschäden für die vorgenannten Schäden eine Verletzung des Erfüllungsinteresses darstellen. Der Sachgüterschaden, der Körperschaden sowie alle Ausfallschäden und Haftungsschäden, die auf einem Sach- oder Körperschaden beruhen, sind Verletzungen des Erhaltungsinteresses. Vergebliche Aufwendungen sind im Zuge eines Schadensersatzes nicht – auch nicht über die überkommene Rentabilitätsvermutung – zu ersetzen.

Inhaltlich ist nach der Grundregel des § 249 I BGB jeder Schadensersatz primär auf Naturalrestitution gerichtet. Lediglich für behebbare Mängel im Rahmen eines Schadensersatzes statt der Leistung kommt von vorneherein nach Betätigung des Wahlrechts aus § 281 IV BGB sowie dem fruchtlosen Ablauf einer Frist zur Nacherfüllung ausschließlich eine Liquidation in Geld in Betracht.

II. Wird eine mangelhafte Leistung erbracht, liegt die nach § 280 I BGB maßgebliche Pflichtverletzung nur in den Fällen des Schadensersatzes nach §§ 280, 281 BGB und §§ 280, 286 BGB in der Verletzung der Pflicht zur mangelfreien Leistung. Haftungsgrund des § 311a BGB ist hingegen die Abgabe des auf eine (teilweise) unmögliche Leistung gerichteten Leistungsversprechens. § 311a II 2 BGB ordnet insofern eine Entlastungsmöglichkeit der für die anfängliche Unmöglichkeit bestehenden Garantiehaftung an. Die entscheidende Pflichtverletzung des § 283 BGB liegt in der Verletzung der Nebenpflicht, den Eintritt der Unmöglichkeit zu verhindern. Ein Schadensersatzanspruch nach § 280 BGB wird schließlich durch die Verletzung der allgemeinen Schutzpflicht, die Rechte und Rechtsgüter des anderen nicht zu schädigen, ausgelöst.

Der subjektiv-objektive Mangelbegriff fußt auf dem Kriterium der Beschaffenheit. Diese ist im Sinne der alten Rechtsprechung als Eigenschaft zu verstehen, die ihren Ursprung in der Sache selbst hat. Umstände ohne besonderen Bezug zur Sache sind für die Mängelhaftung infolgedessen belanglos. Die völlige Gleichstellung von aliud und Minderleistung mit einem Mangel ist einzuschränken, insoweit sich die Leistung des Schuldners aus der objektiven Sicht des Gläubigers gem. §§ 133, 157 BGB analog zumindest als (teilweise) Erfüllung darstellen muss. Ist diese Voraussetzung nicht gegeben, erfolgte keine mangelhafte Leistung, sondern eine schlichte Nichterfüllung.

III. Der auf einen Mangelschaden als Ausprägung einer Verletzung des Erfüllungsinteresses gerichtet Schadensersatzanspruch verjährt im Kauf- und Werkvertragsrecht nach den besonderen Regeln der §§ 438, 634a BGB. Jede Verletzung des Erhaltungsinteresses, die zu einem Mangelfolgeschaden führt, ist ohne Verweis aus dem besonderen Schuldrecht unmittelbar über § 280 I BGB ersatzfähig. Damit hängt die Verjährung solcher Ansprüche weder von den kauf- oder werkvertraglichen Verjährungsvorschriften noch einer Differenzierung zwischen nahen und entfernten Mangelfolgeschäden ab. Jeder Anspruch wegen eines Mangelfolgeschadens verjährt in Einklang mit den allgemeinen Regeln nach §§ 195, 199 BGB in drei Jahren mit dem Schluss des Jahres unter Berücksichtigung der Kenntnis des Gläubigers und der in § 199 II-IV BGB angeordneten Maximalfristen.

B. Fazit

Der Gesetzgeber verfolgte mit der Modernisierung des Schuldrechts eine Vielzahl unterschiedlichster Ziele und Interessen, nicht alle konnte er durch die große Lösung umsetzen. Die Absicht, sich der der als lästig empfundenen Differenzierung zwischen Mangel- und Mangelfolgeschaden endgültig zu entledigen, muss in dieser allgemeinen Hinsicht als gescheitert angesehen werden. Vielmehr bleibt eine Abgrenzung zwischen Mangel- und Mangelfolgeschaden als Unterscheidung zwischen Erfüllungs- und Erhaltungsinteresse auch im neuen schuldrechtlichen System unausweichlich. Der Problematik kann sogar eine neue Blütezeit prophezeit werden, da sich die Bedeutung aus dem besonderen Schuldrecht heraus auch auf das allgemeine Schuldrecht ausgedehnt hat.

Die alten, fein verästelten Dogmen um Mangel- und Mangelfolgeschaden können nicht unreflektiert in das neue Recht übertragen werden. Selbstverständlich behalten zahlreiche Erwägungen ihre Berechtigung und führen auf der Suche nach einer aktuellen Lösung weiter. Gleichwohl sind die Lösungsdivergenzen zwischen allgemeinen Schuldrecht, Kaufrecht und Werkvertragsrecht überholt. Stattdessen ist für die genannten Gebiete gleichermaßen eine einheitliche Lösung der Problematik aus dem Gesetz ablesbar. Mangel- und Mangelfolgeschaden, genauer die Abgrenzung zwischen Erfüllungs- und Erhaltungsinteresse, zieht sich wie ein roter Faden durch das gesamte Schuldrecht.

Unter diesem Gesichtspunkt kann die Schuldrechtsreform positiv bewertet werden, da sie für die vielschichtige alte Problematik ein Verständnis ermöglicht, das sich widerspruchslos und einheitlich in das systematische und teleologische Konzept einfügt. Dem Gesetzgeber ist deswegen ein Teilerfolg zu bescheinigen, weil sich die Problematik mit dem neuen schuldrechtlichen System verständlicher und harmonischer erklären lässt. Die Ungereimtheiten zwischen den verschiedenen Vertragstypen, dem besonderen und dem allgemeinen Schuldrecht, Vertragsrecht und Deliktsrecht sowie nahen und entfernten Mangelfolgeschäden konnten erfolgreich beseitigt werden. Dadurch wurde ein Weg zu einer widerspruchsfreien Problembewältigung eröffnet. Es bleibt abzuwarten, ob sich die Rechtsprechung einer solchen gangbaren Lösung annimmt oder doch in alte Kasuistik zurückverfällt. Die Hoffnung ist berechtigt, dass sie die Chancen des neuen Systems wahrnimmt.

Literaturverzeichnis

60. Deutscher Juristentag, Verhandlungen: Empfiehlt sich die von der Schuldrechtskommission vorgeschlagene Neuregelung des allgemeinen Leistungsstörungsrechts, der Mängelhaftung bei Kauf- und Werkvertrag und des Rechts der Verjährung?, Teil K, hrsg. von der ständigen Deputation des deutschen Juristentages, Bd. II/1, (Referate und Beschlüsse), München 1994; *zit.*: *Referent*-60. DJT 1994.

Acker, Wendelin/ *Konopka*, Silvia Veronika: Schuldrechtsmodernisierung: Wandelung weicht Rücktritt im Werkvertragsrecht – Folgen für den Bauvertrag, BauR 2002, 1307.

Ackermann, Thomas: Die Nacherfüllungspflicht des Stückverkäufers, JZ 2002, 378.

Ackmann, Hans-Peter: Die Abgrenzung „nächster" von „weiteren" Mangelfolgeschäden bei der Verjährung nach § 638 BGB – eine Malaise ohne Ende?, JZ 1992, S. 670.

Adolphsen, Jens: Die Schuldrechtsreform und der Wegfall der Viehgewährleistungsrechte, ArgraR 2001, 169.

Ahrens, Martin: Unmöglichkeit, Leistungsstörung, Pflichtverletzung – Eine Teilkritik am Entwurf der Kommission zur Überarbeitung des Schuldrechts, ZRP 1995, 417.

Althammer, Christoph: Ersatz vergeblicher Maklerkosten nach der Schuldrechtsreform – Risikoverteilung, Rentabilitätsvermutung und § 284 BGB, NZM 2003, 129.

Altmeppen, Holger: Schadensersatz wegen Pflichtverletzung – Ein Beispiel für die Überhastung der Schuldrechtsreform, DB 2001, 1131.

- Untaugliche Regeln zum Vertrauensschaden und Erfüllungsinteresse im Schuldrechtsmodernisierungsentwurf, DB 2001, 1399.

- Nochmals Schadensersatz wegen Pflichtverletzung, anfänglicher Unmöglichkeit und Aufwendungsersatz im Entwurf des Schuldrechtsmodernisierungsgesetzes, DB 2001, 1821.

Amann, Herrmann: Das Verjährungsrecht nach der Schuldrechtsreform aus notarieller Sicht, DNotZ 2002, 94.

Amann, Herrmann/ *Brambring*, Günter/ *Hertel*, Christian: Die Schuldrechtsreform in der Vertragspraxis, München 2002.

Anders, Holm: Zur Reform des Kaufrechts, ZRP 2000, 293.

- Der zentrale Haftungsgrund der Pflichtverletzung im Leistungsstörungsrecht des Entwurfs für ein Schuldrechtsmodernisierungsgesetz, ZIP 2001, 184.

- Verspätete Leistung als Haftungsgrund – Bestandsaufnahme und Ausblick, JA 2001, 252.

Arnold, Arndt: Das neue Recht der Rücktrittsfolgen, JURA 2002, 154.

Arnold, Arndt/ *Dötsch*, Wolfgang: Ersatz von „Mangelfolgeaufwendungen", BB 2003, 2250.

Arp, Torsten: Anfängliche Unmöglichkeit – zum Verständnis von § 306 BGB, Diss. Bonn 1988, Paderborn u.a. 1988.

Ayad, Patrick: Schuldrechtsreform: Das Gesetz zur Modernisierung des Schuldrechts in der Vertragspraxis, DB 2001, 2697.

Baier, Manfred: Nochmals: Kostenerstattungsansprüche bei Wandlung, NJW 1984, 2930.

Ball, Wolfgang: Neues Gewährleistungsrecht beim Kauf, ZGS 2002, 49.

Ballerstedt, Kurt: Zur Lehre vom Gattungskauf, in Festschrift für Hans Carl Nipperdey zum 60. Geburtstag, S. 261, hrsg. von Rolf Dietz, Alfred Hueck, Rudolf Reinhardt, Berlin 1955.

- Zur Auslegung der §§ 635, 638 BGB bei den verschiedenen Werkvertragstypen, Festschrift für Karl Larenz zum 70. Geburtstag, München 1973, S. 717; *zit.*: FS Larenz.

Barnert, Thomas: Mängelhaftung beim Unternehmenskauf zwischen Sachgewährleistung und Verschulden bei Vertragsschluss im neuen Schuldrecht, WM 2003, 416.

Bartsch, Michael: Das neue Schuldrecht – Auswirkungen auf das EDV-Vertragsrecht, CR 2001, 649.

Baumann, Horst: Grundlinien eines „beweglichen Systems" der Sachmängelhaftung beim Kauf, AcP 187 (1987), 511.

Becker, Christoph: Vertragliche Schuldverhältnisse – Eine Fallsammlung mit Lösungen in Gegenüberstellung von neuem und altem Recht, Köln 2002.

Beinert, Dieter: Wesentliche Vertragsverletzung und Rücktritt, Diss. Bonn 1977, Bielefeld 1979.

Beuthien, Volker: Zuwendender und Leistender – Ein kritischer Beitrag zur neuen Terminologie bei Leistungen im bereicherungsrechtlichen Dreieck, JZ 1968, 323.

Benicke, Christoph: Schadensersatz wegen Nichterfüllung bei Schuldnerverzug – OLG München, NJW 1995, 2363, JuS 1996, 196.

Bergjan, Ralf: Die Auswirkungen der Schuldrechtsreform 2002 auf den Unternehmenskauf, Diss. 2003 Münster.

Bernreuther, Friedrich: Sachmangelhaftung und Werbung, MDR 2003, 63.

Bitter, Georg/ *Meidt*, Eva: Nacherfüllungsrecht und Nacherfüllungspflicht des Verkäufers im neuen Schuldrecht, ZIP 2001, 2114.

von Blume, W.: Der Schadensersatzanspruch des Käufers wegen Lieferung einer mangelhaften Sache und seine Verjährung: JherJb 55, S. 209 ff.

Boerner, Dietmar, Kaufrechtliche Sachmängelhaftung und Schuldrechtsreform, ZIP 2001, 2264.

Bötticher, Eduard: Schadensersatz für entgangene Gebrauchsvorteile, VersR 1966, 301.

Brambring, Günter: Die Vorschläge der Schuldrechtskommission zur Reform des BGB, DNotZ 1992, 691.

- Schuldrechtsreform und Grundstückskaufvertrag, DNotZ 2001, 590, 904.

Brandt, Christian: Probleme mit der „IKEA-Klausel", ZGS 2003, 96.

Brors, Christiane: Die Falschlieferung in der Schuldrechtsreform, JR 2002, 133.

- Der praktische Fall – Bürgerliches Recht: Schöner Wohnen, JuS 2002, 355.

- Zu den Konkurrenzen im neuen Kaufgewährleistungsrecht, WM 2002, 1780.

Brox, Hans/ *Elsing*, Siegfried: Die Mängelhaftung bei Kauf, Miete und Werkvertrag, JuS 1976, S. 1 ff.

Brox, Hans/ Walker, Wolf-Dietrich: Allgemeines Schuldrecht, 28. Auflage, München 2002; *zit.*: SchR AT.

- Besonderes Schuldrecht, 27. Auflage, München 2002; *zit.*: SchR BT.

Brückner, Sascha/ *Böhme*, Antje: Neues Kaufrecht: Wann ist ein Tier "gebraucht"?, MDR 2002, 1406.

Brüggemeier, Gert: Zur Reform des deutschen Kaufrechts – Herausforderungen durch die EG-Verbrauchsgüterrichtlinie, JZ 2000, 529.

- Das neue Kaufrecht des Bürgerlichen Gesetzbuches, WM 2002, 1376.

Büdenbender, Ulrich: Der Werkvertrag, JuS 2001, 625.

- Das Kaufrecht nach dem Schuldrechtsreformgesetz, DStR 2002, 312 (Teil I), 361 (Teil II).

Bülow, Peter: Grundfragen der Erfüllung und ihrer Surrogate, JuS 1991, 529.

Busche, Jan: Privatautonomie und Kontrahierungszwang , Habil. Tübingen 1999.

Busl, Peter: Der Ersatz von Schäden bei Kauf-, Miet- und Werkvertrag, JuS 1985, 952.

von Caemmerer, Ernst: Das deutsche Schuldrecht und die Rechtsvergleichung, NJW 1956, 569.

- Das Problem der überholenden Kausalität im Schadensersatzrecht, Karlsruhe 1962.

- Falschlieferung, in: Festschrift für Martin Wolff, S. 3, Hrsg.: Ernst von Caemmerer, Walter Hallstein, F.A. Mann, Ludwig Raiser, Tübingen 1952; *zit.*: FS Wolff.

Canaris, Claus-Wilhelm: Die Vertrauenshaftung im deutschen Privatrecht, München 1971; *zit.*: Vertrauenshaftung.

- Ansprüche wegen „positiver Vertragsverletzung“ und „Schutzwirkung für Dritte“ bei nichtigen Verträgen – Zugleich ein Beitrag zur Vereinheitlichung der Regeln über die Schutzpflichtverletzungen, JZ 1965, 475.

- Wandlungen des Schuldvertragsrechts – Tendenzen zu seiner "Materialisierung", AcP 200 (2000), 273.

- Die Reform des Rechts der Leistungsstörungen, JZ 2001, 499.

- Das allgemeine Leistungsstörungsrecht im Schuldrechtsmodernisierungsgesetz, ZRP 2001, 329.

- Schadensersatz wegen Pflichtverletzung, anfängliche Unmöglichkeit und Aufwendungsersatz im Entwurf eines Schuldrechtsmodernisierungsgesetzes, DB 2001, 1815.

- Schuldrechtsmodernisierung 2002, München 2002.

- Begriff und Tatbestand des Verzögerungsschadens im neuen Leistungsstörungsrecht, ZIP 2003, 321.

- Die Nacherfüllung durch Lieferung einer mangelfreien Sache beim Stückkauf, JZ 2003, 831.

Däubler, Wolfgang: Neues Schuldrecht – ein erster Überblick, NJW 2001, 3729.

Däubler-Gmelin, Herta: Die Entscheidung für die so genannte Große Lösung bei der Schuldrechtsreform, NJW 2001, 2281.

Dauner-Lieb, Barbara: Die geplante Schuldrechtsmodernisierung – Durchbruch oder Schnellschuß?, JZ 2001, 8.

- Die Schuldrechtsreform – Das große juristische Abenteuer, DStR 2001, 1572.

Dauner-Lieb, Barbara/ *Arnold*, Arnd: Noch einmal: Die Falschlieferung beim Stückkauf, JuS 2002, 1175.

Dauner-Lieb, Barbara/ *Dötsch*, Wolfgang Schuldrechtsreform: Haftungsgefahren für Zwischenhändler nach neuem Recht?, DB 2001, 2535.

Dauner-Lieb, Barbara/ *Thiessen*, Jan: Garantiebeschränkungen in Unternehmensverkaufsverträgen nach der Schuldrechtsreform, ZIP 2002, 108.

Dauner-Lieb, Barbara/ *Arnold*, Arnd/ *Dötsch*, Wolfgang/ *Kitz*, Volker: Fälle zum neuen Schuldrecht, Heidelberg 2002.

Dauner-Lieb, Barbara/ *Heidel*, Thomas/ *Lepa*, Manfred/ *Ring*, Gerhard: Das neue Schuldrecht, Heidelberg 2002.

- Anwaltkommentar, Das Neue Schuldrecht, Bonn 2001; *zit.*: AK-*Bearbeiter*.

Dauner-Lieb, Barbara/ *Konzen*, Horst /*Schmidt*, Karsten: Das neue Schuldrecht in der Praxis, Akzente – Brennpunkte – Ausblick, Köln 2003; *zit.*: *Bearbeiter* in Dauner-Lieb/Konzen/Schmidt.

Derleder, Peter: Anmerkung zu BGH, Urteil v. 12. 3. 1992 – VII ZR 5/91, JZ 1992, 1021.

- Der Wechsel zwischen den Gläubigerrechten bei Leistungsstörungen und Mängeln, NJW 2003, 998.

Diederichsen, Uwe: „Schadensersatz wegen Nichterfüllung“ und Ersatz von Mangelfolgeschäden, AcP 165, 1965, 150.

- Zur gesetzlichen Neuordnung des Schuldrechts, AcP 182 (1982), 101.

Diedrich, Kay: Typisierung von Softwareverträgen nach der Schuldrechtsreform, CR 2002, 473.

Dietborn, Christof: Produzentenhaftung – Güterschaden – Vermögensschaden, Diss. Tübingen 2000, Frankfurt a. M. 2000; *zit.*: Produzentenhaftung.

Dötsch, Wolfgang: Neues Leistungsstörungsrecht – Noch einmal: Burra –, ZGS 2002, 160.

Drexl, Josef: Die wirtschaftliche Selbstbestimmung des Verbrauchers – eine Studie zum Privat- und Wirtschaftsrecht unter Berücksichtigung gemeinschaftsrechtlicher Bezüge, Habil. Tübingen 1998.

Ebenroth, Carsten Thomas/ *Boujong*, Karlheinz/ *Joost*, Detlev: Handelsgesetzbuch, Kommentar, Band 2, §§ 343-475 h – Transportrecht, Bank- und Börsenrecht, München 2001; *zit.*: *Bearbeiter* in Ebenroth/Boujong/Joost.

Ehmann, Horst/ *Kley*, Britta: Unmöglichkeitslehre, JuS 1998, 481.

Ehmann, Horst/ *Rust*, Ulrich: Die Verbrauchsgüterkaufrichtlinie, JZ 1999, 853.

Ehmann, Horst/ *Sutschet*, Holger: Modernisiertes Schuldrecht, München 2002.

Eidenmüller, Horst: Zur Effizienz der Verjährungsregeln im geplanten Schuldrechtsmodernisierungsgesetz, JZ 2001, 283.

- Die Verjährung beim Rechtskauf, NJW 2002, 1625.

- Rechtskauf und Unternehmenskauf, ZGS 2002, 290.

Emmerich, Volker: Verschulden bei Vertragsverhandlungen, positive Vertragsverletzung und Sachmängelhaftung beim Kauf, in: Vestigia Juris, Festschrift für Günther Jahr zum 70. Geburtstag, Tübingen 1993, S. 267; *zit.*: FS Jahr.

- Der Handelskauf, JuS 1997, 98.

- Schuldrecht Besonderer Teil, 9. Auflage, Heidelberg 1999; *zit.*: SchR BT.

Ennecerus, Ludwig/ *Lehmann*, Heinrich: Recht der Schuldverhältnisse, 15. Auflage, Tübingen 1958; *zit.*: SchR.

Erman, Walter: Handkommentar zum Bürgerlichen Gesetzbuch, Band 1 (§§1-853), 10. Auflage, Münster 2000; *zit.*: Erman-*Bearbeiter*.

Ernst, Wolfgang: Zur Regelung des Versendungskaufs im Entwurf der Kommission zur Überarbeitung des Schuldrechts, ZIP 1993, 481.

- Kernfragen der Schuldrechtsreform, JZ 1994, 801.

- Zum Kommissionsentwurf der Schuldrechtsreform, NJW 1994, 2177.

- Literatur – Rezension zu den Dissertationen von Ulrich Rust: „Das kaufrechtliche Gewährleistungsrecht" und Wilhelm Reinhard: „Die Gefahrtragung beim Kauf unter besonderer Berücksichtigung der Regelungsvorschläge des Schuldrechtsreformentwurfs", AcP 199 (1999), 360.

- Die Schuldrechtsreform 2001/2002, ZRP 2001, 1.

- Schuldrechtsreform und Öffentlichkeit, WM 2001, 728.

Ernst, Wolfgang/ *Gsell*, Beate: Kaufrechtsrichtlinie und BGB, ZIP 2000, 1410.

- Die Schuldrechtsreform 2001/2002, ZRP 2001, 1.

- Kritisches zum Stand der Schuldrechtsmodernisierung, ZIP 2001, 1389.

Ernst, Wolfgang/ *Zimmermann*, Reinhard: Zivilrechtswissenschaft und Schuldrechtsreform – Zum Diskussionsentwurf eines Schuldrechtsmodernisierungsgesetzes des Bundesministeriums der Justiz, Tübingen 2001; *zit.*: *Bearbeiter* in Ernst/ Zimmermann.

Esser, Josef/ *Schmidt*, Eike: Schuldrecht, Band I, 8. Auflage, Teilband 2: Heidelberg 2001; *zit.*: SchR AT/2.

Esser, Josef/ *Weyers*, Hans-Leo: Schuldrecht, Besonderer Teil, Band II, 8. Auflage, Teilband 1: 1998; *zit.*: SchR BT/1.

Evans-von Krbek, Franziska-Sophie: Gleichstellung des anfänglichen Schuldnerunvermögens mit dem nachträglichen?, AcP 177 (1977), 35.

Faust, Florian: Garantie und Haftungsbeschränkung in § 444 BGB, ZGS 2002, 271.

Fikentscher, Wolfgang: Schuldrecht, 9. Auflage, Berlin 1997; *zit.*: SchR.

Finger, Peter: Die Haftung des Werkunternehmers für Mangelfolgeschäden, NJW 1973, 81.

Fischer, Hans Albrecht: Der Schaden nach dem Bürgerlichen Gesetzbuche für das Deutsche Reich, Jena 1903; *zit.*: Schaden.

Fischer, Michael: Der Ausschluss der Leistungspflicht im Falle der Unmöglichkeit im Entwurf des Schuldrechtsmodernisierungsgesetzes (§ 275 BGB RegE), DB 2001, 1923.

Fliegner, Thomas: Der Leistungsbegriff der §§ 280 ff. BGB und Fragen des Haftungsausschlusses, JR 2002, 314.

Flume, Werner: Eigenschaftsirrtum und Kauf, Darmstadt 1975.

- Gesetzesreform der Sachmängelhaftung beim Kauf?, AcP 193 (1993), 89.

- Zu dem Vorhaben der Neuregelung des Schuldrechts, ZIP 1994, 1497.

Foerste, Ulrich: Unklarheit im künftigen Schuldrecht: Verjährung von Kaufmängel-Ansprüchen in zwei, drei oder 30 Jahren, ZRP 2001, 342.

Gaier, Reinhard: Das Rücktritts(folgen)recht nach dem Schuldrechtsmodernisierungsgesetz, WM 2002, 1.

Ganten, Hans: Zur Verjährung der Ansprüche des Bestellers aus sog. Mangelfolgeschäden, VersR 1970, 1080.

Gaul, Björn: Schuldrechtsmodernisierung und Unternehmenskauf, ZHR 166 (2002), 35.

Gebauer, Peer: Naturalrestitution beim Schadensersatz wegen Nichterfüllung, Diss. Tübingen 2001.

Geiger, Hansjörg: Einführung: Zum Stand des Gesetzgebungsverfahrens, JZ 2001, 473.

von Gierke, Otto: Der Entwurf eines Bürgerlichen Gesetzbuches und das Deutsche Recht, in: Schmollers Jahrb. 12 (1888) und 13 (1889).

von Gierke, Klaus/ *von Reinersdorff*, Wolfgang: Die Abgrenzung der Schadensersatzansprüche aus Werkmängeln – BGHZ 67, 1, JuS 1978, 817.

Giesen, Dieter: Grundsätze der Konfliktlösung im Besonderen Schuldrecht, Teil A: Das Recht des Kaufvertrags, Jura 1991, 354.

Götz, Heinrich: Schadensersatzanspruch wegen Nichtbenutzbarkeit während der Nachbesserung? – BGH, NJW 1985, 381.

Gottwald, Peter: Anmerkung zu BGH, Urteil v. 17.1.1985 – VII ZR 63/84, JZ 1985, 575.

Grigoleit, Hans Christoph: Vorvertragliche Informationshaftung, Diss. München 1996, München 1997.

- Weiterfresserschäden und Mangelfolgeschäden nach der Schuldrechtsreform: Der mangelhafte Traktor, ZGS 2002, 78.

- Neuregelung des Ausgleichs „frustrierter“ Aufwendungen (§ 284 BGB): Das ausgefallene Musical, ZGS 2002, 122.

Grigoleit, Hans Christoph/ *Herresthal*, Carsten: Grundlagen der Sachmängelhaftung im Kaufrecht, JZ 2003, 118.

Grigoleit, Hans Christoph/ *Riehm*, Thomas: Grenzen der Gleichstellung von Zuwenig-Lieferung und Sachmangel, ZGS 2002, 115.

Grimm, Dieter: Schadensersatzansprüche aus § 635 BGB und aus positiver Vertragsverletzung, NJW 1968, 14.

Gronstedt, Sebastian/ *Jörgens*, Stefan: Die Gewährleistungshaftung bei Unternehmensverkäufen nach dem neuen Schuldrecht, ZIP 2002, 52.

Großmann-Doerth, Hans: Selbstgeschaffenes Recht der Wirtschaft und staatliches Recht, zugleich Antrittsvorlesung, Freiburg i. Br. 1933.

Gruber, Urs Peter: Die Nacherfüllung als zentraler Rechtsbehelf im neuen deutschen Kaufrecht – eine methodische und vergleichende Betrachtung zur Auslegung, Jahrbuch Junger Zivilrechtswissenschaftler 2001, Freiburg 2001, S. 187.

- Montagefehler und fehlerhafte Montageanleitung im neuen Kaufrecht, VuR 2002, 120.

- Neues Kaufrecht – Umsatz- und Ertragsangaben beim Unternehmenskauf, MDR 2002, 433.

Grundmann, Stefan/ *Medicus*, Dieter/ *Rolland*, Walter: Europäisches Kaufgewährleistungsrecht – Reform und Internationalisierung des deutschen Schuldrechts, Köln 2000.

Grunewald, Barbara: Vorschläge für eine Neuregelung der anfänglichen Unmöglichkeit und des anfänglichen Unvermögens, JZ 2001, 433.

Gsell, Beate: Kaufrechtsrichtlinie und Schuldrechtsmodernisierung, JZ 2001, 65.

- Der Schadensersatz statt der Leistung nach dem neuen Schuldrecht, Jahrbuch junger Zivilrechtswissenschaftler 2001, Freiburg 2001, S. 105.

- Erwiderung zu „Gespaltene Verjährung kaufvertraglicher Ansprüche auf Ersatz mängelbedingter Schäden? von Gerhard Wagner JZ 2002, 475 ff.", JZ 2002, 1089.

Gudian, Gunter: Die Haftung für anfängliches Unvermögen, NJW 1971, 1239.

Haas, Lothar: Vorschläge zur Überarbeitung des Schuldrechts: Die Mängelhaftung bei Kauf- und Werkverträgen, NJW 1992, 2389.

- Entwurf eines Schuldrechtsmodernisierungsgesetzes: Kauf- und Werkvertragsrecht, BB 2001, 1313.

Haas, Lothar/ *Medicus*, Dieter/ *Rolland*, Walter/ *Schäfer*, Carsten/ *Wendtland*, Holger: Das neue Schuldrecht, München 2002; *zit.*: *Bearbeiter* in Haas/Medicus/Rolland/Schäfer/Wendtland.

Häublein, Martin: Der Beschaffenheitsbegriff und seine Bedeutung für das Verhältnis der Haftung aus culpa in contrahendo zum Kaufrecht, NJW 2003, 388.

Hammen, Horst: Zerschlagt die Gesetzestafeln nicht!, WM 2001, 1357.

- Zum Verhältnis der Garantie zu den Mängelrechten aus § 437 BGB, NJW 2003, 2588.

Harke, Jan Dirk: Unmöglichkeit und Pflichtverletzung: Römisches Recht, BGB und Schuldrechtmodernisierung, Jahrbuch Junger Zivilrechtswissenschaftler 2001, Stuttgart 2001, S. 29.

Hassold, Gerhard: Die Mängelhaftung im Mietrecht, JuS 1975, 550.

Hattenhauer, Christian: Stillschweigende Eigenschaftszusicherung und Mangelschaden – BGH, NJW 1993, 2103 („Burra I"), und BGH, NJW 1995, 1673 („Burra II"), JuS 1998, 684.

- Der Ersatz von Untersuchungskosten bei mangelhafter Kaufsache, VuR 1999, 179.

Haug, Henner: Die Neuregelung des Verjährungsrechts – Eine kritische Untersuchung des Verjährungsrechts im Entwurf der Kommission zur Überarbeitung des Schuldrechts, Diss. Tübingen 1999; *zit.*: Neuregelung des Verjährungsrechts.

Haymann, Franz: Fehler und Zusicherung beim Kauf, in: Die Reichsgerichtspraxis im deutschen Rechtsleben, Festgabe der juristischen Fakultäten zum 50-jährigen Bestehen des Reichsgerichts, Band 3, S. 317, Hrsg.: Otto Schneider, Berlin und Leipzig 1929; *zit.*: RG-Festgabe.

Heck, Philipp: Grundriß des Schuldrechts, Tübingen 1929.

Hehemann, Heinrich: Zur Abgrenzung von nächsten und entfernten Mangelfolgeschäden im Werkvertragsrecht, NJW 1988, 801.

Heinrichs, Helmut: Reform des Verjährungsrechts, NJW 1982, 2021.

- Überlegungen zum Verjährungsrecht, seine Mängel, seine Rechtfertigung und seine Reform, in: Karlsruher Forum 1991 (Versicherungsrecht Sonderheft), Karlsruhe 1991, S. 3 ff.

- Entwurf eines Schuldrechtsmodernisierungsgesetzes, BB 2001, 1417.

Heldrich, Andreas: Ein zeitgemäßes Gesicht für unser Schuldrecht, NJW 2001, 2521.

Hensche, Detlef: Der Schadensersatz wegen Nichterfüllung im Recht der Sachmängelgewährleistung, Diss. Wuppertal 1975; *zit.*: Sachmängelgewährleistung.

Henssler, Martin/ *Graf von Westphalen*, Friedrich: Praxis der Schuldrechtsreform, Recklinghausen 2001.

Herberger, Klaus: Rechtsnatur, Aufgabe und Funktion der Sachmängelhaftung nach dem Bürgerlichen Gesetzbuch, Diss. Heidelberg 1973, Berlin 1974; *zit.*: Sachmängelhaftung.

Herrmann, Harald: Kaufrechtliche Grenzen der Händlerwerbung, AcP 183 (1983), 248.

Hertel, Christian: Werkvertrag und Bauträgervertrag nach der Schuldrechtsreform, DNotZ 2002, 6.

Hiddemann, Hans-Joachim: Leistungsstörungen beim Unternehmenskauf aus der Sicht der Rechtsprechung, ZGR 1982, 435.

Hilgard, Mark/ *Kraayvanger*, Jan: Unternehmenskauf – Rechtsfolgen eines selbständigen Garantieversprechens nach der Reform, MDR 2002, 678.

Hillermeier, Karl: Freiheit und soziale Verantwortung im Vertragsrecht, Auftrag an den Gesetzgeber, BB 1976, 725.

Hirsch, Christoph: Schadensersatz statt der Leistung, Jura 2003, 289.

Höffe, Sybille: Die Verbrauchsgüterkaufrichtlinie 1999/44/EG und ihre Auswirkungen auf den Schadensersatz beim Kauf, Diss. Tübingen 2001, München 2003; *zit.*: Verbrauchsgüterkaufrichtlinie.

Hoeren, Thomas/ *Martinek*, Michael: Systematischer Kommentar zum Kaufrecht, Recklinghausen 2002; *zit.*: *Bearbeiter* in Hoeren/Martinek.

Hofer, Sybille: Der Schadensersatzanspruch des Käufers bei Sachmängeln – Grundsätze, Wertungen und Konstruktionen, AcP 201 (2001), 275.

Hoffmann, Jan: Verbrauchsgüterkaufrechtsrichtlinie und Schuldrechtsmodernisierungsgesetz, ZRP 2001, 347.

Hommelhoff, Peter: Die Sachmängelhaftung beim Unternehmenskauf durch Anteilserwerb, ZHR 140 (1976), 271.

Honsell, Heinrich: Culpa in contrahendo, positive Vertragsverletzung und § 463 BGB, JR 1976, 361.

- Die positive Vertragsverletzung und ihr Verhältnis zur Sachmängelhaftung bei Kauf, Miete und Werkvertrag, Jura 1979, 184.

- Die EU-Richtlinie über den Verbrauchsgüterkauf und ihre Umsetzung ins BGB, JZ 2001, 278.

Huber, Peter: Kaufrecht – Made in Europe! Die EG-Richtlinie über den Verbrauchsgüterkauf und ihre Folgen für das deutsche Gewährleistungsrecht, in: Festschrift für Dieter Henrich zum 70. Geburtstag, Hrsg.: Gottwald, Peter u. a., München 2000, S. 297; *zit.*: FS Henrich.

- Der Nacherfüllungsanspruch im neuen Kaufrecht, NJW 2002, 1004.

Huber, Peter/ *Faust*, Florian: Schuldrechtsmodernisierung – Einführung in das neue Recht, München 2002; *zit.*: *Bearbeiter* in Huber/Faust.

Huber, Ulrich: Zur Haftung des Verkäufers wegen positiver Vertragsverletzung, AcP 177 (1977), 281.

- Leistungsstörungen, Empfiehlt sich die Einführung eines Leistungsstörungsrechts nach dem Vorbild des Einheitlichen Kaufgesetzes? Welche Änderungen im Gesetzestext und welche praktischen Auswirkungen im Schuldrecht würden sich dabei ergeben?, in: Gutachten und Vorschläge zur Überarbeitung des Schuldrechts, Band I, hrsg. vom Bundesminister der Justiz, Köln 1981, S. 647; *zit.*: Gutachten, Bd. I.

- Kaufvertrag, Welche Ergänzungen und Fortentwicklungen sind im Kaufrecht im Hinblick auf die technischen, wirtschaftlichen und juristischen Weiterentwicklungen der Rechtswirklichkeit geboten? Sollten Sonderentwicklungen außerhalb des BGB (Abzahlungsgesetz, Handelskauf, kaufrechtliche Bestimmungen des AGBG) in die Kodifikation eingearbeitet werden?, in: Gutachten und Vorschläge zur Überarbeitung des Schuldrechts, Band I, hrsg. vom Bundesminister der Justiz, Köln 1981, S. 911; *zit.*: Gutachten, Bd. I.

- Die Haftung des Rücktrittsgläubigers beim gesetzlichen Rücktritt und des Käufers bei der Wandelung, JZ 1987, 649.

- Handbuch des Schuldrechts in Einzeldarstellungen, Band 9, Leistungsstörungen.
  Band I: Die allgemeinen Grundlagen – Der Tatbestand des Schuldnerverzugs – Die vom Schuldner zu vertretenden Umstände, Tübingen 1999; *zit.*: Hb. SchR, Leistungsstörungen, Bd. I.

- Band II: Die Folgen des Schuldnerverzugs – Die Erfüllungsverweigerung und die vom Schuldner zu vertretende Unmöglichkeit, Tübingen 1999; *zit.*: Hb. SchR, Leistungsstörungen, Bd. II.

- Die Unmöglichkeit der Leistung im Diskussionsentwurf eines Schuldrechtsmodernisierungsgesetzes, ZIP 2000, 2137.

- Die Pflichtverletzung als Grundtatbestand der Leistungsstörung im Diskussionsentwurf eines Schuldrechtsmodernisierungsgesetzes, ZIP 2000, 2273.

- Die Praxis des Unternehmenskaufs im System des Kaufrechts, AcP 202 (2002), 179.

Jäger, Lothar: Naher und entfernter Mangelfolgeschaden beim Werkvertrag nach der Schuldrechtsreform, ZGS 2002, 236.

Jakobs, Horst-Heinrich: Unmöglichkeit und Nichterfüllung, Habil. Bonn 1969.

- Die Schadensersatzpflicht des Unternehmers wegen mangelhafter Werkleistung in ihrem Verhältnis zu Wandlung und Minderung, JuS 1974, 341.

- Die Verjährung des Schadensersatzanspruchs wegen mangelhafter Werkleistung, JuS 1975, 76.

- Wissenschaft und Gesetzgebung im bürgerlichen Recht: Nach der Rechtsquellenlehre des 19. Jahrhunderts, Rechts- und staatswissenschaftliche Veröffentlichungen der Görres-Gesellschaft, Heft 38, Paderborn 1983; *zit.*: Wissenschaft und Gesetzgebung.

- Gesetzgebung im Leistungsstörungsrecht, Rechts- und staatswissenschaftliche Veröffentlichungen der Görres-Gesellschaft, Heft 46, Paderborn 1985; *zit.*: Leistungsstörungsrecht.

Jakobs, Horst-Heinrich/ *Schubert*, Werner: Die Beratung des Bürgerlichen Gesetzbuchs in systematischer Zusammenstellung der unveröffentlichten Quellen, Recht der Schuldverhältnisse II, §§ 433, bis 651, Berlin 1980.

Jansen, Nils: Gewährleistung trotz Annahmeverzugs und Untergang der Kaufsache?, ZIP 2002, 877.

Jaques, Henning: Haftung des Verkäufers für arglistiges Verhalten beim Unternehmenskauf – zugleich eine Stellungnahme zu § 444 BGB n. F., BB 2002, 417.

Jauernig, Othmar: Bürgerliches Gesetzbuch, Kommentar, 9. Auflage, München 1999, 10. Auflage, München 2003; *zit.*: Jauernig-*Bearbeiter*.

von Jhering, Rudolf: Culpa in contrahendo oder Schadensersatz bei nichtigen oder nicht zur Perfection gelangten Verträgen, JherJb 4, 1.

Jorden, Simone/ *Lehmann*, Michael: Verbrauchsgüterkauf und Schuldrechtsmodernisierung, JZ 2001, 952.

Joswig, Dietrich: Zur Erstattungsfähigkeit von Gutachterkosten, NJW 1985, 1323.

Kaiser, Dagmar: Die Rechtsfolgen des Rücktritts in der Schuldrechtsreform, JZ 2001, 1057.

Kamanabrou, Subadeh: Haftung des Rücktrittsberechtigten bei Untergang der empfangenen Leistung, NJW 2003, 30.

Kannowski, Bernd: Mangelfolgeschäden vor und nach der Schuldrechtsreform. Das Beispiel außergerichtlicher Anwaltskosten bei Baumängeln, BauR 2003, 170.

Kaser, Max: Das Römische Privatrecht, Erster Abschnitt, Das Altrömische, Das Vorklassische und Klassische Recht, 2. Auflage, München 1971.

Keuk, Brigitte: Vermögensschaden und Interesse, Habil. Bonn 1972.

Kindl, Johann: Das Recht der Leistungsstörungen nach dem Schuldrechtsmodernisierungsgesetz, WM 2002, 1313.

- Unternehmenskauf und Schuldrechtsmodernisierung, WM 2003, 409.

Kipp, Theodor: Gutachten für den 27. Deutschen Juristentag über die Frage: Worin besteht der Schadensersatz wegen Nichterfüllung eines gegenseitigen Vertrages?, in: Verhandlungen des 27. Deutschen Juristentages (1904), Erster Band, Berlin 1904, 249; *zit.*: Kipp, Gutachten.

Kley, Britta: Unmöglichkeit und Pflichtverletzung – Die Funktion der Unmöglichkeitstatbestände im BGB und der Reformversuch der Schuldrechtskommission, Diss. Trier 2000, Berlin 2001.

Knoche, Joachim/ *Höller*, Sina: Schadensersatz statt der Leistung nach Bewirkung der Hauptleistung, ZGS 2003, 26.

Knöpfle, Robert: Zum Verhältnis zwischen Gewährleistungsansprüchen und Ansprüchen aus culpa in contrahendo oder positiver Vertragsverletzung, NJW 1990, 2497.

- Liegt ein Rechtsmangel vor, wenn der Verkäufer dem Käufer das Eigentum nicht verschafft hat?, NJW 1991, 889.

Knott, Hermann J.: Unternehmenskauf nach der Schuldrechtsreform, NZG 2002, 249.

Knütel, Christian: Zur Selbstvornahme nach § 637 Abs. 1 BGB n. F., BauR 2002, 689.

Knütel, Rolf: Zur Schuldrechtsreform, NJW 2001, 2519.

Köhler, Helmut: Grundfälle zum Gewährleistungsrecht bei Kauf, Miete und Werkvertrag, JuS 1979, 496 (3. Teil), 647 (5. Teil), 869 (7. Teil).

- Kaufrechtliche Haftung für Mangelfolgeschäden – BGH NJW 1980, 1950, JuS 1982, 13.

- Anmerkung zu BGH, Urteil vom 6.11.1986 – VII ZR 97/85, JZ 1987, 248.

-

Köhler, Helmut/ *Fritzsche*: Fälle zum neuen Schuldrecht, München 2002.

Köndgen, Johannes: Selbstbindung ohne Vertrag – zur Haftung aus geschäftsbezogenem Handeln, Habil. Tübingen 1981.

Köpcke, Günther: Typen der positiven Vertragsverletzung, Diss. Stuttgart 1965.

Kohler, Jürgen: Bemerkungen zur vorgeschlagenen Überarbeitung des Rücktrittsrechts, WM 1993, 45.

- Rücktrittsrechtliche Schadensersatzhaftung, JZ 2002, 1127.

Kohte, Wolfgang/ *Micklitz*, Hans W./ *Rott*, Peter/ *Tonner*, Klaus/ *Willingmann*, Armin: Das neue Schuldrecht Kompaktkommentar; *zit.*: KK-*Bearbeiter*.

Koller, Ingo: Wissenszurechnung, Kosten und Risiken, JZ 1998, 75.

- Kommission zur Überarbeitung des Schuldrechts: Abschlußbericht, Köln 1992; *zit.*: Abschlußbericht.

Koppenfels, Katharina: „Die explodierte Mikrowelle“, JA 2002, 860.

Kramer, Ernst: Für eine gewährleistungsrechtliche Behandlung des Identitäts-aliud, NJW 1979, 2023.

Krapp, Thea: Die Verjährung von Käuferansprüchen bei vertragswidrigen Leistungen – Analyse der kurzen Frist des § 477 BGB und Änderungsvorschläge unter Mitberücksichtigung des schweizerischen und französischen Rechtes, sowie des Einheitlichen Kaufgesetzes und der UN-Abkommen, München 1983; *zit.*: Verjährung von Käuferansprüchen.

Kraus, Steffen: Da wird sich noch mancher die Augen reiben ... – Die 6 augenfälligsten Negativauswirkungen der Schuldrechtsreform auf das private Baurecht, BauR 2002, 524.

Krause, Rüdiger: Die Leistungsverzögerung im neuen Schuldrecht, Jura 2002, 217 (1. Teil), 299 (2. Teil).

Krebs, Peter: Die große Schuldrechtsreform, DB 2000, Beilage 14 zu Heft 48, 1.

Kress, Hugo: Lehrbuch des Allgemeinen Schuldrechts, Nachdruck der Ausgabe Berlin 1929, Hrsg.: Hermann Weitnauer, Horst Ehmann, Aalen 1976; *zit.*: SchR AT.

Kropholler Jan: Studienkommentar BGB, 5. Auflage München 2002.

Kriechbaum, Maximiliane: Pflichtverletzung und Rücktritt vom Vertrag, JZ 1993, 642.

Küpper, Norbert: Der Werkvertrag in der Schuldrechtsreform, Diss. Münster 1989.

Kuhlmann, Kai: Leistungspflichten und Schutzpflichten – Ein kritischer Vergleich des Leistungsstörungsrechts des BGB mit den Vorschlägen der Schuldrechtskommission, Diss. Trier 2000, Berlin 2001.

Kupisch, Berthold: Schuldrechtsreform und Kunst der Gesetzgebung, NJW 2002, 1401.

Lang, Arno: Bauvertragsrecht im Wandel, NJW 1995, 2063.

Lange, Hermann: Handbuch des Schuldrechts, Band 1, Schadensersatz, 2. Auflage, Tübingen 1990; *zit.*: Hb. SchR, Schadensersatz.

Langenbucher, Katja: Diskussionsbericht zum Vortrag von Claus-Wilhelm Canaris, JZ 2001, 528.

Larenz, Karl: Zur Abgrenzung des Vermögensschadens vom ideellen Schaden, VersR 1963, 312.

- Nutzlos gewordene Aufwendungen als erstattungsfähige Schäden, in: Festgabe für Karl Oftinger, Zürich 1969, S. 151; *zit.*: FG Oftinger.

- Lehrbuch des Schuldrechts, Erster Band: Allgemeiner Teil, 14. Auflage, München 1987; *zit.*: SchR AT, Zweiter Band: Besonderer Teil, 1. Halbband, 13. Auflage, München 1986; *zit.*: SchR BT/1.

Larenz, Karl/ *Canaris*, Claus-Wilhelm: Lehrbuch des Schuldrechts, Zweiter Band: Besonderer Teil, 2. Halbband, 13. Auflage, München 1994; *zit.*: SchR BT/2.

- Methodenlehre der Rechtswissenschaft, 3. Auflage, Heidelberg 1995.

Larenz, Karl/ *Wolf*, Manfred: Allgemeiner Teil des deutschen bürgerlichen Rechts, 8. Auflage, München 1997.

Larisch, Tobias: Gewährleistungshaftung beim Unternehmens- und Beteiligungskauf; Diss. Münster 2004.

Laub, Alexander/ *Laub*, Tobias: Die Verletzung technischer Schutzrechte als Rechtsmangel beim Sachkauf, GRUR 2003, 654.

Laufs, Adolf/ *Schwenger*, Arvid: Der Schadensersatzanspruch des Bestellers beim Werkvertrag: Inhalt, Verjährung, Beweislast, NJW 1970, 1817.

Leenen, Detlef: § 477 BG: Verjährung oder Risikoverlagerung? Schriftenreihe der Juristischen Gesellschaft zu Berlin Heft 148, Berlin 1997; *zit.*: Verjährung oder Risikoverlagerung.

- Die Neuregelung der Verjährung, JZ 2001, 552.

- Die Neugestaltung des Verjährungsrechts durch das Schuldrechtsmodernisierungsgesetz, DStR 2002, 34.

Lehmann, Michael: Vertragsanbahnung durch Werbung – Eine juristische und ökonomische Analyse der bürgerlich-rechtlichen Haftung für Werbeangaben gegenüber dem Letztverbraucher, Diss. München 1981.

- Die Haftung für Werbeangaben nach neuem Schuldrecht, DB 2002, 1090.

Lehmann, Michael/ *Dürrschmidt*, Armin: Haftung für irreführende Werbung über Garantien. Zum Vorschlag einer Richtlinie des Europäischen Parlaments und des Rates über den Verbrauchsgüterkauf und -garantien vom 18.6.1996, GRUR 1997, 549.

Lettl, Tobias: Die Falschlieferung durch den Verkäufer nach der Schuldrechtsreform, JuS 2002, 866.

Lieb, Manfred: Grundlagen einer Schuldrechtsreform, AcP 183 (1983), 327.

Littbarski, Sigurd: Die Abgrenzung der Schadensersatzansprüche aus Werkmängeln ein offenbar unlösbares Problem, JZ 1979, 552.

- Verjährungsrechtliche Divergenzen im Sachmängelrecht, NJW 1981, 2331.

Litzenburger, Wolfgang: Das neue Schuldrecht und der Bauträgervertrag, RNotZ 2002, 23.

Lobinger, Thomas: Der Anspruch auf das Fehlersurrogat nach § 281 BGB – BGHZ 114, 34, JuS 1993, 453.

Löhnig, Martin: Schuldrechtsreform Update 2 – Unmöglichkeit, JA 2002, 126.

- Schuldrechtsreform – Update 3, Verzögerung der Leistung, JA 2002, 206.

Löwe, Walter: Gebrauchsmöglichkeit einer Sache als selbständiger Vermögenswert, NJW 1964, 701.

Lorenz, Stephan: Schadensersatz wegen Pflichtverletzung – ein Beispiel für die Überhastung der Kritik an der Schuldrechtsreform, JZ 2001, 742.

- Rücktritt, Minderung und Schadensersatz wegen Sachmängeln im neuen Kaufrecht: Was hat der Verkäufer zu vertreten?, NJW 2002, 2497.

- Aliud, peius und indebitum im neuen Kaufrecht, JuS 2003, 36.

- Zur Abgrenzung von Teilleistung, teilweiser Unmöglichkeit und teilweiser Schlechtleistung im neuen Schuldrecht, NJW 2003, 3097.

Lorenz, Stephan/ *Riehm*, Thomas: Lehrbuch zum neuen Schuldrecht, München 2002.

Mansel, Heinz-Peter: Die Neuregelung des Verjährungsrechts, NJW 2002, 89.

Mansel, Heinz-Peter/ *Budzikiewicz*, Christine: Das neue Verjährungsrecht, Bonn 2002.

Marburger, Peter: Die Sachmängelhaftung beim Handelskauf, JuS 1983, 1.

Marutschke, Hans Peter: Probleme der Konkurrenz von Sachmängelgewährleistung und culpa in contrahendo beim Kauf, JuS 1999, 729.

Matthes, Jens: Der Herstellerregress nach § 478 BGB in Allgemeinen Geschäftsbedingungen – ausgewählte Probleme, NJW 2002, 2505 ff.

Mattheus, Daniela: Schuldrechtsmodernisierung 2001/2002 – Die Neuordnung des allgemeinen Leistungsstörungsrechts, JuS 2002, 209.

Mayerhöfer, Alexander: Die Integration der positiven Forderungsverletzung in das BGB, MDR 2002, 549.

Medicus, Dieter: Grenzen der Haftung für culpa in contrahendo, JuS 1965, 209.

- Vertragliche und deliktische Ersatzansprüche für Schäden aus Sachmängeln, in: Tübinger Festschrift für Eduard Kern, S. 313, Hrsg.: Rechtswissenschaftliche Abteilung der rechts- und wirtschaftswissenschaftlichen Fakultät der Universität Tübingen, Tübingen 1968; *zit.*: FS Kern.

- Naturalrestitution und Geldersatz, JuS 1969, 449.

- Gesetzgebung und Jurisprudenz im Recht der Leistungsstörungen, AcP 186 (1986), 268.

- Vorschläge zur Überarbeitung des Schuldrechts: Das allgemeine Recht der Leistungsstörungen, NJW 1992, 2384.

- Leistungsmängel und Schadensersatz, JuS 1998, 289.

- Schuldrecht I – Allgemeiner Teil, 12. Auflage 2000; *zit.*: SchR I.

- Bürgerliches Recht, 18. Auflage, Köln 1999; 19. Auflage, Köln 2002; *zit.*: BR.

- Das Leistungsstörungsrecht im neuen Schuldrecht, JuS 2003, 521.

Meier, Sonja: Neues Leistungsstörungsrecht: Nachträgliche Unmöglichkeit und nachträgliches Unvermögen in der Fallbearbeitung, Jura 2002, 118.

- Neues Leistungsstörungsrecht: Anfängliche Leistungshindernisse, Gattungsschuld und Nichtleistung trotz Möglichkeit, Jura 2002, 187.

- Nutzungsherausgabe und Verjährung beim Verkauf gestohlener Sachen: Nichterfüllung oder Rechtsmangel, JR 2003, 353.

Meinke, Jens Peter: Rechtsfolgen nachträglicher Unmöglichkeit der Leistung beim gegenseitigen Vertrag, AcP 171 (1971), 19.

Meub, Michael: Schuldrechtsreform: Das neue Werkvertragsrecht, DB 2002, 131.

Michalski, Lutz: Die Systemwidrigkeit der Differenzierung nach Mangel- und Mangelfolgeschäden im werkvertraglichen Sachmängelgewährleistungsrecht, NJW 1988, 793.

Micklitz, Hans-Wolfgang/ *Pfeiffer*, Thomas/ *Tonner*, Klaus/ *Willingmann*, Armin: Schuldrechtsreform und Verbraucherschutz, Baden-Baden 2001.

Mommsen, Friedrich: Die Unmöglichkeit der Leistung in ihrem Einfluß auf obligatorische Verhältnisse, Beiträge zum Obligationenrecht I, Braunschweig 1853.

Motive zu dem Entwurfe eines Bürgerlichen Gesetzbuches für das Deutsche Reich, Band I (Allgemeiner Theil), Band II (Recht der Schuldverhältnisse), Amtliche Ausgabe, 2. Auflage, Berlin 1896; *zit.*: Motive.

Müller, Klaus: Zur Haftung des Warenherstellers gegenüber dem Endverbraucher, AcP 165 (1965), 285.

Müller, Klaus J.: Unternehmenskauf, Garantie und Schuldrechtsreform – ein Sturm im Wasserglas, NJW 2002, 1026.

Müller, Georg: Der Ersatz entwerteter Aufwendungen bei Vertragsstörungen, Diss. Köln 1990, Berlin 1991.

Müller, Gerd: Zur Haftung des Verkäufers von GmbH-Anteilen für falsche Auskünfte über den Wert des Unternehmens, ZIP 2000, 817.

Müller, Robert: Der gescheiterte GmbH-Anteilskauf, ZGS 2002, 297.

Müller-Laube, Hans-Martin: Vertragsaufwendungen und Schadensersatz wegen Nichterfüllung, JZ 1995, 538.

Münch, Joachim: Die »nicht wie geschuldet« erbrachte Leistung und sonstige Pflichtverletzungen, Jura 2002, 361.

Münchener Kommentar zum Bürgerlichen Gesetzbuch, Hrsg.: Kurt Rebmann, Franz Jürgen Säcker, Band 1, Allgemeiner Teil (§§ 1-240, AGB-Gesetz), 4. Auflage, München 2001;

- Band 2, Schuldrecht – Allgemeiner Teil (§§ 241-432, FernAbsG), 4. Auflage, München 2001;

- Band 2a, Schuldrecht – Allgemeiner Teil (§§ 241-432), 4. Auflage, München 2003;

- Band 3, Schuldrecht – Besonderer Teil I (§§ 433-606), 3. Auflage, München 1995;

- Band 4, Schuldrecht – Besonderer Teil II (§§ 607-704), 3. Auflage, München 1997; *zit.*: MK-*Bearbeiter*.

Mundt, Achim: Baumängel und der Mangelbegriff des BGB-Werkvertragsrechts nach dem Schuldrechtsmodernisierungsgesetz, NZBau 2003, 73.

Muscheler, Karlheinz: Wandelung, gesetzlicher Rücktritt und negatives Interesse, AcP 187 (1987), 343.

Muscheler, Karlheinz/ *Bloch*, Wolfgang: Erfüllung und Erfüllungssurrogate, JuS 2000, 729.

Musielak, Hans-Joachim: Grundkurs BGB, 7. Auflage, München 2002.

- Die Falschlieferung beim Stückkauf nach dem neuen Schuldrecht, NJW 2003, 89.

Nastelski, Karl: Die Zeit als Bestandteil des Leistungsinhalts, JuS 1962, 289.

Neuwald, Jost: Der zivilrechtliche Schadensbegriff und seine Weiterentwicklung in der Rechtsprechung, Diss. München 1968.

Oechsler, Jürgen: Schuldrecht, Besonderer Teil, Vertragsrecht, München 2003.

Oetker, Hartmut/ *Maultzsch*, Felix: Vertragliche Schuldverhältnisse, Berlin 2002.

von Olshausen, Eberhard: Voraussetzungen und Verjährung des Anspruchs auf ein stellvertretendes commodum bei Sachmängeln, ZGS 2002, 194.

Olzen, Dirk/ *Wank*, Rolf: Die Schuldrechtsreform, Köln 2002.

Ott, Sieghart: Neues Werkvertrags- und Darlehensrecht, MDR 2002, 361.

Otto, Hansjörg: Gewährleistungspflicht des Vermieters trotz anfänglicher objektiver Unmöglichkeit – BGH, NJW 1985, 1025, JuS 1985, 848.

- Die Grundstrukturen des neuen Leistungsstörungsrechts, JURA 2002, 1.

Palandt, Otto: Bürgerliches Gesetzbuch, Kommentar, 61. Auflage, München 2002.

- Bürgerliches Gesetzbuch, Kommentar, 62. Auflage, München 2003.

- Bürgerliches Gesetzbuch, Kommentar, 63. Auflage, München 2004.

Pammler, Sebastian: Zum Ersatzlieferungsanspruch beim Stückkauf, NJW 2003, 1992.

Perkams, Guido: Die Haftung des Rücktrittsberechtigten im neuen Schuldrecht, Jura 2003, 150.

Peters, Frank: Der Anspruch auf Schadensersatz wegen Nichterfüllung gemäß § 635 BGB, JZ 1977, 458.

- Kein gesetzlicher Nachbesserungsanspruch des Käufers?, JZ 1978, 92.

- Mangelschäden und Mangelfolgeschäden, NJW 1978, 665.

- Zur Verjährung der Ansprüche aus culpa in contrahendo und positiver Forderungsverletzung, VersR 1973, 103.

- Die Kenntnis vom Schaden als Verjährungsvoraussetzung bei § 852 I BGB, JZ 1983, 121.

- Das Baurecht im modernisierten Schuldrecht, NZBau 2002, 113.

Peters, Frank/ *Zimmermann*, Reinhard: Verjährungsfristen, Der Einfluß von Fristen auf Schuldverhältnisse; Möglichkeiten der Vereinheitlichung von Verjährungsfristen, in: Gutachten und Vorschläge zur Überarbeitung des Schuldrechts, Band I, hrsg. vom Bundesminister der Justiz, Köln 1981, S. 77; *zit.*: Gutachten, Bd. I.

Petersen, Jens: Die Nacherfüllung, Jura 2002, 461.

Pfeifer, Karl-Nikolaus: Die Haftung des Verkäufers für Werbeangaben, JR 2001, 265.

Pick, Eckhart: Zum Stand der Schuldrechtsmodernisierung, ZIP 2001, 1173.

Picker, Eduard: Positive Forderungsverletzung und culpa in contrahendo – Zur Problematik der Haftung „zwischen" Vertrag und Delikt, AcP 183 (1983), 369.

Pieckenbrock, Andreas: Reform des allgemeinen Verjährungsrechts: Ausweg oder Irrweg?, Jahrbuch Junger Zivilrechtswissenschaftler 2001, Freiburg 2001, S. 309.

Pieper, Helmut: Der Anspruch auf Schadensersatz wegen Nichterfüllung, JuS 1962, 1. Teil, 409, 2. Teil, 459.

Planck, Gottlieb: Kommentar zum Bürgerlichen Gesetzbuch nebst Einführungsgesetz, 3. Auflage, Zweiter Band, Recht der Schuldverhältnisse, Berlin 1907; *zit.*: Planck-*Bearbeiter*.

Pohlmann, Andre: Die Haftung wegen Verletzung von Aufklärungspflichten, Diss. Trier 2001.

Präve, Peter: Zum Für und Wider einer gesetzlichen Fixierung außerordentlicher Kündigungsrechte – Bemerkungen zu den Vorschlägen der Schuldrechtskommission aus versicherungsrechtlicher Sicht, VersR 1993, 265.

Preussner, Mathias: Das neue Werkvertragsrecht im BGB 2002, BauR 2002, 231.

Protokolle der Kommission für die zweite Lesung des Entwurfs des Bürgerlichen Gesetzbuches, Im Auftrag des Reichs-Justizamtes bearbeitet von Achilles, Gebhard und Spahn, Band I, Allgemeiner Teil und Recht der Schuldverhältnisse, Abschn. II, Tit. I, Berlin 1897; *zit.*: Protokolle.

Raape, Leo: Sachmängelhaftung und Irrtum beim Kauf, AcP 150 (1949), 481.

Rabe, Dieter: Vorschläge zur Überarbeitung des Schuldrechts: Verjährung, NJW 1992, 2395.

Rabel, Ernst: Die Haftung des Verkäufers wegen Mangels im Rechte, Erster Teil, Geschichtliche Studien über den Haftungserfolg, Leipzig 1902, photomechanischer Nachdruck Berlin New York 1973.

- Das Recht des Warenkaufs, 1. Band, Berlin Leipzig 1936; *zit.*: Warenkauf I.

Raiser, Gottfried: Das Werkvertragsrecht nach dem Regierungsentwurf eines Schuldrechtsmodernisierungsgesetzes, NZBau 2001, 598.

Ramrath, Ulrich: Die Auswirkungen einer Reform des Leistungsstörungsrechts auf unser Arbeitsvertragsrecht, MDR 1995, 973.

Recker, Wilfried: Schadensersatz statt der Leistung – oder: Mangelschaden und Mangelfolgeschaden, NJW 2002, 1247.

Reichsgerichtsräte-Kommentar: Das Bürgerliche Gesetzbuch mit besonderer Berücksichtigung der Rechtsprechung des Reichsgerichts und des Bundesgerichtshofs, Kommentar, hrsg. von Reichsgerichtsräten und Bundesrichtern,

- Band II, 1. Teil, §§ 241-413, 12. Auflage, Berlin 1978;

- Band II, 4. Teil, §§ 631-811, 12. Auflage, Berlin 1978; *zit.*: RGRK-*Bearbeiter*.

Rebe, Bernd/ *Rebell*, Andreas: Vertragliche Schadensersatzansprüche bei der Lieferung einer mangelhaften Sache, JA 1978, 544 (1. Teil), 605 (2. Teil).

Reich, Norbert/ *Tonner*, Klaus: Werbung, zugesicherte Eigenschaften und Verbraucherschutz. BGH NJW 1975, 1693, JuS 1976, 576.

Reim, Uwe: Der Ersatz vergeblicher Aufwendungen nach § 284 BGB, NJW 2003, 3662.

Reinkenhof, Michaela: Das neue Werkvertragsrecht, Jura 2002, 433.

Reinicke, Dietrich/ *Tiedtke*, Klaus: Kaufrecht, 6. Auflage, Neuwied 1997.

Reinking, Kurt: Die Haftung des Autoverkäufers für Sach- und Rechtsmängel nach neuem Recht, DAR 2002, 15.

Reinking, Kurt/ Eggert, *Christoph*: Der Autokauf, Rechtsfragen beim Kauf neuer und gebrauchter Kraftfahrzeuge sowie beim Leasing, 7. Auflage, Düsseldorf 2000.

- Die Auswirkungen der Schuldrechtsreform auf das private Kraftfahrzeugleasing, DAR 2002, 145.

- Die Geltendmachung von Sachmängelrechten und ihre Auswirkung auf die Verjährung, ZGS 2002, 140.

- Gebrauchtwagenkauf von Unternehmen an Verbraucher im neuen Schuldrecht, ZGS 2003, 105.

Reischl, Klaus: Grundfälle zum neuen Schuldrecht, JuS 2003, 40 (Teil 1), 250 (Teil 2), 453 (Teil 3), 667 (Teil 4), 865 (Teil 5), 1076 (Teil 6).

Rengier, Hans-Bernhard: Die Abgrenzung des positiven Interesses vom negativen Vertragsinteresse und vom Integritätsinteresse, Diss. Köln 1976, Berlin 1977; *zit.*: Interesse.

Röthel, Anne: Das neue Kaufrecht in der Fallbearbeitung, Jura 2002, 621.

Rohlack, Tammo: Das Verhältnis der positiven Forderungsverletzung und culpa in contrahendo zur Sachmängelhaftung beim Kauf- und Werkvertrag, Diss. Kiel 1996, Baden-Baden 1997.

Rolland, Walter: Schuldrechtsreform – Allgemeiner Teil, NJW 1992, 2377.

Roquette, Hermann: Mietrecht, 5. Auflage, Tübingen 1961.

Roth, Herbert: Die Reform des Werkvertragsrechts, JZ 2001, 543.

Rust, Ulrich: Das kaufrechtliche Gewährleistungsrecht, Diss. Trier 1996.

Rutkowsky, Stefan: Organisationsverschulden des Bauunternehmers als Arglist im Sinne von § 638 BGB?, NJW 1993 1748.

von Sachsen Gessaphe, Karl August Prinz: Der Rückgriff des Letztverkäufers – neues europäisches und deutsches Kaufrecht, RIW 2001, 721.

Schack, Haimo: Die Zusicherung beim Kauf, AcP 185 (1985), 333.

Schäfer, Christoph: Zum Begriff der Pflichtverletzung in § 280 I 1 BGB, JA 2003, 600

Schäfer, Hans-Bernd/ *Ott*, Claus: Lehrbuch der ökonomischen Analyse des Zivilrechts, 3. Auflage, Berlin 2000.

Schapp, Jan: Probleme der Reform des Leistungsstörungsrechts, JZ 1993, 637.

- Empfiehlt sich die „Pflichtverletzung" als Generaltatbestand des Leistungsstörungsrechts?, JZ 2001, 583.

Schaub, Renate: „Weiterfresserschäden" bei Bauwerken – Zugleich Anmerkung zum Urteil des BGH vom 12. 12. 2000 (VI ZR 242/99) VersR 2001, 462 –, VersR 2001, 940.

Schaumburg, Heide: Haftung des Verkäufers für fahrlässige Falschangaben bei Vertragsschluß? – Zum inneren System der §§ 459 ff. BGB, MDR 1975, 105.

Schellhammer, Kurt: Die Haftung des Verkäufers für Sach- und Rechtsmängel – Neue Struktur und neuer Mangelbegriff, MDR 2002, 241.

- Das neue Kaufrecht – Die Sachmängelhaftung des Käufers, MDR 2002, 301.

- Das neue Kaufrecht – Rechtsmängelhaftung, Rechtskauf und Verbrauchsgüterkauf, MDR 2002, 485.

Schimmel, Roland: Verjährungsrecht nach der Schuldrechtsmodernisierung, JA 2002, 977.

Schimmel, Roland/ *Buhlmann*, Dirk: Schuldnerverzug nach der Schuldrechtsmodernisierung – Tatbestandsvoraussetzungen und Rechtsfolgen, MDR 2002, 609.

- Das Frankfurter Handbuch zum neuen Schuldrecht, Neuwied 2002; *zit.*: *Bearbeiter* in Schimmel/Buhlmann.

Schlechtriem, Peter: Abgrenzungsfragen bei der positiven Vertragsverletzung, VersR 1973, 581.

- Schuldrechtsreform – Voraussetzungen, Möglichkeit und Gegenstände, Heidelberg 1987; *zit.*: Schuldrechtsreform.

- Rechtsvereinheitlichung in Europa und Schuldrechtsreform in Deutschland, ZEuP 1993, 217.

- Verbraucherkaufverträge – ein neuer Richtlinienentwurf, JZ 1997, 441.

- Entwicklung des deutschen Schuldrechts und europäische Rechtsangleichung, Jahrbuch Junger Zivilrechtswissenschaftler 2001, Freiburg 2001, S. 9.

- Schuldrecht Allgemeiner Teil, 6. Auflage, Tübingen 2003, *zit.*: AT.

- Schuldrecht Besonderer Teil, 5. Auflage, Tübingen 2003; *zit.*: BT.

Schmidt, Eike: Nutzungsentgang und äquivalentlose Aufwendungen – BGHZ 71, 234, JuS 1980, 636.

- Die verpatzte Jubiläumsfeier, in: Festschrift für Joachim Gernhuber zum 70. Geburtstag, hrsg. von Hermann Lange, Knut Wolfgang Nörr, H. P. Westermann, Tübingen 1993, S. 423; *zit.*: FS Gernhuber.

Schmidt-Räntsch, Jürgen: Der Entwurf eines Schuldrechtsmodernisierungsgesetzes, ZIP 2000, 1639.

- Das neue Schuldrecht – Anwendung und Auswirkungen in der Praxis, Berlin 2002.

Schmidt-Salzer, Joachim: Ansprüche auf Ersatz von Mangelfolgeschäden gemäß § 463 BGB und Betriebshaftpflichtversicherung, BB 1972, 18.

Schmitz, Günther: Die Verjährung von Mangelfolgeschäden im Kauf- und Werkvertragsrecht, NJW 1973, 2081.

Schmude, Jürgen: Schuldrechtsüberarbeitung – eine Herausforderung an den Gesetzgeber, NJW 1982, 2017 ff.

Schubel, Christian: Nacherfüllung im Kaufrecht, ZIP 1994, 1330.

- Schuldrechtsmodernisierung 2001/2002 – Das neue Kaufrecht, JuS 2002, 313.

- Mysterium Lieferkette, ZIP 2002, 2061.

Schubert, Werner: Der Anwendungsbereich der §§ 635, 638 BGB, JR 1975, 179.

- Einheitsverjährung oder Beibehaltung besonderer Gewährleistungsfristen?, JR 1984, 315.

Schudnagies, Jörg: Das Werkvertragsrecht nach der Schuldrechtsreform, NJW 2002, 396.

Schultz, Dietrich: Aliud und Gewährschaftsrecht, NJW 1980, 2173.

Schulze, Götz: Falschlieferung beim Spezieskauf – Unzulänglichkeiten des Gesetzes?, NJW 2003, 1022.

Schulze, Reiner/ *Schulte-Nölke*, Hans: Schuldrechtsreform vor dem Hintergrund des Gemeinschaftsrechts, Tagungsband einer Tagung in Münster am 22.1.2001, Tübingen 2001; *zit.*: *Bearbeiter* in Schulze/Schulte-Nölke.

Schulte-Nölke, Hans/ *Behren*, Michael: Neues Kaufrecht: Wärmepumpe I-V, ZGS 2002, 33.

Schwab, Martin: Das neue Schuldrecht im Überblick, JuS 2002, 1.

Schwab, Martin/*Witt*, Carl-Heinz: Einführung in das neue Schuldrecht, München 2002.

Schwark, Eberhard: Grundsätzliche Fragen einer Überarbeitung des Schuldrechts des BGB, JZ 1980, 741.

Schwartze, Andreas: Europäische Sachmängelgewährleistung beim Warenkauf – optionale Rechtsangleichung auf der Grundlage eines funktionalen Rechtsvergleichs, Habil. Hannover 1997, Tübingen 2000; *zit.*: Europäische Sachmängelgewährleistung.

Schwenger, Arvid: Der Ersatz von Mangelschäden und Mangelfolgeschäden bei lästigen Verträgen – Eine Darstellung der Entwicklung des Schadensersatzanspruchs im Gewährleistungsrecht unter Berücksichtigung der maßgeblichen geschichtlichen Grundlagen des Bürgerlichen Gesetzbuches, Diss. Heidelberg 1976; Frankfurt a. M. 1977; *zit.*: Mangelschäden und Mangelfolgeschäden bei lästigen Verträgen.

Seibt, Christoph/ *Reiche*, Felix: Unternehmens- und Beteiligungskauf nach der Schuldrechtsreform (Teil I), DStR 2002, 1135.

Sienz, Christian: Die Neuregelungen im Werkvertragsrecht nach der Schuldrechtsmodernisierung, BauR 2002, 181.

Singer, Reinhard: Zu den Rechtsfolgen der Schlecht- und Falschlieferung im Bürgerlichen Recht und Handelsrecht, ZIP 1992, 1058.

- Fehler beim Kauf – Zum Verhältnis von Mängelgewährleistung, Irrtumsanfechtung und culpa in contrahendo, S. 381 in: 50 Jahre Bundesgerichtshof – Festgabe aus der Wissenschaft 2000, Hrsg.: Claus Wilhelm Canaris, München 2000.

Soergel, Hans Theodor/ *Siebert*, Wolfgang: Bürgerliches Gesetzbuch mit Einführungsgesetzen und Nebengesetzen,

- Band 1: Allgemeiner Teil (§§ 1 – 241), 12. Auflage, Stuttgart 1988;

- Band 2: Schuldrecht I (§§ 241 – 432), 12. Auflage, Stuttgart 1990;

- Band 3: Schuldrecht II (§§ 433-515), 12. Auflage, Stuttgart 1991;

- Band 4/1: Schuldrecht III/1 (§§ 516-651), 12. Auflage, Stuttgart 1998; *zit.*: Soergel-*Bearbeiter*.

Spindler, Gerald/ *Klöhn*, Lars: Fehlerhafte Information und Software – Die Auswirkungen der Schuld- und Schadensrechtsreform, VersR 2003, 273.

Spiro, Karl: Die Begrenzung privater Rechte durch Verjährungs-, Verwirkungs- und Fatalfristen, Band I: Die Verjährung der Forderung, Bern 1975.

Staub, Hermann: Die positiven Vertragsverletzungen, Berlin 1904; *zit.*: Vertragsverletzungen.

Staudenmayer, Dirk: Die EG-Richtlinie über den Verbrauchsgüterkauf, NJW 1999, 2393.

Staudinger, Ansgar: Das Schicksal der Judikatur zu „weiterfressenden Mängeln" nach der Schuldrechtsreform, ZGS 2002, 145.

von Staudinger, Julius: Kommentar zum Bürgerlichen Gesetzbuch, mit Einführungsgesetz und Nebengesetzen, Erstes Buch. Allgemeiner Teil (§§164-240), 14. Auflage, Berlin 2001;

- Zweites Buch. Recht der Schuldverhältnisse, (§§ 255-314), (§§ 315-327), (§§362-396), (§§ 535-562d), (§§ 631-651), (§§ 812-822),14. Auflage, Berlin 2001;

- Zweites Buch. Recht der Schuldverhältnisse (§§ 433-534), (§§ 535-563), 13. Auflage, Berlin 1995; *zit.*: Staudinger-*Bearbeiter*.

Stoll, Hans: Die bei Nichterfüllung nutzlosen Aufwendungen des Gläubigers als Maßstab der Interessen-Bewertung. Eine rechtsvergleichende Studie zum Vertragsrecht, in: Festschrift für Konrad Duden zum 70. Geburtstag, S. 641, Hrsg.: H.-M. Pawlowski, Günther Wiese, Günther Wüst, München 1977; *zit.*: FS Duden.

- Haftungsfolgen im Bürgerlichen Recht, Heidelberg 1993.

- Notizen zur Neuordnung des Rechts der Leistungsstörungen, JZ 2001, 589.

Stoll, Heinrich: Abschied von der Lehre von der positiven Forderungsverletzung, AcP 136 (1932), 257.

Süß, Theodor: Wesen und Rechtsgrund der Gewährleistung für Sachmängel – Ein dogmatischer Beitrag zur Lehre von der Gewährleistung, Leipzig 1931.

Teichmann, Arndt: Strukturveränderungen im Recht der Leistungsstörungen nach dem Regierungsentwurf eines Schuldrechtmodernisierungsgesetzes, BB 2001, 1485.

- Kauf- und Werkvertrag in der Schuldrechtsreform, ZfBR 2002, 13.

Teichmann, Christoph: Schuldrechtsmodernisierung 2001/2002 – Das neue Werkvertragsrecht, JuS 2002, 417.

Tiedtke, Klaus: Verzugsschaden und Rücktritt vom Vertrag, NJW 1984, 767.

Thewalt, Stephan: Softwareherstellung als Kaufvertrag mit werkvertraglichem Einschlag – § 651 BGB nach der Schuldrechtsreform, CR 2002, 1.

Thiele, Wolfgang: Leistungsstörung und Schutzpflichtverletzung – Zur Einordnung der Schutzpflichtverletzungen in das Haftungssystem des Zivilrechts, JZ 1967, 649.

Thode, Reinhold: Die wichtigsten Änderungen im BGB-Werkvertragsrecht: Schuldrechtsmodernisierungsgesetz und erste Probleme, NZBau 2002, 297 (Teil 1), 360 (Teil 2).

Thost, Philip: Die Anwendung des § 477 BGB auf Mangelfolgeschäden, Diss. Hamburg 2000; *zit.*: Mangelfolgeschäden.

Todt, Günther: Die Schadensersatzansprüche des Käufers, Mieters und Werkbestellers aus Sachmängeln, Diss. Heidelberg 1968, Heidelberg 1970; *zit.*: Schadensersatzansprüche.

- Die Schadensersatzansprüche des Käufers, Mieters und Werkbestellers bei Lieferung eines mangelhaften Vertragsobjekts, BB 1971, 680.

Tonner, Klaus: Die kaufrechtlichen Vorschriften im Diskussionsentwurf eines Schuldrechtsmodernisierungsgesetzes, VuR 2001, 87.

Trieble, Volker/ *Hölzle*, Gerrit: Schuldrechtsreform und Unternehmenskaufverträge, BB 2002, 521.

von Tuhr, Andreas: Der Allgemeine Teil des Deutschen Bürgerlichen Rechts, erster Band, Berlin 1910; *zit.*: AT I.

Vogel, Achim Olrik: Arglistiges Verschweigen des Bauunternehmers aufgrund Organisationsverschuldens – eine Untersuchung zum Begriff des arglistigen Verschweigens bei § 638 Abs. 1 S. 1 BGB und zur unterorganschaftlichen Wissenszurechnung, Diss. Marburg 1997, Düsseldorf 1998.

Vogt, Lothar: Gewährleistung für Rechtsmängel und Gefahrübergang beim Kauf beweglicher Sachen, Diss. Tübingen 1967, Bamberg 1968.

Vollkommer, Max: Die Konkurrenz des allgemeinen Leistungsstörungsrechts mit den Leistungsstörungsinstituten der besonderen Schuldvertragstypen, AcP 183 (1983), 525.

Voppel, Reinhard: Das Gesetz zur Modernisierung des Schuldrechts und das Leistungsstörungsrecht beim Werkvertrag, BauR 2002, 843.

Vorwerk, Volkert: Mängelhaftung des Werkunternehmers und Rechte des Bestellers nach neuem Recht, BauR 2003, 1.

Wagner, Gerhard: Ansprüche auf Unmögliches? – Die Rechtsfolgen anfänglichen Unvermögens, JZ 1998, 482.

- Die Verjährung gewährleistungsrechtlicher Rechtsbehelfe nach neuem Schuldrecht, ZIP 2002, 789.

- Mangel- und Mangelfolgeschaden im neuen Schuldrecht?, JZ 2002, 475.

- Schlusswort, JZ 2002, 1092.

Walter, Gerhard: Handbuch des Schuldrechts in Einzeldarstellungen, Band 6, Kaufrecht, Tübingen 1987; *zit.*: Hb. SchR, Kaufrecht.

Weber, Hans-Joachim/ *Dospil*, Joachim/ *Hanhörster*, Hedwig: Mandatspraxis, neues Schuldrecht, Köln 2002.

Weimar, Wilhelm: Zum Umfang des Schadensersatzanspruchs wegen Nichterfüllung gemäß § 538 BGB, MDR 1960, 555.

Weitnauer, Hermann: Anmerkung zu OLG Frankfurt, Urt. v. 9. 12. 1966 – 3 U 145/66, NJW 1967, 2314.

- Der Unternehmenskauf nach neuem Schuldrecht, NJW 2002, 2511.

Wendel, Alexander Dominik: Entwicklung, Kodifikation und Rechtspraxis der Sachmängelgewährleistung im bürgerlichen Gesetzbuch, insbesondere beim Gattungskauf, Diss. Passau 1994.

Wertheimer, Frank/ *Eschbach*, Martin: Positive Vertragsverletzungen im Bürgerlichen Recht und im Arbeitsrecht, JuS 1997, 605.

Westermann, Harm Peter: Empfiehlt sich bei der Aufnahme der bisher entwickelten Verbraucherschutzvorschriften (z. Bsp. Abzahlungsgesetz, AGB-Gesetz, Fernunterrichtsschutzgesetz) in das Bürgerliche Gesetzbuch eine einheitliche Abgrenzung ihrer Anwendung?, in: Gutachten und Vorschläge zur Überarbeitung des Schuldrechts, Bd. III, hrsg. vom Bundesministerium der Justiz, Köln 1983; *zit.*: Gutachten, Bd. III.

- Verabschiedung oder Überarbeitung des BGB?, ZRP 1983, 249.

- Der säumige Geldschuldner, Voraussetzungen des Schuldnerverzugs nach geltendem und künftigen Recht, in: Festschrift für Joachim Gernhuber zum 70. Geburtstag, hrsg. von Hermann Lange, Knut Wolfgang Nörr, H. P. Westermann, Tübingen 1993, S. 529; *zit.*: FS Gernhuber.

- Das neue Kaufrecht einschließlich des Verbrauchsgüterkaufs, JZ 2001, 530.

- Das Schuldrecht 2002 – Systematische Darstellung der Schuldrechtsreform, Stuttgart 2002; *zit.*: Westermann-*Bearbeiter*.

- Das neue Kaufrecht, NJW 2002, 241.

Graf von Westphalen, Friedrich: Anmerkung zu BGH, Urt. v. 5.7.1972 – VIII ZR 74/71, BB 1972, 1070.

- Die Neuregelungen des Entwurfs eines Schuldrechtsmodernisierungsgesetzes für das Kauf- und Werkvertragsrecht, DB 2001, 799.

- Beschaffungsrisiko – Vertretenmüssen – Haftung des Verkäufers auf Schadensersatz, ZGS 2002, 154.

Wieacker, Franz: Leistungshandlung und Leistungserfolg im Bürgerlichen Schuldrecht, in: Festschrift für Hans Carl Nipperdey zum 70. Geburtstag, Bd. I,, 1965, S. 800; *zit.*: FS Nipperdey, Bd. I.

Wiedemann, Herbert/ *Müller*, Georg: Urteilsbesprechung zu BGH vom 15.04.1991, JZ 1992, 464.

Wieling, Hans Josef/ *Finkenauer*, Thomas: Fälle zum Besonderen Schuldrecht, 4. Auflage, München 2002.

Wieser, Eberhard: Eine Revolution des Schuldrechts, NJW 2001, 121.

- Leistungsstörungen bei der Nacherfüllung des Kaufvertrags, JR 2002, 269.

- Die Unmöglichkeit der Leistung nach neuem Recht, MDR 2002, 858.

- Gleichzeitige Klage auf Leistung und auf Schadensersatz aus § 281 BGB, NJW 2003, 2432.

Wilhelm, Jan: Schuldrechtsreform 2001, JZ 2001, 861.

Wilhelm, Jan/ *Deeg*, Peter: Nachträgliche Unmöglichkeit und nachträgliches Unvermögen, JZ 2001, 223.

Willemsen, Heinz Josef: Zum Verhältnis von Sachmängelhaftung und culpa in contrahendo beim Unternehmenskauf, AcP 182 (1982), 515.

Willingmann, Armin: Verjährungsrecht im Diskussionsentwurf eines Schuldrechtsmodernisierungsgesetzes, VuR 2001, 107.

Willingmann, Armin/ *Hirse*, Thomas: Das Leistungsstörungs- und Rücktrittsrecht im Diskussionsentwurf eines Gesetzes zur Schuldrechtsmodernisierung, VuR 2001, 99.

von Wilmowsky, Peter: Pflichtverletzungen im Schuldverhältnis – Die Anspruchs- und Rechtsgrundlagen des neuen Schuldrechts –, JuS 2002, Beilage zu Heft 1/2002, S. 1.

Windscheid, Bernhard/ *Kipp*, Theodor: Lehrbuch des Pandektenrechts, 9. Auflage, Band II, Aalen 1963.

Winter, Jochen: Die Distinktion von Mangel- und Mangelfolgeschäden im Werkvertragsrecht, Diss. Tübingen 1979.

Witt, Carl-Heinz: Schuldrechtsmodernisierung 2001/2002 – Das neue Verjährungsrecht, JuS 2002, 105.

Wolf, Ernst: Lehrbuch des Schuldrechts, Zweiter Band: Besonderer Teil, Köln 1978; *zit.*: BT.

- Kein Abschied vom BGB, Absage an die geplante Neuordnung des Schuldrechts, ZRP 1982, 1.

- Das BGB, eine unverzichtbare Grundlage des Rechtsstaats, ZRP 1983, 241.

Wolf, Lutz-Christian: Sollen impliziert Können: der Erfüllungsanspruch bei anfänglichem Unvermögen, JZ 1995, 280.

Wolf, Manfred/ *Kaiser*, Jochen: Die Mängelhaftung beim Unternehmenskauf nach neuem Recht, DB 2002, 411.

Wolf, Sabine: Reform des Kaufrechts durch EG-Richtlinie – ein Vorteil für die Wirtschaft?, RIW 1997, 899.

Wrase, Michael/ *Müller-Helle*, Adrian: Aliud-Lieferung beim Verbrauchsgüterkauf – ein nur scheinbar gelöstes Problem, NJW 2002, 2537.

Wunderlich, Nils-Christian: Die kaufrechtliche Haftung beim asset deal nach dem SchuldRModG, WM 2002, 981.

Zeuner, Albrecht: Schadensbegriff und Ersatz von Vermögensschäden, AcP 163 (1964), 380.

Zimmer, Daniel: Der Anwendungsbereich des Sachmängel-Gewährleistungsrechts beim Unternehmenskauf – Plädoyer für eine Neubestimmung, NJW 1997, 2345.

- Das neue Recht der Leistungsstörungen, NJW 2002, 1.

Zimmer, Daniel/ *Eckhold*, Thomas: Das neue Mängelgewährleistungsrecht beim Kauf, Jura 2002, 145.

Zimmermann, Reinhard: Die Verjährung, JuS 1984, 409.

- Reformbedürftigkeit des BGB im Leistungsstörungs-, Gewährleistungs- und Verjährungsrecht, Jura 1997, 540.

Zimmermann, Reinhard/ *Leenen*, Detlef/ *Mansel*, Heinz-Peter/ *Ernst*, Wolfgang: Finis Litium? Zum Verjährungsrecht nach dem Regierungsentwurf eines Schuldrechtsmodernisierungsgesetzes, JZ 2001, 684.

FSC
www.fsc.org
MIX
Papier | Fördert gute Waldnutzung
FSC® C083411

Kolibri 360 GmbH
Ferdinand-Jühlke-Straße 7
99095 Erfurt, Deutschland
produktsicherheit@kolibri360.de

Druck:
CPI Druckdienstleistungen GmbH
im Auftrag der
Kolibri 360 GmbH
Ferdinand-Jühlke-Str. 7
99095 Erfurt